Kohlhammer

Die Herausgebenden

Dr. Melanie Knaup ist Regierungsrätin in der Hessischen Lehrkräfteakademie als ständige Vertretung der Leitung des Sachgebiets ›Qualitätsentwicklung zweite Phase sowie phasenübergreifende Kooperation‹.

Dr. Heiko Schuck ist wissenschaftlicher Mitarbeiter am Institut für Förderpädagogik und Inklusive Bildung, Professur für Erziehungswissenschaft mit dem Schwerpunkt Geistigbehindertenpädagogik an der Justus-Liebig-Universität Gießen.

Prof. Dr. Reinhilde Stöppler ist Leiterin der Professur für Erziehungswissenschaft mit dem Schwerpunkt Geistigbehindertenpädagogik am Institut für Förderpädagogik und Inklusive Bildung an der Justus-Liebig-Universität Gießen.

Melanie Knaup, Heiko Schuck,
Reinhilde Stöppler (Hrsg.)

Teilhabe leben mit intellektueller Beeinträchtigung

Risiken und Chancen

Verlag W. Kohlhammer

Dieses Werk einschließlich aller seiner Teile ist urheberrechtlich geschützt. Jede Verwendung außerhalb der engen Grenzen des Urheberrechts ist ohne Zustimmung des Verlags unzulässig und strafbar. Das gilt insbesondere für Vervielfältigungen, Übersetzungen, Mikroverfilmungen und für die Einspeicherung und Verarbeitung in elektronischen Systemen.

Die Wiedergabe von Warenbezeichnungen, Handelsnamen und sonstigen Kennzeichen in diesem Buch berechtigt nicht zu der Annahme, dass diese von jedermann frei benutzt werden dürfen. Vielmehr kann es sich auch dann um eingetragene Warenzeichen oder sonstige geschützte Kennzeichen handeln, wenn sie nicht eigens als solche gekennzeichnet sind.

Es konnten nicht alle Rechtsinhaber von Abbildungen ermittelt werden. Sollte dem Verlag gegenüber der Nachweis der Rechtsinhaberschaft geführt werden, wird das branchenübliche Honorar nachträglich gezahlt.

Dieses Werk enthält Hinweise/Links zu externen Websites Dritter, auf deren Inhalt der Verlag keinen Einfluss hat und die der Haftung der jeweiligen Seitenanbieter oder -betreiber unterliegen. Zum Zeitpunkt der Verlinkung wurden die externen Websites auf mögliche Rechtsverstöße überprüft und dabei keine Rechtsverletzung festgestellt. Ohne konkrete Hinweise auf eine solche Rechtsverletzung ist eine permanente inhaltliche Kontrolle der verlinkten Seiten nicht zumutbar. Sollten jedoch Rechtsverletzungen bekannt werden, werden die betroffenen externen Links soweit möglich unverzüglich entfernt.

1. Auflage 2024

Alle Rechte vorbehalten
© W. Kohlhammer GmbH, Stuttgart
Gesamtherstellung: W. Kohlhammer GmbH, Stuttgart

Print:
ISBN 978-3-17-041874-5

E-Book-Formate:
pdf: ISBN 978-3-17-041875-2
epub: ISBN 978-3-17-041876-9

Inhaltsverzeichnis

1	**Einleitung**	**11**
	Zum Verständnis der Teilhabe	11
	Zum Aufbau des Buches	16
	Terminologische Überlegungen	20
	Literatur	20
2	**Mobilität und Barrierefreiheit**	**21**
	Reinhilde Stöppler	
	2.1 Bedeutung	21
	2.2 Rechtliche Aspekte	23
	2.2.1 UN-Behindertenrechtskonvention	23
	2.2.2 Bundesteilhabegesetz	24
	2.2.3 Nationaler Aktionsplan (NAP)	24
	2.2.4 Barrierefreiheitsstärkungsgesetz und Personenbeförderungsgesetz	24
	2.3 Teilhaberisiken	25
	2.3.1 Verkehrsunfälle	25
	2.3.2 Barrieren	26
	2.4 Teilhabechancen	29
	2.4.1 Barrierefreiheit	29
	2.4.2 Mobilitätsbildung	32
	2.4.3 Best-Practice-Beispiele/Handlungsoptionen	34
	2.5 Fazit	36
	Literatur	37
3	**Gesundheit**	**40**
	Reinhilde Stöppler	
	3.1 Bedeutung	40
	3.2 Rechtliche Aspekte	41
	3.3 Teilhaberisiken	42
	3.3.1 Gesundheitsstatus bei Menschen mit intellektueller Beeinträchtigung	42
	3.3.2 Syndromspezifische Erkrankungen	43
	3.3.3 Gesundheitsindikatoren für Menschen mit intellektueller Beeinträchtigung	44
	3.3.4 Teilhabebarrieren	46

	3.4	Teilhabechancen	48
		3.4.1 Barrierefreiheit	48
		3.4.2 Gesundheitsbildung	49
		3.4.3 Bewegung/Mobilität	51
		3.4.4 Erwachsenenbildung/Best-Practice-Beispiele	51
	3.5	Fazit	53
		Literatur	53
4	**Sicherheit und Schutz vor Gewalt für Menschen mit intellektueller Beeinträchtigung in Einrichtungen der Behindertenhilfe**		**55**
	Ingeborg Thümmel		
	4.1	Bedeutung	55
		4.1.1 Das universelle menschliche Bedürfnis nach Sicherheit und Schutz	55
		4.1.2 Gewaltprävalenzen und ihre Auswirkungen	56
	4.2	Teilhaberisiken in Einrichtungen der Behindertenhilfe	59
		4.2.1 Zu den Ursachen der Entstehung von Gewalt	59
		4.2.2 Zur Identifizierung von Risikofaktoren und ihrer komplexen Wechselbeziehungen	60
	4.3	Teilhabechancen am Gewaltschutz und Umsetzung	63
		4.3.1 Auf dem Weg zu einem wirksamen Gewaltschutz	63
		4.3.2 Zum Gestaltungsauftrag in unterschiedlichen Feldern und zur geteilten Verantwortung	64
	4.4	Fazit	69
		Literatur	70
		Rechtsnormen	73
5	**Familie mit Angehörigen mit Beeinträchtigung in sozialen Beziehungsnetzen**		**74**
	Barbara Jeltsch-Schudel		
	5.1	Zur Bedeutung von sozialen Beziehungsnetzen und Familie	76
		5.1.1 Soziale Beziehungsnetze	76
		5.1.2 Familie	79
	5.2	Teilhabechancen und -risiken in Familie und sozialen Beziehungsnetzen	83
		5.2.1 Leben in der Familie	83
		5.2.2 Leben an verschiedenen Lebensorten	88
	5.3	Fazit	91
		Dank	91
		Literatur	92
		Quellen	94
6	**Berufliche Bildung**		**95**
	Heiko Schuck		

	6.1	Bedeutung	95
		6.1.1 Berufswahl	95
		6.1.2 Bildungsabschlüsse	96
		6.1.3 Berufsvorbereitender Unterricht	98
	6.2	Rechtliche Aspekte	99
	6.3	Teilhaberisiken	101
		6.3.1 Fehlende Bildungsabschlüsse	101
		6.3.2 Fehlende Verdienstmöglichkeiten	102
		6.3.3 Automatisierte Bildungswege	103
	6.4	Teilhabechancen	103
		6.4.1 Umfassende Vorbereitung auf gelingende Übergänge	103
		6.4.2 Best-Practice-Beispiele	105
	6.5	Fazit	109
		Literatur	109
7	**Arbeit und Beruf**		**112**
	Heiko Schuck		
	7.1	Bedeutung	112
		7.1.1 Arbeit und Beruf im Wandel	113
		7.1.2 Funktionen von Arbeit und Beruf	113
		7.1.3 Zugang zum Arbeitsmarkt	114
	7.2	Rechtliche Aspekte	115
	7.3	Teilhaberisiken	118
		7.3.1 Geringe oder fehlende Bildungsabschlüsse	118
		7.3.2 Systembedingte Benachteiligungen	119
		7.3.3 Alternativlose Beschäftigungen	120
	7.4	Teilhabechancen	122
		7.4.1 Unterstützte Beschäftigung (SGB IX § 55)	123
		7.4.2 Budget für Arbeit (SGB IX § 61)	124
		7.4.3 Best-Practice-Beispiele	124
	7.5	Fazit	127
		Literatur	128
8	**Wohnen**		**131**
	Simon Orlandt		
	8.1	Bedeutung	131
	8.2	Rechtliche Aspekte	136
		8.2.1 UN-Behindertenrechtskonvention (UN-BRK)	136
		8.2.2 Bundesteilhabegesetz	137
	8.3	Teilhaberisiken	140
		8.3.1 Teilhabeberichte der Bundesregierung	140
		8.3.2 Anspruch und Wirklichkeit	141
	8.4	Teilhabechancen	142
		8.4.1 Autonomie und Empowerment	143
		8.4.2 Wohntraining	144

	8.5	Fazit	145
		Literatur	146
9	**Lebenslanges Lernen und inklusive Erwachsenenbildung**		**149**
	Jonas Metzger		
	9.1	Bedeutung	151
		9.1.1 Lebenslanges Lernen	152
		9.1.2 Erwachsenenbildung	154
	9.2	Rechtliche Aspekte	156
	9.3	Teilhaberisiken	157
	9.4	Teilhabechancen	158
		9.4.1 Das Bewegungsarchiv von Katja Heitmann	158
		9.4.2 Best-Practice Beispiele	159
	9.5	Fazit	161
		Literatur	162
10	**Kultur**		**164**
	Melanie Knaup		
	10.1	Bedeutung	164
		10.1.1 Vielfalt der Kulturbegriffe	164
		10.1.2 Kulturelle Teilhabe	166
		10.1.3 Lebensqualität und Selbstbestimmung	167
		10.1.4 Soziale Inklusion und gesellschaftliche Teilhabe	168
	10.2	Rechtliche Aspekte	170
	10.3	Teilhaberisiken	173
		10.3.1 Statistische Datenlage kultureller Praxis in Deutschland	173
		10.3.2 Stigmatisierung und Vorurteile	175
		10.3.3 Zugangsbarrieren	175
	10.4	Teilhabechancen	177
		10.4.1 Förderung kultureller Teilhabe	178
		10.4.2 Vielfalt (inklusiver) kultureller Angebote	180
		10.4.3 Kooperationen und Vernetzung	182
	10.5	Fazit	183
		Literatur	185
11	**Freizeit**		**187**
	Melanie Knaup		
	11.1	Bedeutung	187
		11.1.1 Definitorische Annäherungen	187
		11.1.2 Freizeitbedürfnisse und -funktionen	189
		11.1.3 Freizeitpädagogik – zwischen Angebotsvielfalt und Optionslast	190
	11.2	Rechtliche Aspekte	192
	11.3	Teilhaberisiken	193
		11.3.1 Statistische Datenlage zur Freizeitgestaltung	193

		11.3.2 Einflussfaktoren und Teilhabebarrieren	194
	11.4	Teilhabechancen	198
		11.4.1 Freizeitangebote und -situationen	199
		11.4.2 Barrierefreie Informationen zur Freizeitgestaltung	200
		11.4.3 Barrierefreie und offene Gestaltung von Freizeitangeboten	201
		11.4.4 Angemessene Freizeitaktivitäten	201
		11.4.5 Freizeitautonomie	202
	11.5	Fazit	204
		Literatur	206
12	**Digitale Medien**		**208**

Nils Seibert

	12.1	Bedeutung von digitalen Medien	209
		12.1.1 Mediennutzung	209
		12.1.2 Digital Divide	210
	12.2	Rechtliche Aspekte	212
	12.3	Teilhaberisiken	213
		12.3.1 Cybergrooming	214
		12.3.2 Cybermobbing	214
	12.4	Teilhabechancen	216
		12.4.1 Medienkompetenz	217
		12.4.2 Handlungsempfehlungen	220
	12.5	Fazit	223
		Literatur	224

Die Autorinnen und Autoren **228**

1 Einleitung

»Warum noch ein Buch zur Teilhabe von Menschen mit intellektueller Beeinträchtigung? Dazu ist doch schon so viel publiziert und gesagt worden.« Diese und ähnliche Gedanken mögen aufkommen beim Betrachten des Buchdeckels. Und ja, es passiert was im Bereich der Teilhabe in gesellschaftliche Lebensbereiche von marginalisierten Menschen. Es hat sich ein Aktionsbündnis Teilhabeforschung e.V. gegründet (https://www.teilhabeforschung.org/startseite), mit hoch dekorierten Arbeitsgruppen zu unterschiedlichen Teilhabebereichen. Die Bundesregierung hat mittlerweile den dritten Teilhabebericht veröffentlicht, der aufzeigt, welche Fortschritte bereits erzielt werden konnten. Er zeigt jedoch auch eindrucksvoll auf, welche Defizite im Bereich der umfänglichen Teilhabe von Menschen mit Beeinträchtigungen noch bestehen und für die es seit Jahren keine wirklichen Lösungsansätze zu geben scheint. Insbesondere die Teilhabechancen der Gruppe der Menschen mit einer intellektuellen Beeinträchtigung werden durch vielfältige Aspekte beeinflusst. Hinzu kommt die gegenwärtige gesellschaftliche und politische Situation in Deutschland: ein Finanzloch, das durch Einsparungen gestopft werden muss, eine scheinbar größer werdende Akzeptanz gegenüber Rechtspopulismus und den damit verbundenen menschenverachtenden Ansichten gegenüber Minderheiten. Die Inklusion und Teilhabe von Menschen mit (intellektueller) Beeinträchtigung wird von politischen Akteur*innen offen diffamiert und in Frage gestellt. Dagegen gilt es einmal mehr aufzubegehren, weswegen gar nicht oft genug davon gesprochen werden kann mit der Hoffnung, dass daraus konkretes Handeln entsteht.

Zum Verständnis der Teilhabe

Die Gesellschaft und sozialpolitische Ansprüche spielen zur Umsetzung von Teilhabe eine entscheidende Rolle. Der Begriff Teilhabe ist in der Sozialpolitik – insbesondere in Bezug auf Beeinträchtigungen – zu einem zentralen Leitbegriff geworden, der darauf abzielt, allen Menschen Zugang zu gesellschaftlichen Lebensbereichen und Handlungsfeldern zu ermöglichen. In diesem Sinne ist es gesellschaftlicher und politischer Auftrag, Menschen in benachteiligten Lebenslagen dieses Recht zu wahren und sie zu sozialen und lebensweltlich bedeutsamen Aktivitäten zu befähigen.

1 Einleitung

> »Teilhabe ist etwas, was der einzelne Mensch erfährt und erlebt. Die jeweiligen Lebensumstände und ihr Wandel im Lebensverlauf prägen die Bewertung dessen, was Gleichheit in der Teilhabe für den Einzelnen ausmacht. Der einzelne Mensch erlebt und beurteilt die Zustände in der Gesellschaft aus seinem eigenen Blickwinkel heraus« (BMAS 2016, S. 1).

Die Bedeutung der Gesellschaft führt auch Bartelheimer (2007) an, wenn er sagt, dass mit dem Begriff der Teilhabe zwei Fragen verhandelt werden: »Wie wird gesellschaftliche Zugehörigkeit hergestellt und erfahren, und wie viel Ungleichheit akzeptiert die Gesellschaft?« (ebd., S. 8). Um sich mit diesen Fragen beschäftigen zu können, ist eine begriffliche Konkretisierung von Teilhabe, wie folgend vorgeschlagen, notwendig:

1. Teilhabe beschreibt ein Verhältnis zwischen Individuum und gesellschaftlichen Bedingungen: Sie ist zu verstehen als »eine positiv bewertete Form der Beteiligung an einem sozialen Geschehen bzw. eine positive Norm gesellschaftlicher Zugehörigkeit« (Bartelheimer et al. 2020, S. 43). In Anlehnung an die Sozialgeschichte von Menschen mit intellektueller Beeinträchtigung bedeutet die Anforderung hinsichtlich einer historischen Relativität von Teilhabe, dass Teilhabe an den jeweils geltenden Sichtweisen einer gegebenen Gesellschaft zu messen ist und diese in Wechselbeziehung zu persönlichen Faktoren steht.
2. Teilhabe nimmt eine subjektorientierte Perspektive ein: »Das Verhältnis zwischen Individuum und gesellschaftlichen Bedingungen wird (…) aus der Perspektive des Individuums erfasst. Gesellschaftliche Bedingungen, Strukturen der Umwelt, sozialstaatliche Leistungen etc. werden danach beurteilt, welche Möglichkeiten sie dem Individuum in seiner Lebensführung eröffnen« (ebd., S. 44). In (vergangenen) Zeiten einer gesellschaftlich akzeptierten defizitorientierten Sichtweise auf Beeinträchtigung waren fehlende Initiativen und Maßnahmen, Menschen mit intellektueller Beeinträchtigung gleichberechtigt an der Gesellschaft teilhaben zu lassen, nicht zu erwarten, da sie nicht der vorherrschenden und akzeptierten Sicht der jeweiligen Gesellschaft zu dieser Zeit entsprachen.
3. Teilhabe zielt auf Möglichkeiten der Lebensführung: »Nicht jede Funktion der Lebensführung verlangt ein hohes Maß an Aktivität, aber Teilhabe setzt stets ein (selbstbestimmt) handelndes Subjekt voraus; sie kann weder durch stellvertretendes Handeln anderer noch durch fremdbestimmt vorgegebenes Handeln erreicht werden« (ebd., S. 44). Dazu ist eine wohlwollende Zurückhaltung von Betreuungspersonen von Menschen mit intellektueller Beeinträchtigung nötig und eine Fremdeinschätzung einer angemessenen aktiven Teilhabe zu vermeiden. Das darf jedoch nicht bedeuten, dass dem Personenkreis Unterstützungsleistung und Assistenz entsagt wird.
4. Teilhabe impliziert Wahlmöglichkeiten: »Die enge Verbindung von Teilhabe und Selbstbestimmung ist mit Blick auf das Individuum mit der handlungsleitenden Vorstellung von Mündigkeit, Emanzipation und Selbstbestimmungsfähigkeit verknüpft« (ebd., S. 45). Insbesondere Menschen mit intellektuellen Beeinträchtigungen sollten in die Lage versetzt werden, zwischen Alternativen auswählen zu können. Überforderungstendenzen durch zu hohe Erwartungen hinsichtlich der Selbstverantwortung müssen dabei jedoch vermieden werden.

5. Teilhabe ist mehrdimensional: »Es gibt keinen zentralen gesellschaftlichen Ort, an dem über Teilhabe allumfassend entschieden wird, sondern vielfältige, ausdifferenzierte Lebensbereiche mit je unterschiedlichen Teilhabebedingungen und Funktionen für die Lebensführung eines Menschen« (ebd., S. 45). Um die Teilhabe von Menschen mit intellektueller Beeinträchtigung an der Gesellschaft bewerten zu können, muss davon ausgegangen werden, dass sich Teilhabe erst durch das Zusammenwirken verschiedener Teilhabeformen ergibt. Dies können beispielsweise die Teilhabe am System über Erwerbsarbeit sein, die Teilhabe durch soziale Beziehungen, die zugesagte Teilhabe durch Rechtsgrundlagen sowie die kulturelle Teilhabe durch den Erwerb von Kompetenzen und damit einhergehende geteilte gesellschaftliche Wertorientierungen.
6. Möglichkeitsräume der Teilhabe als Währung sozialer Gerechtigkeit: »Alle sollen die Möglichkeit haben, sich für Optionen der Lebensführung, für Handlungspraktiken zur Verfolgung von Interessen zu entscheiden«. (…) Dabei »findet Verschiedenheit von Menschen Anerkennung; unterschiedliche persönliche Charakteristika, Präferenzen und Lebensentwürfe werden als gleichwertig angesehen« (ebd., S. 46). Durch Abhängigkeitsverhältnisse oder institutionell geprägte Lebensformen, wie sie im Kontext einer intellektuellen Beeinträchtigung häufig vorkommen und nicht gänzlich zu vermeiden sind, dürfen subjektive Bedürfnislagen und individuelle Heterogenität nicht verloren gehen oder unberücksichtigt bleiben.
7. Teilhabe markiert einen zu schützenden Spielraum der Lebensführung: »Teilhabe und Nicht-Teilhabe als einfachen Gegensatz (Dichotomie) zu verstehen, wird der tatsächlichen Differenzierung individueller Lebenssituationen und -chancen nicht gerecht. Teilhabe im Sinne von Verfügungsräumen impliziert unterschiedliche Ausprägungen, die im konkreten Verwendungszusammenhang einer genaueren Bestimmung und Vermessung bedürfen« (ebd., S. 47). Wird die Teilhabe eines Menschen an der Gesellschaft bewertet, darf nicht nur eine statische Momentaufnahme geltend gemacht werden. Individuumszentrierte und bedürfnisgerechte Teilhabe setzt die Berücksichtigung biografischer Muster oder ggf. der gesamte Lebenslauf eines Menschen mit Beeinträchtigung voraus.

Es wird deutlich, dass gesellschaftliche Teilhabe durch vielfältige intra- und interpersonale Faktoren auf verschiedenen gesellschaftlichen Ebenen beeinflusst wird, dem sozialpolitisch Rechnung zu tragen ist. Durch den Nationalen Aktionsplan in Deutschland implementiert, ist die zentrale rechtliche Begründungslinie für die Teilhabe an gesellschaftlichen Lebensbereichen von Menschen mit Beeinträchtigung u. a. die UN-Behindertenrechtskonvention (UN-BRK). Wichtigster Grundsatz ist die »volle und wirksame Teilhabe an der Gesellschaft und Einbeziehung in die Gesellschaft« (Artikel 3c). Die UN-BRK ist dementsprechend entscheidende Grundlage, die in allen Beiträgen dieses Buches zum Tragen kommt. Grundlegende Voraussetzung ist, die Anerkennung des Rechts »aller Menschen mit Behinderungen, mit gleichen Wahlmöglichkeiten wie andere Menschen in der Gemeinschaft zu leben, und (…) den vollen Genuss dieses Rechts und ihre volle Einbeziehung in die Gemeinschaft und Teilhabe an der Gemeinschaft« zu gewährleisten (Artikel 19).

In weiteren rechtlich verbindlichen Dokumenten werden solche Rechte ebenfalls gesichert, z. B. in der Charta der Grundrechte der Europäischen Union (GRCh) aus dem Jahre 2000, die über Artikel 6 des EU-Vertrages von Lissabon aus dem Jahre 2007 nunmehr offizielle und bindende Vertragsgrundlage für die Europäische Union ist. Dort heißt es in Artikel 26: »Die Union anerkennt und achtet den Anspruch von Menschen mit Behinderung auf Maßnahmen zur Gewährleistung ihrer Eigenständigkeit, ihrer sozialen und beruflichen Eingliederung und ihrer Teilnahme am Leben der Gemeinschaft« (Artikel 26 GRCh).

In Deutschland wird versucht, den Anforderungen und Zielen von Artikel 19 UN-BRK und Artikel 26 GRCh der EU mit dem Sozialgesetzbuch 9 (SGB IX) Rechnung zu tragen. So bestimmt § 9 Absatz 3 SGB IX, dass Leistungen, Dienste und Einrichtungen den Leistungsberechtigten möglichst viel Raum zu eigenverantwortlicher Gestaltung ihrer Lebensumstände lassen und ihre Selbstbestimmung fördern. Eine umfassende rechtliche Regelung der Teilhabe von Menschen mit Beeinträchtigung an allen Bereichen der Gesellschaft findet sich seit Dezember 2016 im »Gesetz zur Stärkung der Teilhabe und Selbstbestimmung von Menschen mit Behinderungen« (Bundesteilhabegesetz, BTHG):

> »Menschen mit Behinderungen oder von Behinderung bedrohte Menschen erhalten Leistungen nach diesem Buch und den für die Rehabilitationsträger geltenden Leistungsgesetzen, um ihre Selbstbestimmung und ihre volle, wirksame und gleichberechtigte Teilhabe am Leben in der Gesellschaft zu fördern, Benachteiligungen zu vermeiden oder ihnen entgegenzuwirken« (BTHG, Kap.1, § 1, Absatz 1).
>
> Gemäß § 4 BTHG umfassen Leistungen zur Teilhabe u. a.: »notwendige […] Sozialleistungen, um […] die persönliche Entwicklung ganzheitlich zu fördern und die Teilhabe am Leben in der Gesellschaft sowie eine möglichst selbständige und selbstbestimmte Lebensführung zu ermöglichen oder zu erleichtern« (BTHG, Kap.1, § 4, Absatz 4).

Nicht von Seiten der Vereinten Nationen gefordert, sondern von der Bundesregierung initiiert, ist der erstmals im Jahr 2011 vorgestellte Nationale Aktionsplan (NAP) als eine Reaktion auf die Ratifizierung der UN-BRK zu werten. Mit dem NAP wird von der Bundesregierung ein Handlungsplan herausgegeben, der konkrete Maßnahmen für die Bundesrepublik vorstellt. In dem Dokument werden Maßnahmen aufgeführt, die beschreiben, in welcher Form Deutschland auf die Forderungen der UN-BRK zu reagieren gedenkt (vgl. NAP 2.0, BMAS 2016). Im Jahr 2016 verabschiedete das Bundeskabinett die zweite Auflage des NAP zur UN-BRK, der die Bemühungen um eine inklusive Gesellschaft weiter vorantreiben soll.

Ergänzend wurden bisher insgesamt drei Teilhabeberichte (2013, 2016, 2021) der Bundesregierung verabschiedet, die die Lebenslagen von Menschen mit Beeinträchtigungen systematisch und ausführlich beleuchten. Der erste Teilhabebericht von 2013 stellte erstmals Lebensbereiche von Menschen mit Behinderungen und Beeinträchtigungen vor, um auszuführen, welche Teilhabechancen sie haben, wo sie ausgeschlossen und benachteiligt werden und mit welchen Hürden sie zu kämpfen haben. Der zweite Teilhabebericht aus dem Jahr 2016 führte die Untersuchungen des Teilhabeberichts 2013 fort und beschreibt Entwicklungen der Teilhabe im Zeitraum von 2005 bis 2013 mit dem Ergebnis, dass die volle, wirksame und gleichberechtigte Teilhabe von Menschen mit Beeinträchtigung in den ausgewählten Lebensbereichen noch immer stark eingeschränkt ist. Daran anknüpfend erschien 2021 schließlich der dritte Teilhabebericht.

Um die Maßnahmen der Inklusionspolitik wirksamer auszurichten und die Rolle der Teilhabeforschung in der Sozialberichterstattung zu stärken, wurde darüber hinaus eine im Auftrag des Bundesministeriums für Arbeit und Soziales erstellte Repräsentativbefragung zur Teilhabe von Menschen mit Beeinträchtigung durchgeführt. Die Befragung von Menschen, die vielfachen Barrieren ausgesetzt sind, dient auch dazu, eklatante Datenlücken quantitativ und qualitativ zu schließen. Auf die Ergebnisse der Repräsentativbefragung wird in einigen Beiträgen des vorliegenden Buches eingegangen.

Eine intellektuelle Beeinträchtigung wird gesellschaftlich mit einer besonders ungünstigen und lebensqualitätsmindernden Lebenssituation verbunden. Durch meist lebenslange Abhängigkeitsverhältnisse und Unterstützungsbedarfe ist die Teilhabe und Inklusion des Personenkreises von vielfältigen Faktoren abhängig und gefährdet. Dabei gilt uneingeschränkt, dass Inklusion in allen Lebensbereichen ein Menschenrecht ist und zur Verbesserung der Lebensqualität aller Menschen einer Gesellschaft beiträgt. Sie bedeutet, »dass jeder Mensch in seiner Individualität als Teil der Gesellschaft akzeptiert wird und gleichberechtigt sowie selbstbestimmt die Möglichkeit hat, vollumfänglich an ihr teilzuhaben« (Aguayo-Krauthausen 2023, S. 15, H. i. O.).

Leider ist der fokussierte Personenkreis der erwachsenen Menschen mit intellektueller Beeinträchtigung (noch) immer vielfältigen Teilhaberisiken in verschiedenen Lebensbereichen ausgesetzt. In Anlehnung an die Teilhabeberichte der Bundesregierung sowie die Repräsentativbefragung sollen im vorliegenden Buch diesbezüglich insbesondere folgende Teilhabebereiche fokussiert werden:

- Mobilität und Barrierefreiheit
- Gesundheit
- Sicherheit und Schutz
- Familien und soziale Netzwerke
- Berufliche Bildung
- Arbeit und Beruf
- Wohnen
- Lebenslanges Lernen und inklusive Erwachsenenbildung
- Kultur
- Freizeit
- Digitale Medien.

Aus tiefer Überzeugung, dass eine vollumfängliche Teilhabe aller Menschen an der Gesellschaft keine unerreichbare Utopie darstellt, aber – wie oben beschrieben – von vielfältigen Faktoren abhängig ist, und der fokussierte Personenkreis besonderen Teilhaberisiken unterliegt, ist es ein Anliegen dieses Buches, darauf einen genauen Blick zu werfen. Dabei werden in den einzelnen Beiträgen zu o. g. Bereichen Teilhaberisiken aufgezeigt, die mitunter weitläufige Konsequenzen für den fokussierten Personenkreis mit sich bringen. Aus Risiken und Herausforderungen erwachsen jedoch Chancen und Möglichkeiten, die ergriffen werden sollen respektive bereits ergriffen wurden.

Zum Aufbau des Buches

Aus den oben genannten Teilhabebereichen ergibt sich die folgend vorgestellte Buchstruktur.

Den Anfang bilden die Beiträge von Reinhilde Stöppler, die sich mit den grundlegenden Voraussetzungen von Mobilität und Barrierefreiheit sowie Gesundheit für gelingende Teilhabe befassen. *Kapitel zwei* (▶ Kap. 2) zeigt auf, wie – basierend auf den beiden Säulen »Barrierefreiheit« und »Mobilitätsbildung« – eine sozial gerechte und individuelle Mobilität für Menschen mit intellektueller Beeinträchtigung ermöglicht werden kann. Neben der Sensibilisierung für die Gefahren der Verkehrsteilnahme werden vielfältige Chancen und Best-Practice-Mobilitätsangebote für den angesprochenen Personenkreis aufgezeigt. Das Thema Mobilität wird – wie kaum ein anderes – zunehmend in gesellschaftspolitischen Diskussionen fokussiert, insbesondere unter ökologischen und sozialen Aspekten. Der überwiegende Anteil der Menschen ohne Beeinträchtigungen macht sich jedoch keine Gedanken darüber bzw. weiß nicht, wie schwer und aufwändig es für Menschen mit Beeinträchtigungen sein kann, von A nach B zu kommen. Mobilität ist nicht nur ein Menschenrecht, sondern stellt die Voraussetzung zur Teilhabe an den hier im Buch beschriebenen Teilhabebereichen dar.

Über die Bedeutung des Teilhabebereiches Gesundheit bedarf es keiner besonderen Worte. In *Kapitel drei* (▶ Kap. 3) wird aufgezeigt, dass Menschen mit intellektueller Beeinträchtigung bei diesem »höchsten Gut« eine besonders vulnerable Gruppe mit vielen existierenden Teilhaberisiken sind. Neben vielfältigen Barrieren in der Zugänglichkeit von Gesundheitsangeboten wird der dringende Bedarf an Gesundheitsbildung und -förderung mit Ideen und Vorschlägen zur Verbesserung des individuellen Gesundheitsstatus vorgestellt, die neue Teilhabechancen unterstützen können.

Der Beitrag von Ingeborg Thümmel widmet sich dem Thema Sicherheit und Schutz vor Gewalt für Menschen mit intellektueller Beeinträchtigung in Einrichtungen der Behindertenhilfe. Die Autorin konkretisiert anhand von aktuellen Daten die unveränderte Gefährdungslage für Menschen in Einrichtungen der Behindertenhilfe, die seit 2012 in allen drei Teilhabeberichten der Bundesregierung ausführlich beschrieben und beanstandet wurde. In *Kapitel vier* (▶ Kap. 4) wird die Bedeutung von Sicherheit und Schutz für die Nutzer*innen von Einrichtungen herausgestellt. Schutzlücken in den Einrichtungen werden aufgedeckt und neue Wege aufgezeigt, wie eine übergreifende und wirksame Gewaltschutzstrategie auf unterschiedlichen Ebenen und unter Berücksichtigung der Beteiligungsrechte von Nutzer*innen realisiert werden kann.

Im Beitrag von Barbara Jeltsch-Schudel werden die sozialen Beziehungsnetze von Familien mit Angehörigen mit Beeinträchtigung in ihrer Bedeutung bezüglich Teilhabechancen und Teilhaberisiken thematisiert. Menschen sind soziale Wesen, die aufeinander angewiesen sind und deshalb an sozialen Beziehungsnetzen partizipieren. Im Laufe des Lebens verändern sich die Rollen der gegenseitigen Unterstützung und die Kontexte, in denen diese erhalten oder gegeben werden. In *Kapitel fünf* (▶ Kap. 5) werden Erkenntnisse aus dem fachlichen Diskurs in Beziehung gesetzt mit Episoden aus einem Langzeitprojekt, das die Situation von Familien mit Angehörigen mit Trisomie 21 untersucht. Unterschiedliche Perspektiven von verschiedenen Familienmitgliedern und von an den sozialen Beziehungsnetzen Beteiligten und deren Veränderungen in der Zeit verdeutlichen sowohl die Singularität der Erfahrungen wie auch deren Ähnlichkeiten, sehr oft bedingt durch gesellschaftliche und rechtliche Rahmenbedingungen. Dies verweist darauf, dass Implikationen für die Praxis nicht verallgemeinert in einer Rezeptform gegeben werden können, sondern zum einen in Verbesserungen der Rahmenbedingungen und zum andern in einem sorgfältigen und respektvollen Umgang zu sehen sind. Das im Beitrag vorgenommene differenzierte Verständnis von Partizipation, das auf gesellschaftlichen und individuellen Aspekten beruht, ist dabei wesentlich und vermag wichtige Implikationen für Bildung und Unterstützung sozialer Beziehungsnetze von Familien mit Angehörigen mit Beeinträchtigung zu geben. Dabei wird deutlich, dass Rahmenbedingungen, also auf der makrosoziologischen Ebene, ebenso berücksichtigt werden müssen wie mikrosoziologisch die Perspektivenvielfalt der an sozialen Beziehungsnetzen Beteiligten. Kurz: sollen Teilhabechancen die Exklusionsrisiken übersteigen, sind differenzierte Zugänge, basierend auf sorgfältigen Analysen, Voraussetzung.

Die Beiträge von Heiko Schuck fokussieren zwei stark miteinander verknüpfte Teilhabebereiche für alle (jungen) Erwachsenen: Berufliche Bildung sowie Arbeit und Beruf. In *Kapitel sechs* (▶ Kap. 6) wird aufgezeigt, dass eine umfassende und uneingeschränkte Berufliche Bildung und Berufsvorbereitung durch entsprechende Bildungsmaßnahmen insbesondere für junge Menschen mit intellektueller Beeinträchtigung obligatorisch für deren Teilhabechancen auf dem Arbeitsmarkt sind und sie darüber hinaus auf eine selbstbestimmte und unabhängige Lebensführung vorbereitet. Zunächst wird die generelle Bedeutung dieses Bildungsbereiches aufgezeigt, der durch entsprechende rechtliche Aspekte abgesichert und curricular vorgeschrieben ist. Insbesondere im Förderschwerpunkt geistige Entwicklung (FsgE) ergeben sich jedoch spezifische Teilhaberisiken, die sich u. a. durch fehlende Bildungsabschlüsse, mangelnde Verdienstmöglichkeiten und automatisierte Bildungswege negativ auf die Teilhabemöglichkeiten im Arbeits- und Berufsleben des Personenkreises auswirken. Um diesen vorzubeugen, sind zielgruppenspezifische Lern- und Bildungsangebote als umfassende Vorbereitung auf gelingende Übergänge für junge Menschen im FsgE nötig, damit Teilhabechancen verbessert und berufliche Perspektiven erschlossen werden können. Zum Abschluss werden Best-Practice-Beispiele aufgeführt, die diesen Anspruch fokussieren und die Ausgangslage der betreffenden jungen Menschen optimieren. A priori schließt sich diesem Beitrag *Kapitel sieben* (▶ Kap. 7) zum Teilhabebereich Arbeit und Beruf an, in dem die Bedeutung von gesellschaftlicher Anerkennung, Inklusion und Teilhabe durch Arbeit und Beruf im Vordergrund steht. Die Berufstätigkeit ist in einer leistungsorientierten Gesellschaft wie Deutschland hochgeachtet und gilt als fundamentale Bedingung für eine ökonomische und subjektive Wohlstandssicherung. Daher sind die Partizipation und Teilhabe durch Arbeit und Beruf von entscheidender Bedeutung für die Inklusion von Menschen mit intellektueller Beeinträchtigung in die Gesellschaft. Der Beitrag beginnt mit einer definitorischen Auseinandersetzung und der Zugangsvoraussetzungen zum Arbeitsmarkt. Der Rahmen hierfür wird gesteckt durch rechtliche Aspekte, die die Teilhabe- und Inklusionschancen von Menschen mit intellektueller Beeinträchtigung sichern sollen. Leider ist der Arbeits- und Berufssektor an vielfältige Bedingungen geknüpft, aus denen sich zahlreiche Teilhaberisiken ergeben, sofern diese Bedingungen nicht erfüllt werden (können). Im Beitrag werden Aspekte der geringen oder fehlenden Bildungsabschlüsse, systembedingten Benachteiligungen und alternativlose Beschäftigungen diskutiert, die jedoch keinesfalls statisch und unveränderbar anzusehen sind, wie die abschließenden Teilhabechancen und Best-Practice-Beispiele aufzeigen.

Der Beitrag von Simon Orlandt fokussiert den Teilhabebereich des Wohnens. In *Kapitel acht* (▶ Kap. 8) werden gelungene Anwendungsbeispiele sowie Handlungsempfehlungen im Kontext des Wohnens bei Menschen mit intellektueller Beeinträchtigung aufgezeigt, welche unter anderem auf Basis der Ergebnisse des dritten Teilhabeberichtes beruhen. Wohnen stellt ein essenzielles Grundbedürfnis des Menschen dar. Für Menschen mit intellektuellen Beeinträchtigungen existieren unterschiedliche Wohnlandschaften in der Bundesrepublik Deutschland, die zur Realisierung des individuellen Wohnanspruches beitragen sollen. Dabei sollte das Prinzip ambulant vor stationär bei der Umsetzung bzw. Realisierung entsprechender Angebote im Vordergrund stehen. Wie dieser Beitrag hingegen aufzeigt, offenbaren die Ergebnisse des dritten Teilhabeberichtes hingegen ein ambivalentes Bild, indem Anspruch und Wirklichkeit voneinander differieren. Als Gegenmaßnahme für diese Entwicklung werden Best-Practice-Beispiele vorgestellt und durch pädagogische Handlungsempfehlungen ergänzt, welche die Teilhabechancen des inklusiven Wohnens verbessern können.

Der umfängliche und lebenslange Bildungsanspruch wird durch den Beitrag von Jonas Metzger aufgegriffen. Angebote des Lebenslangen Lernens und der Erwachsenenbildung sind wesentlich für die gesellschaftliche Teilhabe von Menschen mit intellektueller Beeinträchtigung, gerade im Alter. Entsprechende Angebote sind Situationen, in denen Menschen mit intellektueller Beeinträchtigung nicht nur wichtige Kompetenzen, um an der Gesellschaft teilzuhaben, erwerben und erhalten, sondern sie sind konkrete Situationen, in welchen sich Menschen mit und ohne Beeinträchtigung begegnen können. Auch bieten Lebenslanges Lernen und Erwachsenenbildung die Chance, dass Menschen mit intellektueller Beeinträchtigung nicht nur als Rezipient*innen von Angeboten vorkommen, sondern als Lehrende und Wissende. Analog zu den anderen Beiträgen in diesem Buch werden in einem ersten Teil des *Kapitels neun* (▶ Kap. 9) die Konzepte des Lebenslangen Lernens und der Erwachsenenbildung vorgestellt und auf deren Bedeutung für die gesellschaftliche Teilhabe von Menschen mit intellektueller Beeinträchtigung eingegangen. Anschließend werden zentrale rechtliche Rahmenbedingungen in diesem Kontext betrachtet und Teilhaberisiken dargelegt. Abschließend werden Teilhabechancen aufgezeigt und diese anhand von Best-Practices-Beispielen konkretisiert.

Die Beiträge von Melanie Knaup befassen sich mit den gesellschaftlichen Lebens- und Teilhabebereichen der Kultur und Freizeit. In *Kapitel zehn* (▶ Kap. 10) werden Faktoren, die die kulturelle Teilhabe für Menschen mit intellektueller Beeinträchtigung beeinflussen, beschrieben und notwendige Schritte zur Überwindung dieser Herausforderungen erörtert. In dem Beitrag wird ausgehend von der definitorischen Einordnung verschiedener Kulturbegriffe und der generellen Bedeutung von Kultur ebenfalls rechtliche Aspekte aufgezeigt, die menschenrechtliche Rahmenbedingungen darstellen. Dennoch führen diese nicht dazu, dass Teilhaberisiken in Gänze überwunden werden, wie im entsprechenden Abschnitt aufgezeigt wird. Abschließend werden Teilhabechancen erörtert, die Möglichkeiten der barrierefreien kulturellen Teilhabe eröffnen können.

Der Wunsch nach einer Erhöhung der Lebensqualität bestimmt in den vergangenen Jahren auch die Freizeitgestaltung von Menschen mit intellektueller Beeinträchtigung. In der schier unermesslichen Vielfalt von Freizeitaktivitäten findet sich Raum für persönliche Entfaltung, individuelle Interessen und soziale Begegnungen. Doch wie gestaltet sich dieser Freiraum für Menschen mit intellektueller Beeinträchtigung? *Kapitel elf* (▶ Kap. 11) zum Thema Freizeit erörtert ausgehend von rechtlichen Aspekten und einer statistischen Datenlage, Teilhaberisiken, aber vor allem die Chancen in der Freizeitgestaltung und thematisiert nicht nur Barrieren, sondern auch Handlungsoptionen zu einer umfassenden Teilhabe in und durch Freizeit.

Der Beitrag von Nils Seibert greift ein hoch aktuelles Thema in einer digitalisierten Gesellschaft auf und darf deswegen nicht in diesem Buch fehlen. Spätestens die Corona-Pandemie verdeutlichte die Wichtigkeit von digitalen Medien in unserer Gesellschaft. Weiterhin sind sie mittlerweile für bedeutende kulturelle und soziale Prozesse verantwortlich. Dadurch entsteht die Notwendigkeit, Teilhabe an und mit digitalen Medien sowie durch digitale Medien bei Menschen mit intellektueller Beeinträchtigung zu forcieren. In *Kapitel zwölf* (▶ Kap. 12) wird die Bedeutung von digitalen Medien näher betrachtet und in die Theorie des Digital Divide eingeführt. Im Anschluss werden rechtliche Grundsätze im Bezug zu digitalen Medien erläutert, um die rechtliche Grundlage einer Teilhabe an digitalen Medien zu erfassen. Danach werden zwei Teilhaberisiken (Cybergrooming/Cybermobbing) des Gebiets vorgestellt und deren Bedeutung für den Personenkreis beleuchtet. Dem werden Teilhabechancen gegenübergestellt, in diesem Fall das Konzept der Medienkompetenz und daraus resultierend drei Handlungsempfehlungen für pädagogische Fachkräfte und Erziehungsberechtigte von Menschen mit intellektueller Beeinträchtigung. Abschließend werden die Ergebnisse zusammengefasst und weiterführende Überlegungen angestellt.

1 Einleitung

Terminologische Überlegungen

Wir möchten darauf hinweisen, dass wir in dem vorliegenden Buch den Begriff der Beeinträchtigung wählen und uns entsprechend der Empfehlungen des Deutschen Instituts für Menschenrechte dafür entschieden haben, die Formulierung Menschen mit intellektueller Beeinträchtigung zu nutzen. Damit wird sich am englischen Originalwortlaut der UN-Behindertenrechtskonvention (»intellectual impairments«) orientiert und dem Wunsch von Selbstvertretungsorganisationen nach Vermeidung des Begriffs Geistige Behinderung entsprochen; das scheint im Kontext des Buches mehr als angemessen zu sein. Nichtsdestotrotz sind uns der terminologische Diskurs und die begriffliche Problematik bewusst, möchten an dieser Stelle jedoch nicht die fachspezifische und interdisziplinäre Begriffsdiskussion weiter aufgreifen, sondern verweisen u. a. auf den Beitrag von Sappok, Georgescu & Weber (2023)[1].

Zudem haben wir uns dafür entschieden, eine genderneutrale Schreibweise aus Respekt gegenüber menschlicher Diversität und Heterogenität zu verwenden. In allgemeinen Texten der Rechtsprechung oder öffentlichen Berichten sowie Statistiken werden die jeweils verwendeten Begriffe und Schreibweisen übernommen.

Literatur

Bartelheimer, P. et al. (2020): Teilhabe – eine Begriffsbestimmung. Wiesbaden: Springer VS.

Bartelheimer, P. (2007): Politik der Teilhabe. Ein soziologischer Beipackzettel. In: Friedrich-Ebert-Stiftung (Hrsg.): Fachforum. Analysen & Kommentare. Onliner verfügbar unter: https://library.fes.de/pdf-files/do/04655.pdf

BMAS (2016): Zweiter Teilhabebericht der Bundesregierung über die Lebenslagen von Menschen mit Beeinträchtigungen. Teilhabe – Beeinträchtigung – Behinderung. Online verfügbar unter: https://www.bmas.de/SharedDocs/Downloads/DE/Publikationen/a125-16-teilhabebericht.pdf?__blob=publicationFile&v=2

---

[1] Sappok, T, Georgescu, D. & Weber, G. (2023): Störungen der Intelligenzentwicklung – Überlegungen zur Begrifflichkeit. In: T. Sappok (Hrsg.): Psychische Gesundheit bei Störungen der Intelligenzentwicklung. Ein Lehrbuch für die Praxis. Stuttgart: Kohlhammer, S. 17–23.

2 Mobilität und Barrierefreiheit

Reinhilde Stöppler

Mobilität ist im Kontext des aktuell global vorherrschenden Mobilitätsparadigmas von aktueller und zentraler Bedeutung und befindet sich im ständigen Diskurs und Wandel. Insbesondere vor dem Hintergrund des Klimawandels entstehen innovative Mobilitätskonzepte, zu deren Adressat*innen bislang Menschen mit (intellektueller) Beeinträchtigung nicht gehören. Sie scheinen keine Rolle zu spielen bei Überlegungen und Diskussionen über Smart Mobility, Seamless Mobility, Shared Mobility. Sie sind keine »High-Frequency-Commuters«, für die Maßnahmen des Remote work in Frage kämen. Es handelt sich weder um Premiumkund*innen noch spielen sie in den Überlegungen zur AGORA-Verkehrswende eine Rolle; bei dem viel diskutierten 9 €-Ticket in 2022 sowie dem 49 €-Ticket in 2023 werden ihre Bedarfe nicht mitgedacht.

Auch aus den oben angegebenen Gründen ist es unerlässlich, diesen – von vielfältigen exkludierenden Risiken betroffenen – Teilhabebereich in den Fokus zu nehmen.

2.1 Bedeutung

Der Begriff der Mobilität impliziert vielfältige Bedeutungen und weist stets auf (geistige, kulturelle, soziale, virtuelle) Positionsveränderungen hin. In diesem Kontext handelt es sich primär um räumliche Mobilität, bei der es um die Überwindung räumlicher Distanzen sowie den Wechsel von Orten geht.

Mobilität ist eine der zentralsten Voraussetzungen für die selbstbestimmte Teilhabe an gesellschaftlichen Teilsystemen, aus denen sich moderne differenzierte Gesellschaften bilden (vgl. Luhmann 1994). Mobil sein trägt maßgeblich zur Lebensqualität bei und stellt ein Grundbedürfnis aller Menschen dar. Es setzt sich die Erkenntnis durch, dass Mobilität gesellschaftliche Teilhabe ermöglicht sowie dass die Potenziale von Mobilität für ein »gutes Leben« entscheidend sind (vgl. Daubitz 2021, S. 78). Notwendig dazu sind die zur Verfügung stehenden Infrastrukturen sowie individuelle Fähigkeiten der Akteur*innen.

Das Teilhabepotenzial von Mobilität ist enorm, ermöglicht sie doch den Zugang zu vielen Lebensbereichen, wie z. B. Arbeit, Wohnen, Freizeit, Sport, Gesundheit etc. (vgl. Stöppler 2011, S. 14; Stöppler 2015, S. 136; Stöppler 2017, S. 15 ff.), um nur einige exemplarisch zu nennen.

Mobilität stellt eine zentrale Voraussetzung zur Teilhabe am *Arbeitsleben* (▶ Kap. 7), ob in der Werkstatt für Menschen mit Behinderung[2] (WfbM) oder auf dem ersten Arbeitsmarkt, dar. Die selbständige Bewältigung des Arbeitsweges ermöglicht den Arbeitenden, ihre Aktivitäten, Arbeitszeiten und auch den Feierabend selbstbestimmt und unabhängig von Fahrdiensten zu gestalten.

Auch die Teilhabe an *Freizeit* (▶ Kap. 11) wird durch eine selbstbestimmte Mobilität erleichtert; so belegen Studien zu Freizeiteinschränkungen und Teilhaberisiken bei Menschen mit intellektueller Beeinträchtigung, dass fehlende Mobilität zu den größten Teilhaberisiken gezählt werden muss. Hier spielen neben Beeinträchtigungen in der persönlichen Mobilität auch nicht vorhandene Barrierefreiheit der Freizeitangebote und -orte eine wesentliche Rolle.

Durch aktuelle Dezentralisierungstendenzen, Schaffen von selbstständigeren *Wohnformen*, Zunahme von quartiersbezogenen Konzepten (vgl. Haveman & Stöppler 2021, S. 123 ff.) sowie Veränderungen in der Wohnsituation bei erwachsenen Menschen mit intellektueller Beeinträchtigung gewinnt das Wohnumfeld zunehmend an Bedeutung. Die Orientierung im Wohnumfeld und Sozialraum wird notwendiger (▶ Kap. 8).

Teilhabe am *Gesundheitssystem* setzt die Erreichbarkeit der Einrichtungen der Gesundheitsförderung, -versorgung, -prävention und Rehabilitation voraus (▶ Kap. 3).

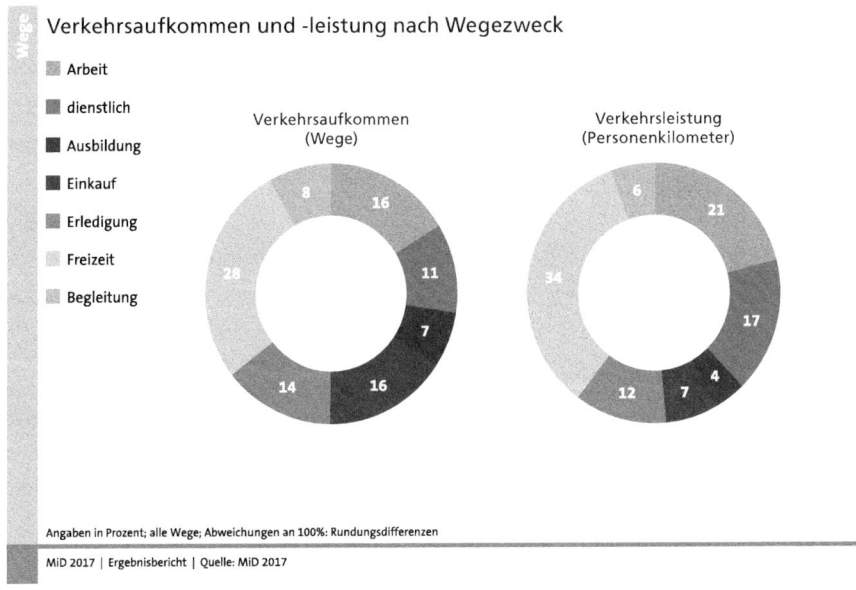

Abb. 2.1: Entwicklung des Verkehrs nach Wegezwecken (Nobis & Kuhnimhof 2019, S. 61)

---

2 Die offizielle Bezeichnung lautet Werkstatt für behinderte Menschen, woraus sich das Akronym WfbM ableitet.

Mobilität stellt also eine entscheidende, leider oft verkannte Voraussetzung zur Teilhabe und Inklusion dar. Deutlich werden weitere und sämtliche Bereiche im Nationalen Aktionsplan (NAP 2.0), in dem Mobilität als Querschnittsthema und Kernkompetenz dargestellt wird.

Wie wichtig Mobilität für unseren Alltag ist, belegen auch die Studien bzgl. der Nutzung des Verkehrssystems; z. B. zeigt die bundesweite Erhebung »Mobilität in Deutschland 2017« (MiD) das 85 % der befragten Personen an einem normalen Wochentag das Verkehrssystem nutzen und dabei 3,1 Wege zurücklegen. Abb. 2.1 (▶ Abb. 2.1) belegt, dass die Wege den Bereichen Freizeit (28 %), Einkaufen (16 %), Arbeit (16 %), Erledigungen (14 %), Begleitung (8 %), Ausbildung (7 %) sowie dienstlichen/geschäftlichen Zwecken (11 %) dienen (vgl. BMVI 2019, S. 17).

Die Beteiligung im Straßenverkehrsraum ist mehr als nur ein Zurücklegen von Strecken. Es handelt sich um einen Erlebnis-, Erfahrungs- und Sozialisationsraum, der auch als Kontaktzone gesehen werden kann, als Chance zu disruptiven Kontakterfahrungen (vgl. van Essen 2020, S. 297).

2.2 Rechtliche Aspekte

Zahlreiche Paradigmen der aktuellen Geistigbehindertenpädagogik sowie aktuelle rechtliche Bestimmungen weisen auf die Bedeutung der Mobilität hin, und zwar jeweils auf die zwei Säulen Barrierefreiheit und Mobilitätsbildung.

2.2.1 UN-Behindertenrechtskonvention

Die UN-Behindertenrechtskonvention (UN-BRK) stellt klar, dass Menschen mit Beeinträchtigungen ein uneingeschränktes Recht auf Teilhabe besitzen. Für eine »volle wirksame und gleichberechtigte Teilhabe« an der Gesellschaft ist die individuelle Mobilität von Menschen mit Beeinträchtigungen grundlegende Voraussetzung (vgl. auch § 1 SGB IX und Art. 20 UN-BRK). Sie geht mit den Artikeln 9 sowie 20 und ihren Forderungen nach »Zugänglichkeit« auf dieses zentrale Partizipationsfeld ein (vgl. Stöppler 2015, S. 11 f.). In Artikel 9 heißt es unter dem Stichwort ›Zugänglichkeit‹, dass die Vertragsstaaten geeignete Maßnahmen treffen, um »Menschen mit Behinderungen eine unabhängige Lebensführung und die volle Teilhabe in allen Lebensbereichen zu ermöglichen, […]«. Das Ziel sei es, »für Menschen mit Behinderungen den gleichberechtigten Zugang zur physischen Umwelt, zu Transportmitteln, Information und Kommunikation […], sowie zu anderen Einrichtungen und Diensten, die der Öffentlichkeit in städtischen und ländlichen Gebieten offenstehen oder für sie bereitgestellt werden, zu gewährleisten« (Artikel 9 – Zugänglichkeit, UN-BRK).

Ähnlich verhält es sich mit § 8 des Behindertengleichstellungsgesetzes (BGG), der auf die Herstellung von Barrierefreiheit in den Bereichen Bau und Verkehr verweist.

So heißt es im Abschnitt 2 »Sonstige bauliche oder andere Anlagen, öffentliche Wege, Plätze und Straßen sowie öffentlich zugängliche Verkehrsanlagen und Beförderungsmittel im öffentlichen Personenverkehr sind nach Maßgabe der einschlägigen Rechtsvorschriften des Bundes barrierefrei zu gestalten.«

2.2.2 Bundesteilhabegesetz

Im Einklang mit der UN-BRK hat das Bundesteilhabegesetz (BTHG) zum Ziel, die »Lebenssituation von Menschen mit Behinderungen im Sinne von mehr Teilhabe und mehr Selbstbestimmung zu verbessern«. Assistenzleistungen und Leistungen zur Mobilität sind nun im Leistungskatalog zu finden. Wesentlich ist, dass sich die Unterstützung der Menschen mit Behinderungen nicht mehr an einer bestimmten Wohnform, sondern ausschließlich am notwendigen individuellen Bedarf orientiert. D. h., dass auch der Bereich der Mobilität neu behandelt wird (§83 SGB IX).

Das BTHG fordert nun einen ganzheitlichen Blick auf den aktuellen Funktionszustand eines Menschen. Es orientiert sich damit an der International Classification of Functioning, Disability and Health (ICF) der Weltgesundheitsorganisation (WHO). Hier werden Umweltfaktoren, personenbezogene Faktoren und Gesundheitsprobleme der jeweiligen Person berücksichtigt. Der komplexe Blick auf mögliche Wechselwirkungen zeigt, dass Behinderung im Sinne einer Beeinträchtigung der Funktionsfähigkeit kein feststehendes Merkmal, sondern ein wandelbares System darstellt. Aus diesem ganzheitlichen Blick auf die Bedarfslage ergibt sich der individuelle Leistungsanspruch. Auch hier wird ersichtlich, dass Mobilität eine der zentralen Kernkompetenzen in allen Lebensbereichen darstellt. Die individuelle Bedarfsplanung muss sich nun daran orientieren und individuelle Ressourcen einsetzen, fördern und ausgleichen.

2.2.3 Nationaler Aktionsplan (NAP)

Das Bundeskabinett verabschiedete am 28. Juni 2016 die zweite Auflage des Nationalen Aktionsplans zur UN-Behindertenrechtskonvention – kurz NAP 2.0.

Barrierefreiheit stellt ein Querschnittsthema und einen zentralen Aspekt (S. 130 ff.) der Handlungsfelder des Nationalen Aktionsplans (NAP 2016) dar.

2.2.4 Barrierefreiheitsstärkungsgesetz und Personenbeförderungsgesetz

Das Barrierefreiheitsstärkungsgesetz fordert, dass seit Januar 2022 der öffentliche Personennahverkehr vollständig barrierefrei sein muss. Der Koalitionsvertrag der Ampelregierung sagt aus:

> »Wir verpflichten in dieser Wahlperiode private Anbieter von Gütern und Dienstleistungen, innerhalb einer angemessenen Übergangsfrist zum Abbau von Barrieren oder, sofern dies nicht möglich oder zumutbar ist, zum Ergreifen angemessener Vorkehrungen« (Koalitionsvertrag 2021–2025 zwischen SPD, Bündnis 90/DIE GRÜNEN und FDP).

Seit dem 1. Januar 2022 muss nach dem Barrierefreiheitsstärkungsgesetz der öffentliche Personennahverkehr vollständig barrierefrei sein; jedoch gibt es keinen (Zeit-)Plan für die Umsetzung des Gesetzes. Dieses wurde bereits schon im Personenbeförderungsgesetz 2013 verabschiedet.

Zusammenfassend weisen viele rechtlichen Bestimmungen, die UN-BRK, die ICF, das Teilhabestärkungsgesetz etc. auf die Bedeutung und das Recht der Mobilität hin. Einige/viele Gesetze, die Mobilität und Barrierefreiheit für alle fokussieren, werden jedoch nur in »Trippelschritten« (Reichert 2022, S. 40) umgesetzt. Daher gibt es aktuell noch viele Teilhaberisiken.

2.3 Teilhaberisiken

Menschen ohne Mobilitätsbehinderungen verfügen oftmals über eine breite Mobilitätsbiografie, die ›fahrplanmäßig‹ mit zunehmendem Alter und Rollenspektrum wächst. Sie können wahlweise zu Fuß, mit dem Fahrrad, Bus, Bahn, Motorrad, PKW etc. im Straßenverkehr unterwegs sein. Mobil sein wird überwiegend positiv bewertet und hat in allen Lebensphasen einen sehr hohen Stellenwert. So stellt Mobilität und Bewegung in der Jugendkultur einen zentralen Baustein dar; der aktuelle Jugendjargon zeigt die positive Konnotation für Bewegung und Schnelligkeit mit Termini wie »läuft«, »boarden«, »abgefahren«, »abgehen« etc. (vgl. Stöppler 2017, S. 12).

Bei Menschen mit Mobilitätsbehinderungen wird die Mobilitätsbiografie und Wahlfreiheit eingeschränkt. In der Regel fahren sie nicht selbständig mit dem PKW; ihre Optionen bestehen zumeist aus zu Fuß gehen, Benutzung von Bus und Bahn, Rad fahren (vgl. Haveman & Stöppler 2021, S. 167).

Für sie und weitere schwächere Verkehrsteilnehmer*innen (Kinder, ältere Menschen, Menschen mit Beeinträchtigungen) ergeben sich unterschiedliche Gefährdungspotenziale. Bei der Betrachtung der unterschiedlichen Rollen der Verkehrsteilnahme sollen auch exemplarisch die besonderen Unfallrisiken und Gefahrensituationen fokussiert werden, um häufigen Unfallursachen präventiv zu begegnen.

2.3.1 Verkehrsunfälle

Es gibt kaum statistische Angaben über Häufigkeit und Ursachen von Verkehrsunfällen bei Menschen mit Beeinträchtigungen. Die Berufsgenossenschaft für Gesundheitsdienst und Wohlfahrtspflege (BGW) stellte in eine der wenigen Studien die Art der Verkehrsbeteiligung beim Unfallzeitpunkt fest. Die meisten Unfälle von Menschen mit Beeinträchtigungen ereignen sich mit 35,7 % beim Zufußgehen; gefolgt von der Beförderung mit Behindertentransportwagen (27,4 %) und beim

Radfahren (22,8 %). Die häufigste Unfallursache sind die sogenannten SRS-Unfälle (Unfälle durch Stolpern-Rutschen-Stürzen) (vgl. BGW 2023, S. 12).

Die Bedeutung des Fußverkehrs wird gesellschaftlich und politisch unterschätzt. Die meisten Menschen nehmen täglich zu Fuß am Straßenverkehr teil, z. B. zur nächsten Haltestelle, vom Parkplatz zum Ziel. In den letzten Jahren kamen in Deutschland bei Unfällen mehr zu Fuß-Gehende ums Leben als Radfahrende.

Die Hauptunfallursachen beim zu Fuß gehen sind:

- Falsches Verhalten beim Überqueren der Fahrbahn, vor allem an ungesicherten Stellen (Unterschätzen von Geschwindigkeit und Entfernung herannahender Fahrzeuge, plötzliches Hervortreten zwischen Sichthindernissen, Nichtbeachtung von Fahrzeugen etc.) (vgl. Stöppler 2017, S. 86; DVR 2020).
- Benutzung des Smartphones (Telefonieren, Verfassen von Textnachrichten, Hören von Musik etc.) bei der Teilnahme am Straßenverkehr (vgl. DVR 2020; vgl. Stöppler 2017, S. 87).

Die häufigsten Unfallursachen beim Radfahren sind:

- Falsche Straßennutzung
- Fehler beim Abbiegen
- Verletzung von Vorfahrt- oder Vorrangregelungen
- Falsche Geschwindigkeiten
- Falsche Abstände zum Vorausfahrenden (vgl. Heß 2014, S. 32).

Auch hier gibt es – analog zum zu Fuß gehen – eine Erhöhung des Unfallrisikos bei Handynutzung auf dem Fahrrad (vgl. KBV 2016).

Beim Fahren mit Bus und Bahn stellen das Anfahren und Bremsen für stehende Mitfahrer*innen eine Gefahr dar. Weitere Gefahren können dadurch entstehen, dass Personen eilig zur Haltestelle/Bahnhof laufen und dabei nicht auf den Straßenverkehr achten.

2.3.2 Barrieren

Ein Gegenstand oder eine Situation gilt dann als Barriere, wenn bestimmte Fähigkeiten oder Funktionsweisen vorausgesetzt werden, das Individuum diese Voraussetzung aber nicht erfüllt und »sie selektiv den Zugang zu oder die Nutzung von etwas für diejenigen Individuen erschweren oder verwehren, die (z. B. wegen einer Sinnesschädigung oder funktioneller Einschränkungen) aus dem ›Normalitätsspektrum‹ herausfallende psychische, kognitive oder körperliche Eigenschaften aufweisen« (Dederich 2012, S. 102).

Dabei gehen die Einschränkungen der Mobilität weit über räumliche Barrieren hinaus. Menschen mit Beeinträchtigung können auch durch sprachliche, soziale, sozioökonomische und personenbezogene Barrieren in ihrem Mobilitätsverhalten eingeschränkt werden. Hinsichtlich der personenbezogenen Barrieren ist es wichtig anzumerken, dass neben Menschen mit einer Beeinträchtigung auch ältere Menschen, Menschen mit fehlender Ortskenntnis, Menschen mit vorübergehenden Unfallfolgen, einer Reisebehinderung oder mit fehlender Mobilitätsbildung mobilitätsbehindert sein können.

Bei den Behinderungsformen gilt es, zwischen Menschen mit einer intellektuellen Beeinträchtigung, Körper-, Sprach- oder Lernbehinderung, Menschen mit einer Hör- oder Sehschädigung, Menschen mit Taubblindheit, einer Autismus-Spektrum-Störung, schwersten Behinderungen (Mehrfachbehinderung) und Verhaltensstörungen zu differenzieren. Für die praktische Realisierung mobilitätsfördernder Angebote lassen sich daraus vier Bedürfnisgruppen bilden:

- Bewegen
- Sehen
- Hören
- Verstehen/Orientieren.

Bringt man die zuvor dargestellten Barrieren in Verbindung mit den Bedürfnisgruppen, ergibt sich daraus folgende Darstellung (▶ Abb. 2.2):

2 Mobilität und Barrierefreiheit

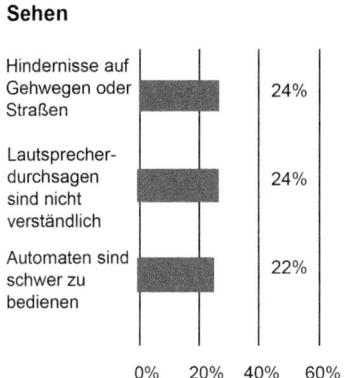
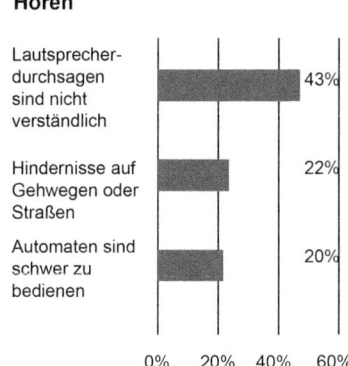
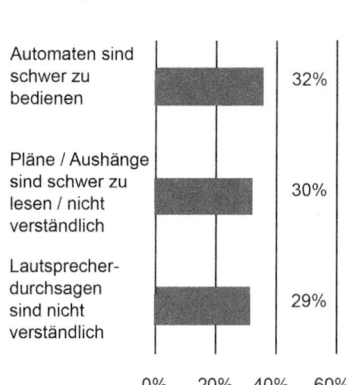

| Quelle: Teilhabebefragung, Berechnung und Darstellung Prognos

Abb. 2.2: Hindernisse im öffentlichen Raum bezogen auf ausgewählte Beeinträchtigungsformen (BMAF 2021a, S. 358)

Zwar sind im »Bereich des öffentlichen Personenverkehrs viele Verbesserungen sowohl bei den Bussen und Bahnen als auch bei den Haltestellen erreicht worden. Beispielsweise sind rund 78 % der Bahnhöfe stufenlos erreichbar, rund 53 % aller Bahnsteige sind mit taktilen Leitsystemen ausgestattet, 61 % der Linienbusse sind als Niederflurbusse im Einsatz. Barrieren bestehen dennoch fort« (BMAS 2021a, S. 13). So verweist der Dritte Teilhabebericht der Bundesregierung über die Lebenslagen von Menschen mit Beeinträchtigungen auf ein ausgeprägtes Stadt-Land-Gefälle. »Das weist darauf hin, dass Menschen mit Beeinträchtigungen in ländlichen Gegenden schlechtere Bedingungen für ihre Mobilität vorfinden« (ebd.). Die Umsetzung der Vorgaben des Artikels 9 UN-BRK hinsichtlich der Gestaltung des öffentlich zugänglichen Raums ist eine Aufgabe, die insbesondere auch die Kommunen betrifft. So müssen Wohnquartiere so umgestaltet beziehungsweise umgebaut werden, dass Menschen mit Beeinträchtigungen eine möglichst selbstständige Lebensführung in der Wohnumgebung möglich ist; dazu gehört das Erreichen aller dem Gesundheitswesen zugehörigen Teilsysteme.

Im Forschungsprojekt MogLi wurde eine Vielzahl von Barrieren für Menschen mit intellektueller Beeinträchtigung evaluiert (vgl. Stöppler 2018a, S. 141). Bei der Teilnahme am ÖPNV bestehen die größten Barrieren für Menschen mit intellektueller Beeinträchtigung in:

- Nicht einheitlichen Fahrgastinformationskonzepten
- Unsicheren Straßenquerungen
- Orientierungsschwierigkeiten beim Umsteigen
- Informationen ausschließlich aus Zahlen und Text
- Verweigerung der Mitnahme wegen Überfüllung
- Ausfall eines Busses
- Gefahr, falsch auszusteigen
- Gefahr, in den falschen Bus einzusteigen
- Lage bzw. Ausstellung von Aushangfahrplänen in einer ungünstigen Höhe
- Falscher, unklarer oder fehlender Zielbeschilderung von Fahrzeugen
- Zu langem Schulweg mit ÖPNV (vgl. Monninger 2011, S. 25 ff.).

2.4 Teilhabechancen

2.4.1 Barrierefreiheit

Barrierefreiheit ist neben Inklusion einer der zentralen Begriffe in der öffentlichen Debatte um die Gleichstellung von Menschen mit Beeinträchtigung.[3] Studien zufolge steigt mit Anstieg des Grades der Behinderung die Bedeutsamkeit der Barrierefreiheit (BMAS 2013, S. 225). Eine barrierefreie Gestaltung des öffentlich zugänglichen Raums, des Straßenverkehrs und des öffentlichen Personennahverkehrs (ÖPNV) sind damit wesentliche Voraussetzungen für Mobilität und damit dem Zugang zu allen notwendigen Gesundheitsleistungen. Barrierefreiheit ist nach dem Behindertengleichstellungsgesetz (BGG) NRW § 4 »(…) die Auffindbarkeit, Zugänglichkeit und Nutzbarkeit der gestalteten Lebensbereiche für alle Menschen. Die Auffindbarkeit, Zugänglichkeit und Nutzbarkeit müssen für Menschen mit Behinderungen in der allgemein üblichen Weise, ohne besondere Erschwernis und grundsätzlich ohne fremde Hilfe möglich sein«.

---

3 Grundlegende Dokumente zur Barrierefreiheit sind über die Portale des Bundeskompetenzzentrums Barrierefreiheit e.V. www.barrierefreiheit.de und des Deutschen Instituts für Menschenrechte www.institut-fuer-menschenrechte.de zugänglich.

Bezüglich der Barrierefreiheit in deutschen Städten ergaben repräsentative Befragungen der Aktion Mensch aus den Jahren 2012, 2016 und 2017, dass aus Sicht von ca. 80 % der Antwortenden ein großer Handlungsbedarf beim Abbau von Barrieren bei der Zugänglichkeit von Gebäuden und Plätzen, öffentlicher Infrastruktur, privatem Wohnen, Mobilität (ÖPNV) sowie des Arbeitsmarkts besteht (BMAS 2021a, S. 350).

Maßnahmen der Barrierefreiheit

Bezogen auf die zuvor dargestellten Hindernisse und Barrieren, denen Menschen mit verschiedensten Beeinträchtigungsformen im öffentlichen Raum begegnen, sollen im Folgenden Maßnahmen der Barrierefreiheit aufgezeigt werden (► Tab. 2.1).

Tab. 2.1: Entwicklungsbereiche, Unterstützungsmöglichkeiten und Maßnahmen der Barrierefreiheit (Quelle: eigene Darstellung)

Beeinträchtigung	Mögliche betroffene Entwicklungsbereiche	Unterstützungsmöglichkeit (exemplarisch)	Maßnahmen der Barrierefreiheit
Motorik (Bewegen)	z. B. Muskeltonus, Koordination von Bewegungsabläufen	• technische Hilfsmittel • personelle Unterstützung • barrierefreie/-arme Umgebung	→ »Fuß-Rad-Prinzip«
Wahrnehmung/Sinnesbeeinträchtigungen (u. a. Sehen, Hören)	Aufnahme von Reizen, Reizunterscheidung, Reizempfinden, Körper-/Raumorientierung, Beeinträchtigung einzelner Wahrnehmungsbereiche (auditiv, visuell, taktil)	• technische Hilfsmittel • mediale Aufbereitung von Informationen (deutliche Figur-Grundwahrnehmung, Vergrößerung/Verstärkung der Reize, etc.)	→ »Zwei-Sinne-Prinzip«
Kognition (Verstehen, Orientieren)	z. B. Merkfähigkeit, Konzentration, Transferfähigkeit, Gedächtnis	• Merkhilfen (Bildkarten, Schrift) • reduzierte Komplexität von Angeboten/Aufgaben • Strukturierungshilfen	→ »KISS-Regel«

Verstehen/Orientieren

Zur Bedürfnisgruppe Verstehen/Orientieren zählen Menschen mit Lernbehinderungen und intellektueller Beeinträchtigung. Diese Personengruppe kann bei der Bewältigung von kognitiven Aufgaben geringe, mäßige, große oder sehr große Probleme haben. Auswirkungen auf die Mobilität zeigen sich durch

- eine rasche Ablenkbarkeit,
- kürzere Aufmerksamkeitsspannen,
- Wahrnehmungsstörungen,
- Sprachbeeinträchtigungen,
- Motorische Beeinträchtigungen, etc.

Eine zentrale Maßnahme der Barrierefreiheit stellt die Regel »KISS« dar: »Keep it short and simple«. Die Regel impliziert, dass relevante Informationen durch kurze und einfache Texte, bspw. in Leichter Sprache und oder durch Bildsprache (Piktogramme), übersetzt und vermittelt werden. Leichte Sprache verzichtet auf längere Sätze und komplexe grammatikalische Strukturen sowie auf Fremdwörter, Metaphern, Sonderzeichen und Abkürzungen. Entsprechende Texte mit serifenloser und großer Schrift sind besonders gut lesbar. Piktogramme können den Text ergänzen oder ersetzen. Bildsprache kann international verständlich komplexe Inhalte durch einfache grafische Darstellung vermitteln. Insbesondere Piktogramme eignen sich auch für die taktile Gestaltung, wodurch sie auch für blinde und sehbehinderte Menschen nutzbar sind. Piktogramme (und auch Leichte Sprache) sind vorteilhaft, um ebenfalls Kindern und Menschen mit Leseschwächen oder geringen Deutschkenntnissen den inhaltlichen Zugang zu erleichtern (vgl. Stöppler & Knaup 2023).

Die Orientierung an Orten des öffentlichen Raumes und konkret auch im Straßenverkehr gestaltet sich für erwachsenen Menschen mit intellektueller Beeinträchtigung oftmals erschwert. Deshalb sollten Leit- oder Informationssysteme, die sich der Signaletik bedienen, bei der Orientierung eines Menschen an unbekannten Orten unterstützen. Dabei wird sowohl mit Schrift als auch mit Piktogrammen und Pfeilen gearbeitet. Schilder sollten in erster Linie eindeutig sowie möglichst groß und blendfrei dargeboten werden; zusätzlich könnten Informationen an Hinweistafeln ertastbar sein.

Bei einer Studie zur Ermittlung von Relevanz und Erlernbarkeit von Barrieren wurde deutlich, dass es Barrieren gibt, die mit adäquatem Training und pädagogischen Maßnahmen erlernbar sind und demzufolge eine geringe Relevanz haben:

- Kleidung und Zeitplanung bei Witterung
- Ein- und Aussteigen aus dem Bus
- Weg zur Haltestelle
- Sicherheitsabstand an der Haltestelle einhalten
- Erkennen der richtigen Ausstiegshaltestelle.

Dagegen sind folgende Barrieren von hoher Relevanz, da sie nur schwer zu beheben sind:

- Mangelnde Festhaltemöglichkeiten im Bus
- Unbeleuchtete Fußwege
- Umgang mit Übergriffen
- Mangelnde Bereitschaft des Fahrpersonals zu Auskünften
- Fehlende Haltestellendurchsagen/-anzeigen
- Information und Verfügbarkeit im Internet (vgl. Stöppler 2018a, S. 144).

Kann eine umfassende bauliche Barrierefreiheit infrastrukturell nicht gewährleistet werden, ist es im Sinne einer größtmöglichen Mobilität wichtig, dass durch digitalisierte Techniken nicht barrierefreie Objekte ausgemacht und gemieden werden können. So sind Informationen über die Barrierefreiheit von öffentlich zugänglichen Orten für Menschen mit Beeinträchtigungen mittlerweile über moderne Informationstechnologien abrufbar. Menschen mit Mobilitätseinschränkungen können bereits seit dem Jahr 2010 über die vom Berliner Verein Sozialhelden e.V. entwickelte Wheelmap – eine Karte für rollstuhlgerechte Orte – prüfen, welche Orte in ihrer Umgebung rollstuhlgerecht sind.[4]

Die gesetzliche Weichenstellung hin zu einem barrierefreien öffentlichen Raum ist gelegt, die Umsetzung benötigt aber Geduld.

2.4.2 Mobilitätsbildung

Im Kontext des Artikels 20 der UN-BRK stellt eine umfassende Mobilitäts- und Verkehrsbildung die Voraussetzung für eine selbständige und sichere Mobilität von Menschen mit intellektueller Beeinträchtigung dar.

Förderung der mobilitätsspezifischen Kompetenzen

Im Kontext der Mobilität wird der Förderung der Mobilitätskompetenzen bei Menschen mit (intellektueller) Beeinträchtigung eine zentrale Rolle zugesprochen (vgl. Stöppler 2015, S. 41 ff.; Stöppler 2002, S. 208 ff.). Dazu gehören:

- Visuelle Wahrnehmung: Aktivierung der Okulomotorik; Blickbewegungen im fovealen und parafovealen Bereich; Reaktion auf periphere Reize; Einsatz des Gesichts- und Blickfeldes durch Kombination und Koordination von Kopf- und Augenbewegungen; Kopf- und Blickbewegungen; Schätzen von Geschwindigkeiten und Entfernungen; Form-, Farb- und Größenwahrnehmung; Wahrnehmung der Stellung im Raum; Wahrnehmungskonstanz
- Auditive Wahrnehmung: Erkennen, Differenzieren und Lokalisieren von Verkehrsgeräuschen; auditive Diskriminierung; Entfernungshören

---

4 Die Wheelmap ist über das Internet (www.wheelmap.org) oder als kostenlose App für Smartphones abrufbar. Im November 2019 waren in der Wheelmap rund eine Million Cafés, Bibliotheken, Schwimmbäder und viele weitere öffentlich zugängliche Orte erfasst, die Mehrzahl davon als »voll rollstuhlgerecht« (Sozialhelden e.V. 2019).

- Motorik: Stabilisierung der Haltungsregulation und des Gleichgewichts; Generalisierung des Bewegungsmusters »Gehen«; Bewegungs- und Handlungsunterbrechung; Geschwindigkeiten wechseln; Hindernissen ausweichen
- Aufmerksamkeit: Aufmerksamkeitsfokussierung, -wechsel; simultane und geteilte Aufmerksamkeit; Aufrechterhaltung der Aufmerksamkeitsspanne
- Reaktion: Reaktion auf optische und akustische Signale
- Kommunikation: Kontextangemessenes Verständnis von verbalen und nonverbalen Mitteilungen, Aufnahme und Aufrechterhaltung von Blickkontakten, Verstehen von eindeutigen und nicht eindeutigen Signalen
- Soziale Kompetenzen: Erschließen von Handlungsabsichten und -motiven; Finden von Handlungsmöglichkeiten und Vorhersehen der Folgen; emotionale Perspektivenübernahme und Empathie; Verantwortlichkeitsattribution; moralisches Urteil; Verständnis sozialer Konventionen
- Kognition: Antizipation und Bewältigung von Gefahren; Begriffsbildung von Verkehrswelt; Regelverständnis; Verkehrswissen
- Interaktion: Koordination von Mobilitätskompetenzen in komplexen Verkehrssituationen (Stöppler 2018a, S. 25 ff.)

Zur Förderung der aufgezeigten Mobilitätskompetenzen gibt es umfangreiche, interessante und in der Praxis erprobte Übungen (vgl. Stöppler 2015; Stöppler 2017). Ein weiteres Ziel der Mobilitäts- und Verkehrsbildung liegt in der Vorbereitung auf die jeweiligen möglichen Teilnahmerollen am Straßenverkehr, um selbständiger und sicher als Fußgänger*in, Fahrradfahrer*in, Bus- und Bahnfahrer*in am Straßenverkehr teilzuhaben (vgl. Stöppler 2019).

Rollen der Verkehrsteilnahme

Zu Fuß gehen

Zufußgehen ist die beliebteste Art der Fortbewegung in Deutschland; mehr als 80% der Deutschen gehen gerne zu Fuß, ca. 40% fast täglich. Jedoch ist damit ein Unsicherheitsgefühl verbunden, da insbesondere E-Scooter- und Radfahrende als rücksichtslos wahrgenommen werden (vgl. DVR-Report 4/2021, S. 14).

Das Zufußgehen ist für die meisten Menschen die selbstverständlichste Fortbewegungsart, sie begleitet uns ein Leben lang und gewinnt im Alter – als erneut wichtigste Fortbewegungsart – wieder an Bedeutung. Der durchschnittliche Deutsche geht »nur« ca. 25.000 km in seinem Leben zu Fuß, während er dagegen ca. 820.000 km mit dem Auto fährt (König 2013, S. 15). Zu Fuß geht er nur über kurze Distanzen (62% der Wege bis zu einem Kilometer; nur noch 25% der Wege zwischen einem und zwei Kilometern) (vgl. Stöppler 2018a, S. 84). Neben vielen umweltfreundlichen Aspekten hat das Zufußgehen viele gesundheitliche Vorteile: »Wer 30 Minuten täglich zügig zu Fuß geht, senkt mit diesem simplen und erholsamen Spaziergang sein Risiko für viele Zivilisationskrankheiten körperlicher und seelischer Art bereits um 30%« (König 2013, S. 18 f.). Beim Gehen werden ca. 700 Muskeln und 100 Gelenke bewegt (ebd., S. 19).

Für ältere Menschen ist das Gehen oftmals die einzige Fortbewegungsart, die zugänglich und als Weg der Selbständigkeit bleibt, um »in Gang« zu bleiben.

Radfahren

Radfahren ist Lifestyle, erfährt zunehmend – insbesondere während der Pandemie – eine große Wertschätzung, nicht nur aus umweltverträglicher Sicht, und hat sich schon davor in den letzten Jahren zu einem »Mobilitätsgaranten« (DVR 2019, S. 6) und vom »Arme-Leute-Fahrzeug« zu einem modernen Verkehrsmittel entwickelt (ebd.). Radfahren trägt zur Verbesserung der Lebensqualität (Froböse 2006) bei und impliziert vielfältige gesundheitliche Aspekte.

Bus und Bahn

Busse und Bahnen (S-, U-, Eisen-, Straßenbahn) gehören zum ÖPNV und zu den nachhaltigen Mobilitätsformen, die eine klimaneutrale Lösung anbieten.

Im Vergleich zu Jugendlichen, die z. B. für Schul- und Ausbildungsfahrweg auf den ÖPNV angewiesen sind, haben Menschen mit intellektueller Beeinträchtigung weniger Erfahrungen sammeln können, da sie oftmals mit Fahrdiensten gebracht und geholt werden.

Eine moderne Mobilitätsbildung umfasst weiterhin Aspekte von Sicherheits- und Sozialerziehung sowie von Umweltbildung und Gesundheitsförderung für eine verantwortungsvolle Teilnahme am Straßenverkehr (vgl. Stöppler 2017, S. 21).

2.4.3 Best-Practice-Beispiele/Handlungsoptionen

Im Bereich der Mobilitätsbildung sowie der Barrierefreiheit gibt es einige pädagogische Best-Practice-Projekte.

Bei dem Konzept »Kompetent mobil« (KOMO) handelt es sich um ein modular aufgebautes Förderprogramm zur Planung und Durchführung von Mobilitätstrainings (www.kompetent-mobil.de) für Menschen mit körperlichen, sensorischen, kognitiven und psychischen Beeinträchtigungen. Kern des Programms ist ein internetbasiertes Assessment.

Anlässlich der »Roadpol Safety Days« (2020) machte der DVR auf die Bedeutung des Fußverkehrs aufmerksam und gibt mit folgenden Vorschlägen Anregungen für einen sicheren Fußverkehr:

1. Parkverbot vor Kreuzungen ausweiten
2. Unfälle beim Überqueren verhindern
3. Ampelschaltung sicherer gestalten
4. Kreuzungsbereiche freihalten, Sichtbeziehungen verbessern (www.dvr.de/aktuelle-infos/).

Diese Anregungen sollten/könnten im Umfeld der jeweiligen Einrichtungen der Behindertenhilfe Berücksichtigung finden.

2.4 Teilhabechancen

Der Deutsche Verkehrssicherheitsrat (DVR) bietet im Handbuch »Menschen mit (Mobilitäts-)Behinderung« (2015) zahlreiche Übungen zur Mobilitätsbildung von Menschen mit (intellektueller) Beeinträchtigung an.

Im Fahrrad- und Fußwegetraining für Menschen mit Beeinträchtigungen »Gesund und sicher zu Fuß« und »Gesund und sicher mit dem Rad« des DVR werden vermittelt, wie man schwierigen Situationen im Straßenverkehr begegnet und Gefährdungen vermeidet.

Zunehmend gibt es Mobilitäts-Apps, die wertvolle Tipps für Angebote bei der Nutzung des Straßenverkehrs geben und zum Teil auch für Menschen mit intellektueller Beeinträchtigung geeignet sind (▶ Tab. 2.2).

Tab. 2.2: Zusammenstellung von Mobilitäts-Apps und Websites

Name	Ziel	Eignung für Menschen mit intellektueller Beeinträchtigung
Apps		
Moovit	• Kostenlose Nahverkehrsapp • Ziele mit dem Nahverkehr erreichen	• Schriftsprachbasiert – teilweise Piktogramme (bspw. Haltestellen) • Nicht barrierefrei • Verwirrend durch viel Werbung in der kostenlosen Version
Wheelmap-App	• Barrierefreie Orte in der Umgebung werden angezeigt und Barrieren aufgezeigt. • ÖPNV-Haltestellen werden separat angezeigt.	• Barrierearm • Gute Visualisierungen
DB Navigator	• Bahnreisen planen • Fahrtzeiten von Bahnen (und teilweise ÖPNV), deutschlandweit	• Schriftsprachbasiert • Nicht barrierefrei
Omio	• Fernreisen in Europa koordinieren und günstigste Angebote finden (Flugzeug, Fernbusse, Fernzüge).	• Schriftsprachbasiert • Nicht barrierefrei
Busliniensuche: Fernbus App	• Busverbindungen – auch europäisch	• Schriftsprachbasiert • Englischsprachig trotz Spracheinstellung »deutsch« • Nicht barrierefrei
Toiletfinder (bei Reisen mit den ÖPNV)	• Öffentliche Toiletten in der Umgebung. Auskunft über Kosten und Barrierefreiheit	• Übersichtliche App • Einfache Bedienung – verschiedene Ansichten: Karte und Listenansicht
On-Demand-Ride-Pooling	• Digital gesteuerter Mobilitätsdienst • Auf Bestellung (engl.: on demand) bündelt er Fahrten von Menschen, die ungefähr in die gleiche Richtung wollen.	• Barrierefreie Nutzung • Auch für Rollstuhlfahrende geeignet

Tab. 2.2: Zusammenstellung von Mobilitäts-Apps und Websites – Fortsetzung

Name	Ziel	Eignung für Menschen mit intellektueller Beeinträchtigung
Max der Dachs	• Spielerisches Lernen von Verkehrsregeln. App wurde in Deutschland entwickelt. Die gesamte App bietet 2 Stunden Spielzeit, wobei eine Übung nicht länger als 3 Minuten dauert.	• Spielerisches Lernen • Ansprechende Visualisierungen
Verkehr für Kinder	• Mobilitätslern-App Fußgängersituationen werden simuliert.	• Spielerisches Lernen • Schlechte deutsche Übersetzung
Aim4it	• Inklusive App für den ÖPNV • Im Projektstatus.	• Zwei-Sinne Prinzip • Barrierearm • Entwicklung mit Selbstvertreter*innen und Service-Provider*innen
Internetseiten		
Verkehrshelden https://verkehrshelden.com/	• Internetseite zum Einüben von Verkehrsregeln	• Erfordert viel Aufmerksamkeit und visuelle Wahrnehmung • Teilweise Schriftsprachbasiert • Lernvideos mit den gleichen Charakteren wie beim Spiel
Wheelmap Wheelmap.org	• Barrierefreie Orte werden angezeigt und Barrieren aufgezeigt. • ÖPNV-Haltestellen werden separat angezeigt.	• Barrierearm • Gute Visualisierungen
ENABLE https://www.enableme.ch/de	• Informationen zu barrierearmer Planung der Reise mit verschiedenen Verkehrsmitteln	• Schriftsprachbasiert • Nicht barrierefrei

2.5 Fazit

Mobilität stellt eine zentrale Voraussetzung und Bedingung für die Teilhabe am gesellschaftlichen Leben dar. Eine barrierefreie Mobilität ist vor dem Hintergrund der UN-BRK und den aufgezeigten gesetzlichen Vorgaben für eine inklusive Gesellschaft evident, jedoch aktuell in unserer Gesellschaft noch weit entfernt. Barrierefreiheit bedeutet neben der geforderten Auffindbarkeit, Zugänglichkeit sowie Nutzbarkeit aller Lebensbereiche für alle (gemäß § 4 BGG) auch vor allem Barrierefreiheit in den Köpfen, um ein vorurteilsfreies Miteinander zu ermöglichen.

Mobilität ist Voraussetzung, dass erwachsene Menschen mit intellektueller Beeinträchtigung ihre Menschenrechte gleichberechtigt wahrnehmen können. Mit den aufgezeigten Maßnahmen könnte die Vision Zero des Deutschen Verkehrssicherheitsrates (DVR): »Kein Mensch wird im Straßenverkehr getötet oder schwer verletzt« (Heß 2023, S. 6) auch für Menschen mit intellektueller Beeinträchtigung Wirklichkeit werden.

Literatur

Berufsgenossenschaft für Gesundheitsdienst und Wohlfahrtspflege (BGW) (2023): Autsch...... In: BGW 3/23. Gefährdungsbeurteilung Psyche: Leichter, als viele denken, S. 1213.
Bundesministerium für Arbeit und Soziales (Hrsg.) (2013): Teilhabebericht der Bundesregierung über die Lebenslagen von Menschen mit Beeinträchtigungen. Teilhabe – Beeinträchtigung – Behinderung. Berlin (https://www.bmas.de/DE/Service/Publikationen/a125-13-teilhabebericht.html, letzter Zugriff: 11.08.2021).
Bundesministerium für Arbeit und Soziales (Hrsg.) (2021a): Dritter Teilhabebericht der Bundesregierung über die Lebenslagen von Menschen mit Beeinträchtigungen. Teilhabe – Beeinträchtigung – Behinderung. Berlin (https://www.bmas.de/DE/Service/Publikationen/a125-21-teilhabebericht.html, letzter Zugriff: 11.08.2021).
Bundesministerium für Arbeit und Soziales (Hrsg.) (2021b): Repräsentativbefragung zur Teilhabe von Menschen mit Behinderungen, 4. Zwischenbericht. Forschungsbericht 571 (https://www.bmas.de/DE/Service/Publikationen/Forschungsberichte/fb-571-repraesentativbefragung-teilhabe.html, letzter Zugriff: 11.08.2021).
Bundesministerium für Justiz (Hrsg.) (2008): Gesetz zu dem Übereinkommen der Vereinten Nationen vom 13. Dezember 2006 über die Rechte von Menschen mit Behinderungen sowie zu dem Fakultativprotokoll vom 13. Dezember 2006 zum Übereinkommen der Vereinten Nationen über die Rechte von Menschen mit Behinderungen. Bundesgesetzblatt Jahrgang 2008 Teil II Nr. 35, ausgegeben zu Bonn am 31. Dezember 2008 (http://www.un.org/Depts/german/uebereinkommen/ar61106-dbgbl.pdf, letzter Zugriff: 06.11.2017).
Daubitz, S. (2021): Teilhabe und Öffentliche Mobilität: Die Rolle der Politik. In: Schwedes, O. (Hrsg.): Öffentliche Mobilität, Wiesbaden: Springer VS, S. 77–101.
Deutscher Behindertensportverband e.V. (DBV) (2019): Umsetzung der UN-Behindertenrechtskonvention im und durch Sport. Positionierung des Deutschen Behindertensportverbands (DBS) e.V. Online verfügbar unter: https://www.dbs-npc.de/files/dateien/sportentwicklung/inklusion/Positionspapier%20UNBRK_beschlossen.pdf, letzter Zugriff: 09.08.2021.
Dederich, M. (2012): Ästhetische und ethische Grenzen der Barrierefreiheit. In: Tervooren, A. & Weber, J. (Hrsg.): Wege zur Kultur. Barrieren und Barrierefreiheit in Kultur- und Bildungseinrichtungen. Schriftenreihe des Deutschen Hygiene-Museums Dresden, Bd. 9, Köln u.a., S. 101–115.
Deutscher Verkehrssicherheitsrat e.V. (DVR) (2008): Reha macht mobil. Handbuch für Personen, die den Rehabilitationsprozess von Patientinnen und Patienten begleiten. DVR Bonn.
Deutscher Verkehrssicherheitsrat e.V. (DVR) (2019): Sicher mobil. Praxisbausteine Mit dem Fahrrad oder dem Pedelec unterwegs. DVR Bonn.
Deutscher Verkehrssicherheitsrat e.V. (DVR) (2020): Verkehrsunfälle in Zahlen 2019: Fußverkehr. DVR Bonn.
Froböse, F. & Kühne, M. (2013). Mobilität 2025 – Unterwegs in der Zukunft. Eine Studie des Gottlieb Duttweiler Institute GDI im Auftrag der Schweizerischen Bundesbahnen SBB, Zürich, S. 23 und S. 36–39.
Froböse, I. (2006): Cycling & Health. Kompendium gesundes Radfahren. Sporthochschule Köln, Zentrum für Gesundheit.

Hauser, M. & Tenger, D. (2015): Menschen mit Behinderung in der Welt 2035. Wie technologische und gesellschaftliche Trends den Alltag verändern. Eine Studie des Gottlieb Duttweiler Institute GDI im Auftrag der Stiftung Cerebral, Zürich, S. 23 und S. 36–39.

Heß, M. (2014): Seminarkonzeption. Die Radfahrausbildung in der Grundschule. DVR Bonn.

Kassenärztliche Bundesvereinigung (KBV) (2016): Barrieren abbauen. Ideen und Vorschläge für Ihre Praxis. Online verfügbar unter: http://www.kbv.de/media/sp/PraxisWissen_Barrieren_Abbauen.pdf, letzter Zugriff: 06.11.2017.

KMK (Kultusministerkonferenz) (2012): Empfehlung zur Mobilitäts- und Verkehrserziehung in der Schule. Beschluss der Kultusministerkonferenz vom 07.07.1972 in der Fassung vom 10.05. 2012. Online verfügbar unter: www.kmk.org/fileadmin/veroeffentlichungen_beschluesse/1972/1972_07 07-Mobilitaets-Verkehrserziehung.pdf, letzter Zugriff: 06.11.2017.

König, J.-G. (2013): Zu Fuß. Eine Geschichte des Gehens. Stuttgart: Reclam.

Luhmann, N. (1994): Soziale Systeme: Grundriss einer allgemeinen Theorie. Frankfurt am Main: Suhrkamp Verlag.

Netzwerk Slowmotion (2011): Netzwerk Slowmotion präsentiert Mobilitätspyramide 2011. Mobilität genießen: menschenfreundlich, postfossil, klimaverträglich. Online verfügbar unter: http://slowmotion.ansichtssache.de/upload/files/materialien/mp_2011_netzwerk_slowmotion_12.11.2011.pdf, letzter Zugriff: 09.08.2017.

Netzwerk Slowmotion (2010): Mobilitätspyramide 2010. Mobilität genießen: menschenfreundlich, postfossil, klimaverträglich. 2., überarbeitete Auflage, Oktober 2011. Online verfügbar unter: http://slowmotion.ansichtssache.de/upload/files/materialien/mp_2010_netzwerk_slowmotion_12.10.2011.pdf, letzter Zugriff: 09.08.2017.

Nobis, C & Kuhnimhof, T. (2019): Mobilität in Deutschland – MiD Ergebnisbericht. Studie von infas, DLR, IVT und infas 360 im Auftrag des Bundesministeriums für Verkehr und digitale Infrastruktur. Online verfügbar unter: https://www.mobilitaet-in-deutschland.de/archive/pdf/MiD2017_Ergebnisbericht.pdf, letzter Zugriff am 26.02.2024.

Sozialhelden e.V. (2019): Presse-Informationen zur Wheelmap auf der Website »wheelmap.org« (Stand: November 2019). Online verfügbar unter: https://news.wheelmap.org/wheelmap-presseinformation/, letzter Zugriff: 09.04.2020.

Stöppler, R. & Knaup, M. (2023): Mobil und gesund zum Ziel. In: Lernen Konkret 3, S. 10–12.

Stöppler, R. (2019): Mobilität. Ein Thema mit Gesundheitspotential. In: Walther, K. & Römisch, K. (Hrsg.): Gesundheit inklusive. Gesundheitsförderung in der Behindertenarbeit. Wiesbaden: Springer VS, S. 247–258.

Stöppler, R. (2018a): Inklusiv mobil. Mobilitätsförderung bei Menschen mit geistiger Behinderung. Dortmund: Modernes Lernen.

Stöppler, R. (2018b): »Was gesund hält« – Bildung und Care in der Gesundheit bei Menschen mit geistiger Behinderung. In: Häußler, A. et al. (Hrsg.): Care und die Wissenschaft vom Haushalt. Aktuelle Perspektiven der Haushaltswissenschaft. Wiesbaden: Springer VS, S. 149–160.

Stöppler, R. (2017): »Als das Alpaka die Straße überquerte« – Mobilitätsbildung in der Grundschule. In: Radhoff, M. & Wieckert, S. (Hrsg.): Grundschule im Wandel. Hamburg: Verlag Dr. Kovac, S. 205–215.

Stöppler, R. (2016): »Bleib gesund!«. Aspekte der Gesundheitsförderung bei Menschen mit geistiger Behinderung. In: Lernen konkret, 35 (03), S. 4–6.

Stöppler, R. (2015): Menschen mit (Mobilitäts-)Behinderung. Teilhabe und Verkehrssicherheit. Handbuch für Fachkräfte zur Förderung der Mobilitätskompetenzen von Menschen mit Behinderungen. Schriftenreihe Verkehrssicherheit (18), Bonn: Deutscher Verkehrssicherheitsrat.

Stöppler, R. (2011): »Auf dem Weg zur Teilhabe«. Mobilitätspädagogische Bildungsangebote im FSP Geistige Entwicklung. In: Lernen konkret, 30 (02), S. 14–18.

Stöppler, R. (2009): Mobil mit Stil. Mobilitätserziehung bei Jugendlichen mit besonderem Förderbedarf. Schwerpunkt Lernen und sozial-emotionale Entwicklung. München: Bayerischer GUV/Akademie Bruderhilfe.

Stöppler, R. (2002): Mobilitäts- und Verkehrserziehung bei Menschen mit geistiger Behinderung. 2. überarb. Aufl. Bad Heilbrunn: Klinkhardt.

Van Essen, F. (2020): Kontakzonen. In: Hartwig, S.: Behinderung. Kulturwissenschaftliches Handbuch. Berlin: J.B. Metzler.
Wilhelm, M. (2009): Wenn Mobilität zur Gefahr wird. Bericht zum Unfallgeschehen von Menschen mit Behinderungen. 3. Auflage (Stand 3/2009). Berufsgenossenschaft für Gesundheitsdienst und Wohlfahrtspflege – BGW. Hamburg (BGW Forschung, SPMobi16).

3 Gesundheit

Reinhilde Stöppler

»Bleib gesund!« – das war der übliche Abschiedsgruß während der Corona-Pandemie, ein Verweis auf die Bedeutung der Gesundheit für uns alle. Gesundheit stellt eine der zentralsten Bedingung und Voraussetzung für die gesellschaftliche Teilhabe dar. Teilhabe an Gesundheit für Menschen mit intellektueller Beeinträchtigung geriet in der letzten Zeit insbesondere während der Pandemie in den Fokus, z. B. in der Diskussion um die Triage.

Menschen mit Beeinträchtigung haben ein Recht auf Gesundheit, wozu ein gleichberechtigter Zugang zu allen Dienstleistungen des Gesundheitswesens inklusive Sexual- und Reproduktionsrechte gehören. Bei diesem zentralen Teilhabebereich gibt es jedoch für Menschen mit intellektueller Beeinträchtigung erhebliche Exklusions- und Vulnerabilitätsrisiken.

3.1 Bedeutung

Zahlreiche Sprichwörter und Redewendungen im Alltag zeigen die Bedeutung der Gesundheit auf: »Hauptsache gesund!«, »Gesundheit ist nicht alles, aber ohne Gesundheit ist alles nichts!«, »Gesundheit und Geld durchstreifen die Welt.«, »Es gibt tausend Krankheiten, aber nur eine Gesundheit!«, »Gesundheit ist die erste Pflicht im Leben.« usw.

Im Vergleich zu einem lange vorherrschenden Gesundheitsbegriff, der – vornehmlich aus medizinischer Perspektive geprägt – Krankheit als Abweichung von intakten Körperfunktionen und entsprechend als Abwesenheit von körperlichen Krankheiten definierte (vgl. Franke & Möller 1993), finden sich aktuell vielfältige Beschreibungen und Definitionen des Begriffs. Eine vielzitierte Definition beschreibt Gesundheit als

> »Zustand des Wohlbefindens des objektiven und subjektiven Befindens einer Person, der gegeben ist, wenn diese Person sich in den physischen, psychischen und sozialen Bereichen ihrer Entwicklung in Einklang mit den eigenen Möglichkeiten und Zielvorstellungen und den jeweils gegebenen inneren und äußeren Lebensbedingungen befindet« (Hurrelmann 1988, S. 16 zit. n. Hurrelmann 2013, S. 8).

Andere Gesundheitskonzepte spiegeln u. a. vielfältige Dimensionen von Gesundheit wider. Beispielsweise wird im Konzept der Salutogenese Gesundheit als dynamisches Gleichgewicht im Zusammenspiel von körperlichen, psychischen und sozialen Fähigkeiten zur Lebensgestaltung und -bewältigung verstanden. Dabei stellt Gesundheit keinen passiven Gleichgewichtszustand dar, sondern wird als ein aktives und sich dynamisch regulierendes Geschehen beschrieben. Sowohl individuelle als auch soziale und kulturelle Ressourcen können zur Beeinflussung und Widerstand dieses Spannungsverhältnisses eingesetzt werden (vgl. BZgA 2001, S. 24 ff.).

3.2 Rechtliche Aspekte

Die WHO definiert Gesundheit als zentrales Menschenrecht und fordert die Staaten auf, die Belastungen der Bevölkerung durch schlechte Gesundheitsverhältnisse zu reduzieren, niemanden auszugrenzen und besonders schutzbedürftige, benachteiligte und schwer erreichbare Gruppen zu berücksichtigen.

In der ersten WHO-Konferenz zur Gesundheitsförderung definiert sie Gesundheitsförderung folgendermaßen: »Health promotion (…) the process of enabling people to increase control over, and to improve their health« (ebd. 1986, o. S.). Gesundheitsförderung hat also zum Ziel, allen Menschen Teilhabe an Gesundheit zu ermöglichen. Eine solche teilhabeorientierte Gesundheitsförderung kann nur gelingen, wenn zwei notwendige Bedingungen erfüllt werden; einerseits verfügbare Gelegenheiten, andererseits Personen, die die gebotenen Chancen nutzen (können) (WHO 2016, S. 23).

Artikel 25 der UN-BRK fordert u. a. »das Recht von Menschen mit Behinderungen auf das erreichbare Höchstmaß an Gesundheit ohne Diskriminierung aufgrund von Behinderung« sowie »alle geeigneten Maßnahmen, um zu gewährleisten, dass Menschen mit Behinderungen Zugang zu geschlechtsspezifischen Gesundheitsdiensten, einschließlich gesundheitlicher Rehabilitation« haben. In Abschnitt d) des Artikels 25 erfolgt zudem ein wichtiger Hinweis auf Betreuung und Pflege von Menschen mit Behinderungen, denn die Vertragsstaaten erlegen »den Angehörigen der Gesundheitsberufe die Verpflichtung auf, Menschen mit Behinderungen eine Versorgung von gleicher Qualität wie anderen Menschen angedeihen zu lassen, namentlich auf der Grundlage der freien Einwilligung nach vorheriger Aufklärung, indem sie unter anderem durch Schulungen und den Erlass ethischer Normen für die staatliche und private Gesundheitsversorgung das Bewusstsein für die Menschenrechte, die Würde, die Autonomie und die Bedürfnisse von Menschen mit Behinderungen schärfen« (Vereinte Nationen 2008).

Die aktuell vorherrschende Internationale Klassifikation der Funktionsfähigkeit, Behinderung und Gesundheit (ICF) berücksichtigt vor allem die subjektive Dimension des Wohlbefindens und geht durch den Einbezug von gesellschaftlich determinierten Wertmaßstäben, Standards und Erwartungen über die Charakterisierung von Gesundheit durch biologisch-medizinische Kriterien hinaus (DIMDI 2005) (▶ Abb. 3.1).

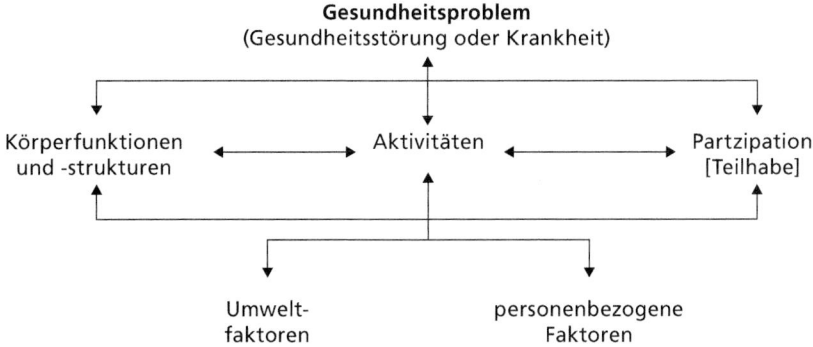

Abb. 3.1: WHO-ICF (DIMDI 2005, S. 23)

3.3 Teilhaberisiken

3.3.1 Gesundheitsstatus bei Menschen mit intellektueller Beeinträchtigung

Im Vergleich zur Allgemeinbevölkerung besteht bei Menschen mit intellektueller Beeinträchtigung ein höheres Gesundheitsrisiko, da sie eine besonders vulnerable Gruppe darstellen (vgl. Haveman & Stöppler 2021). Sie leben häufig mit komplexen gesundheitlichen Beeinträchtigungen und Multimorbidität (vgl. Bundesverband Evangelische Behindertenhilfe e. V. 2001), d. h. sie haben oftmals gleichzeitig mehrere Erkrankungen und zusätzliche Gesundheitsstörungen als Menschen ohne Beeinträchtigung. Häufig können diese auch syndromspezifische Ursachen haben (vgl. Haveman & Stöppler 2014). Bei Menschen mit schwerer intellektueller Beeinträchtigung treten häufig Erkrankungen wie z. B. zerebrale Lähmungen, sensorische Störungen, Epilepsie mit schweren und ständigen Anfällen, rezidivierende Infektionen der Atemwege, Muskelschwund, Herz-Kreislauf-Erkrankungen etc. auf (vgl. Haveman & Stöppler 2014, S. 43 ff.). Bei dem Personenkreis treten – im Vergleich zu Menschen ohne Beeinträchtigung – häufiger Sehprobleme, wie Refraktionsanomalien, Strabismus, Katarakt und Keratokonus auf (vgl. Haveman & Stöppler 2021, S. 74). Auch die Prävalenz einer Hörbehinderung ist höher als bei der Gesamtbevölkerung (vgl. ebd. S. 76).

Menschen mit intellektueller Beeinträchtigung weisen zudem eine hohe Prävalenzrate von einigen unbehandelten Erkrankungen (wie Hör-/Sehschäden und Schilddrüsen-Erkrankungen) auf, die eigentlich leicht behandelbar wären. Auffällig ist weiterhin die geringe Teilnahme an allgemeinen Gesundheitschecks, wie z. B. Blutdruckkontrolle sowie Krebsvorsorgeuntersuchungen (Cheetham et al. 2007; Haveman et al. 2010; 2011; Haveman & Stöppler 2022). Frauen mit intellektueller

Beeinträchtigung nehmen zudem weniger an Mammographie- und Gebärmutterhalskrebs-Screenings teil (Sullivan et al. 2003).

Im Bereich der Zahngesundheit sind Menschen mit intellektueller Beeinträchtigung im Vergleich zur Gesamtbevölkerung häufiger von Zahnerkrankungen wie Parodontose, Karies und Zahnverlusten betroffen (vgl. Stöppler 2017, S. 130).

Ein weiteres Problem kann die sogenannte Polypharmazie darstellen, d. h. Menschen mit intellektueller Beeinträchtigung nehmen mehrere Medikamente über einen längeren Zeitraum ein. Bei einer derartigen Dauermedikamentation besteht das Risiko einer Wechselwirkung der unterschiedlichen Arzneimittel sowie zahlreicher Nebenwirkungen (vgl. Haveman & Stöppler 2014, S. 45).

3.3.2 Syndromspezifische Erkrankungen

Häufig gibt es unbehandelte syndromspezifische Gesundheitsprobleme, die im Zusammenhang mit der individuellen Beeinträchtigung stehen (z. B. Demenz Alzheimer Typ bei Menschen mit Trisomie 21). Folgende Übersicht zeigt typische syndromspezifische Besonderheiten im gesundheitlichen Bereich.

Tab. 3.1: Häufige syndromspezifische gesundheitliche Probleme

Bezeichnung	Häufige Erkrankungen
Angelman-Syndrom	• Infektionen der Atemwege • Mittelohrentzündungen • Übergewicht
Cornelia-de-Lange-Syndrom	• Infektionen der Atemwege
Cri-du-chat-Syndrom (Katzenschrei-Syndrom)/ 5p-minus-Syndrom	• Magen-, Darmprobleme/-infektionen • Herz- und Atemprobleme/-infektionen
Trisomie 21	• Angeborener Herzfehler • Immunabwehrschwäche • Magen-Darm-Obstruktionen • Sehbeeinträchtigungen (Schielen, Kurz- oder Weitsichtigkeit, Keratokonus, Nystagmus oder Linsentrübungen) • Schwerhörigkeit • Hypothyreose • Hepatitis B • Leukämie • Adipositas • Demenz vom Alzheimer Typ
Fetales Alkohol-Syndrom (Alkoholembryopathie)	• Augenerkrankungen (Optikusatrophie/-hypoplasie, Ptosis, Refraktionsanomalien [Myopie, Strabismus]) • Mittelohrentzündungen • Störungen des zentralen Nervensystems • Angeborener Herzfehler

Tab. 3.1: Häufige syndromspezifische gesundheitliche Probleme – Fortsetzung

Bezeichnung	Häufige Erkrankungen
	• Stark herabgesetztes Schmerzempfinden, sodass genau beobachtet werden muss, um Erkrankungen und Verletzungen zu erkennen.
Fragiles-X-Syndrom	• Kurzsichtigkeit • Mittelohrentzündungen • Epileptische Anfälle (20 %)
Noonan-Syndrom	• Minderwuchs • Skelettanomalien • Ess- und Trinkschwächen • Herzfehler • Seh- und Hörbeeinträchtigungen • Muskelhypotonie • Verzögerte Pubertät • Hodenhochstand
Prader-Willi-Syndrom	• Erkrankungen aufgrund einer Adipositas • Bluthochdruck • Herz-Kreislauf-Beschwerden • Atemnot
Rett-Syndrom	• Anomalien der Atmung (Hyperventilation, Anhalten des Atems) • Epilepsie (in 80 % der Fälle) • Sterblichkeit bei älteren Patient*innen durch Infektionen der Atemwege beeinflusst • Frühe Sterblichkeit hängt vor allem mit schwerer Ausprägung des Syndroms zusammen
Williams-Beuren-Syndrom	• Zahnanomalien • Schwere Probleme bei der Nahrungsaufnahme mit Erbrechen und Nierenfunktionsstörungen • Herzfehler und Verengung großer Arterien führen zu Herz-Kreislauf-Problemen • Veränderungen der Gefäße (Nieren, Blase, Magen, Darm) • Nierenfunktion nimmt mit zunehmendem Alter ab, häufig Skoliose, Hyperkalzämie, Hypotonie • Beeinträchtigung des Hörvermögens durch häufige Entzündungen

3.3.3 Gesundheitsindikatoren für Menschen mit intellektueller Beeinträchtigung

In der Studie POMONA (2002–2004) mit Partnern aus 13 EU-Ländern wurden insgesamt 18 Gesundheitsindikatoren, die als spezifisch für erwachsene Menschen mit intellektueller Beeinträchtigung angesehen werden, erarbeitet. Darunter sind fünf demographische Indikatoren (Prävalenz, Wohnen, tägliche Beschäftigung,

Einkommen, Lebenserwartung), sechs Gesundheitsindikatoren (Epilepsie, Zahngesundheit, Body Mass Index [BMI], seelische Gesundheit, Sinne, Mobilität), drei Gesundheitsdeterminanten (Bewegung, herausforderndes Verhalten, Einnahme von Psychopharmaka) sowie vier Indikatoren bezüglich des Gesundheitssystems (Hospitalisation und Kontakt mit Fachkräften des Gesundheitswesens, Gesundheitscheck, Gesundheitsförderung, Sonderausbildung für Mediziner*innen) (▶ Tab. 3.2).

Tab. 3.2: Gesundheitsindikatoren für erwachsenen Menschen mit intellektueller Beeinträchtigung, POMONA, 2013 (Haveman & Stöppler, 2014, S. 239)

Demographie	Gesundheitsstatus
• Prävalenz • Wohnverhältnisse • Tagesbeschäftigung • Einkommen/sozioökonomischer Status • Lebenserwartung	• Epilepsie • Orale Gesundheit • Body Mass Index • Mentale Gesundheit • Wahrnehmung • Mobilität
Gesundheitsdeterminanten	**Gesundheitssystem**
• Physische Aktivität • Herausforderndes Verhalten • Medikation	• Hospitalisierung • Gesundheitschecks • Gesundheitsförderung • Training von Menschen in Gesundheitsberufen

Diese Indikatoren wurden im POMONA 2 Projekt mit Partnern aus 14 EU-Ländern operationalisiert. Dazu werden in allen Teilnehmerländern Daten über das jeweilige Gesundheitssystem und über die Gesundheit von Erwachsenen mit intellektueller Beeinträchtigung gesammelt. Die Studie konnte einige altersrelatierte Trends bzgl. der Lebensstil-Risikofaktoren für Menschen mit intellektueller Beeinträchtigung aufzeigen, wie z. B. höhere Raten von Tabak- und Alkoholkonsum in gemeindeintegrierten Wohnformen. Deutlich wird, dass vor allem geringe körperliche Aktivität und Bewegung ein ernstes Problem bei dem Personenkreis darstellt (vgl. ebd., S. 72 f.).

Tab. 3.3: Lebensstil-Risikofaktoren bei Personen mit geistiger Behinderung (N=1814) nach Alter (%), Ergebnisse der Europäischen Pomona-Studie (Haveman, 2011)

Alter (Jahre)	18–34	35–54	55–64	65+	Total
Rauchen					
Nein	91.5	90.0	90.4	85.1	90.1
Ab und zu	3.7	4.3	3.0	4.0	3.9
Täglich	4.8	5.7	6.6	10.9	6.0
Alkoholkonsum					

Tab. 3.3: Lebensstil-Risikofaktoren bei Personen mit geistiger Behinderung (N=1814) nach Alter (%), Ergebnisse der Europäischen Pomona-Studie (Haveman, 2011) – Fortsetzung

Alter (Jahre)	18–34	35–54	55–64	65+	Total
Nie	71.2	61.5	60.5	60.0	64.6
Weniger als zweimal die Woche	23.0	26.1	29.1	27.0	25.6
1–2 Tage in der Woche	4.0	8.5	4.1	10.0	6.3
3–6 Tage in der Woche	0.7	1.8	2.6	3.0	1.6
Jeden Tag	1.2	2.2	3.6	0.0	1.9
Körperliche Aktivität					
Vor allem sitzend oder liegend	52.4	49.0	53.3	60.9	51.8
Leichte Aktivitäten | 4 Stunden in der Woche	36.8	45.4	42.8	37.0	41.4
Gartenarbeit, Jogging, Freizeitsport | 4 Stunden in der Woche	9.0	5.0	2.8	1.1	5.7
Training Wettkampfsport | mehr als einmal in der Woche	1.8	0.6	1.1	1.1	1.1

Tabelle 3.3 zeigt auf, dass genauso wie bei Menschen ohne Beeinträchtigung auch für Menschen mit intellektueller Beeinträchtigung eine gesundheitliche Gefährdung durch Risikofaktoren, insbesondere durch übermäßigen Tabak-, Alkohol- und Drogenkonsum sowie mangelnde Körperbewegung, besteht (Klauß 2003b; Klauß 2003a; Schubert 2006).

Menschen mit intellektueller Beeinträchtigung sind im Allgemeinen genauso von Sucht gefährdet wie Menschen ohne Beeinträchtigung auch. Einige Faktoren können sogar einen Suchtmittelmissbrauch fördern, z. B. ein höheres Maß an Selbstbestimmung und Autonomie, vermehrte soziale Isolation sowie Gefahren aufgrund der u. U. Angewiesenheit auf Medikamente etc.

Eine häufig auftretende Erkrankung stellt für den Personenkreis Adipositas dar, deren Prävalenz bei Menschen mit intellektueller Beeinträchtigung erhöht ist und durch schlechteren Ernährungsstatus, Mangel an regelmäßiger körperlicher Aktivität und ungesunden Essgewohnheiten entstehen können. Vor allem sind Personen in gemeindenahen Wohnungen betroffen. Bei Menschen mit bestimmten genetischen Syndromen (z. B. Trisomie 21, Angelman-, Prader-Willi-, Turner-Syndrom) kann Adipositas auch syndromspezifisch auftreten (O'Brien et al. 2002).

3.3.4 Teilhabebarrieren

Ursachen für das erhöhte Gesundheitsrisiko von Menschen mit intellektueller Beeinträchtigung können in unterschiedlichen Bereichen liegen. So gibt es zahlreiche Zugangsbarrieren zum Gesundheitssystem und eingeschränktere Möglichkeiten, allgemein verfügbare Informationen zu Gesundheitsaspekten und zu gesundheitsförderndem Verhalten aufzunehmen und umzusetzen (vgl. Haveman & Stöppler

2014, S. 58 ff.; Stöppler 2009a, S. 2). Tabelle 3.4 zeigt mögliche Teilhaberisiko-Bereiche für den Personenkreis auf:

Tab. 3.4: Barrieren in der Teilhabe an Gesundheit (Stöppler & Thümmel 2023, S. 5)

Barrieren	Beispiele
Infrastruktur/mangelnde Barrierefreiheit	Erschwerter Zugang zum Gesundheitswesen, z. B. durch nicht barrierefreie Arztpraxen, Kliniken, Therapieeinrichtungen, Behandlungsstühle (z. B. bei zahnärztlicher oder gynäkologischer Behandlung); fehlende oder mangelnde Qualitätsstandards.[5]
Health literacy (Fähigkeit, grundlegende Gesundheitsinformationen zu erhalten, zu verarbeiten und zu verstehen)	Fehlende Kenntnisse über die im Gesundheitsbereich verfügbaren Ressourcen.
Mobilität	Abhängigkeit von Begleitpersonen und Fahrdiensten.
Kommunikation	Schwierigkeiten in der Darstellung der Symptome und Schmerzen gegenüber Betreuenden und Ärzt*innen sowie Beeinträchtigungen im Lesen von Beipackzetteln und Therapieinformationen.
Medizinisches Personal	Mangel an Fachwissen über intellektuelle Beeinträchtigungen (z. B. über Kommunikations- und Verhaltensprobleme), Bedarf an zusätzlicher Zeit und Ressourcen; Arztbesuche bedeuten erhöhten Zeitaufwand.
Pädagogisches Personal	Fehlende Professionalisierung des Personals in stationären Einrichtungen.
Bildung	Eingeschränkte oder ungenaue Kenntnisse über den Körper sowie über Beziehungen zwischen Lebensstilfaktoren, wie z. B. Ernährung, Bewegung; Schwierigkeit, Körpersignale zu erkennen, ärztliche Hilfe in Anspruch zu nehmen und Informationen umfassend zu verstehen.

---

5 Beispielhaft sei angeführt, dass insgesamt nur 21% aller Arztpraxen für mobilitätsbeeinträchtigte Menschen nach eigenen Angaben mehrere Merkmale der Barrierefreiheit erfüllen, wobei die »Anforderungen von Menschen mit bestimmten Beeinträchtigungsformen wie z. B. Seh- oder Hörbeeinträchtigungen sowie Lernschwierigkeiten […] fast unberücksichtigt« bleiben (BMAS 2021a, S. 430) (▶ Kap. 2.4.1).

3.4 Teilhabechancen

3.4.1 Barrierefreiheit

»Im Fokus der klassischen Erreichbarkeitsanalysen stehen zumeist die Lage von Alltagseinrichtungen. Hierbei sind große Entfernungen zu grundlegenden Einrichtungen […] problematisch« (Daubitz 2021, S. 79). Zwar verweist Artikel 25 der UN-BRK darauf, dass Gesundheitsleistungen »so gemeindenah wie möglich« sein sollten, um die Arztpraxis, eine Reha-Klinik, das Fitness-Studio oder den Sportverein etc. zu erreichen, es werden aber auch spezifische Anforderungen an die Zugänglichkeit und Nutzbarkeit dieser gesundheitlichen Dienstleistungen sowie nicht zuletzt an die barrierefreie Gestaltung der Verkehrswege dorthin gestellt.

Für Menschen mit Beeinträchtigungen gehören »Besuche bei der Hausärztin beziehungsweise bei dem Hausarzt zur Alltagsroutine und eine gute Erreichbarkeit der Praxen ist für die selbstständige Lebensführung von großer Bedeutung« (BMAS 2021a, S. 428). Eine gute Erreichbarkeit ist jedoch nicht immer gewährleistet, denn, auch wenn barrierefreies Bauen heute zum Standard gehört, entsprechen die in den vergangenen Jahrzehnten gebauten Infrastrukturen des öffentlich zugänglichen Raumes größtenteils nicht mehr den heutigen und künftigen Bedürfnissen und Prämissen einer inklusiven (und alternden) Gesellschaft. Es wird, trotz finanziellen Aufwendungen, noch lange dauern, bis die alten Infrastrukturen komplett erneuert werden (vgl. Hauser & Tenger 2015, S. 3 und S. 30).

Relevant sind auch weitere Anforderungen an die Barrierefreiheit für Menschen mit intellektueller Beeinträchtigung, wie Tabelle 3.5 zeigt.

Tab. 3.5: Barrierefreie Gestaltung der Umgebung (KSL 2022, S. 166 f.)

Anforderungen an die Barrierefreiheit von Menschen mit anderen Lernmöglichkeiten	Umsetzungsbeispiele
Unterstützung vor Ort bieten	• Unterstützung im Außen- und Innenbereich z. B. Abholung im Wartebereich • Personal bietet Hilfestellung bei der Orientierung
Einfache Wegeführung gewähren	• Ein lückenloses Orientierungs- und Informationssystem z. B. durch Hinweisschilder ermöglichen; Wiederholung bei längeren Wegstrecken • Visuelle und akustische Reizüberflutung vermeiden
Eindeutige Informationen bereitstellen	• Eindeutige und leicht verständliche Informationen z. B. durch die Kombination von Text und Bild • Serifenlose Schrift (ohne Schnörkel) • Übersichtliche und strukturierte Informationen z. B. ein Gebäudeplan mit farblich gekennzeichneten Etagen • Farbschema im Zimmer z. B. farblich gleiche Markierungen des Kleiderschrankes und der Kleiderhaken

Tab. 3.5: Barrierefreie Gestaltung der Umgebung (KSL 2022, S. 166f.) – Fortsetzung

Anforderungen an die Barrierefreiheit von Menschen mit anderen Lernmöglichkeiten	Umsetzungsbeispiele
Kommunikation ermöglichen	• Personal durch einheitliche Kleidung und/oder Namensschilder erkennbar • Nutzung einfacher Sprache oder Leichter Sprache z. B. in Fragebögen • Unterstützung in Gesprächen durch Informationstafeln mit Piktogrammen oder Bildern
Sicherheit bieten	• Hinweis- und Warnschilder sowie Fluchtwegausschilderung sollten eindeutig und leicht verständlich sein • Deutliche Markierungen von Stolpergefahren • Irritierende Aus- und Durchblicke vermeiden

3.4.2 Gesundheitsbildung

Angesichts des skizzierten Gesundheitsrisikos und den besonderen Anforderungen an die gesundheitliche Versorgung weisen Menschen mit intellektueller Beeinträchtigung einen höheren Bedarf an Gesundheitsbildung sowohl im schulischen als auch außerschulischen Bereich auf.

Die Kultusministerkonferenz (KMK) in Deutschland formulierte 2012 Empfehlungen, die einen Rahmen für die schulische und außerschulische Gesundheitsbildung und -erziehung darstellt (vgl. KMK 2012). Mit dieser Grundlage wird dem Anspruch,»Gesundheitsförderung als lebenslange[n] Prozess« (ebd., S. 2) zu verstehen, entsprochen, indem eine Orientierung an den tatsächlichen Lebensbedingungen der Lernenden erfolgt (vgl. ebd.).

Inhalte der Gesundheitsbildung im schulischen sowie außerschulischen Bereich umfassen u. a. die Themen Ernährungs- und Verbraucherbildung, Bewegungs-, Spiel- und Sportförderung, Sexualerziehung und Prävention von sexuell übertragbaren Krankheiten, Hygieneerziehung und Schutz vor übertragbaren Krankheiten, Prävention von Abhängigkeitsverhalten sowie Mobbingprävention und soziales Lernen (vgl. KMK 2012, S. 5f.).

Abbildung 3.2 illustriert die Themenfelder der Gesundheitsbildung.

Wie zu Beginn bereits skizziert, gehört auch sexuelle Gesundheit zu den Menschenrechten. Der Themenbereich Sexualbildung als Teilbereich der Gesundheitsbildung wird insbesondere von Thümmel (2023) fokussiert. Mit ihrem Entwurf eines innovativen Curriculums einer umfassenden und hochwertigen sexuellen Bildung für Menschen mit intellektueller Beeinträchtigung weist sie auf die Bedeutung dieses Bereiches zur Erhaltung der sexuellen Gesundheit und zum Schutz vor sexueller Gewalt hin (vgl. Thümmel 2023, S. 28). Sie schlägt u. a. folgende Themenfelder vor:

3 Gesundheit

Abb. 3.2: Mögliche Themenfelder der Gesundheitsbildung (Stöppler & Klamp-Gretschel 2019, S. 21 in Anlehnung an die KMK 2012, S. 5 f.)

- Der menschliche Körper und seine Entwicklung;
- Fruchtbarkeit und Fortpflanzung;
- Sexualität, Gesundheit, Wohlbefinden;
- Emotionen;
- Beziehungen und Lebensstile;
- Sexualität und Rechte;
- Soziale und kulturelle Determinanten der Sexualität.

Dabei wird stets auf die Internationalen Rechte (z. B. International Planned Parenthood Federation [IPPF]) (2009) verwiesen, die wesentlich zur Enttabuisierung und Etablierung sexueller Rechte von Menschen mit (intellektueller) Beeinträchtigung und damit zur Teilhabe an sexueller Gesundheit beitragen.

3.4.3 Bewegung/Mobilität

Wie in Kapitel 2.4.2 (Mobiltätsbildung ▶ Kap. 2.4.2) bereits erwähnt, stellt mangelnde Bewegung bei Menschen mit intellektueller Beeinträchtigung ein gesundheitliches Problem dar. Ein oft verkannter Faktor und Bestandteil gesunden Lebensstils ist die Mobilität, wobei hier die aktive Mobilität gemeint ist, die durch die eigene Körperkraft zustande kommt.

Mobilität weist ein hohes Gesundheitspotenzial auf; z. B. lebt gesund, wer zu Fuß geht:

»Wer 30 Minuten täglich zügig zu Fuß geht, senkt mit diesem simplen und erholsamen Spaziergang sein Risiko für viele Zivilisationskrankheiten körperlicher und seelischer Art bereits um 30%« (König 2013, S. 18 f.). Beim Gehen werden ca. 700 Muskeln und 100 Gelenke bewegt (vgl. ebd., S. 19).

Das Zufußgehen hat viele gesundheitliche Vorteile. Es trägt zur Förderung der

- physischen Fitness (Gehen hält physisch und psychisch fit, Muskeln werden gestärkt, Stolper- und Sturzunfälle werden vorgebeugt)
- Psyche (frische Luft, Stressabbau etc.)
- sozialen Kontakte (Treffen von Menschen in Nachbarschaft, Geschäften etc.)

bei.

Auch das Radfahren trägt zur Verbesserung der Bewegung und Lebensqualität (vgl. Froböse 2006) bei; es werden viele gesundheitsfördernde Faktoren angesprochen, z. B.:

- Training des Gleichgewichtssinns
- Stärkung der Muskulatur und Knochen
- Training der Ausdauer
- Reduzierung der Gefahr der Erkrankung an Herzkrankheiten und Bluthochdruck
- Verbesserung des Schlafes, des Wohlbefindens
- Verminderung von Depressionen (vgl. DVR 2019, S. 9).

3.4.4 Erwachsenenbildung/Best-Practice-Beispiele

Es gibt einige positive Beispiele für die Erwachsenenbildung von Menschen mit intellektueller Beeinträchtigung in außerschulischen Settings, die das wichtige Thema Gesundheit fokussieren. Ein Beispiel stellt der Lehrgang »Selbstbestimmt Älterwerden« dar; Ziel des in den USA entstandenen und international erprobten Trainingsprogrammes »Person-centered planning for older adults with mental retardation« (vgl. Heller et al. 1996; Haveman et al. 2000) ist es, Menschen mit intellektueller Beeinträchtigung in verschiedenen Lektionen mit Bildungsangeboten zu zentralen Themen auf das Altern vorzubereiten und eine Vorstellung davon zu entwickeln, was Alter für sie selbst bedeutet. Der Lehrgang besteht aus 16 Lektionen und drei Exkursionen und beschäftigt sich u. a. auch mit dem Themenkomplex »Gesundheit und Wohlbefinden« (vgl. Haveman & Stöppler 2021, S. 202 ff.), z. B. in den Lektionen 4, 5 und 6, in denen es vor allem um das Treffen von gesundheitsbewussten Entscheidungen sowie Körperbewegung geht.

Ziel des Projekts »Gesund leben: Besser so, wie ich es will!« (vgl. Schepp et al. 2023) stellt die Aneignung selbstbestimmter Gesundheitskompetenzen in den Bereichen Ernährung und Bewegung durch Menschen mit Beeinträchtigungen dar. In dem im Rahmen dieses Projektes konzipierten Handbuch der Multiplikatoren-Schulung werden u. a. Anregungen zur Verbesserung der Rahmenbedingungen in Wohnsettings gegeben (FIBS gGmbH 2021) (vgl. Schepp et al. 2023, S. 164ff.).

In den USA werden erwachsene Menschen mit intellektueller Beeinträchtigung über Gesundheitsverhalten unterrichtet und durch Interventionen in Körperbewegung und Ernährung motiviert, angeleitet und begleitet. Erzielt wurden signifikante Fortschritte in Gesundheitswissen, körperlicher Fitness, Bewältigungsstrategien, gesunder Verhaltensweisen sowie psycho-sozialem Wohlbefinden (vgl. Heller et al. 2004).

Das Projekt »Take Care – Gesundheitsförderung für Frauen und Mädchen mit geistiger Behinderung« zielt darauf ab, Mädchen und Frauen mit intellektueller Beeinträchtigung kompetent für die Teilhabe an Angeboten der Gesundheitsförderung zu machen. Ausgangspunkt dieses Projektes ist, dass Frauen mit intellektueller Beeinträchtigung besonders benachteiligt in Gesundheitsvorsorge und -fürsorge sind (vgl. Klamp-Gretschel 2019, S. 151 f.).

Eine innovative Methode stellen Erklärvideos dar. Bruland et al. (2023) zeigen die erfolgreiche Entwicklung von Erklärvideos für Menschen mit Lernschwierigkeiten mit dem Ziel der Stärkung der Gesundheitskompetenz.

Medizin für Menschen mit Beeinträchtigung sollte sich auf die individuellen Bedürfnisse ihrer Patient*innen einstellen. An einigen (wenigen) Standorten in Deutschland gibt es Zentren für inklusive Medizin als Versorgungseinheit. Die Angebote bestehen meist aus einem medizinischem Zentrum für Erwachsene mit Behinderung (MZEB) und einer eigenen Klinikstation (z. B. in Volmarstein, Hagen-Haspe, Bielefeld). In diesen stehen für Diagnostik, Versorgung, Pflege, Behandlungs- und Therapiepläne mehr Zeit zur Verfügung, um die Patient*innen verständlich zu beraten; auch die Infrastruktur ist auf die Voraussetzungen der besonderen Bedürfnisse ausgerichtet.

Weitere pädagogische Handlungsempfehlungen betreffen die adressatenbezogene Aus- und Weiterbildung für pädagogische Mitarbeitende. Für den Erwerb praktischer Erfahrungen sind systematische Hospitationsangebote für die verschiedenen Berufsgruppen bei institutionell integrierten Gesundheitsdiensten und im Wohn- und Arbeitsbereich der Menschen mit Beeinträchtigung zu schaffen. Eine wichtige Aufgabe besteht in der Kooperation mit dem betreffenden Menschen und der Ärzteschaft, um gemeinsam Gesundheitsprobleme zu lösen (vgl. Haveman & Stöppler 2014, S. 323).

3.5 Fazit

Menschen mit Beeinträchtigungen haben das (Menschen-)Recht auf Gesundheit und auf wohnortnahe Gesundheitsversorgung im Quartier. Sie können nur ein Höchstmaß an Gesundheit erreichen, wenn sie auch befähigt werden, informierte und selbstbestimmte Entscheidungen über ihr gesundes Leben zu treffen.

Literatur

Bruland, D., Vetter, N., Voß, M., Seidl, N., Latteck, Ä.-D. (2023): Gesundheitskompetenz stärken. Zielgruppengerechte Kompetenzvideos für Menschen mit Lernschwierigkeiten entwickeln. In: Teilhabe 4, 62, S. 170–175.

Bundesministerium für Arbeit und Soziales (Hrsg.) (2021a): Dritter Teilhabebericht der Bundesregierung über die Lebenslagen von Menschen mit Beeinträchtigungen. Teilhabe – Beeinträchtigung – Behinderung, Berlin. Online verfügbar unter: https://www.bmas.de/DE/Service/Publikationen/a125-21-teilhabebericht.html, letzter Zugriff: 11.08.2021.

Bundesverband Evangelische Behindertenhilfe e.V. (Hrsg.; 2001): Gesundheit und Behinderung. Expertise zu bedarfsgerechten gesundheitsbezogenen Leistungen für Menschen mit geistiger und mehrfacher Behinderung als notwendiger Beitrag zur Verbesserung ihrer Lebensqualität und zur Förderung ihrer Partizipationschancen. Reutlingen: Diakonie-Verlag.

BZgA (Bundeszentrale für gesundheitliche Aufklärung) (Hrsg.) (2001): Forschung und Praxis der Gesundheitsförderung. Was erhält Menschen gesund? Antonovskys Modell der Salutogenese – Diskussionsstand und Stellenwert. Bd. 6. BZgA, Köln.

Cheetham, T., Lovering, J.S., Telch, J., Telch, F. & Percy, M. (2007): Physical health. In: Brown, I. & Percy M. (Hrsg.): A comprehensive guide to intellectual and developmental disabilities. Baltimore, Paul H. Brookes Publishing Co, 629–643

Daubitz, S. (2021): Teilhabe und Öffentliche Mobilität: Die Rolle der Politik. In: Schwedes, O. (Hrsg.): Öffentliche Mobilität, Wiesbaden: Springer VS, S. 77–101.

DIMDI (Deutsches Institut für Medizinische Dokumentation und Information) (Hrsg.) (2005): ICF. Internationale Klassifikation der Funktionsfähigkeit, Behinderung und Gesundheit. Online verfügbar unter: https://www.dimdi.de/static/de/klassifikationen/icf/icfhtml2005/, letzter Zugriff: 21.01.2024.

Deutscher Verkehrssicherheitsrat e.V. (DVR) (2019): Sicher mobil. Praxisbausteine Mit dem Fahrrad oder dem Pedelec unterwegs. DVR Bonn.

Driller et al. (2008): Die INA-Studie. Inanspruchnahme sozialer Netzwerke und Alter am Beispiel von Angeboten der Behindertenhilfe. Lambertus

Froböse, I. (2006): Cycling & Health. Kompendium gesundes Radfahren. Sporthochschule Köln, Zentrum für Gesundheit.

Hauser, M. & Tenger, D. (2015): Menschen mit Behinderung in der Welt 2035. Wie technologische und gesellschaftliche Trends den Alltag verändern. Eine Studie des Gottlieb Duttweiler Institute GDI im Auftrag der Stiftung Cerebral, Zürich, S. 23 und S. 36–39.

Haveman, M. & Stöppler, R. (2014): Gesundheit und Krankheit bei Menschen mit geistiger Behinderung. Stuttgart: Kohlhammer.

Haveman, M. & Stöppler, R. (2021): Altern mit geistiger Behinderung. Grundlagen und Perspektiven für Begleitung, Bildung und Rehabilitation. 3. Auflage. Stuttgart: Kohlhammer.

Hurrelmann, K. (2013): Gesundheits- und Medizinsoziologie. Eine Einführung in sozialwissenschaftliche Gesundheitsforschung. 8. Auflage. Beltz Juventa Mannheim.

Klauß, T. (2010): Inklusive Bildung: vom Recht Aller, alles Wichtige über die Welt zu erfahren. In: Behindertenpädagogik 49 (4), S. 341–369.

Klamp-Gretschel (2019): Take Care – Gesundheitsförderung von Mädchen und Frauen mit geistiger Behinderung. In: Stöppler, R. & Klamp-Gretschel, K. (2019): Ressourcen nutzen –

gesund bleiben. Gesundheitsbildung bei Menschen mit geistiger Behinderung. Dortmund: verlag modernes lernen, S. 151–168.

KMK (Sekretariat der ständigen Konferenz der Kultusminister der Länder in der Bundesrepublik Deutschland) (2012): Empfehlung zur Gesundheitsförderung und Prävention in der Schule (Beschluss der Kultusministerkonferenz vom 15.11.2012). Online verfügbar unter: www.kmk.org/fileadmin/Dateien/veroeffentlichungen_beschluesse/2012/2012_11_15-Gesundheitsempfehlung.pdf, letzter Zugriff: 21.04.2022.

König, J.-G. (2013): Zu Fuß. Eine Geschichte des Gehens. Stuttgart: Reclam.

Marks, B., Sisirak, J. & Heller, T. (2010): Health matters for people with developmental disabilities. Creating a sustainable health promotion program. Baltimore: Brookes Publishing Company.

Schepp, B., Remark, C. & Tillmann, V. (2023): Gesund leben? Na klar! In: Teilhabe 4, 62, S. 164–169.

Stöppler, R. (2017): Einführung in die Pädagogik bei geistiger Behinderung. 2., aktualisierte Auflage. München: Ernst Reinhardt.

Stöppler, R. (2019): Mobilität. Ein Thema mit Gesundheitspotential. In: Walther, K. & Römisch, K. (Hrsg.): Gesundheit inklusive. Gesundheitsförderung in der Behindertenarbeit. Springer: Wiesbaden.

Stöppler, R. & Klamp-Gretschel, K. (2019): Ressourcen nutzen – gesund bleiben. Gesundheitsbildung bei Menschen mit geistiger Behinderung. Dortmund: verlag modernes lernen.

Stöppler, R. & Thümmel, I. (2023): »Kurs Gesundheit« – Bildung als Potenzial. In: Lernen Konkret 3–2023, S. 4–8.

Stöppler, R. & Wachsmuth, S. (2010): Förderschwerpunkt Geistige Entwicklung. Eine Einführung in didaktische Handlungsfelder. Paderborn: Ferdinand Schöningh.

Thümmel, I. (2023): Sexuelle Bildung im SGE. Rechtebasiert – umfassend – Selbstbestimmung fördernd – konsensorientiert. In: Lernen Konkret, 3, S. 28–31.

Vereinte Nationen (2008): Gesetz zu dem Übereinkommen der Vereinten Nationen vom 13. Dezember 2006 über die Rechte von Menschen mit Behinderungen sowie zu dem Fakultativ-Protokoll vom 13. Dezember 2006 zum Übereinkommen der Vereinten Nationen über die Rechte von Menschen mit Behinderungen vom 21. Dezember 2008. Online verfügbar unter: www.un.org/Depts/german/uebereinkommen/ar61106-dbgbl.pdf, letzter Zugriff: 01.02.2023.

4 Sicherheit und Schutz vor Gewalt für Menschen mit intellektueller Beeinträchtigung in Einrichtungen der Behindertenhilfe

Ingeborg Thümmel

»Zutiefst besorgt« zeigte sich der UN-Fachausschuss nach der Prüfung des zweiten und dritten deutschen Staatenberichts zur Umsetzung der UN-Behindertenrechtskonvention (UN-BRK). Als Grund zur Sorge wurden u. a. in den am 3. Oktober 2023 veröffentlichten »Abschließenden Bemerkungen« des Ausschusses »die hohen Raten aller Formen von Gewalt gegen Menschen mit Behinderungen, insbesondere gegen Frauen und Mädchen mit Behinderungen (genannt), und das Fehlen einer übergreifenden und wirksamen Strategie zur Verhütung und zur Bekämpfung von Gewalt in allen öffentlichen und privaten Bereichen«[6] (UN Committee on the Rights of Persons with Disabilities 2023, S. 9; deutsche Übersetzung durch die Autorin des Beitrages).

4.1 Bedeutung

4.1.1 Das universelle menschliche Bedürfnis nach Sicherheit und Schutz

Der nachfolgende Beitrag nimmt die »Abschließenden Bemerkungen« des UN-Fachausschusses zum Anlass, den Blick auf die Personengruppe von Menschen zu richten, die in Einrichtungen der Behindertenhilfe wohnen und/oder in Werkstätten für behinderte Menschen (WfbM) arbeiten. Anfänglich wird danach gefragt, wie es gegenwärtig um die Sicherheit und den Schutz für Nutzer*innen von Einrichtungen der Behindertenhilfe steht. Daran anknüpfend wird die Frage gestellt, welche übergreifende und wirksame Gewaltschutzstrategie auf der Personen- und Beziehungsebene sowie auf der institutionellen und gesellschaftspolitischen Ebene umzusetzen ist, um einen hohen Grad an Sicherheit und Schutz vor Gewalt für die Nutzer*innen zu gewährleisten.

In Sicherheit zu leben ist ein universelles menschliches Grundbedürfnis, das die Abwesenheit von Gefährdungen und Freiheit von Gewalt voraussetzt. Der Stellen-

---

6 »The Committee is deeply concerned about: The high rates of all forms of violence against persons with disabilities, in particular women and girls with disabilities, and the lack of a comprehensive and effective violence prevention and response strategy to protect against violence in all public and private settings.«

wert eines stabilen Sicherheitsgefühls für das Wohlbefinden und die Motivation von Menschen wurde erstmalig 1954 von dem amerikanischen Psychologen Abraham Maslow an einer fünfstufigen Bedürfnishierarchie aufgezeigt. Sind die physiologischen Bedürfnisse, die zum Überleben wichtig sind, wie Nahrung, Schlaf, Bewegung, befriedigt, rückt die nächsthöhere Motivationsgruppe, die der Sicherheitsbedürfnisse, Angstfreiheit und Schutz nach. Erst dann wird die Realisierung der sozialen Bedürfnisse, der Bedürfnisse nach Anerkennung und Wertschätzung sowie des Bedürfnisses nach Selbstverwirklichung verfolgt (vgl. Maslow 2021).

Sicherheit als Grundbedürfnis beeinflusst indirekt und direkt menschliches Handeln. Menschen schätzen fortlaufend ihre Sicherheit ein und bewerten diese im Hinblick auf die in ihrer Lebenswelt bestehenden Risiken, ihrer Vulnerabilität und ihrer Copingfähigkeiten (vgl. Schewe 2007, S. 322–324). Auf diese Weise wird ein subjektives Sicherheitsgefühl konstruiert, das in Beziehung zu einem individuellen Schutzbedürfnis gesetzt wird. Ein gutes Sicherheitsgefühl ist ein wesentlicher Faktor für Lebensqualität, während Unsicherheitsgefühle und Furcht individuelle Handlungsspielräume und soziale Teilhabe wesentlich einschränken können (vgl. BMAS 2021a, S. 683 f.).

4.1.2 Gewaltprävalenzen und ihre Auswirkungen

Anfang der 2010er-Jahre erschütterten zwei Studien zur Lebenssituation und Belastungen von Frauen mit Behinderungen und Beeinträchtigungen, die vom Bundesministerium für Frauen, Senioren, Familie und Jugend in Auftrag gegeben wurden, das Vertrauen in Einrichtungen der Behindertenhilfe als Ort der Sicherheit und Fürsorge (vgl. BMFSJ 2012, 2013a; 2013b; 2014).

In den beiden Studien (quantitativ/qualitativ) wurden unerwartet hohe Gewaltprävalenzen errechnet (vgl. ebd.). Diese spiegelten sich auch im subjektiven Sicherheitsempfinden und der subjektiven Sicherheitswahrnehmung der Studienteilnehmerinnen wider. So berichteten in den Studien von 318 Frauen, die mit vereinfachter Sprache befragt wurden, 34 % über Angst (manchmal) vor körperlicher Gewalt und 24 % über Angst vor sexuellen Übergriffen in den Einrichtungen (vgl. BMFSF 2013b, S. 84). Für von den Studienteilnehmerinnen geäußerten Ängste gab es gute Gründe. Dies wird deutlich an den errechneten Gewaltprävalenzen, die Nutzerinnen von Einrichtungen im Erwachsenenalter erlebt hatten. Erfasst wurde direkte Gewalt (personale Gewalt) in den Formen körperlicher, psychischer und sexueller Gewalt sowie indirekter Gewalt, die den Strukturen von Einrichtungen inhärent sind und auch als strukturelle Gewalt bezeichnet werden können.

Die nachfolgende kompilierte Tabelle 4.1 zeigt das Ausmaß der Gewaltbetroffenheit von Frauen mit intellektueller Beeinträchtigung (vgl. BMFSFJ 2014) im Vergleich zum Bevölkerungsdurchschnitt erwachsener Frauen vom 16. bis zum 65. Lebensjahr (vgl. BMFSFJ 2004).

Tab. 4.1: Vergleich von Gewaltbetroffenheit zwischen Nutzerinnen von Einrichtungen der Behindertenhilfe mit Frauen im Bevölkerungsdurchschnitt (eigene Darstellung)

Nutzerinnen von Einrichtungen der Behindertenhilfe[1] N = 318 (BMFSFJ 2014, S. 92)	%	Frauen im Bevölkerungsdurchschnitt N = 8.445 (BMFSFJ 2004, S. 28) Mehrfachnennung möglich	%
Körperliche Gewalt	58[2]	Körperliche Gewalt	37[1]
Psychische Gewalt	68	Psychische Gewalt	42[2]
Sexuelle Gewalt/erzwungene sexuelle Handlungen	21[3]	Sexuelle Gewalt	13[2]
Sexuelle Belästigung	39[3]	Sexuelle Belästigung	58[2]
Strukturelle Gewalt (Item: »Bedingungen/Regeln, durch die in Freiheit oder in Entscheidung eingeschränkt wurde«)	38[4]		

[1] Befragung erfolgte in vereinfachter Sprache
[2] 51 % Übergriffe erfolgten erst im Erwachsenalter
[3] 11 % – 23 % keine Angaben
[4] BMFSFJ 2013b, S. 231; 7 % – 10 % keine Angaben

[1] Angaben im mündlichen und/oder schriftlichen Fragebogen
[2] Angaben im mündlichen Fragebogen

Der tabellarische Vergleich zeigt deutlich die höhere Gewaltbetroffenheit der Nutzerinnen von Einrichtungen mit Ausnahme der sexuellen Belästigung. Allerdings muss berücksichtigt werden, dass bei beiden Fragen zur sexuellen Diskriminierung und Gewalt 11 % bis 23 % der Personen, die in vereinfachter Sprache befragt wurden, keine Angaben machten. Es ist davon auszugehen, dass mit einer Analyse der Dunkelfelder weitaus höhere Prävalenzen von sexueller Diskriminierung und Gewalt hätten ermittelt werden können.

In den von 2012 bis 2013 von Schröttle et al. durchgeführten Studien wurde die Gefährdungslage für Frauen in Einrichtungen der Behindertenhilfe sichtbar (vgl. BMFSFJ 2012; 2013a; 2013b; 2014). Im Gegensatz dazu ist in Deutschland bis heute die Datenlage zur Gewaltbetroffenheit von Männern in Einrichtungen der Behindertenhilfe spärlich. Es wird daher an dieser Stelle auf die Ergebnisse einer relativ aktuellen Studie zurückgegriffen, die vom österreichischen Bundesministerium Arbeit, Soziales, Gesundheit und Konsumentenschutz (vgl. BMASGK 2019) herausgegeben wurde. An der Studie nahmen u. a. 140 Männer teil, die in Einrichtungen der Behindertenhilfe wohnten und/oder arbeiteten. Als Vergleichsgruppe wurde eine Stichprobe von 1.042 Männern herangezogen, die in einer Studie des Österreichisches Institut für Familienforschung an der Universität Wien (vgl. ÖIF 2011) zu »Gewalt in der Familie und im nahen sozialen Umfeld« befragt wurden. Die nachfolgende Tabelle 4.2 weist die Prävalenzwerte für erlebte körperliche, psychische und sexuelle Gewalt für Nutzer von Einrichtungen der Behindertenhilfe und für eine Stichprobe erwachsener Männer aus der Gesamtbevölkerung aus. Die kompilierte Tabelle ermöglicht auf diese Weise eine vergleichende Betrachtung der Gewaltprävalenzen beider Stichproben im Vergleich.

Tab. 4.2: Vergleich von Gewaltbetroffenheit zwischen Nutzern von Einrichtungen der Behindertenhilfe mit Männern im Bevölkerungsdurchschnitt (eigene Darstellung)

Nutzer von österreichischen Einrichtungen der Behindertenhilfe N = 140 (BMASGK 2019)	Männer im Bevölkerungsdurchschnitt in Österreich N = 1.042 (ÖIF 2011)	
%	%	Signifikanz (5%)
Körperliche Gewalt Gewaltitem: »geschlagen oder verprügelt« 23,1[1]	14,4[2]	ja
Psychische Gewalt Gewaltitem: »be/bedroht oder eingeschüchtert/Angst gemacht« 38,9[3]	19,9[4]	ja
Sexuelle Gewalt Gewaltitem: »gegen Willen intim berührt/Geschlechtsteile berührt« 12,3[5]	8[6]	verfehlt nur knapp die geforderte Signifikanz von 5%

[1] BMASGK 2019, S. 223
[2] ÖIF 2011, S. 92
[3] BMASGK 2019, S. 158
[4] ÖIF 2011, S. 83
[5] BMASK 2019, S. 301
[6] ÖIF 2011, S. 107

In der österreichischen Prävalenzstudie wurde die Gewaltbetroffenheit von körperlicher, psychischer und sexueller Gewalt mittels einer Itembatterie erhoben. Die in der Tabelle dargestellten Items stehen exemplarisch für höhere, häufig auch signifikant höhere Lebenszeitprävalenzen, die bei Nutzern von Einrichtungen der Behindertenhilfe im Vergleich zu Männern im österreichischen Bevölkerungsdurchschnitt für körperliche, psychische und sexuelle Gewalt ermittelt wurden. Zwar erreichen immer noch die Frauen, die in Einrichtungen der Behindertenhilfe leben und/oder arbeiten im Vergleich zu Männern die höheren Prävalenzwerte, z. B. bei sexuellen Gewaltformen (vgl. BMASGK 2019, S. 456). Gleichwohl müssen aber dennoch, angesichts der in Tabelle 4.2 (▶ Tab. 4.2) ausgewiesenen Prävalenzwerte, Einrichtungen der Behindertenhilfe auch für Männer als »gewaltriskante Räume« eingestuft werden.

Darüber hinaus erschließt sich aus der österreichischen Studie das erhebliche Gefährdungspotenzial für die Gesamtgruppe der Nutzer*innen von Einrichtungen der Behindertenhilfe. Die in dieser Studie für die Gesamtgruppe ausgewiesenen Lebenszeitprävalenzwerte von 72,5% für körperliche Gewalt (vgl. BMASGK 2019, S. 15), 79,9% für psychische Gewalt (vgl. ebd., S. 18) und 44,2% für sexuelle Gewalt (vgl. ebd., S. 22) dokumentieren eindrücklich die erheblichen Gefährdungen für Frauen *und* Männer in den Einrichtungen der Behindertenhilfe. Vor diesem Hintergrund stellt sich mit großer Dringlichkeit die Frage nach einer effizienten Risikoanalyse in den Einrichtungen und dem Stand der Entwicklung einer angepassten übergreifenden Gewaltschutzstrategie, die bereits 2015 der UN-Fachausschuss für die Rechte von Menschen mit Behinderungen in seinem Abschlussbericht zum ersten deutschen Staatenbericht gefordert hat. Ein weiterer inhaltsgleicher Appell, adressiert an den Vertragsstaat Deutschland, findet sich auch in dem aktuellen Abschlussbericht des Fachausschusses. Erneut wird Deutschland aufgefordert, »…eine umfassende und wirksame Strategie zur Verhütung und Bekämpfung von Gewalt, im Einklang mit dem Übereinkommen des Europarats zur Verhütung und Bekämpfung von Gewalt gegen Frauen und häuslicher Gewalt, die den geschlechts- und altersspezifischen Anforderungen gerecht wird«, zu entwickeln (UN Committee on the Rights of Persons with Disabilities 2023, S. 9; deutsche Übersetzung durch die Autorin des Beitrages) .[7]

4.2 Teilhaberisiken in Einrichtungen der Behindertenhilfe

4.2.1 Zu den Ursachen der Entstehung von Gewalt

Im Jahr 2021 wohnten 194.565 erwachsene Menschen in besonderen Wohnformen (bis 2019 stationäres Wohnen) in Deutschland (vgl. BAGÜS 2023, S. 13). Rund 310.000 Menschen arbeiteten im Jahr 2022 in einer WfbM (vgl. BAG WfbM 2023, S. 36). Dass es für den Personenkreis, der in Einrichtungen der Behindertenhilfe wohnt oder arbeitet, ein signifikantes Gefahrenpotenzial gibt, bestätigen auch aktuelle internationale Studien (vgl. Amelink et al. 2021; Mailhot Amborski et al. 2022; Tomsa et al. 2021). Bereits 2012 wies Tschan darauf hin, dass »Institutionen als Hochrisikobereiche für sexualisierte Gewaltdelikte gelten« (ebd. S. 36). Elf Jahre später lässt sich diese Annahme empirisch bestätigen; sie muss jedoch erweitert und spezifiziert werden, um genderspezifische und wirkmächtige Risikofaktoren zu identifizieren und in ihren Wechselwirkungen zu erfassen.

Grundsätzlich ist die Gefährdungslage für Nutzer*innen von Einrichtungen der Behindertenhilfe in der Fachöffentlichkeit bekannt. So wurde seit 2012 in allen drei Teilhabeberichten der Bundesregierung die bestehende Gefährdungslage in den Einrichtungen der Behindertenhilfe ausführlich beschrieben, allerdings ohne dass die Entstehungskontexte, Ursachen und Risikofaktoren vertieft analysiert wurden, um auf dieser Grundlage eine übergreifende und wirksame Gewaltstrategie zu entwickeln (vgl. BMAS 2013; 2016; 2021a). Von daher lässt sich auch die Stagnation

---

7 »Develop a comprehensive and effective violence prevention and response strategy in line with the Council of Europe Convention on Preventing and Combating Violence against Women and Domestic Violence that responds to gender- and age-specific requirements.«

der Gewaltprävalenz auf hohem Niveau für unterschiedliche Gewaltformen bei Nutzer*innen von Einrichtungen erklären.

Die World Health Organisation (WHO) hat bereits 2002 Gewalt als ein »außerordentlich komplexes Phänomen (beschrieben), das in der Wechselwirkung zahlreicher biologischer, sozialer, kultureller, wirtschaftlicher und politischer Faktoren wurzelt« (WHO Europa 2003, S. 13). Die Ursachen der Entstehung von Gewalt wird von der WHO anhand eines sozioökologischen Modells erklärt, das schon in den 1970er-Jahren für die Gewaltforschung zu den Themen Kindesmissbrauch, Gewalt gegen Frauen und geschlechtsbezogene Gewalt als Analyseinstrumentarium verwandt wurde (vgl. ebd.). Das von der WHO verwandte Modell weist die folgenden »Realitätsebenen« (Epp 2018) aus: Die Ebene des Individuums, der Beziehung, der Institution und der Gesellschaft (vgl. WHO Europa 2003, S. 13). Die Stärke des Instrumentariums liegt zum einen darin, dass es ermöglicht, eine Vielzahl von Faktoren zur Entstehung von Gewalt zu unterscheiden und in diesem Kontext auch deren Wechselwirkungen sichtbar zu machen. Auf diese Weise eignet sich das sozioökologische Modell auch als »Sensibilisierungs- und Betrachtungsraster für empirische Phänomene« (Epp 2018, o. S.).

4.2.2 Zur Identifizierung von Risikofaktoren und ihrer komplexen Wechselbeziehungen

Araten-Bergman und Bigby (2020) nutzen das sozioökologische Modell der WHO zur Verortung von vielfältigen Risikofaktoren, die miteinander interagieren und so direkt oder indirekt zur manifesten Gefährdung von Menschen mit intellektueller Beeinträchtigung und insbesondere von Nutzer*innen von Einrichtungen der Behindertenhilfe beitragen. Über die Identifizierung der komplexen Wechselbeziehungen hinaus bietet das sozioökologische Modell Ansatzpunkte für einen übergreifenden und wirksamen Gewaltschutz, wie aus der folgenden Abbildung 4.1 zu entnehmen ist.

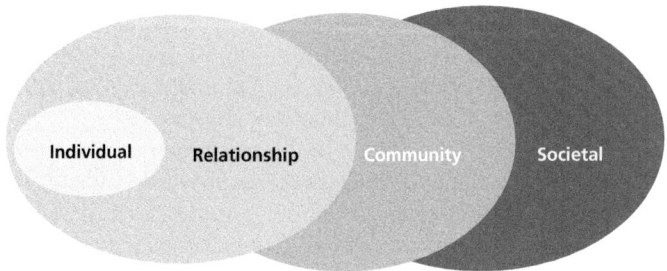

Abb. 4.1: Ansatzpunkte für Gewaltschutz

Die Fülle und Vielfalt der ausgewiesenen Risikofaktoren konkretisiert und verdeutlicht die vielschichtige Gefährdungslage der Nutzer*innen von Einrichtungen.

Herausgehoben werden von Araten-Bergman und Bigby (2020) auf der Ebene *des Individuums* personenbezogene Faktoren, die als wesentliche Risikofaktoren markiert werden, wie kognitive, sprachliche, körperliche Beeinträchtigungen, geringes Selbstwertgefühl und eingeschränkte Selbstbestimmungskompetenz, mangelnde soziale Kompetenz, herausforderndes Verhalten und soziale Isolation, begrenztes Wissen und mangelnde Entscheidungsfähigkeit sowie erlebte Gewalt in der Vergangenheit (vgl. ebd., S. 4f.). Dass die genannten Persönlichkeitsmerkmale und Erfahrungen, die auf der Ebene des Individuums verortet sind, Risikofaktoren darstellen, ist durch Studien belegt, gleichzeitig muss hervorgehoben werden, dass die personenbezogenen Merkmale und Erfahrungen grundsätzlich Produkte der Wechselwirkung interagierender Faktoren auf den vier Realitätsebenen sind (vgl. BMASGK 2019, S. 454). So lassen sich beispielsweise ein geringes Selbstwertgefühl und eine eingeschränkte Selbstbestimmungskompetenz auch als Resultat einer Erziehung zur Konformität nachweisen.

Rigide Erziehungsstrategien und paternalistisches Handeln von Fachkräften (starke Lenkung, Bevormundung) finden sich auf der *Beziehungsebene*. Weiterhin dominieren auf dieser Ebene Risikofaktoren, die sich auf eine hohe Abhängigkeit von Anderen, kleinere Netzwerke der Nutzer*innen und eine hohe Konfliktbelastung beziehen. Letztere resultieren aus subjektiv wahrgenommenen belästigenden, bevormundenden oder benachteiligenden Verhaltensweisen durch Fachkräfte, Mitbewohner*innen, Kolleg*innen. Über das Erleben abwertender Verhaltensweisen sprechen 84 % der befragten Frauen in der Studie des Bundesministeriums für Familie, Senioren, Frauen und Jungend (vgl. BMFSFJ 2013b, S. 230f.).

Für Nutzer*innen von Einrichtungen der Behindertenhilfe zeigt die dritte Ebene des soziökologischen Modells, *Community*, Risiken, die sich in gewaltförderlichen Strukturen *im Sozialraum und in Institutionen* finden lassen, wie fehlendes oder unqualifiziertes Personal, eine schwache Organisationskultur, materielle Hilfsbedürftigkeit und niedriger Bildungsstand. Wie schon auf der Ebene des *Sozialraumes und der Institutionen*, so zeigen sich spiegelbildlich auch auf der *gesellschaftlichen Ebene* strukturelle Risikokonstellationen, wie gewaltförderliche Normen und Einstellungen, sozioökonomische Ungleichheiten, soziale und gesundheitliche Ungerechtigkeiten.

Eine vertiefte Analyse der Gefährdungslage für den Personenkreis in Einrichtungen der Behindertenhilfe haben Zemp et al. durchgeführt, indem sie gewaltförderliche strukturelle Bedingungen auf der *Ebene des Sozialraums und der Institutionen* sowie der *gesellschaftlichen Ebene* untersuchten (vgl. Zemp 2002; Zemp & Pircher 1996; Zemp et al. 1997). Die Autor*innen konnten eine hohe Abhängigkeit der Nutzer*innen feststellen, die zurückgeführt werden kann auf physische Beeinträchtigungen, aber auch auf hierarchische interpersonale Beziehungen, eine rigide institutionelle Organisationskultur und ableistische Werte, Normen und Praktiken auf der gesellschaftlichen Ebene. Die aus der hohen Abhängigkeit resultierenden Machtungleichheiten wurden von Zemp (2002) unterteilt in »Ressourcenmacht«, »Wissensmacht« »Positionsmacht«, »Organisationsmacht« (Römisch 2017, S. 110; BMASGK 2019).

Ungleichheit in Bezug auf Ressourcenmacht zeigt sich deutlich bei Personen, die, bedingt durch eine körperliche Beeinträchtigung, dauerhaft angewiesen sind auf die

Unterstützung bei Alltagstätigkeiten wie Pflege, Selbstversorgung, Mobilität etc. Die Abhängigkeit von Anderen zur Befriedigung der eigenen Grundbedürfnisse trägt entscheidend zur Machtungleichheit bei und macht es potenziellen Täterpersonen leicht, von ihnen abhängige Personen zu manipulieren, emotional unter Druck zu setzen und/oder durch Drohungen zu nötigen (vgl. Zemp 2002, S. 13). Die empirische Datenlage unterstützt die Annahme, dass Personen, die angewiesen sind auf andere Personen zur Deckung ihrer Grundbedürfnisse, wie z. B. bei der Körperpflege, signifikant häufiger darüber berichten, dass sie in den letzten drei Jahren vor der Durchführung der Studie physische Gewalt erfahren haben (vgl. BMASGK 2019, S. 20). Eine wichtige Ressource stellt ein tragfähiges soziales Netz dar, das bei Nutzer*innen von Einrichtungen eher klein ist (vgl. BMFSFJ 2013b, S. 251). Im Falle eines gewalttätigen Übergriffes ist es daher eher schwer, eine Person zu finden, der sich die Nutzer*innen anvertrauen können (vgl. Römisch 2017, S. 110).

Ungleichheit in Bezug auf Artikulations- und Wissensmacht bezieht sich im Wesentlichen auf die Sprachlosigkeit von Nutzer*innen, die nicht nur auf einer eingeschränkten Lautsprache beruht, sondern auch darauf, dass Begriffe fehlen, um das Erlebte zu kommunizieren. Zurückzuführen ist dies auf eine unzureichende Aufklärung, die letztlich nur eine schwer überwindbare Barriere darstellt für Nutzer*innen von Einrichtungen, sich einer Bezugsperson anzuvertrauen. Bei einer Prozentzahl von 49 % der befragten Nutzer*innen, die berichteten, dass sie nicht aufgeklärt sind, wundert es nicht, dass Grenzüberschreitungen nicht als solche wahrgenommen und entsprechend auch nicht richtig eingeschätzt werden können (vgl. BMFSFJ 2014, S. 96).

Ungleichheit in Bezug auf die Positionsmacht wird sichtbar an eingeschränkten Möglichkeiten der Selbstbestimmung und der Entscheidungsfindung. Eine Erziehung zur Konformität (vgl. Araten-Bergman & Bigby 2020, S. 4), Überbehütung und Paternalismus sind Formen der Fremdbestimmung, die sich am Beispiel üblicher Verhütungspraxis in den Einrichtungen, konkretisieren lassen. So berichteten Frauen aus der Stichprobe der Studie des BMFSFJ (2014), die nicht sexuell aktiv waren, zu hohen Anteilen über die Verabreichung von Kontrazeptiva oder aber auch darüber, dass sie sterilisiert waren (vgl. ebd. S. 55). Diese Praktiken der Fremdbestimmung werden vordergründig als Sicherheits- und Schutzmaßnahmen dargestellt, in der Realität können diese Maßnahmen jedoch zu einer weiteren Gefährdung von Frauen beitragen, da sich potenzielle Täterpersonen sicher sein können, dass sichtbare Folgen der sexuellen Gewalt in Form einer Schwangerschaft ausgeschlossen sind (vgl. Römisch 2017, S. 112).

Ungleichheit in Bezug auf die Organisationsmacht betrifft das hierarchische Verhältnis, das sich aus der Aufnahme in die Institution, deren Organisationskultur (Normen, Werte, Kommunikation) von den Nutzer*innen akzeptiert werden muss, ergibt. Entscheidungen zu treffen, wie die Auswahl der Wohngruppe und/oder der Mitbewohner*innen wird in vielen Einrichtungen nur eingeschränkt zugelassen. Großeinrichtungen wurden in der Regel außerhalb der Kommunen erbaut. Dies erschwert den Nutzer*innen der Einrichtungen die Teilhabe am gesellschaftlichen Leben. Frauen, die in Einrichtungen leben, besuchen seltener Menschen, die außerhalb von Institutionen leben, gehen weniger häufiger zu kulturellen Veranstaltungen und zu sportlichen Freizeitaktivitäten (vgl. BMFSFJ 2013b, S. 73). Aufgrund der begrenzten Kontakte ist auch die Auswahl von Freund*innen, Partner*innen eingeschränkt auf die Einrichtungen. In Bezug auf die schwierige Erreichbarkeit von externen Hilfesystemen erweist sich die räumliche Isolation als starker Risikofaktor.

Die dargestellte Konzeptualisierung der Risikofaktoren für Nutzer*innen von Einrichtungen der Behindertenhilfe in einem sozioökologischen Modell von Araten-Bergman und Bigby (2020, S. 4 f.) ist sicherlich, was die Vervollständigung von Risikofaktoren betrifft, ergänzungsbedürftig. So mussten die Risikofaktoren geschlechtsspezifische Gewalt und schwere körperliche Beeinträchtigungen, die zu einer maßgeblichen Widerstandsunfähigkeit der betroffenen Personen führen kann, ergänzt werden. Auch fehlt eine differenzierte Ausarbeitung der Interaktionsdynamik zwischen den Risikofaktoren. Trotz bestehender Lücken hat dieses Modell Stärken, die im Wesentlichen darin bestehen, die Ansatzpunkte einer übergreifenden und wirksamen Gewaltstrategie auf unterschiedlichen Ebenen zu entwickeln und zu implementieren. Des Weiteren lassen sich auf diese Weise Personen, Institutionen, Behörden, Gesetzgeber, Bundes- und Landesregierungen in ihrer Zuständigkeit adressieren.

4.3 Teilhabechancen am Gewaltschutz und Umsetzung

4.3.1 Auf dem Weg zu einem wirksamen Gewaltschutz

Im Kontext des Gewaltschutzes können Teilhabechancen als (Handlungs-)Optionen verstanden werden, die auf unterschiedlichen Ebenen (Individuum, Beziehungen, Institutionen, Gesellschaft) zu erfassen sind und unterschiedliche Akteur*innen adressieren.

Gewalt in Institutionen wird zwar von einzelnen Täterpersonen oder auch von Gruppen verübt. Der Entstehung von Gewalt jedoch liegen interagierende Risikofaktoren zugrunde, die in einer »spezifischen Dynamik zusammenwirken« (BMAS 2021b, S. 56). Infolgedessen erfordert eine übergreifende und wirksame Gewaltstrategie zum Schutz der Nutzer*innen von Einrichtungen eine »mehrebenenanalytische Analyse« (Helsper, Hummerich & Kramer, 2010) der Gefährdungslage mit dem Ziel, Risikofaktoren zu ermitteln und deren Wechselwirkung zu rekonstruieren. Das in Kapitel 4.2.2 abgebildete sozioökologische Risikofaktorenmodell (▶ Abb. 4.1) zeigt deutlich, dass keine kausalen, sondern komplexe Entstehungszusammenhänge vorliegen, die auf unterschiedlichen Ebenen verortet sind. Diese Entstehungszusammenhänge wiederum bieten die zentralen Ansatzpunkte für Präventions- und Interventionsmaßnahmen gegen Gewalt in Einrichtungen der Behindertenhilfe.

2022 veröffentlichte der Beauftragte der Bundesregierung für die Belange von Menschen mit Behinderungen und das Deutsche Institut für Menschenrechte

(DIMR) ein Positionspapier zum »Schutz vor Gewalt in Einrichtungen für Menschen mit Behinderung«, das als Komponente einer übergreifenden Gewaltschutzstrategie verstanden werden soll (ebd. S. 4). Der Beauftragte und das DIMR greifen damit dringende Empfehlungen des UN-Fachausschusses auf, die bereits 2015, aktuell 2023, dem Vertragsstaat Deutschland vorgelegt wurden (vgl. UN Committee on the Rights of Persons with Disabilities 2015, 2023).

Im Nachfolgenden werden die vier zentralen Handlungsfelder, die das Positionspapier ausweist, in den Blick genommen unter dem Aspekt ihrer Verortung auf den vier Ebenen des sozioökologischen Risikofaktorenmodells, um zum einen den Stand des Gewaltschutzes zu ermitteln und zum zweiten die Zuständigkeiten von Regierungen auf Bundes- und Länderebene, von Aufsichtsbehörden, Leistungsträgern und Leistungserbringern bis hin zu den Fachkräften in den Einrichtungen der Behindertenhilfe auszuweisen. Darüber hinaus sollen Lücken im Gewaltschutz ausgewiesen und Perspektiven aufgezeigt werden.

4.3.2 Zum Gestaltungsauftrag in unterschiedlichen Feldern und zur geteilten Verantwortung

Handlungsfeld 1 »Gewaltschutzkonzepte: Wirkungsvolle Umsetzung des § 37a SGB IX und gesetzgeberischer Nachbesserungsbedarf« (Beauftragter der Bundesregierung für die Belange von Menschen mit Behinderungen & DIMR, S. 7–9).

Auf der politisch-gesellschaftlichen Ebene ist seit 2021 mit der Ergänzung des Paragrafen 37a Absatz 1 Sozialgesetzbuch (SGB) IX eine bundesgesetzliche Regelung getroffen worden, die Leistungserbringer erstmals dazu verpflichtet, für Einrichtungen der Behindertenhilfe sowie für Dienstleistungen angemessene Maßnahmen zum Gewaltschutz zu ergreifen. Die Leistungserbringer der freien Wohlfahrtspflege und die privaten Träger sollen die vorhandenen und weitere zu entwickelnde Gewaltschutzmaßnahmen in einem Gewaltschutzkonzept zusammenfassen, das wirkungsvoll umgesetzt werden soll (vgl. Beauftragter der Bundesregierung für die Belange von Menschen mit Behinderungen & DIMR 2022, S. 7). Rehabilitationsträger und die Integrationsämter wirken in diesem Kontext mit, sodass der gesetzliche Schutzauftrag von den Leistungserbringern umgesetzt wird (§ 37 a Absatz 2 SGB IX).

Unbekannt ist bisher, wie viele Wohneinrichtungen und WfbM über ein Schutzkonzept verfügen und welche Qualitätsmaßnahmen angelegt wurden bei der Entwicklung und Weiterentwicklung. Im Positionspapier des Beauftragten und des DIMR wird darauf verwiesen, dass die Entwicklung und Umsetzung der Gewaltschutzkonzepte auf der institutionellen Ebene einen »prioritären Stellenwert in der Organisationsentwicklung« erhalten muss (ebd. 2022, S. 7). Dies bedeutet, dass Gewaltschutzkonzepte partizipativ mit den Nutzer*innen von Einrichtungen entwickelt und umgesetzt werden müssen.

Ergebnisse aus der Studie des BMAS (2021b) weisen für die einbezogenen Einrichtungen der Behindertenhilfe »heterogene, oft unzureichende und wenig verbindliche Gewaltschutzkonzepte« (ebd., S. 165) aus. Infolgedessen sprechen sich die

Autor*innen der Studie (ebd.) sowie der Beauftragte und das DIMR (2022, S. 9) dafür aus, dass der »Bundesgesetzgeber weitere verbindliche Vorgaben zum Gewaltschutz treffen sollte«. Dies betrifft insbesondere die Verankerung von Mindestkriterien für Gewaltschutzkonzepte, Zertifizierung und Qualitätssicherung von Gewaltschutzkonzepten durch eine unabhängige Stelle und den Ausweis von zertifizierten Gewaltschutzkonzepten als Leistungsmerkmal im Vertragsrecht der Eingliederungshilfe. Darüber hinaus sehen der Beauftragte und das DIMR Optimierungsbedarf in Bezug auf verbindliche Regelungen der Landesregierungen mit den Leistungsträgern (Rehabilitationsträger und Integrationsämter) (vgl. ebd.).

Substanzielle Gründe für die Notwendigkeit der Ergänzung von Rechtsnormen im Gewaltschutzgesetz (GewSchG) ergeben sich aus einer Rechtsexpertise von Julia Zinsmeister, die im Rahmen der Studie des BMAS (2021b, S. 36–49) angefertigt wurde. Im Forschungsbericht wird sehr deutlich formuliert, dass »das Gewaltschutzgesetz (..) im Bereich der Einrichtungen in der Regel faktisch keine Anwendung« findet und dementsprechend »... rechtlich nicht auf die Intervention in Einrichtungen zugeschnitten ist« (ebd., S. 163). So haben von Gewalt betroffene Personen, die in Einrichtungen wohnen und/oder arbeiten, keine Möglichkeiten, zivilrechtlichen Schutz zu erwirken, wie dies für Menschen in Privathaushalten möglich ist (§ 1, § 2 GewSchG). Im Falle, dass die Gewalt von Nutzer*innen der Einrichtungen ausgeht, ist oft die Reaktion der Polizei verhalten, insbesondere kann keine »Wegweisung« der Täterperson erfolgen, da der Einrichtungsträger »grundsätzlich nicht berechtigt ist, Menschen mit Behinderungen (…) in eine andere Wohneinheit zu ›verlegen‹«. Dies wiederum verschärft die Gefährdungslage der gewaltbetroffenen Person (vgl. BMAS 2021b, S. 163). Die aus dieser offensichtlichen Schutzlücke abzuleitenden Forderungen beziehen sich im Wesentlichen darauf, dass für Menschen in Einrichtungen derselbe Anspruch auf Schutz gewährleistet werden muss wie in Privathaushalten. Adressiert wird in diesem Handlungsfeld vorrangig der Bundesgesetzgeber, der rechtliche Voraussetzungen dafür schaffen muss, geeignete Schutzmaßnahmen für Nutzer*innen von Einrichtungen auch vor schuldunfähigen Täterpersonen im Gewaltschutzgesetz zu ergänzen und den Anwendungsbereich des Gewaltschutzgesetzes in den Paragrafen 1 und 2 für Gewaltbetroffene in Einrichtungen der Behindertenhilfe zu öffnen (BMAS 2021b, S. 163).

*Handlungsfeld 2 »Partizipation und Empowerment: Selbst- und Mitbestimmung von Bewohner*innen und Beschäftigten« (Beauftragter der Bundesregierung für die Belange von Menschen mit Behinderungen & DIMR, S. 10–11).*

Um einen wirksamen Gewaltschutz in Einrichtungen zu implementieren, müssen auf der Ebene der Institutionen ungleiche Machtverhältnisse zwischen den Nutzer*innen und den Fachkräften sichtbar gemacht werden. Machtdynamiken entstehen in den Institutionen aufgrund von Abhängigkeiten der Nutzer*innen, die oft zur Befriedigung ihrer Grundbedürfnisse auf Unterstützung angewiesen sind und häufig nur über ein eingeschränktes Wissen über ihre Rechte und eine begrenzte Sprachfähigkeit verfügen. Asymmetrische Machtverhältnisse konsolidieren sich auf der Grundlage des Vorenthaltens von Teilhabechancen auf der politisch-gesellschaftlichen, der institutionellen und der Beziehungsebene.

Bisher werden die Nutzer*innen von Einrichtungen der Behindertenhilfe kaum an einem Diskurs über Sicherheit, Gewaltschutz und der Entwicklung von Gewaltschutzkonzepten beteiligt (vgl. BMAS 2021b, S. 167). Gewaltschutz in Institutionen kann aber nur gelingen, wenn die Nutzer*innen beteiligt werden an dem Aufbau einer gewaltpräventiven Kultur in den jeweiligen Einrichtungen (vgl. Thümmel 2022). Zur Umsetzung in die Praxis bedarf dies der nachhaltigen Einrichtung von kommunikativen Räumen zur Menschenrechtsbildung und (sexuellen) Bildung. Diese dienen dazu, Menschen zu ermächtigen und zu befähigen, sich der eigenen Rechte bewusst zu sein, Handlungsmöglichkeiten bzw. interne und externe Anlaufstellen zu kennen, selbstbestimmte Entscheidungen zu treffen sowie ein selbstbestimmtes Liebesleben verantwortlich zu gestalten. Fernerhin sollten innerhalb der Institutionen barrierefreie Räume eingerichtet werden, in denen zwei voneinander unabhängige Fachkräfte und Peer-Vertrauenspersonen für Frauen und Männer zur Verfügung stehen im Falle, dass Nutzer*innen erlebte Gewalt offenlegen wollen und/oder um Schutz ersuchen. Bei der Einrichtung kommunikativer Räume in Institutionen muss davon ausgegangen werden, dass mehr als ein Viertel bis knapp die Hälfte der Nutzer*innen von Einrichtungen Kommunikationshilfen und Kommunikationsassistenz benötigen, um über erlebte Gewalt zu berichten (vgl. BMFSFJ 2014; Metzner 2012; Thümmel & Klein 2019). Zwischenzeitlich liegt zur Unterstützung von Disclosure-Gesprächen und zur Teilhabe an dem Diskurs über Schutzmaßnahmen das »Toolkit Aussagemappe (ASM)« vor, das eine Kommunikationshilfe enthält und ein Manual zur Unterstützung der Gesprächsführung (vgl. Thümmel & Mühl 2023).

Ein Beispiel guter Praxis zur Partizipation und zum Empowerment von Nutzer*innen wurde im Hinblick auf die partizipative Mitgestaltung von Gewaltschutz in Einrichtungen der Behindertenhilfe von einer Mitarbeiterin des GESINE Netzwerk Gesundheit e.V. im Rahmen der BMAS-Studie (2021b, S. 100) geschildert. In dem Beispiel wurde von einigen Bewohnerinnen aus der Einrichtung ein Gewaltschutzkonzept federführend entwickelt, wobei diese Frauengruppe den Entwicklungsprozess steuerte. Ziel war es, Maßnahmen zu implementieren, um bei Gefährdungen und Risiken präventiv eingreifen zu können und bei Gewalt effizienter zu intervenieren. Das so entwickelte Gewaltschutzkonzept wurde von der Leitung und dem Fachpersonal in die Praxis umgesetzt. In einem nächsten Schritt wurde mit einer Männergruppe über Männlichkeitsvorstellungen sowie Möglichkeiten der Verhinderung von Gewalt diskutiert (vgl. ebd.). An diesem Beispiel zeigt sich auch die Bedeutung der Einbeziehung der Selbstvertretungsstrukturen wie der Heimbeirat, die Frauenbeauftragten sowie Versammlungen der Nutzer*innen von Einrichtungen. Entsprechend fordert der Beauftragte und das DIMR (2022), dass Frauenbeauftragte in Einrichtungen in allen Bundesländern verpflichtend eingeführt, durch eine Assistenz unterstützt und mit finanziellen Mitteln ausgestattet werden, um sich bundesweit vernetzen zu können (ebd. S. 11).

Handlungsfeld 3. »Interventionen und Opferschutz: Vernetzung mit dem externen Unterstützungssystem und wirksamer Zugang zum Recht« (Beauftragter der Bundesregierung für die Belange von Menschen mit Behinderungen & DIMR, S. 12–13).

Ergebnisse aus der BMAS-Studie (2021b) zeigen, dass Einrichtungen der Behindertenhilfe nur unzureichend mit externen Unterstützungssystemen (Beratungsstellen, Frauenhäusern) und mit anderen Institutionen wie der Polizei, dem Gericht etc. vernetzt sind (vgl. ebd., S. 101). Entsprechend werden Übergriffe von Leitung und Personal häufig intern geregelt. Aufgrund dieser Verfahrensweise erhalten Gewaltbetroffene und auch die Täterpersonen keinen Zugang zur Fachberatung. Seitens der Nutzer*innen von Einrichtungen fehlt häufig das Wissen darüber, dass sie sich Beratung und Unterstützung holen können. Bei körperlich beeinträchtigten Nutzer*innen stellt zusätzlich die eingeschränkte Mobilität eine Barriere dar. Die in vier Einrichtungen befragten Nutzer*innen sowie die Fachkräfte nehmen kaum Bezug auf das externe Unterstützungssystem. Die Autor*innen der Studie, Schröttle et al., schließen daraus, dass die Mehrzahl der Befragten wohnortnahe Unterstützungsangebote nicht kennen, so dass diese bei Übergriffen auch nicht kontaktiert werden können (BMAS 2021b, S. 108).

Ein weiteres Problem, das die Zugänglichkeit zu den Unterstützungssystemen erschwert, resultiert daraus, dass die externen Unterstützungssysteme selten barrierefrei sind. Dies bezieht sich zum einen auf die bauliche, zum anderen auf die kommunikative Barrierefreiheit. Eine Studie, in der dreißig allgemeine Gewaltberatungsstellen in der Region Oldenburger Münsterland und in den angrenzenden Landkreisen bzw. kreisfreien Städte angeschrieben wurden bezüglich der Zugänglichkeit der Einrichtungen für Menschen mit intellektueller Beeinträchtigung und Sprachbeeinträchtigungen, erklärten sich nur vier Beratungsstellen bereit, an einem Interview teilzunehmen. Mehrheitlich wurden die Absagen der beratenden Personen damit begründet, dass Menschen mit intellektueller Beeinträchtigung und Sprachbeeinträchtigungen äußerst selten bis gar nicht eine Gewaltberatungsstelle aufsuchen würden. Eine der befragten Beratungspersonen erklärte, dass sie gerne Beratungsangebote für die Personengruppe von Menschen mit Beeinträchtigungen anbieten würde, dafür aber eine weitere Stelle in der Beratungsstelle eingerichtet werden müsse. Mehrheitlich verwiesen die Befragten darauf, dass die Lebenshilfe Beratung bei Gewaltvorkommnissen anbiete, womit gleichsam die Verantwortung auf eine weitere Organisation geschoben wurde (vgl. Nienaber 2020).

Zweifelsohne muss ein weiterer Ausbau des Hilfesystems zur Unterstützung gewaltbetroffener Nutzer*innen von Einrichtungen erfolgen. Der Beauftragte der Bundesregierung verweist darauf, dass der im Koalitionsvertrag angekündigte Ausbau eines bedarfsgerechten Ausbaus des externen Hilfesystems der Umsetzung bedarf (Beauftragter der Bundesregierung für die Belange von Menschen mit Behinderungen und DIMR 2022, S. 11). Inzwischen gibt es kleine Erfolge in Bezug auf die Erreichbarkeit und Unterstützungsmöglichkeiten externer Hilfesysteme. So hat der Bundesverband der Frauenberatungsstellen und Frauennotrufe (BFF) Leitlinien zur Arbeit mit gewaltbetroffenen Frauen mit Beeinträchtigungen erarbeitet und im Internet veröffentlicht. Außerdem wurden Informationsmaterialien und Broschüren für diese Zielgruppen erstellt. Auf der Webseite des Bundesverbandes bff gibt es zudem die Möglichkeit, nach barrierefreien Beratungsstellen zu suchen. Auch angesichts dieser Fortschritte muss auf den immensen Nachholbedarf hingewiesen werden, der bezüglich der Vernetzung von Einrichtungen mit den externen Hilfesystemen besteht: In diesem Kontext ist explizit darauf hinzuweisen, dass auch für weitere gefährdete Gruppen, die in Einrichtungen wohnen und/oder arbeiten, ein hoher Beratungsbedarf besteht, z. B. für Männer und LGBTQI*Personen, deren spezifische Risiken und Gewaltbetroffenheit bisher wenig Beachtung gefunden haben – weder in der Forschung noch in der Praxis.

Auch im Bereich des Strafverfahrens bestehen Lücken, worauf erneut der UN-Fachausschuss verweist und fordert den Vertragsstaat Deutschland auf, »in enger Abstimmung mit und unter aktiver Beteiligung von Organisationen von Menschen mit Behinderungen eine nationale Strategie für die Gerichtsbarkeit für Menschen mit Behinderungen zu entwickeln«[8] (UN Committee on the Rights of Persons with Disabilities 2023, S. 2; deutsche Übersetzung durch die Autorin des Beitrages). Auch hier besteht enormer Nachbesserungsbedarf. Dies betrifft insbesondere die Reform des Gewaltschutzgesetzes (GewSchG), der Richtlinien für das Strafverfahren (RiStbV) und der Strafprozessordnung (StPO) sowie der Kommunikationshilfeverordnung (KHV), um gewaltbetroffene Personen und Täterpersonen mit Sprachbeeinträchtigungen einen wirksamen Zugang zur Justiz zu ermöglichen, indem ihnen angepasste Kommunikationshilfen und eine Kommunikationsassistenz zur Verfügung gestellt werden.

Handlungsfeld 4: »Unabhängige Überwachung des Gewaltschutzes« (Beauftragter der Bundesregierung für die Belange von Menschen mit Behinderungen & DIMR, S. 14–15)

Erneut angemahnt wurde vom UN-Fachausschuss (2023) das Fehlen eines unabhängigen menschenrechtlichen Überwachungsorgans in Deutschland, das gemäß Artikel 16, Absatz 3 der UN-Behindertenkonvention zur Verhinderung von Gewalt gegen Menschen mit Beeinträchtigungen von Vertragsstaaten einzurichten ist. Bisher wird in Deutschland noch diskutiert, ob und wie auf Bundesebene in Zusammenarbeit mit den Ländern und Kommunen und unter Einbeziehung der Zivilgesellschaft »unabhängige Aufsichts- und Beschwerdemechanismen« geschaffen und gestaltet werden können (BMAS 2019, S. 29).

Zwar gibt es schon in Deutschland Aufsichtsstrukturen; dazu gehört die Heimaufsicht. Dieser wurde bisher allerdings in den ordnungsrechtlichen Bestimmungen der Länder vornehmlich die Aufgabe übertragen, die Erfüllung gesetzlicher Mindestanforderungen in Betreuung und Pflege zu kontrollieren. Nur in sieben Bundesländern sind die Träger von Einrichtungen verpflichtet, »besondere Vorkommnisse« der Heimaufsicht zu melden. Darunter fallen auch die »Beeinträchtigung der körperlichen Unversehrtheit oder der persönlichen Freiheit« (DIMR 2018, S. 42). Auch ist die Heimaufsicht nicht gut auf die Aufgabe der Überwachung des Gewaltschutzes vorbereitet. So ist beispielsweise das Thema Gewaltschutz grundsätz-

---

8 »The Committee recommends that the State party, in close consultation with and with the active involvement of organizations of persons with disabilities, develop a national disability justice strategy«.

lich nicht in den Prüfleitfäden der Heimaufsicht vermerkt, in der Folge verlassen sich die Behörden daher auf die Meldungen der Leistungsträger (vgl. ebd. S. 43). Dass trotz der Meldepflicht die Einrichtungsträger nur sehr zögerlich Gewaltvorfälle melden, wurde an einer Umfrage im Jahr 2015, durchgeführt vom Institut für Menschenrechte, adressiert an die Heimaufsichten der Länder, deutlich. Im Ergebnis zeigte sich, dass den an der Studie beteiligten Behörden mehrheitlich »keine oder kaum Informationen« zu Gewaltvorkommnissen bekannt waren (DIMR 2018, S. 43 f.). Dies widerspricht diametral den mehrfach bestätigen erhöhten Prävalenzraten in Einrichtungen der Behindertenhilfe (vgl. BMFSFJ 2013a; 2013b; 2014).

Wie die Umfrage des DIMR (2015) und die aktuelle BMAS-Studie (2021b) zeigen, gibt es bisher in der Bundesrepublik keine funktionierenden Kontroll- und Beschwerdestellen, die präventiv und/oder durch Interventionen tätig werden zur Verhinderung von Gewalt in Einrichtungen. Der Bundesbeauftragte und das DIMR (2022) plädieren daher dafür, dass die Bundesregierung in Zusammenarbeit mit den Landesregierungen unter Berücksichtigung aller Dienste für Menschen mit Beeinträchtigungen eine oder mehrere unabhängige Behörden zur Überwachung des Gewaltschutzes und zur Bearbeitung von Beschwerden benennen und einrichten (vgl. ebd., S. 16).

Zur Verbesserung des Gewaltschutzes sollte der Aufgabenbereich der Heimaufsichtsbehörden gestreckt werden. Dazu müssen diese Behörden mit ausreichenden fachlich qualifizierten personellen Ressourcen ausgestattet werden. Zum erweiterten Aufgabenbereich der Heimaufsichtsbehörden sollten neben Fortbildungsveranstaltungen über den Gewaltschutz auch die Entwicklung von landeseinheitlichen Prüfkonzepten sowie die statistische Dokumentation von Gewaltvorfällen gehören. Fernerhin wird empfohlen, dass eine unabhängige, interdisziplinäre Besuchskommission, in der auch Menschen mit Beeinträchtigung vertreten sein sollen (»peer-Verfahren«) einmal jährlich prüft, ob in der Einrichtung selbstbestimmte Teilhabe ermöglicht wird und der Gewaltschutz sichergestellt ist.

4.4 Fazit

Im vorstehenden Beitrag wurden drei zentrale Themenbereiche aufgegriffen. Einleitend wurde die Bedeutung von Sicherheit und Schutz als universales, allen Menschen gemeinsames, Grundbedürfnis hervorgehoben, um vor diesem Hintergrund Gewaltprävalenzen zu erfassen und gewaltfördernde Faktoren in Einrichtungen der Behindertenhilfe aufzudecken. Die stagnierenden hohen Gewaltprävalenzen in Verbindung mit der Anzahl und Vielfalt von Risikofaktoren, die einem Mehrebenen-Modell zugeordnet wurden, veranschaulichen eindrücklich, dass ungeachtet der bisher ergriffenen Schutzmaßnahmen diese insgesamt nicht ausreichend sind und Einrichtungen der Behindertenhilfe noch immer als »gewaltriskante Räume« eingestuft werden müssen. Eine wirksame Gewaltschutzstrategie basiert auf der Erfassung von Risikofaktoren, deren Zuordnung in einem Mehrebenenmodell ermöglicht, Wechselwirkungen zu rekonstruieren und für den Gewaltschutz zuständige Akteur*innen zu identifizieren. Gewalt ist ein komplexes Phänomen und die gewaltfördernden Faktoren in Einrichtungen der Behindertenhilfe sind vielfältig. Angesichts der bestehenden Schutzlücken und des dringenden Handlungsbedarfs ist insoweit der Empfehlung des DIMR (2023) zu folgen, einen vom Bund gesteuerten Diskussionsprozess mit allen zuständigen Akteur*innen »zu starten und zu verstetigen« (ebd., S. 27). Die Übernahme der Steuerung durch den Bund bei der Entwicklung und Implementierung einer übergreifenden und wirksamen Gewaltschutzstrategie scheint angesichts der Forderung des UN-Fachausschusses, adressiert an den Vertragsstaat Deutschland, dringend geboten und hinsichtlich der dargestellten Datenlage, alternativlos zu sein.

Literatur

Amelink, Q., Roozen, S., Leistikow, I. & Weenink, J.-W. (2021): Sexual abuse of people with intellectual disabilities in residential settings: a 3-year analysis of incidents reported to the Dutch Health and Youth Care Inspectorate. BMJ open 11 (12), S. 1257–1273.

Araten-Bergman, T. & Bigby, Ch. (2020): Violence Prevention Strategies for People with Intellectual Disabilities: A Scoping Review. Online verfügbar unter: https://www.tandfonline.com/doi/epdf/10.1080/0312407X.2020.1777315?needAccess=true, letzter Zugriff: 01.06.2021.

Baumann, D.: Kommunikative Kompetenzen. In: D. Baumann, W. Dworschak, M. Kroschewski, Ch. Ratz, A. Selmayr & M. Wagner (Hrsg.): Schülerschaft mit dem Förderschwerpunkt geistige Entwicklung II (SFG II) Bielefeld: Athena wbv., S. 89–116.

Beauftragter der Bundesregierung für die Belange von Menschen mit Behinderungen (Hrsg.) (2018): UN-Behindertenrechtskonvention (UN-BRK). Online verfügbar unter: https://www.behindertenbeauftragter.de/DE/AS/rechtliches/un-brk/un-brk.html, letzter Zugriff: 18.10.2023.

Beauftragter der Bundesregierung für die Belange von Menschen mit Behinderungen & Deutsches Institut für Menschenrechte, Monitoring Stelle UN-Behindertenrechtskonvention (DIMDI) (2022): Schutz vor Gewalt in Einrichtungen für Menschen mit Behinderungen – Handlungsempfehlungen für Politik und Praxis. Online verfügbar unter: https://www.institut-fuer-menschenrechte.de/publikationen/detail/schutz-vor-gewalt-in-einrichtungen-fuer-menschen-mit-behinderungen-handlungsempfehlungen-fuer-politik-und-praxis, letzter Zugriff: 18.10.2023.

Bundesarbeitsgemeinschaft der überörtlichen Träger der Sozialhilfe und der Eingliederungshilfe (BAGüS) (Hrsg.) (2023): BAGüS-Kennzahlenvergleich Eingliederungshilfe Berichtsjahr 2023. Online verfügbar unter: https://www.consens-consulting.de/information/publikationen.html, letzter Zugriff: 20.10.2023.

Bundesarbeitsgemeinschaft Werkstätten für behinderte Menschen e.V. (BAG WfbM) (Hrsg.) (2023): Neue Wege gehen. Jahresbericht 2022. Online verfügbar unter: https://www.bagwfbm.de/publications, letzter Zugriff: 20.10.2023.

Bundesministerium Arbeit, Soziales, Gesundheit und Konsumentenschutz (BMASGK) (Hrsg.) (2019): Erfahrungen und Prävention von Gewalt an Menschen mit Behinderungen. Unter Mitarbeit von H. Mayrhofer, A. Schachner, S. Mandl & Y. Seidler. Online verfügbar unter: https://bim.lbg.ac.at/sites/files/bim/anhang/publikationen/studie_erfahrungen_und_pravention_von_gewalt_an_menschen_mit_behinderung.pdf, letzter Zugriff: 15.11.2020.

Bundesministerium für Arbeit und Soziales (BMAS) (Hrsg.) (2013): Erster Teilhabebericht der Bundesregierung über die Lebenslagen von Menschen mit Beeinträchtigungen Teilhabe – Beeinträchtigung – Behinderung. Online verfügbar unter: https://www.bmas.de/SharedDocs/Downloads/DE/Publikationen/a125-13-teilhabebericht.html, letzter Zugriff: 29.10.2023.

Bundesministerium für Arbeit und Soziales (BMAS) (Hrsg.) (2016): Zweiter Teilhabebericht über die Lebenslagen von Menschen mit Beeinträchtigungen in Deutschland. Online verfügbar unter: https://www.bmas.de/DE/Service/Publikationen/Broschueren/a125-16-teilhabebericht.html, letzter Zugriff: 26.10.2023.

Bundesministerium für Arbeit und Soziales (BMAS) (Hrsg.) (2019): Zweiter und dritter Staatenbericht der Bundesrepublik Deutschland zum Übereinkommen der Vereinten Nationen über die Rechte von Menschen mit Behinderungen. Online verfügbar unter: https://www.bmas.de/SharedDocs/Downloads/DE/Internationales/staatenbericht-un-behindertenrechtskonvention.html, letzter Zugriff: 17.10.2023.

Bundesministerium für Arbeit und Soziales (BMAS) (Hrsg.) (2021a): Dritter Teilhabebericht der Bundesregierung über die Lebenslagen von Menschen mit Beeinträchtigungen. Online verfügbar unter: https://www.bundesregierung.de/breg-de/service/publikationen/dritter-teilhabebericht-der-bundesregierung-ueber-die-lebenslagen-von-menschen-mit-beeintraechtigungen-gesamtbericht–1905142, letzter Zugriff: 23.10.2023.

Bundesministerium für Arbeit und Soziales (BMAS) (Hrsg.) (2021b): Gewaltschutzstrukturen für Menschen mit Behinderungen – Bestandsaufnahme und Empfehlungen. Forschungsbericht 584. Unter Mitarbeit von M. Schröttle, R. Puchert, M. Arnis, A. H. Sarkissian, C. Lehmann, I. Zinsmeister, I. Paust, C. Pölzer & I. Thümmel. Online verfügbar unter: https://www.bmas.de/DE/Service/Publikationen/Forschungsberichte/fb-584-gewaltschutzstrukturen-fuer-menschen-mit-behinderungen.html, letzter Zugriff: 02.10.2021.

Bundesministerium für Frauen, Senioren, Familie und Jugend (BMFSFJ) (Hrsg.) (2004): Lebenssituation, Sicherheit und Gesundheit von Frauen in Deutschland: Eine repräsentative Untersuchung zu Gewalt gegen Frauen in Deutschland. Unter Mitarbeit von U. Müller & M. Schröttle. Online verfügbar unter: https://www.bmfsfj.de/bmfsfj/studie-lebenssituation-sicherheit-und-gesundheit-von-frauen-in-deutschland-80694, letzter Zugriff: 14.10.2023.

Bundesministerium für Familie, Senioren, Frauen und Jugend (BMFSFJ) (Hrsg.) (2012): Lebenssituationen und Belastungen von Frauen mit Beeinträchtigungen und Behinderungen in Deutschland – Kurzfassung. Unter Mitarbeit von M. Schröttle, C. Hornberg, S. Glammeier, B. Sellach, B. Kaveman, H. Puhe, & J. Zinsmeister. Online verfügbar unter: https://pub.uni-bielefeld.de/publication/2528934, letzter Zugriff: 24.03.2019.

Bundesministerium für Familie, Senioren, Frauen und Jugend (BMFSFJ) (Hrsg.) (2013a): Lebenssituation und Belastungen von Frauen mit Behinderungen und Beeinträchtigungen in Deutschland. Qualitative Studie Endbericht. Unter Mitarbeit von C. Helfferich & B. Kavemann. Online verfügbar unter: https://www.bmfsfj.de/bmfsfj/service/publikationen/lebenssituation-und-belastungen-von-frauen-mit-behinderungen-und-beeintraechtigungen-in-deutschland-80578, letzter Zugriff: 20.10.2023.

Bundesministerium für Familie, Senioren, Frauen und Jugend (BMFSFJ) (Hrsg.) (2013b): Lebenssituationen und Belastungen von Frauen mit Behinderungen und Beeinträchtigungen in Deutschland. Quantitative Studie Endbericht. Unter Mitarbeit von M. Schröttle, S. Glammeier, B. Sellach, B. Kavemann, C. Hornberg, H. Puhe & J. Zinsmeister. Online verfügbar unter: https://www.bmfsfj.de/bmfsfj/service/publikationen/lebenssituation-und-belastungen-von-frauen-mit-behinderungen-und-beeintraechtigungen-in-deutschland-80578, letzter Zugriff: 23.10.2023.

Bundesministerium für Familie, Senioren, Frauen und Jugend (Hrsg.) (2014): Gewalterfahrungen von in Einrichtungen lebenden Frauen mit Behinderungen- Ausmaß, Risikofaktoren, Prävention – Endbericht. Unter Mitarbeit von M. Schröttle & C. Hornberg. Online verfügbar unter: https://www.bmfsfj.de/bmfsfj/studie-lebenssituation-sicherheit-und-gesundheit-von-frauen-in-deutschland-80694, letzter Zugriff: 20.10.2023.

Bundesministerium für Familie, Senioren, Frauen und Jugend (BMFSFJ) (Hrsg.) (2019): Verhütung und Bekämpfung von Gewalt gegen Frauen und häuslicher Gewalt. Online verfügbar unter: https://www.bmfsfj.de/blob/122280/cea0b6854c9a024c3b357dfb401f8e05/gesetz-zu-dem-uebereinkommen-zur-bekaempfung-von-gewalt-gegen-frauen-istanbul-konvention-data.pdf, letzter Zugriff: 04.02.2021.

Deutsches Institut für Menschenrechte (DIMR) (2018): Analyse: Die Istanbul-Konvention. Neue Impulse für die Bekämpfung geschlechtsspezifischer Gewalt. Online verfügbar unter:

https://www.bmfsfj.de/bmfsfj/service/publikationen/verhuetung-und-bekaempfung-von-gewalt-gegen-frauen-und-haeuslicher-gewalt-122282, letzter Zugriff: 07.11.2023.

Epp, A. (2018): Das ökosystemische Entwicklungsmodell als theoretisches Sensibilisierungs- und Betrachtungsraster für empirische Phänomene. Online verfügbar unter: https://www.qualitative-research.net/index.php/fqs/article/view/2725/4156, letzter Zugriff: 29.10.2023.

GESINE Netzwerk Gesundheit.EN. Online verfügbar unter: https://www.gesine-intervention.de/gesine-netzwerk-gesundheit-en-2/, letzter Zugriff: 11.11.2023.

Helsper, W., Hummerich, M. & Kramer, R.-T. (2010): Qualitative Mehrebenenanalyse. In: B. Friebertshäuser & A. Prengel (Hrsg.): Handbuch Qualitative Forschungsmethoden in der Erziehungswissenschaft. Weinheim und München: Juventa. S. 119–135.

Mailhot Amborski, A., Bussières, E.-L., Vaillancourt-Morel, M.-P. & Joyal, Ch. C. (2022): Sexual Violence Against Persons With Disabilities: A Meta-Analysis. In: Trauma, violence & abuse, 23 (4), S. 1330–1343. Online verfügbar unter: https://journals.sagepub.com/doi/abs/10.1177/1524838021995975, letzter Zugriff: 13.10.2023.

Maslow, A.H. (2021): Motivation und Persönlichkeit. 16. Auflage. Reinbek: Rowohlt.

Metzner, H. (2012): Versorgungslage mit Unterstützter Kommunikation von erwachsenen Menschen mit geistigen Beeinträchtigungen in Wohneinrichtungen in Niedersachsen. Empirische Erhebungen in Wohneinrichtungen für Menschen mit geistigen Beeinträchtigungen in Niedersachsen mittels eines Online Fragebogens (Unveröffentlichte Masterarbeit). Carl von Ossietzky Universität, Oldenburg.

Nienaber, I. (2020): Tertiäre Prävention von sexueller Gewalt bei Menschen mit geistigen Beeinträchtigungen und sprachlichen Beeinträchtigungen – Befragung von Beratungsstellen gegen sexuelle Gewalt (Unveröffentlichte Masterarbeit (Unveröffentlichte Masterarbeit). Carl von Ossietzky Universität, Oldenburg.

Österreichisches Institut für Familienforschung an der Universität Wien (ÖIF) (Hrsg.) (2011): Gewalt in der Familie und im nahen sozialen Umfeld. Österreichische Prävalenzstudie zur Gewalt an Frauen und Männern. Unter Mitarbeit von O. Kapella, A. Baierl, Ch. Rille-Pfeiffer, Ch. Geserick & E.-M. Schmidt. Online verfügbar unter: https://uscholar.univie.ac.at/detail/o:1162297, letzter Zugriff: 20.03.2023.

Römisch, K. (2017): Sexualisierte Gewalt in Institutionen der Behindertenhilfe. In: M. Wazlawik & St. Freck (Hrsg.): Sexualisierte Gewalt an erwachsenen Schutz- und Hilfebedürftigen. Wiesbaden: Springer VS, S. 105–244.

Schewe, Ch. S. (2006): Subjektives Sicherheitsgefühl. In: H.-J. Lange & M. Gas (Hrsg.): Wörterbuch zur Inneren Sicherheit (322–324). Wiesbaden: VS Verlag für Sozialwissenschaften. Online verfügbar unter: https://doi.org/10.1007/978-3-531-90596-9_78ch, letzter Zugriff: 20.03.2023.

Thümmel, I. (2011): Kommunikationsförderung durch Unterstützte Kommunikation (UK) bei kaum- und nichtsprechenden Schülern im Förderschwerpunkt Geistige Entwicklung – Ergebnisse einer landesweiten Studie zu Bedarfen und Ressourcen an niedersächsischen Bildungseinrichtungen sowie Effekte der Förderung durch UK. In: Heilpädagogische Forschung, 27 (3), S. 160–172.

Thümmel, Ingeborg (2022). #Metoo – zur zielgruppenspezifischen Prävention gegen sexuelle Gewalt bei Menschen mit geistiger Behinderung. In: Sonderpädagogische Förderung heute, 67 (1), S. 19–30.

Thümmel, I. & Klein, M.-B. (2019): UK-Vernehmungsmappe für polizeiliche Ermittlungen. Zum Stand der Entwicklung einer Kommunikationshilfe für Opferzeuginnen und -zeugen sexueller Gewalt. In: K. Ling & I. Niediek (Hrsg.): UK im Blick. Perspektiven auf Theorien und Praxisfelder in der Unterstützten Kommunikation. Düsseldorf: verlag selbstbestimmtes leben, S. 397–410.

Thümmel, I. & Mühl, T. (2023) (Hrsg.): Toolkit Aussagemappe. Karlsruhe: v. Loeper.

Tomsa, R., Gutu, S., Cojocaru, D., Gutiérrez-Bermejo, B., Flores, N. & Jenaro, C. (2021): Prevalence of Sexual Abuse in Adults with Intellectual Disability: Systematic Review and Meta-Analysis. Online verfügbar unter: https://pubmed.ncbi.nlm.nih.gov/33670753/, letzter Zugriff: 13.10.2022.

Tschan, W. (2012): Sexualisierte Gewalt. Praxishandbuch zur Prävention von sexuellen Grenzverletzungen bei Menschen mit Behinderungen. Online verfügbar unter: http://elibrary.hogrefe.de/9783456951096/I, letzter Zugriff: 13.10.2022.

United Nations (UN) Ausschuss für die Rechte von Menschen mit Behinderungen (Hrsg.) (2015): Abschließende Bemerkungen über den ersten Staatenbericht Deutschlands. CRPD/C/DEU/CO/1. Online verfügbar unter: https://www.institut-fuer-menschenrechte.de/publikationen/detail/crpd-abschliessende-bemerkungen-ueber-den-ersten-staatenbericht-deutschlands, letzter Zugriff: 11.11.2023.

United Nations (UN) Committee on the Rights of Persons with Disabilities (Hrsg.) (2023): Concluding oberservations on the combined second and third periodic reports of Germany. CRPD/C/DEU/CO/2. Online verfügbar unter: https://tbinternet.ohchr.org/_layouts/15/treatybodyexternal/Download.aspx?symbolno=CRPD%2FC%2FDEU%2FCO%2F2-3&Lang=en, letzter Zugriff: 18.10.2023.

Weltgesundheitsorganisation (WHO) Europa (Hrsg.) (2003): Weltbericht Gewalt und Gesundheit. Zusammenfassung. Online verfügbar unter: www.euro.who.int, letzter Zugriff: 29.10.2023.

Zemp, A. (2002): Sexualisierte Gewalt gegen Menschen mit Behinderung in Institutionen. In: Praxis der Kinderpsychologie und Kinderpsychiatrie 51 (8), S. 610–625.

Zemp, A. & Pircher, E. (1996): Weil das alles weh tut mit Gewalt. Online verfügbar unter: http://bidok.uibk.ac.at/library/zemp-ausbeutung.html, zuletzt aktualisiert: 14.07.2020, letzter Zugriff: 06.03.2021.

Zemp, A., Pircher, E. & Schoibl, H. (1997): Sexualisierte Gewalt im behinderten Alltag. Jungen und Männern mit Behinderung als Opfer und Täter. Wiesbaden: Springer.

Rechtsnormen

Gewaltschutzgesetz (GewSchG) vom 11. Dezember 2001 (BGBl. I S. 3513), das zuletzt durch Artikel 2 des Gesetzes vom 10. August 2021 (BGBl. I S. 3513) geändert worden ist. Online verfügbar unter: https://www.gesetze-im-internet.de/gewschg/BJNR351310001.html, letzter Zugriff: 14.07.2023.

Kommunikationshilfenverordnung (KHV) vom 17. Juli 2002 (BGBl. I S. 2650), die zuletzt durch Artikel 12 Absatz 2 des Gesetzes vom 21. Dezember 2020 (BGBl. I S. 3229) geändert worden ist. Online verfügbar unter: https://www.gesetze-im-internet.de/khv/BJNR265000002.html, letzter Zugriff: 14.07.2022

Richtlinien für das Strafverfahren und das Bußgeldverfahren (RiStBV). In der Fassung der Bekanntmachung vom 28. März 2023. Online verfügbar unter: https://www.lexsoft.de/cgi-bin/lexsoft/justizportal_nrw.cgi?xid=213209,1, letzter Zugriff: 14.08.2023

Sozialgesetzbuch (SGB) Neuntes Buch – Rehabilitation und Teilhabe von Menschen mit Behinderungen – (Artikel 1 des Gesetzes v. 23. Dezember 2016, BGBl. I S. 3234). Online verfügbar unter: https://www.gesetze-im-internet.de/sgb_9_2018/index.html, letzter Zugriff: 23.10.2023

Strafprozessordnung (StPO) in der Fassung der Bekanntmachung vom 7. April 1987 (BGBl. I S. 1074, 1319), die zuletzt durch Artikel 2 des Gesetzes vom 26. Juli 2023 (BGBl. 2023 I Nr. 203) geändert worden ist. Online verfügbar unter: https://www.gesetze-im-internet.de/stpo/BJNR006290950.html, letzter Zugriff: 14.07.2023.

5 Familie mit Angehörigen mit Beeinträchtigung in sozialen Beziehungsnetzen

Barbara Jeltsch-Schudel

Menschen sind als soziale Wesen für ihre Entwicklung und ihre Lebensgestaltung auf andere Menschen angewiesen. Dies während ihres ganzen Lebens. Die Lebensbereiche, in denen soziale Beziehungen aufgebaut und gestaltet sowie soziale Netzwerke geknüpft werden, sind vielfältig und unterscheiden sich. Sie werden durch verschiedene Einflüsse – wie etwa kulturelle – und von verschiedenen Rahmenbedingungen, z. B. rechtliche und politische, geprägt.

Die Umgebung, in die ein Mensch hineingeboren wird, ist zumeist seine Familie. Sie spielt in ihren verschiedenen Formen und mit ihren vielfältigen Funktionen eine prägende Rolle in der Gestaltung der Lebensgeschichte des einzelnen Menschen. Im Laufe des Lebens verändert sich jeder Mensch, neue Herausforderungen bzw. Entwicklungsaufgaben stellen sich ihm. Die Lebensbezüge können sich wandeln, der Lebensort sich ändern. Das Angewiesensein auf andere Menschen ist nicht in allen Lebensphasen gleich, erfordert Anpassungen, die von verschiedenen Aspekten beeinflusst und ermöglicht werden sowie mit gesellschaftlichen Rahmenbedingungen in Zusammenhang stehen.

Die folgenden Ausführungen beschäftigen sich mit der Vielfalt von Möglichkeiten, wie Beziehungsnetze gestaltet werden können. Die Berücksichtigung verschiedener Sichtweisen von Menschen, die Teil der Beziehungsnetze von Familien mit Angehörigen mit Beeinträchtigung bilden, ist dabei wesentlich. Ihre Geschichten steuern die bunten Steine bei, die dem Mosaik, dessen Struktur auf wissenschaftlichen Erkenntnissen beruht, Lebendigkeit geben mögen.

Teilhabe ist das zentrale Thema des ganzen Buches; der Fokus dieses Beitrages richtet sich auf die Teilhabe an sozialen Beziehungsnetzen von Familien, zu denen ein Angehöriger mit Beeinträchtigung gehört.

Daher gilt es erst, Teilhabe in einem umfassenderen Sinn, umschrieben mit dem Begriff Partizipation, zu skizzieren und darauf aufbauend ein Verständnis von sozialen Beziehungsnetzen zu entwickeln. Als weiteres einführendes Element steht Familie im Spiegel von Sichtweisen verschiedener Disziplinen, die die Bedingung von Beeinträchtigungen wenig thematisieren.

Die Bedeutung, die die Beeinträchtigung eines Angehörigen für eine Familie und deren soziale Beziehungsnetze haben kann, wird danach in schwerpunktmäßig gesetzten Perspektiven dargestellt: Die sozialen Beziehungsnetze, die ein Mensch, der unter den Bedingungen einer Beeinträchtigung lebt, an seinem Lebensort Familie und von diesem aus aufbaut und gestaltet, und die sozialen Netzwerke, die ein Mensch, der unter den Bedingungen einer Beeinträchtigung lebt, an seinem Lebensort außerhalb der Familie hat.

Die dritte Perspektive ist jene der Familie, deren soziale Beziehungsnetze sich durch das Leben mit Beeinträchtigung verändern kann.

Beeinträchtigung respektive Behinderung wird in diesem Beitrag nicht eigens definiert. Es sei aber angemerkt, dass das Zusammenspiel verschiedener Behinderungsmodelle mitgedacht wird. Das Phänomen Behinderung kann individuell und sozial ebenso verstanden werden wie als kulturell und ökonomisch bedingt und menschenrechtlich bezogen (vgl. Jeltsch-Schudel & Schindler 2020). Allen diesen Behinderungsmodellen und dem Zusammenspiel sind Benachteiligungen, Diskriminierungen und Lebenserschwerungen inhärent.

Die folgenden Ausführungen sollen zu einem vertiefenden Verständnis der Thematik beitragen und neben skizzierten Wissensinhalten den mikrologischen Blick für individuelle Situationen schärfen.

Die Einzigartigkeit beeindruckt besonders in Geschichten von Menschen, die ihre Erlebnisse und Erfahrungen erzählen, sei dies in Büchern, in Interviews oder Gesprächen. In Episoden festgehalten bereichern sie das Kapitel 5.2 (▶ Kap. 5.2)[9].

Das Thema dieses Beitrages umfasst mehrere Teile, die zusammenhängen und aufeinander bezogen werden müssen. Entsprechend der Buchthematik wird zunächst Teilhabe aufgegriffen. In der deutschen Version der ICF (DIMDI 2005) wird der Begriff *participation* der ursprünglichen englischen Version (WHO 2001) mit »Partizipation (Teilhabe)« übersetzt. Eine Aufgliederung der Partizipation in vier deutsche Begriffe (vgl. Kardoff 2014; Jeltsch-Schudel 2023a) scheint sinnvoll, weil sich Verbindungen zu zwei weiteren Begriffen herstellen lassen, die – wie Partizipation – als (sonder-)pädagogische Leitprinzipien gelten können: Inklusion im Sinne einer unbedingten Zugehörigkeit und Autonomie im Sinne von Selbstbestimmung.

Partizipation als *Teilsein* drückt aus, dass der Mensch qua Menschsein und damit verbunden seiner Würde Teil der menschlichen Gemeinschaft ist. Menschenwürde wird dabei als Zuschreibung verstanden; es bedarf keiner empirischen Untersuchung von Voraussetzungen irgendwelcher Art, es werden keine (Ausschluss-)Kriterien gesetzt. Damit verbunden ist die *Teilhabe*, die darauf verweist, dass prinzipiell alle Menschen Zugang zu den Angeboten ihrer gesellschaftlichen und kulturellen Umgebung zu lebensnotwendigen Grundlagen wie Wasser und Nahrung, sowie zu Gesundheitsversorgung und zu Bildung haben.

Partizipation als Teilsein und Teilhabe ist voraussetzungslos. Dies bedeutet, dass weder bestimmte Fähigkeiten vorhanden sein noch bestimmte Leistungen erbracht werden müssen. Dies ist in Bezug auf Familien mit Angehörigen mit Beeinträchtigung ein wesentlicher Aspekt für deren Lebensgestaltung. Denn es steht ihnen das Recht zu, beispielsweise für ihr Kind mit Beeinträchtigung die medizinisch erforderlichen Unterstützungen zu beanspruchen oder ein für ihr Kind passendes Bildungsangebot zu bekommen. Diese Rechte basieren nicht nur auf den allgemeinen Menschenrechten der Vereinten Nationen (1948), sondern sind sowohl in der Kinderrechtskonvention (UN-KRK 1989) in Art. 23 als auch in der Behinderten-

---

[9] Meinen Gesprächspartner*innen sei bereits an dieser Stelle mein großer Dank ausgesprochen für die Einblicke, die sie mir gewährten.

rechtskonvention (UN-BRK 2006) in Art. 7 explizit erwähnt (siehe auch Blum et al. 2022, Jeltsch-Schudel 2023a).

Partizipation als *Teilnahme* meint die Aktivität des Subjekts, aus den zur Verfügung stehenden und zugänglichen Möglichkeiten auszuwählen. Auswahl hängt mit Selbstbestimmung insofern zusammen, als beides impliziert ist: ein Angebot anzunehmen oder abzulehnen. Gerade letzteres ist wesentlich zu berücksichtigen, denn mit einem zurückgewiesenen Angebot ist für den Anbietenden schwieriger umzugehen als mit einem angenommenen. Dies wird besonders dann deutlich, wenn Anbietende zu wissen meinen, was für Teilnehmende gut sei (vgl. Jeltsch-Schudel 1993). Für eine echte Teilnahme sind daher wirkliche Wahlmöglichkeiten erforderlich.

Soll Partizipation sich nicht nur auf Rechte, Zugänglichkeiten und Wahlmöglichkeiten beschränken, sondern auch Reziprozität beinhalten, so kann sich die Aktivität des Subjekts nicht auf Nehmen beschränken, sondern es gehört auch Geben dazu. Dies wird hier mit dem Begriff *Teilgabe* umschrieben; damit gemeint ist, dass in dyadischen Situationen ebenso wie in gesellschaftlich-kulturellen Zusammenhängen jeder Mensch einen Beitrag leisten kann. Es sind darunter nicht Leistungen zu verstehen, die bestimmten Kriterien entsprechen und somit gewertet und verglichen werden. Vielmehr geht es darum, dass jedem Menschen zugetraut werden kann, einem anderen etwas Wertvolles, vielleicht Einmaliges zu geben. Damit wird klar, dass es bei der Teilgabe ebenso wie beim Teilsein nicht um empirisch erfassbare Fakten geht. Die dem Menschen zugeschriebene Würde des Teilseins ist vielleicht analog zu verstehen mit dem Zutrauen und Vertrauen, dass jeder Mensch zur Teilgabe fähig ist.

5.1 Zur Bedeutung von sozialen Beziehungsnetzen und Familie

5.1.1 Soziale Beziehungsnetze

Der Begriff des *sozialen Netzes* wurde in der Soziologie entwickelt und hat auch Eingang in die Sonderpädagogik gefunden.

Ausgang der Konzeption ist das Bild des Netzes als ein Gebilde, das aus Knoten und Verbindungen besteht. Knoten können aus mikrosoziologischer Sicht als Personen, Verbindungen als Beziehungen der Personen miteinander verstanden werden. Makrosoziologisch gesehen bilden größere Gebilde die Knoten, so etwa Familien, Institutionen bis hin zu Gemeinwesen oder Staaten (vgl. Weischer, 2022). Diese Betrachtungsweise dient in der Soziologie auch der sozialen Strukturanalyse, in der, ausgehend von sozialer Ungleichheit Bezüge zu ökonomischen und politischen Aspekten hergestellt werden (vgl. ebd.).

Geht man davon aus, dass Netze, die aus Knoten und Verbindungen bestehen, beweglich sind, so wird deutlich, dass das Ziehen an einem Knoten Veränderungen im ganzen Netz hervorruft. Dies gilt sowohl für makro- wie auch mikrosoziologische Bereiche, wobei Übergänge und Zusammenhänge interessant sein können. Konkret für die vorliegende Thematik: Beeinträchtigung als Phänomen hat unmittelbare Auswirkungen auf die unmittelbare Umgebung einer Person, die als beeinträchtigt bezeichnet wird, also beispielsweise der Familie. Ebenso beeinflusst sie, eher in mittelbarer Weise, auch weitere Bereiche, die im Sinne Bronfenbrenners (1981) dem Meso- oder Makrosystem zugeordnet werden. Hier stellt sich nicht zuletzt die Frage, wie tragfähig sich das Netz erweist, ob es den Belastungen standhalten kann oder ob die Verbindungen reißen, was für den Knoten ein Herausfallen aus dem Netz, oder anders gesagt: Exklusion, bedeuten würde.

Konkretisiert für die Thematik dieses Beitrages sind Exklusionsrisiken einerseits im Makrosystem denkbar, indem alle oben dargestellten Aspekte der Partizipation unsicher würden. Diese betreffen die Gesellschaft, die Familie und die einzelne Person mit Beeinträchtigung gleichermaßen. Andererseits sind sie auch im Mikrosystem vorhanden, etwa als Marginalisierung und Isolierung von Familien mit Angehörigen mit Beeinträchtigung wie auch in Erfahrungen vom Übergangen werden, Diskriminierungen und Ausschluss von Menschen mit Beeinträchtigung.

Soziale Netze im mikrosozialen Bereich gehen zumeist von einer Person aus, die gewissermaßen den Knoten bildet. In einem egozentrischen Netzwerk etwa steht die Person als ein Ego im Zentrum. Je nachdem wird eine Darstellungsweise gewählt (etwa ein Soziogramm), in der die Verbindungen des Egos zu anderen Personen etwas über die Distanz zwischen ihm und anderen Personen aussagt und/oder darüber, ob es sich um eine positive oder negative Beziehung handelt (vgl. Kirschniok 2010).

In der Fachliteratur findet sich nicht nur der Begriff des sozialen Netzes, sondern es ist auch von *Netzwerken* die Rede. Es können verschiedene Formen unterschieden werden, die sich wiederum in Bereiche unterteilen lassen. So »gehören folgende vier mikrosoziale Bereiche zum primären Netzwerk: 1. das familiäre Umfeld, 2. die verwandtschaftlichen Beziehungen, 3. die nachbarschaftlichen Kontakte und 4. die selbst gewählten Beziehungen zu Freunden« (Kirschniok, 2010, S. 27, sich auf Bullinger und Nowak beziehend). Zum sekundären Netzwerk werden Netzwerke öffentlicher Angebote gezählt, wozu Angebote des Bildungssystems ebenso gehören wie Angebote aus dem Gesundheitswesen. Tertiäre Netzwerke, »die zwischen primären und sekundären Netzwerken platziert sind, umfassen unter anderem Selbsthilfegruppen, professionelle Dienstleistungen und Nichtregierungsorganisationen« (ebd., S. 27).

Legt man den Fokus auf die Verbindungen im Sinne von Kontakten, so lassen sich informelle (die jenen aus dem primären Netzwerk entsprechen) von formellen (die jene des sekundären und tertiären Netzwerks umfassen) unterscheiden. Formelle Kontakte umschreiben somit professionelle Beziehungen; Beziehungen also, die aus einem Anlass entstanden sind, nicht selbst gewählt wurden und in diesem Sinne fremdbestimmt sind. Informelle Kontakte sind nichtprofessionell, sind aber ebenfalls (außer Freundschaften) Beziehungen, die nicht selbst gewählt wurden: Kinder etwa wählen ihre Eltern nicht aus und Eltern ihre Kinder ebenso wenig. Es lässt sich – denkt man an Erwachsene mit intellektueller Beeinträchtigung in einer außerfamiliären Wohnsituation – eine weitere Unterscheidung feststellen, eine Form, die zwischen formell und informell liegt. Es handelt sich um das Leben in Gruppen betreuten Wohnens (unabhängig ob in Einrichtungen oder außerhalb), in dem kaum jemand die Gruppenmitglieder, mit denen der Alltag geteilt wird, selbst wählen kann, ohne dass es sich um professionelle Beziehungen handelt.

In der Sonderpädagogik wurden verschiedentlich und seit längerem soziale Netzwerke von Menschen mit Beeinträchtigung untersucht. Exemplarisch seien drei erwähnt. So etwa von Schiller bereits 1987 jene von Menschen mit Seh- und Körperbeeinträchtigungen, fokussiert auf Unterstützung, die diese für die Alltagsbewältigung aus ihrem sozialen Netzwerk erhielten (vgl. Schiller 1987).

Die Fragestellung von Dworschak (2004) betrifft die Lebensqualität von Erwachsenen mit intellektueller Beeinträchtigung; sein Ziel ist ihre Verbesserung. Als Grundlage bzw. wesentliche Ressource sieht er die individuelle Netzwerkförderung basierend auf einer individuellen Netzwerkanalyse.

Auch Kirschniok (2010) untersucht in ihrer mit mixed-methods durchgeführten empirischen Netzwerkanalyse den Circle of Support in Dortmund von 19 Menschen mit Autismus. Basierend auf der Analyse der Fachliteratur stellt sie (in der Vorbereitung ihrer eigenen Untersuchung) eine Reihe von Kriterien tabellarisch zusammen (▶ Tab. 5.1), die für die quantitative Erfassung sozialer Netzwerke zu operationalisieren seien. Sie unterscheidet in ihrer Darstellung in morphologische Aspekte, Strukturen und Inhalte der Netzwerke und differenziert die Kriterien zur Erfassung der sozialen Netzwerke (und damit der erfahrenen Unterstützung) folgend:

Tab. 5.1: Kriterien zur Erfassung sozialer Netzwerke (Kirschniok 2010, S. 33)

Strukturelle Morphologie	
Erreichbarkeit	Art und Anzahl der Verbindungen zwischen den Akteuren
Reichweite	Zusammensetzung der Netzwerkmitglieder (Alter, Status, Geschlecht)
Netzwerkgröße	Anzahl der Netzwerkpersonen
Dichte	Ausmaß des Verhältnisses/der Interaktion zwischen den Beziehungen
Stabilität	Konstanz der Beziehungen im Zeitverlauf
Offenheit	Verbindungen zu anderen außerhalb des Netzwerks
Hierarchie	Asymmetrie
Inhaltliche Morphologie	
Inhalt	Beschaffenheit der Kontakte (Nachbarschaft, Freundschaft, usw.), Einstellungen
Ausrichtung	Multiplexe oder uniplexe Beziehung, Reziprozität
Dauerhaftigkeit	Zeitraum der Beziehungen (aktivierbare oder manifeste Beziehungen)
Intensität	Intimitätsgrad der Beziehungen

Tab. 5.1: Kriterien zur Erfassung sozialer Netzwerke (Kirschniok 2010, S. 33) – Fortsetzung

Rollen	Definition der Rollenbeziehungen (z. B. Star, Isolierter)
Funktion	Emotionaler Rückhalt, Werteorientierung, instrumentelle Hilfe

Es ist zu beachten, dass in der Fachliteratur neben dem Begriff »Netzwerk« auch der Begriff »soziales Netzwerk« verwendet wird, inhaltlich so umschrieben wie hier skizziert. Klar abzugrenzen ist davon die Begriffsverwendung in den social media (siehe zu social media: https://de.wikipedia.org/wiki/Soziales_Netzwerk_(Internet)).

Die in diesem Beitrag verwendete Begrifflichkeit *soziale Beziehungsnetze* setzt etwas andere Akzente, erweitert in gewissem Sinne das Verständnis auf der Basis des bislang Skizzierten. Es geht hier nicht darum, vor allem Anzahl von Knoten und Verbindungen (also Strukturen) festzustellen und auch nicht lediglich um Unterstützung von Menschen mit Beeinträchtigung oder deren Familien (wie bspw. die Inhalte in Tab. 5.1). Vielmehr interessieren alle möglichen Verbindungen, Kontakte und Beziehungen mit verschiedensten Inhalten von Familien mit Angehörigen mit Beeinträchtigung (entsprechend der Thematik dieses Beitrages), und dies aus verschiedenen Perspektiven, eingebunden in zeitliche Dimensionen. Damit erhält die subjektive Bedeutungsgebung von Erfahrungen in sozialen Beziehungsnetzen eine stärkere Gewichtung und ermöglicht es, offen zu sein für alle möglichen Inhalte, die sich aus individuellen Situationen ergeben. Diese zeigen sich in Erzählungen, entstanden aus Erinnerungen, Erfahrungen, Episoden.

5.1.2 Familie

Das Wort Familie ist jedem Menschen bekannt, aber jede*r hat seine eigene Vorstellung, was Familie bedeutet, geprägt insbesondere durch eigene Erfahrungen. Eine begriffliche Fassung ist daher schwierig, muss diese doch zum einen abstrakt genug sein, dass sich die*der Einzelne wiederfindet und zum anderen eine Vielfalt wissenschaftlicher Perspektiven einfangen.

Dass Familie als eine *Lebensform der Gesellschaft* verstanden wird, zeigt sich etwa darin, dass in der Allgemeinen Erklärung der Menschenrechte der Vereinten Nationen (1948) festgehalten ist: »Art. 16, 3. Die Familie ist die natürliche Grundeinheit der Gesellschaft und hat Anspruch auf Schutz durch Gesellschaft und Staat« (Vereinte Nationen 1948). Dies schlägt sich in den Verfassungen vieler Länder nieder (beispielsweise Deutschland, Schweiz, Österreich), was eine rechtliche Einbettung bedeutet; ebenso ergibt sich ein politischer Auftrag. In den Familienberichten, die beispielsweise in den drei deutschsprachigen Ländern Österreich, Deutschland, Schweiz regelmäßig erarbeitet werden, werden die Umsetzungen dieser Aufträge formuliert. Diese greifen die Veränderungen auf, die sich in der Familie als Lebensform ereignen, beispielsweise die Veränderungen der familiären Rollen oder die Vielfalt der Familienformen. Eine Definition zu formulieren, ist deshalb schwierig und kaum zu finden. Als Beispiel sei jene des Familienberichts aus der Schweiz (2004) genannt: »… als Zusammenleben von Erwachsenen mit von ihnen abhängigen Kindern unter 25 Jahren« (EDI 2004, S. 23). Diese Umschreibung fokussiert das Alter und das Abhängigkeitsverhältnis der Beteiligten gewissermaßen als kleinsten gemeinsamen Nenner.

Für die Betrachtung der sozialen Beziehungsnetze von Familien mit Angehörigen mit Beeinträchtigung sind Erweiterungen und Modifikationen erforderlich. Das Aufwachsen von Kindern in Familien und die zeitlichen Veränderungen des Eltern-Kind-Verhältnisses weisen sehr viele Facetten auf, mit denen sich verschiedene Disziplinen beschäftigen und Erkenntnisse aus ihrer jeweiligen Perspektive beisteuern.

In unserer Gesellschaft haben Familien verschiedene Aufgaben zu erfüllen, die vielfältig sind und sich *historisch* verändert haben. So etwa waren Kinder von Familien Mitte des letzten Jahrhunderts den Eltern gegenüber zu Gehorsamkeit verpflichtet; die traditionelle Geschlechterverteilung in den Familien führte zu den jeweiligen Rollen entsprechenden gegenseitigen Verpflichtungen der Eheleute und elterlichen Pflichten den Kindern gegenüber (vgl. Rosenbaum 2014). Eine wesentliche Verpflichtung der Eltern war (und ist) die Erziehung der Kinder bis zu ihrer Mündigkeit. Daran beteiligt ist das Bildungssystem; die (klassisch-)*pädagogische* Fachliteratur sieht ihren Auftrag dreiteilig: Erziehung, Sozialisation und Enkulturation (beispielsweise Loch 1979, für die Sonderpädagogik: Bleidick 1983). Durch die Verknüpfung von Familie und Schule zeichnen sich für das Kind erste Elemente seines sozialen Beziehungsnetzes ab.

Auch für Kinder mit Beeinträchtigung haben diese Verpflichtungen von Familie und Schule Gültigkeit. Allerdings sind einige Abweichungen festzustellen: Die Erziehungsaufgabe der Eltern bekommt insofern eine weitere Färbung, als von den Eltern auch die Förderung der Entwicklung erwartet wird und dies bereits nach der Diagnosestellung. Erziehung zur Mündigkeit bedeutet, dass als Ziel erreicht wird, dass Tochter oder Sohn ein autonomes Leben führt, also nicht mehr im Elternhaus wohnt, einer Arbeit nachgeht und sich rechtlich selber vertritt. Dies ist bei Erwachsenen mit intellektueller Beeinträchtigung nicht in gleicher Weise realisierbar.

In der neueren *familiensoziologischen* Forschung stellt Jurczik (2018) zwei Megatrends fest: »Ein erster Megatrend ist die *Ent-Traditionalisierung*: Lebensformen, Werte, Normen und Verhaltensregeln werden nicht mehr fraglos als gegeben akzeptiert, sondern reflexiv hinterfragt« (ebd., S. 151). Dies hat zur Folge, dass die Geschlechterrollen innerhalb der Familie aufgelöst werden. »Der zweite Megatrend ist die *Individualisierung*, d. h. die (teilweise) Ent-Bindung von Individuen aus vorgegebenen Gruppen wie Stand und Klasse, aber eben auch aus Familie« (ebd., S. 152). Diese Megatrends führen zu einer doppelten Entgrenzung, zum einen in der Erwerbsarbeit, indem anstelle vorgegebener Arbeitszeiten eine Verfügbarkeit von 24/7 erfordert ist, und zum andern als Folge davon im privaten Bereich, also auch in Familien, indem es zu Stress im Zeitmanagement führt, nicht zuletzt wegen der Auflösung der Geschlechterrollen.

Daher stellt Jurczyk (2014) in ihren Analysen fest, dass Familien »*Herstellungsleistungen* zu erbringen haben. Diese bestehen zum einen aus einem für das Funktionieren der Familie notwendigen Vereinbarkeits- und Balancemanagement, das der Ermöglichung von Kopräsenz der Familienmitglieder, der Verteilung von Carearbeit *und* dem Verfolgen der individuellen Aktivitäten und Interessen« dient

(Jurczyk 2018, 146–147, Herv.i.Orig.). Zum anderen geht es um »doing family«, dass sie in drei Unterformen beschreibt:

- die Herstellung sozialer Bindungen durch Prozesse der »Grenzarbeit«, d. h. der Inklusion und Exklusion derjenigen, die als zu einer Familie zugehörig definiert werden (…);
- die Konstruktion von Intimität und Zugehörigkeit durch die Herstellung eines Wir-Gefühls (we-ness) (…) (ebd. S. 147);
- Displaying family: Individuen und Gruppen zeigen sich selbst und relevanten Anderen, wie sie Familie herstellen und wie die familiären Beziehungen charakterisiert sind (Finch 2007).

Für den allmählichen Aufbau der sozialen Beziehungsnetze zeichnen sich mit diesen Befunden Strukturierungen ab, Bereiche, in denen etwa Zugehörigkeit intimer und persönlicher konkretisiert wird als in anderen.

Auch eine Familie mit Kindern mit Beeinträchtigung hat Herstellungsleistungen zu erbringen. Eine erste besteht darin, das Kind in seiner Besonderheit in die Familie zu integrieren, was sich in der Alltagsgestaltung als Herausforderung erweisen kann, beispielsweise wenn mehrere Kinder mit sehr verschiedenen Bedürfnissen in der Familie leben. Dies kann sich besonders dann verschärfen, wenn etwa der Gesundheitszustand des Kindes mit Beeinträchtigung mehr Care-Arbeit erfordert und die Gefahr besteht, dass Geschwister zu kurz kommen (vgl. Lin 2020). Entsprechend der möglicherweise großen Diversität der Familienmitglieder kann sich das Wir-Gefühl anders entwickeln, Aspekte aufweisen, die in anderen Familien weniger oder anders vorkommen.

Erkenntnisse der *Entwicklungspsychologie* und der *Bindungstheorie* stellen die Entwicklung des Kindes, in letzter Zeit immer stärker die erfolgreiche Entwicklung des Kindes bis ins Erwachsenenalter, vor allem in den Fokus.

Für die menschliche Entwicklung sind soziale Beziehungen grundlegend, die auf gelingender Interaktion beruhen. Basierend auf einem interaktionistischen Menschenbild (vgl. Flammer 1999) zielt gelingende Interaktion auf eine Passung zwischen dem sich entwickelnden Subjekt, das über Aktivitäten, Ausdrucksmöglichkeiten und Responsivität verfügt, und einer (sozialen) Umgebung, die angemessen damit umgehen kann. Damit ist gemeint, dass Bezugspersonen das Subjekt mit den ihm zur Verfügung stehenden Möglichkeiten überhaupt wahrnehmen und ihm adäquate Angebote zur Auseinandersetzung und Erfahrung von Selbstwirksamkeit zur Verfügung stellen (vgl. Jeltsch-Schudel 2019). Erkenntnisse auf den *Neurowissenschaften* erweitern das Verstehen von Prozessen der gelingenden Interaktion (vgl. Tomasello 2020).

Die Ausdrucksmöglichkeiten von Kindern mit Beeinträchtigung können sich von anderen Kindern unterscheiden, beispielsweise in den Kommunikationsformen. Dies fordert die sozialen Bezugspersonen heraus und lässt sie eigene Wege gelingender Interaktion entwickeln.

Die von King (2015) entwickelte Theorie der *Generativität* trägt aus soziologischer Sicht weitere Aspekte bei. Darunter versteht King die »konstruktive Ermöglichung des Heranwachsens der Folgegeneration« (ebd. 2017, S. 17).

Die Abhängigkeit und Vulnerabilität Neugeborener und Kleinkinder erfordern ein Verhalten der Bezugspersonen, das sich den Bedürfnissen und Erfordernissen des Kindes anpasst. Eltern haben also ihre eigenen Bedürfnisse und Interessen zurückzustellen zugunsten des Kindes; sie haben dem Kind etwas zu geben. Gabe wird als konstitutives Moment von Generativität und Weitergabe verstanden; da es bei Generativität »um mehr geht als umsorgende Verhaltensweisen, sondern darüber hinaus spezifischer sozialer Bedingungen und psychischer Fähigkeiten bedarf, um ›geben‹ zu können und die unvermeidlichen Ambivalenzen im familialen und außerfamilialen Generationenverhältnis, die Generationenspannung, konstruktiv zu verarbeiten« (King 2022, S. 85). Denn im Laufe der Entwicklung verändert sich das Verhältnis zwischen Kind und Eltern. Die Angewiesenheit des Kindes auf die Sorge der Eltern wird geringer, dafür nimmt die Autonomie bzw. der »Eigensinn« (ebd.) des Adoleszenten zu.

> »Und diese Relation von Angewiesenheit und Eigensinn verändert sich in ihrer Form und Balance im Verlauf des Heranwachsens von der Geburt bis zur Adoleszenz. Es bedarf seitens der Fürsorgenden einer generativen Haltung der Ermöglichung – und zwar sowohl in Bezug auf die Angewiesenheit als auch in Bezug auf den Eigensinn. Also einer generativen Haltung, die der Bedürftigkeit *und* dem Großwerden des Kindes gemäß ist« (King 2017, S. 18, Hervorh.i.Orig.).

Im Laufe des Heranwachsens verändert sich damit die Beziehung zwischen Eltern und Kind. Eigensinn bedeutet auch wachsende Selbstbestimmung; Kontakte und Aufbau von Beziehungen außerhalb der Familie werden möglich und erweitern die sozialen Beziehungsnetze.

Die Generativität der Eltern von erwachsen werdenden Kindern mit Beeinträchtigung kann eine lebenslange Aufgabe bleiben, insofern als die Abhängigkeit stärker bestehen bleibt und eine assistierte Selbstbestimmung den Eigensinn kennzeichnet.

Diese Veränderungen verweisen auf die Bedeutung der Dimension Zeit, in die einzelne Menschen ebenso wie ihre Familien eingebettet sind. Mit dem soziologischen Konstrukt des Lebensverlaufs kann »das Leben einzelner Personen oder ganzer Gruppen in zeitlicher Perspektive beschrieben und verstanden werden« (Lauterbach 2022, S. 103). Es setzt voraus, »dass nicht die Zugehörigkeit zu einer einzigen Institution wie bspw. der Familie das Leben bestimmt, sondern dass mehrere Zugehörigkeiten vorhanden sind, so dass ein individueller Lebensverlauf entstehen kann« (ebd. S. 104). Die sozialen Beziehungsnetze werden für den Jugendlichen und jungen Erwachsenen vielfältiger, indem sie zunehmend mehr Knoten und Verbindungen aufweisen, die zu verschiedenen Lebensbereichen gehören. Gleichzeitig werden die sozialen Beziehungsnetze einzigartiger, indem die Zusammensetzung individuell geschaffen wird und zur eigenen Identität und Lebensgeschichte gehört.

Der Lebenslauf eines einzelnen Menschen weist eine Chronologie auf, vom Datum seiner Geburt bis zum Datum seines Todes und wird in unserer Gesellschaft in Lebensphasen unterteilt, zumeist in: Kindheit, Jugend, Erwachsenenalter, junges Alter, Hochaltrigkeit. Diese Phasen können mit den lebenslauftypischen Einrichtungen bzw. Tätigkeiten verbunden werden: Vorschulalter, Schulalter, Ausbildung, Berufstätigkeit, Rentenalter.

Auch die Entwicklung bzw. Veränderungen in Familien folgen einer Chronologie, jedoch wird von Familienzyklus gesprochen. Dies deshalb, weil sich die Abfolgen zyklisch wiederholen, wenngleich die einzelnen Personen andere Rollen einnehmen. Verbunden mit dem Familienzyklus sind die Generationenabfolgen.

Diese unterschiedlichen Betrachtungsweisen verweisen auf die jeweiligen sozialen Beziehungsnetze bzw. deren Veränderungen. In der Zeit, in der Töchter und Söhne in ihren Familien leben (was sich je nachdem bis ins Erwachsenenalter erstreckt), decken sich die sozialen Beziehungsnetze bzw. überschneiden sich mit jenen der Eltern und anderer Familienmitglieder, da in der Kontaktpflege häufig alle beteiligt sind. Leben Söhne und Töchter an einem anderen Ort, sei dies in einer neuen eigenen Familie, als Single oder in einem institutionellen Wohnangebot, können weiterhin gemeinsame soziale Beziehungsnetze bestehen, aber es können auch andere entstehen, die keinerlei Bezug zueinander haben.

5.2 Teilhabechancen und -risiken in Familie und sozialen Beziehungsnetzen

5.2.1 Leben in der Familie

Die Formulierung »Familien mit einem Angehörigen mit Beeinträchtigung« wurde hier gewählt, um der zeitlichen Dimension Rechnung zu tragen. Das heißt, dass nicht von »Kindern« mit Beeinträchtigung die Rede sein soll, wenn diese Töchter und Söhne erwachsen oder sogar schon alt sind. Allerdings sind hier mit Angehörigen mit Beeinträchtigung keine Eltern- oder Großelternteile gemeint, sondern nur Söhne und Töchter mit Beeinträchtigung, wodurch die Bezeichnungen Eltern (Mutter/Vater), Geschwister, Großeltern und weitere Verwandte klar bezeichnet werden können.

Im Folgenden greife ich einige Themen auf, denen ich in den Langzeitprojekten zur »Entwicklung von Kindern mit Trisomie 21 im Kontext« begegnet bin. Sie sind in Episoden gefasst, entnommen aus Interviews, Gesprächen und Filmaufnahmen, die seit 2006 regelmäßig durchgeführt wurden (vgl. Jeltsch-Schudel 2020b).

Wird ein Kind mit einer Beeinträchtigung in eine Familie hineingeboren, ist dies für alle Mitglieder zumeist mit einem großen Einbruch verbunden. Je nach Beeinträchtigung wird die *Diagnose* vor oder nach der Geburt gestellt oder im Laufe der kindlichen Entwicklung. Die Mitteilung, dass das Kind anders ist als andere, löst große Verunsicherung aus, weil so wenig antizipiert werden kann, was kommen wird. Die Art der Mitteilung ist oft wenig optimal und verstärkt das Gefühl, den Boden unter den Füßen zu verlieren.

Familien, die ein Kind mit einer Beeinträchtigung bekommen haben oder werden, sind nicht nur als Eltern und möglicherweise Geschwister betroffen, sondern auch ihre Herkunftsfamilie, ihr Freundeskreis und insgesamt ihre sozialen Beziehungsnetze. Die Diagnose mitzuteilen, ist eine für die Familie sehr schwierige Aufgabe, muss doch überlegt werden, wer wann und wie informiert werden soll. Belastend ist auch die Unklarheit darüber, wie reagiert wird. Viele Eltern erleben Veränderungen in ihren sozialen Beziehungsnetzen, wenn sie die Beeinträchtigung ihres Kindes offenlegen. Massive Abwehrreaktionen, wie etwa die Patenschaft eines »solchen« Kindes zurückgeben, den Eltern die »Schuld« an der Beeinträchtigung vorwerfen oder sich völlig abwenden, sind schmerzhafte und leidvolle Erfahrungen von Eltern. Es stelle sich heraus, so berichten viele Eltern, wer die wahren Freunde seien. Besonders geschätzt wird das offene Zugehen auf das Kind, das Teilen von Freuden und Sorgen der Eltern und nicht zuletzt Angebote zur Unterstützung der ganzen Familien, bei denen insbesondere nahe Verwandte wie Großeltern eine wesentliche Rolle spielen.

Anna Ammanns Erinnerungen berührten sie emotional sehr stark, als sie im Interview von ihren Erfahrungen erzählte: Als sie und ihr Mann vor gut drei Jahren die Mitteilung bekamen, dass ihr viertes Kind eine Trisomie 21 haben werde, teilten sie es einigen Verwandten und Freunden mit. Alle, so erinnerte sich Anna Ammann, reagierten offen und mit Hilfsangeboten. Besonders geblieben sei ihr die Reaktion von zwei Mädchen im Teenageralter aus der Verwandtschaft, welche selbst ein jüngeres Geschwister mit Trisomie 21 haben. Die beiden freuten sich, »dass wir ein so cooles Kind bekämen, wie sie es auch haben in ihrer Familie ... sie fanden es absolut genial, dass wir auch noch ein solches Kind bekommen, ihre Reaktion war wirklich sehr sehr eindrücklich«.

In der schwierigen Situation, in der sich Eltern befinden, wenn sie die Diagnose einer Beeinträchtigung ihres (ungeborenen) Kindes bekommen, sind Verwandte und Freunde, die den Kontakt nicht abbrechen, sondern sich auf eine Auseinandersetzung einlassen, eine sehr wichtige Unterstützung. Sie verkörpern die Tragfähigkeit der sozialen Beziehungsnetze und vermögen durch ihr Mittragen die Eltern etwas aufzufangen. Aber auch für sie sind solche Situationen schwierig und prägend. Davon berichtet die künftige *Patin* des Kindes von Brigitte und Beat Bühler:

Brigitte und Beat Bühler erfuhren in der 20. Schwangerschaftswoche, dass ihr Kind eine Trisomie 21 haben wird. Brigitte Bühler war sich im ersten Moment nicht sicher, ob sie nicht völlig überfordert sei mit einem behinderten Kind, da bereits mehrere Kinder in der Familie waren. Für Beat Bühler kam eine Abtreibung aus religiösen Überlegungen nicht infrage. Brigitte Bühler besprach sich mit ihrer Schwägerin, die nicht nur Erfahrung mit eigenen Kindern, sondern auch in der Arbeit mit verschiedenen Kindern hatte. Die beiden sprachen über ihre Ängste und Unsicherheiten. Brigitte Bühler fragte, ob Beatrice Bühler die Patenschaft für das Kind übernehmen wolle. Beatrice Bühler wusste genau so wenig wie Brigitte Bühler, ob sie es schaffen würde. Sie wollte es aber versuchen und sagte zu. Zur Zeit des Interviews war das Kind 9-jährig und Beatrice Bühler stellte fest, dass sie selbst wie auch die Familie in diese Situation hineingewachsen seien. Bei anstehenden Entscheidungen suchten sie gemeinsam die besten Möglichkeiten für das Kind und seine Familie.

Zu den sozialen Beziehungsnetzen zählen von Anfang an auch *Fachpersonen* verschiedenster Art. Denn es wird davon ausgegangen, dass ein Kind mit Beeinträchtigung in seiner Entwicklung unterstützt und gefördert werden soll. Die Gestaltung der Zusammenarbeit ist für alle Beteiligten herausfordernd, zumal anfänglich, müssen doch Erwartungen ausgetauscht, Rollen definiert und Ziele diskutiert werden. Ursula Beck und Albert Meier (2022) schreiben dazu:

»Eine Personengruppe hat dann als Ressource und Bewältigungshilfe, aber auch als Quelle von Irritationen besondere Bedeutung. Es sind dies Fachleute aus dem Behindertenbereich – also Personen, die den Eltern als ein wichtiger Teil der ›Gesellschaft‹ begegnen. Was sie mit Empathie, Freundlichkeit, Wohlwollen und Fachwissen zu einem gelingenden Prozess beitragen (was sehr oft vorkommt), können sie gleichsam durch unsensibles Auftreten oder unachtsame Kommunikation auch schwächen. Sie sind ganz besonders in der Lage, Krisenbewältigungsprozesse zu fördern und zu stützen, aber auch zu destabilisieren. Dies erstaunt kaum: Denn Fachpersonen begegnen Eltern als durch ihre Ausbildung, ihre Berufserfahrung und ihre Funktion legitimierte Expertinnen und Experten. Sie werden als viel zentraler und relevanter betrachtet als andere oft genannte Außeneinflüsse wie bspw. empörte oder herablassende Blicke von außenstehenden Menschen. Dies kann zwar kränken – aber selten wirklich schwächen« (Beck & Meier 2022, S. 229).

Familien sind durch ihre Wohnsituation eingebettet in eine soziale Umgebung. Die Beeinträchtigung eines Kindes kann sich verschieden auf die Kontakte zur *Nachbarschaft* auswirken.

Kontakte zu knüpfen, Beziehungen aufzubauen, in der Nachbarschaft dazu zu gehören, kann sich als wechselhaft erweisen, manchmal als offen und selbstverständlich, manchmal frustrierend und verletzend.

Dies erlebte Catherine Crain, Mutter eines Kindes mit Trisomie 21, und berichtete darüber in den vielen Interviews, die wir im Rahmen des Langzeitprojektes mit ihr führen durften.

Es erwies sich als schwierig, mit dem Kleinkind Christophe Kontakte mit anderen Kindern und deren Mütter auf dem Spielplatz zu knüpfen. Dies wohl auch deshalb, weil Familien mit Kindern erst vor kurzer Zeit in das Neubauquartier gezogen waren, in dem auch Catherine Crains Familie lebte, und Kontakte erst aufgebaut werden mussten. Auf ein Kind mit sichtbarer Behinderung reagierten die Nachbarn mit Unsicherheiten und Ablehnung. Erst als das Kind einige Jahre die Heilpädagogische Schule besuchte, änderte sich die Situation. Im Interview berichtete Catherine Crain, dass Christophe wie üblich den anderen Kindern beim Fußballspielen zugeschaut hätte, hopp hopp rufend am Rand stand und unversehens aufgefordert worden sei, mitzuspielen. Als er sich die Turnschuhe holte, habe sie ihm, so erzählte Catherine Crain, ein paar Tipps mitgegeben. Diese verstand er und konnte sie umsetzen, sodass er immer wieder zum Fußball geholt wurde. Leider hielt dies nicht an. Im Interview, das drei Jahre später geführt wurde, berichtete Catherine Crain, dass Christophe von den Nachbarskindern nicht akzeptiert sei, ein Außenseiter sei, auf den andere, vor allem jüngere Kinder eher mit Angst und Abwehr reagierten. Nur selten würden sie mit ihm spielen, nicht mehr aber ihn dazu holen.

Die Frage nach der *Einschulung* eines Kindes mit Beeinträchtigung ist für dessen Eltern eine wichtige Entscheidungssituation. Denn die Schulwahl, ob Regelschule oder Förderschule, wird nicht von ihnen allein getroffen, sondern von verschiedenen weiteren Akteur*innen. Die Besorgnis darüber, wie es dem Kind in der Schule gehen wird, ist groß. Die Ausweitung der sozialen Beziehungsnetze durch Personen, die in der Schule eine Rolle spielen, ist wesentlich.

Delia mit Trisomie 21, eines der Projektkinder, sollte eingeschult werden in eine Regelklasse. Dies erforderte eine Vorbereitung sowohl der pädagogischen Fachpersonen wie auch von den Eltern der künftigen Mitschülerinnen und Mitschüler. Ich übernahm es, an einem Elternabend über Trisomie 21 zu informieren, dies in allgemeiner Form, nicht speziell bezugnehmend auf Delia, die ich ja bereits seit einigen Jahren kannte. Für die

Betrachtung der Thematik der sozialen Beziehungsnetze sind die Fragen interessant, die von den Teilnehmenden gestellt wurden. So wurde etwa von anderen Eltern danach gefragt, ob Delia auch an Geburtstagsfestchen ihrer Kinder eingeladen werden könne. Dies zeigt, dass die Fragenden unsicher waren, wie sich ein Kind mit Trisomie 21 verhält, und wie sie dann (richtig) reagieren sollen. Fachpersonen beschäftigten sich damit, wie sie mit den anderen Kindern über Trisomie 21 reden können und fragten nach geeignetem Material wie Bilderbücher. Auch für sie stand das »Anderssein« und geeignete Umgangsformen im Klassenverband damit im Vordergrund.

Familien haben indes nicht nur mit Menschen Kontakt, die zu ihren sozialen Beziehungsnetzen gehören, sondern auch mit *Außenstehenden*. Äußerungen Fremder können für alle Familienmitglieder sehr schmerzlich sein. In solch verletzenden Situationen die Solidarität von Personen aus den sozialen Beziehungsnetzen zu spüren, mit ihnen den Schmerz besprechen und verarbeiten zu können, erweist sich als sehr hilfreich.

Auf einem Waldspaziergang zweier Mütter und zahlreicher Kinder, darunter ein Kind mit Trisomie 21, begegneten sie zwei älteren Damen, die vernehmlich feststellten, dass man doch dankbar sein müsse über ein gesundes Kind. Die beiden Mütter waren sprachlos, schockiert und verletzt. In längeren Gesprächen verarbeiteten sie diesen schmerzhaften Angriff. Sie seien beide sehr betroffen gewesen, erzählte die Freundin der Mutter des Kindes mit Trisomie 21 im Interview.

Von Erlebnissen mit und der Erfahrung, *Diskriminierung*, Verletzungen und Ausgrenzungen durch Außenstehende wissen fast alle zu erzählen. Der Umgang damit ist schwierig. Gegenseitige Unterstützung, sofern man nicht allein ist, ist dabei wesentlich.

Emil Ehrensperger (28 Jahre alt, mit Trisomie 21) und Franz Fischer, der neue Partner von Emil Ehrenspergers Mutter, erzählten im gemeinsamen Interview:

Die beiden gingen zusammen in ein Restaurant zum Abendessen. Der Ober fragte Franz Fischer nach dem Begehr und dieser bestellte eine Flasche Wein. Danach wandte sich der Ober an Emil Ehrensperger und fragte ihn: »Was willst du trinken?«. Franz Fischer fragte Emil Ehrensperger, ob er den Ober kenne, weil er ihn duze. Der Ober realisierte sein Fehlverhalten und entschuldigte sich. Wie üblich wurde der Wein zur Kostprobe angeboten – natürlich an Franz Fischer. Dieser sagte, der Herr Ehrensperger würde den Wein kosten. Emil Ehrensperger zelebrierte die Weinprobe gekonnt. In der Erinnerung daran lachten die beiden, fügten aber bei, dass sie immer wieder solche Erfahrungen machen würden. Emil Ehrensperger ergänzte, dass er es gewohnt sei, übergangen zu werden.

Zur Unterstützung von Familien mit Kindern mit Beeinträchtigung leisten, als Teil der sozialen Beziehungsnetze, oft auch Großeltern einen wichtigen Beitrag. Dieser ist auf mehreren Ebenen möglich: so etwa in der Auseinandersetzung damit, dass ein Kind mit Beeinträchtigung zur Familie gehört und in die Familie integriert wird – oder ganz pragmatisch als Hilfe in der Alltagsbewältigung (vgl. Seifert 2023). Dabei, so zeigte sich in verschiedenen Familien des Langzeitprojekts, entstehen tragende Beziehungen zwischen den Großeltern und ihren Enkelkindern. Diese Beziehungen und gemeinsamen Aktivitäten verändern sich mit der Zeit. Beginnend mit der Betreuung des kleinen Kindes, Begleitungen zu Therapien oder anderen Anlässen durch die Großeltern, werden die Enkelkinder mit zunehmender Selbständigkeit selbst aktiv. So etwa besucht ein zehnjähriger Junge mit Trisomie 21 regelmäßig den Großvater bei sich zuhause und unternimmt mit ihm von dort aus alles Mögliche.

In der Geschichte von Julian Jakob und seinen Großeltern zeigt sich, wie sich die enge Beziehung entwickeln kann. Die Großeltern, im gleichen Mehrfamilienhaus lebend wie die Familie von Julian Jakob, betreuten ihren Enkel bereits als Säugling. Als er grösser wurde, wurde er von den Großeltern regelmäßig gehütet, und er besuchte sie zunehmend von sich aus. Als Jugendlicher erlebte Julian Jakob mit, dass gewisse Verrichtungen für die Großeltern zunehmend mühsam wurden. Er übernahm es daher, den Müllsack runterzutragen und in die Tonne zu werfen und weitere Handreichungen mehr. Die Großeltern erkrankten, als Julian Jakob bereits erwachsen war, und sie starben kurz hintereinander. Zuerst beim Großvater, nachher auch bei der Großmutter im Krankenhaus, war Julian Jakobs zusammen mit weiteren Familienmitgliedern bis zuletzt dabei, sprach mit ihnen und sorgte mit Lieblingssongs für eine warme und liebevolle Atmosphäre des Abschieds.

Gerade in der letzten Lebensphase, besonders beim Sterben, sind Mitglieder der sozialen Beziehungsnetze sehr wichtig. Dies ist auch bei Menschen mit Beeinträchtigung der Fall. Oft leben die eigenen Eltern nicht mehr, sodass andere Personen ihrer sozialen Beziehungsnetze wie Geschwister, Freunde oder Bezugs-Fachpersonen sie begleiten (siehe dazu Jeltsch-Schudel 2023b).

Nick Gerber, ein Mann mit Trisomie 21, der 65-jährig starb, hatte besonders in den letzten Lebensjahren enge Kontakte zu seinen Geschwistern. Einer kinderreichen armen Arbeiterfamilie entstammend, wurde er bereits als Kind von Behörden aus der Familie hinausgenommen und im Laufe seines Lebens in verschiedene Einrichtungen platziert. Dennoch konnte der Kontakt der Geschwister untereinander aufrechterhalten werden. Im Rahmen einer Fallstudie war es möglich, nach seinem Tod mit verschiedenen Familienmitgliedern, Geschwistern, deren Partnerinnen und Partnern, sowie Nichten und Neffen über ihre Erinnerungen Gespräche zu führen (Jeltsch-Schudel 2020a).

»Von Nick Gerbers Veränderungen im Alter berichten alle Familienmitglieder. Er konnte an den Wochenenden nicht mehr zu seinen Geschwistern kommen, also besuchten sie ihn im Pflegeheim und beteiligten sich an seiner Pflege. Dass er im Beisein von Familienmitgliedern friedlich sterben konnte, gehört für jene, die dies miterlebt haben, zu den bewegendsten und prägenden Erfahrungen ihres Lebens« (ebd., S. 400).

Soziale Beziehungsnetze beruhen auf Interaktionen, die auch Reziprozität beinhalten. Damit ist nicht gemeint, dass Gleiches mit Gleichem vergolten werden muss, sondern dass jeder zugehörige Mensch etwas zu den Beziehungen beiträgt. Sein Beitrag, die Teilgabe als wesentlicher Teil der Partizipation, ist eine Gabe an die anderen zugehörigen Personen.

Eine junge Frau mit Trisomie 21 verlor ihren Vater nach langer Krankheit. An der Abschiedsfeier war bei allen Teilnehmenden die große Trauer über seinen frühen Tod deutlich spürbar. Mit geteilten Erinnerungen wurde gemeinsam versucht, von ihm Abschied zu nehmen, ihn loszulassen. Der Beitrag seiner Tochter war für alle berührend und auch tröstlich: in einem ausdrucksstarken Tanz drückte sie auf beeindruckende Art ihre Trauer aus und zugleich auch ihre Zuversicht, dass der Vater an einem guten Ort sei und dass eine Verbindung zu ihm bleiben werde.

Betrachtet man die gesamte Lebensspanne, so finden sich in den Geschichten von Familien mit Angehörigen mit Beeinträchtigung verschiedene Themen, die auch in anderen Familien wichtig sind, und dennoch gewisse Besonderheiten in sich tragen.

Diese weisen Erfahrungen auf, die die Vulnerabilität menschlichen Lebens deutlicher spürbar werden lassen und Auseinandersetzungen erfordern. Die sozialen Beziehungsnetze sind für alle, die dazu gehören, sehr wesentlich, jede*r kann auf eigene Weise partizipieren in allen vier Differenzierungen.

5.2.2 Leben an verschiedenen Lebensorten

Menschen mit Beeinträchtigung, insbesondere Menschen mit intellektueller Beeinträchtigung, sind zumeist ihr Leben lang auf Unterstützung anderer Menschen und somit auch auf soziale Beziehungsnetze angewiesen, dies in einem höheren Maß als alle anderen Menschen.

Das Leben in der eigenen Herkunftsfamilie ist, wegen der gestiegenen Lebenserwartung auch von Menschen mit intellektueller Beeinträchtigung, immer öfter nicht bis zum Lebensende möglich. Daher wechseln sie in außerfamiliäre Wohnformen, welche oft mit einer Arbeitsmöglichkeit wie Werkstatt oder Beschäftigung und manchmal auch Freizeit- und Bildungsangeboten kombiniert sind. Diese verschiedenen Lebensbereiche sind nicht immer miteinander verbunden oder aufeinander bezogen, sie können auch getrennt sein. Die sozialen Beziehungsnetze werden durch den Wechsel an einen anderen Lebensort tangiert, indem sich die Kontaktpersonen ändern können, die Beziehungen neue Formen und Bedeutungen erhalten.

Auch die sozialen Beziehungsnetze von Familien mit Angehörigen mit Beeinträchtigung sind einem Wandel unterworfen. Wie bereits erwähnt sind bereits von Anfang an Kontakte zu Fachleuten in einem erhöhten Maß vorhanden als bei anderen Familien, eine Zusammenarbeit, die auch mit dem Erwachsenwerden des Sohnes, der Tochter mit Beeinträchtigung fortdauert. Es handelt sich jedoch nicht um eine kontinuierliche Zusammenarbeit; vielmehr sind die Aufgaben der Fachpersonen institutionell bestimmt: Fachkräfte aus der Früherziehung werden gewissermaßen von solchen des Schulsystems abgelöst und mit der Beendigung der Schulzeit gilt es, neue Beziehungen zu Ausbildner*innen und Wohnbetreuer*innen aufzubauen. Auch im Gesundheitssystem übernehmen im Erwachsenenalter andere Fachpersonen die Aufgaben, entsprechend den medizinischen Themen, die sich auch bei Menschen mit intellektueller Beeinträchtigung im Erwachsenenalter und Alter verändern (vgl. Haveman & Stöppler 2014).

Neue Kontakte ergeben sich durch die Anforderungen professioneller Unterstützung in den vorher aus der Perspektive des Erwachsenen mit Beeinträchtigung genannten verschiedenen Lebensbereichen. Dazu kommt, dass die rechtlichen Verantwortlichkeiten geregelt werden müssen (Vormundschaft, Beistandschaft) und die Gestaltung der assistierten Selbstbestimmung gemeinsam erarbeitet werden muss.

Diese beiden Aufgaben können von Fachpersonen oder auch von Familienmitgliedern übernommen werden. Oft sind dies zunächst die Eltern, die abgelöst werden können durch Geschwister. Eindrücklich beschreibt Margrith Lin (2020) die Unlösbarkeit der Verbundenheit innerhalb der Familie und die Bedeutung »lebenslang« für sie als Schwester eines Bruders mit Beeinträchtigung.

Im Folgenden greife ich einige Themen auf, auf die ich in der bereits erwähnten Langzeitstudie gestoßen bin. Bei der Auswahl der Episoden war die Perspektivenvielfalt wesentlich.

Es wird deutlich, dass sich die sozialen Beziehungsnetze aller Familienmitglieder dadurch verändern, dass die Lebensorte nicht mehr dieselben sind. Das »Zuhause sein« ist nicht mehr am gleichen Ort (im Elternhaus), für die Pflege der Beziehungen müssen neue Modi gefunden werden. Und nicht nur dafür: die ganze Lebenssituation muss so umgestaltet und angepasst werden, dass Lebensqualität erreicht werden kann.

Giulia Galfetti (32 Jahre alt, mit Trisomie 21) berichtet, wie es ihr einige Jahre nach dem Auszug aus dem Elternhaus geht:

Nach einigen Jahren in einer betreuten Außenwohngruppe wagte sie den Schritt zur eigenständigen Mieterin in einem eigenen Studio. Dieses ist Teil einer größeren Hausgemeinschaft, in welcher sie bedürfnisorientiert Assistenzleistungen beansprucht. Vier Tage in der Woche arbeitet sie in der Reinigungsequipe einer großen Institution für Menschen mit einer Beeinträchtigung und hat täglich einen langen, recht komplizierten Arbeitsweg zu bewältigen. Wochenende und Ferien verbringt sie oft bei den Eltern, manchmal auch zusammen mit den Familien ihrer Geschwister. Freizeit verbringt sie mit verschiedenen Aktivitäten.

In diesen verschiedenen Lebensbereichen zeigen sich vielfältige soziale Beziehungsnetze. Giulia Galfetti hat darin verschiedene Rollen inne; damit verbunden sind verschiedene Beziehungen und Kontakte, von unterschiedlicher Intensität und Dauer. Sie managt diese verschiedenen Bereiche mit einem hohen Maß an Selbständigkeit. Dies alles geht aus dem Interview hervor, das ich mit ihr in ihrem Studio durchführen konnte. Abschließend fragte ich sie, ob sie sich Veränderungen ihrer Situation wünsche. Sie antwortete: »Ändern ist nicht so mein Ding, muss mich sonst immer wieder neu gewöhnen«. Nach einigem Nachdenken, vor sich hinblickend, meinte sie: »Ich bin zufrieden« und schaut auf und lächelt.

Bei all dem Neuen, das zur Lebenszufriedenheit beitragen kann, sind auch kontinuierliche Beziehungen in sozialen Beziehungsnetzen wichtig. Dazu gehören nicht nur familiäre Verbindungen, sondern auch freundschaftliche.

Seit dem Kindergarten kennen sich Iris Imboden (32 Jahre alt, mit Trisomie 21) und Hanna Huber (32 Jahre alt). Sie besuchten in integrativer Klasse zusammen die Grundschule, danach trennten sich ihre schulischen und Ausbildungswege. Dennoch blieben sie in Kontakt und erhielten ihre Freundschaft aufrecht. Mit Hanna Huber, die heute als Assistenzärztin in einem Krankenhaus arbeitet, konnte ich ein Gespräch führen. Hanna Huber erzählte von den gemeinsamen Aktivitäten ihrer Kindheit, in besonderer Erinnerung sei beiden die mehrmalige Herstellung von Crêpes, mal bei sich, mal bei ihr – unterstützt von beiden Familien, etwa bei der Organisation der jeweiligen Treffen. Nach der Schulzeit sei der Kontakt erst etwas spärlicher gewesen, dann, als beide ein Handy zur Verfügung hatten, schrieben sie sich gelegentlich. Gemeinsame Ausflüge unternahmen sie als Teenies erst mit öffentlichen Verkehrsmitteln, später mit Hanna Hubers Auto. Immer freuten sich beide aufeinander, interessierten sich füreinander, gingen sorgsam miteinander um. Auf meine Frage, was sie Iris Imboden wünschen würde, meinte Hanna Huber: »Nur das Beste – ein zufriedenes und erfülltes Leben, Gesundheit, gute und vertrauensvolle Beziehungen, unzählige schöne Erlebnisse… und dass sie genauso bleibt, wie sie ist …« und fügte ihren eigenen Wunsch bei: »… dass unsere Freundschaft ein Leben lang hält«:

Die Vielfalt sozialer Beziehungsnetze von Familien mit Angehörigen mit Beeinträchtigung gewinnt an Diversität durch die verschiedenen Perspektiven, aus denen die hier zitierten Episoden erzählt sind. Wesentlichen Anteil daran, wie soziale Beziehungsnetze gestaltet werden können, haben die Anbieter*innen der professionellen Angebote für Erwachsene mit intellektueller Beeinträchtigung. Ich habe deshalb mit einer Kollegin, die in einer Einrichtung mit mannigfaltigen Angeboten arbeitet über die Thematik dieses Beitrages gesprochen.

Wesentliches Anliegen ist die Unterstützung der Partizipation (in allen vier Aspekten) der gesamten Klientel, die sehr unterschiedliche Voraussetzungen dafür hat. Dazu gehören individuelle Fähigkeiten zur Verständigung und Mobilität ebenso wie soziale Möglichkeiten, diese in einer sozialraumorientierten Umgebung umzusetzen. Für die Gestaltung der individuellen sozialen Beziehungsnetze ist ein möglichst hohes Maß an Selbstbestimmung notwendig. Dieses angemessen zu unterstützen, als assistierte Selbstbestimmung, erfordert Diskussion und Reflexion unter den Fachpersonen, geht es doch darum, die gebotene Verantwortung ohne unerwünschte Bevormundung zu übernehmen.

Die Einrichtung umfasst Wohn- und Arbeitsangebote auf einem Gelände, zu dem auch Außenstehende Zugang haben, sowie angemietete Wohnungen für betreute Wohngemeinschaften im nahen Dorf. Entsprechend der auf Sozialraumorientierung ausgerichteten Konzeption bewegen sich alle Klient*innen der Einrichtung möglichst selbständig. Dies bedeutet, dass sie einkaufen gehen, in Cafés oder Restaurants sich treffen, in Vereinen aktiv sind, Ausflüge unternehmen (wie etwa eine Shoppingtour in der nächsten größeren Stadt), Verwandte, Freunde oder Gastfamilien besuchen. So begegnen sie auch »Außenstehenden«, also Menschen, die zunächst nicht zu ihren sozialen Beziehungsnetzen gehörten, es aber möglicherweise tun werden. Dabei stellt sich für die assistierenden Fachpersonen die Frage, wie sie Begleitung, Schutz und Kontrolle auszubalancieren haben.

Im Dorf ist es in gewissen Geschäften möglich einzukaufen, ohne sofort zu bezahlen, beispielsweise mit einer Monatsabrechnung. Ein Klient deckte sich mit vielen Gegenständen ein, ohne zu realisieren, dass die Rechnung seine finanziellen Möglichkeiten bei weitem überstiegen. Rechtliche Probleme sind in einem solchen Fall absehbar. Die Bezugs-Fachperson konnte zusammen mit dem Klienten und dem Verkäufer eine einvernehmliche Lösung finden und Abmachungen treffen, die vor weiteren solchen Vorkommnissen schützen.

In dieser Episode war das Problem, ob, wo und wie jemand davor geschützt werden muss, etwas zu tun, dessen Konsequenzen er nicht absehen kann, professionell relativ einfach zu lösen. Schwieriger wird es, wenn es um den Umgang mit Interneteinkäufen oder Verträgen geht, denn hier spielt der Datenschutz (ob jemand geschäftsfähig ist oder nicht) eine Rolle.

Noch herausfordernder dürfte der Umgang mit Social Media sein (▶ Kap. 12). In Bezug auf die sozialen Beziehungsnetze wird es schwierig, virtuelle Knoten und virtuelle Verbindungen neben realen zu unterhalten und von ihnen zu unterscheiden. Also beispielsweise: wer sind Freunde? Reale Personen oder viele Klicks? Aber: Für die Pflege der Beziehungen zu wirklichen Personen, zu Verwandten und Freunden können Gadgets der Social Media sehr nützlich und wertvoll sein, können sie doch eine effiziente Unterstützung der Verständigung bieten.

5.3 Fazit

Soziale Beziehungsnetze sind für alle Menschen lebensnotwendig. Denn die Angewiesenheit auf andere Menschen beschränkt sich nicht auf die Lebensphasen der frühen Kindheit und des hohen Alters, in denen Abhängigkeit und Unterstützungsbedarf erhöht sind. Vielmehr hängt sie mit der menschlichen Konstitution zusammen, der Fragilität und Vulnerabilität inhärent sind, nicht nur physisch, sondern auch psychisch. Einschneidende Lebenserfahrungen oder kritische Lebensereignisse lassen erkennen, wie wesentlich die sozialen Beziehungsnetze sind, wie tragfähig oder wie brüchig.

Vermutlich spielen dabei Vermessungen von Dichte und Häufigkeit eine geringere Rolle als die Qualität, mithin die (subjektive) Bedeutung, die von den miteinander verbundenen Menschen beigemessen wird.

Wird Teilhabe als Partizipation in den hier dargestellten vier Dimensionen verstanden, so ist sie für alle Menschen offen und zugänglich. Chancen und Risiken können sich im Einzelfall unterscheiden.

Aus den Episoden lässt sich jedoch herauslesen, dass die Bedeutung der sozialen Beziehungsnetze für alle als hoch einzuschätzen ist.

Dies gilt es, in Begleitung und Beratung von Familien mit Angehörigen mit Beeinträchtigung und in der agogischen Arbeit mit Erwachsenen mit intellektueller Beeinträchtigung zu beachten.

Zusammenfassend bedeutet dies: Soziale Beziehungen, welche die Grundlage sozialer Beziehungsnetze bilden, spielen von Anfang an eine wichtige Rolle für die Entwicklung des Kindes in und mit seiner Familie und sind in der professionellen Arbeit in ihrer Bedeutung zu thematisieren. Sie sind prozesshaft zu verstehen und entsprechend die fachlichen Förderung, Unterstützung und Begleitung immer wieder zu reflektieren und anzupassen.

Soziale Beziehungen zu unterschiedlichen Bezugspersonen ermöglichen den Aufbau vielfältiger sozialer Beziehungsnetze. Gerade für Erwachsene, die nicht mehr in ihrer Herkunftsfamilie leben, sind Kontakte und Beziehungspflege wichtig und müssen in der assistierten Selbstbestimmung unterstützt werden.

In sozialen Beziehungsnetzen sind verschiedene Menschen auf vielfältige Weise miteinander verbunden, eine mehrperspektivische Betrachtungsweise ist deshalb für professionelle Betreuung, Assistenz und Begleitung zu beachten.

Dank

Mein Dank geht an alle Personen, die mir und den an der Langzeitstudie beteiligten Studierenden, Kolleg*innen Einblick in ihre Lebensgeschichte gegeben haben, uns partizipieren ließen an den Herausforderungen, die sich einer Familie mit Angehörigen mit Beeinträchtigung stellen, und uns im Verstehen ihrer individuellen Situation unterstützten. Allen, deren Episoden hier mit anonymisierten Namen nacherzählt sind, danke ich für ihr Einverständnis und ihre Korrekturen sehr herzlich. Ein besonderer Dank geht an Alexandra Rohrer für den inspirierenden Austausch zur Thematik dieses Textes.

Literatur

Beck, U. & Meier, A. (2023): Eltern und Fachpersonen. Gedanken zu einer sensiblen Beziehung. In: Wilken, U. & Jeltsch-Schudel, B. (Hrsg.): Elternarbeit und Behinderung. Inklusion – Partizipation – Kooperation. 2. überarb. u. erw. Aufl. Stuttgart: Kohlhammer, S. 227–237.
Bleidick, U. (1983): Pädagogik der Behinderten. Berlin: Marhold.
Blum, S., Brunner, S., Grossniklaus, P., Herzig, Ch. A., Jeltsch-Schudel, B. & Meier S. (2022): Kindesvertretung. Konkret, partizipativ, transdisziplinär. Bielefeld: transcript. Open access: https://www.transcript-verlag.de/978-3-8376-6444-7/kindesvertretung/
Bronfenbrenner, U. (1981): Die Ökologie der menschlichen Entwicklung. Stuttgart: Klett.
DIMDI: Deutsches Institut für Medizinische Dokumentation und Information (2005): Internationale Klassifikation der Funktionsfähigkeit, Behinderung und Gesundheit, WHO, Version 2005.
Dworschak, W. (2004): Lebensqualität von Menschen mit geistiger Behinderung. Theoretische Analyse, empirische Erfassung und grundlegende Aspekte qualitativer Netzwerkanalyse. Heilbronn: Julius Klinkhardt.
EDI, Eidgenössisches Departement des Innern (Hrsg.) (2004): Familienbericht 2004: Strukturelle Anforderungen an eine bedürfnisgerechte Familienpolitik. Bern.
Finch, J. (2007): Displaying Families. Sociology Copyright © 2007 BSA Publications Ltd® Volume 41(1): 65–81 In: David H. J. Morgan (2020): Family practices in time and space, Gender, Place & Culture, 27:5, 733–743.
Flammer, A. (1999): Entwicklungstheorien – Psychologische Theorien der menschlichen Entwicklung. 2., vollst. überarb. Aufl. Bern: Hans Huber
Haveman, M. & Stöppler, R. (2014): Gesundheit und Krankheit bei Menschen mit geistiger Behinderung. Stuttgart: Kohlhammer.
Jeltsch-Schudel, B. (1993): Die einen und die andern – ihr und wir. Oder: Wer weiß, was für Behinderte gut ist? In: Mürner, Ch. & Schriber, S. (Hrsg.): Selbstkritik der Sonderpädagogik. Luzern: Edition SZH, S. 39–50.
Jeltsch-Schudel, B. (2019): Situation von Familien mit einem Kind mit Down-Syndrom verstehen. In: Leben mit Down-Syndrom Nr. 90. Jan. 2019, S. 28–32.
Jeltsch-Schudel, B. (2020a): Lebensspur eines Mannes mit Down-Syndrom. In: Sonderpädagogische Förderung heute 65(4), S. 390–403.
Jeltsch-Schudel, B. (2020b): Entwicklung von Kindern und Jugendlichen mit Down-Syndrom. In Universität Freiburg, Departement für Sonderpädagogik: Jahresbericht 2019. https://www.unifr.ch/spedu/de/assets/public/rapports_annuels/Rapport_Pedagogie_Specialise_2019_WEB.pdf
Jeltsch-Schudel, B. (2023a): Rechtliche und gesellschaftliche Rahmenbedingungen für Familien von Kindern mit Behinderungen in den Ländern Österreich, der Schweiz und Deutschland. In: Wilken, U. & Jeltsch-Schudel, B. (Hrsg.): Elternarbeit und Behinderung. Inklusion – Partizipation – Kooperation. 2., überarb. u. erw. Aufl. Stuttgart: Kohlhammer, S. 134–146.
Jeltsch-Schudel, B. (2023b): Begleitung in der letzten Lebensphase im Alter: Zur Rolle der Geschwister. In: Wilken, U. & Jeltsch-Schudel, B. (Hrsg.): Elternarbeit und Behinderung. Inklusion – Partizipation – Kooperation. 2., überarb. u. erw. Aufl. Stuttgart: Kohlhammer, S. 250–263.
Jeltsch-Schudel, B. & Schindler, A. (2020): Behinderung als Leitbegriff in der Sonderpädagogik – Suche nach stringenter Definition oder Umgang mit Widersprüchen? Ein Kommentar zum Diskurs von Andreas Kuhn und Jan Kuhl. In: Grosche, M., Gottwald, C. & Trescher, H. (Hrsg.): Diskurs in der Sonderpädagogik – Widerstreitende Positionen. München: Reinhardt, S. 70–79.

Jurczyk, K. (2014): Doing Family – der Practical Turn der Familienwissenschaften. In: Steinbach, A., Hennig, M. & Arrrenz Becker, O. (Hrsg.): Familie im Fokus der Wissenschaft. Wiesbaden: Springer Fachmedien, S. 117–140.

Jurczyk, K. (2018): Familie als Herstellungsleistung – Elternschaft als Überforderung? In: Jergus, K., Krüger, J. O. & Roch, A. (Hrsg.): Elternschaft zwischen Projekt und Projektion – Aktuelle Perspektiven der Elternforschung, S. 143–166.

Kardoff, E. v. (2014): Partizipation im aktuellen gesellschaftlichen Diskurs – Anmerkungen zur Vielfalt eines Konzeptes und seiner Rolle in der Sozialarbeit. In: Archiv für Wissenschaft und Praxis der sozialen Arbeit (2), S. 4–15.

King, V. (2022): Familie und Generativität. In: Ecarius, J. & Schierbaum, A. (Hrsg.): Handbuch Familie. Band II: Erziehung, Bildung und pädagogische Arbeitsfelder. 2., überarb. Auflage. Wiesbaden: Springer. S. 663–683. https://doi.org/10.1007/978-3-658-19843-5, S. 81–99.

King, V. (2015): Kindliche Angewiesenheit und elterliche Generativität. Subjekt- und kulturtheoretische Perspektiven. In: Andresen, S., Koch, C. & König, J. (Hrsg.): Vulnerable Kinder. Interdisziplinäre Annäherungen. Wiesbaden: Springer, S. 23–43.

King, V. (2017): Intergenerationalität – theoretische und methodologische Forschungsperspektiven. In: Böker, K. & Zölch, J. (Hrsg.): Intergenerationale Qualitative Forschung – Theoretische und methodische Perspektiven. Wiesbaden: Springer Fachmedien, S. 13–32.

Kirschniok, A. (2010): Circles of Support. Eine empirische Netzwerkanalyse. Wiesbaden. Wiesbaden: VS Verlag für Sozialwissenschaften Springer Fachmedien.

Lauterbach, W. (2022): Familie und Lebenslauf. In: Ecarius, J. & Schierbaum, A. (Hrsg.): Handbuch Familie. Band II: Erziehung, Bildung und pädagogische Arbeitsfelder. 2., überarb. Auflage. Wiesbaden: Springer. S. 663–683, Online verfügbar unter: https://doi.org/10.1007/978-3-658-19843-5, S.101–119.

Lin, M. (2020): Ein Bruder lebenslänglich – Vom Leben mit einem behinderten Geschwister. Zürich: Limmat.

Loch, W. (1979): Lebenslauf und Erziehung. Heilbrunn: Klinkhardt.

Rosenbaum, H. (2014): Familienformen im historischen Wandel. In: Steinbach, A., Hennig, M. & Arránz Becker, O. (Hrsg.): Familie im Fokus der Wissenschaft. Wiesbaden: Springer Fachmedien.

Schiller, B. (1987): Soziale Netzwerke behinderter Menschen – Das Konzept Sozialer Hilfe-und Schutzfaktoren im sonderpädagogischen Kontext. Frankfurt: Peter Lang.

Seifert, M. (2023): Mütter, Väter und Großeltern von Kindern mit Behinderung. Herausforderungen – Ressourcen – Zukunftsplanung. In: Wilken, U. & Jeltsch-Schudel, B. (Hrsg.): Elternarbeit und Behinderung. Inklusion – Partizipation – Kooperation. Stuttgart Kohlhammer. 2. überarb. u. erw. Aufl. S. 31–42.

Tomasello, M. (2020): Eine Naturgeschichte der Moral. Berlin: Suhrkamp.

UN-BRK (2006): UN-Behindertenrechtskonvention 2006. https://www.fedlex.admin.ch/eli/cc/2014/245/de

UN-KRK (1989): Übereinkommen über die Rechte des Kindes 1989. https://www.fedlex.admin.ch/eli/cc/1998/2055_2055_2055/de

Vereinte Nationen (1948): Allgemeine Erklärung der Menschenrechte. https://www.edi.admin.ch/edi/de/home/fachstellen/ebgb/recht/international0/menschenrechte.html

Weischer, Ch. (2022): Sozialstrukturanalyse Grundlagen und Modelle, 2. Aufl. Wiesbaden: Springer, https://doi.org/10.1007/978-3-658-34047-6

WHO (2001): International Classification of Functioning, Disability and Health (ICF). https://www.who.int/standards/classifications/international-classification-of-functioning-disability-and-health

Quellen

Verfassungen

Bundeskanzlei (2022): Bundesverfassung der Schweizerischen Eidgenossenschaft (1999. Stand 2022). https://www.fedlex.admin.ch/eli/cc/1999/404/de

Deutscher Bundestag (1949. Stand 2022): Grundgesetz für die Bundesrepublik Deutschland. https://www.bundestag.de/gg

Rechtsinformationssystem des Bundes (2022): »Gesamten Rechtsvorschrift für das Bundesverfassungsgesetz (Österreich)« 2022. https://www.ris.bka.gv.at/GeltendeFassung.wxe?Abfrage=Bundesnormen&Gesetzesnummer=10000138

Familienberichte

Bundesamt für Statistik (2021): Familien in der Schweiz. Statistischer Bericht. Bern

Bundesministerium für Familie, Senioren, Frauen und Jugend (2021): Neunter Familienbericht. Eltern sein in Deutschland – Ansprüche, Anforderungen und Angebote bei wachsender Vielfalt. Drucksache 19/27200, 03.03.2021.

Bundeskanzleramt/Frauen, Familie, Jugend und Integration (BKA/FFJI) (2021): 6. Österreichischer Familienbericht 2009–2019. Neue Perspektiven – Familien als Fundament für ein lebenswertes Österreich. Wien.

6 Berufliche Bildung

Heiko Schuck

Bildung im Allgemeinen ist Grundrecht eines jeden Menschen auf der ganzen Welt und von zentraler Bedeutung für die gesellschaftliche Teilhabe. Zudem sind insbesondere die mit Bildung erworbenen Bildungsabschlüsse und den damit verbundenen beruflichen Perspektiven essenziell für eine ökonomische Selbstbestimmung und unabhängige Lebensführung (vgl. Heisig, König & Solga 2022, S. 135). Bildung zu erschweren oder gar zu verhindern, bedeutet nicht nur einen rechtswidrigen Verstoß gegen dieses Menschenrecht, sondern auch eine enorme Einschränkung von Teilhabe, Partizipation und Inklusion in sämtlichen gesellschaftlichen Lebensbereichen. Das gilt in gleicher Weise für die berufliche Bildung, die Individuen dazu befähigt, durch einen Beruf respektive einer Arbeitsstelle am Leben teilzuhaben und selbstbestimmt leben zu können. In unserer Gesellschaft spielen Arbeit und Beruf eine große Rolle, die mit hoher Identifikation verbunden sind. Nicht selten beginnen kennenlernende Gespräche mit der obligatorischen Frage »Was machst du beruflich?«. Um darauf eine Antwort geben zu können, ist es notwendig, zuvor eine umfassende berufliche Bildung zu durchlaufen. Ziel ist dabei die Vorbereitung und Gestaltung des Übergangs Schule und Arbeit/Beruf, die Förderung selbstbestimmten und eigenständigen Denkens und Handelns sowie die Ausbildung berufsspezifischer Kompetenzen, was letztlich in Summe zur Verbesserung beruflicher Perspektiven führt. Somit ist eine qualifizierende berufliche Bildung, als Schnittstelle zwischen dem Bildungs- und Beschäftigungssystem, fundamentale Bedingung zur Teilhabe am Arbeitsleben (vgl. Ebert & Eck 2017, S. 263) (▶ Kap. 7).

6.1 Bedeutung

6.1.1 Berufswahl

Durch berufliche Bildung und Berufsorientierung sollen junge Menschen bestmöglich auf ihre Berufswahl vorbereitet werden, denn diese stellt eine grundlegende Entscheidung dar, die Auswirkungen auf das künftige Leben hat. Eine solche Lebensentscheidung zu treffen ist eine große Herausforderung, wenn bedacht wird, dass in Deutschland aktuell 326 Ausbildungsberufe anerkannt sind (vgl. bibb 2023, S. 58) und über 20.000 Studiengänge angeboten werden (vgl. HRK 2020, S. 7).

Verbunden mit Hoffnungen und Unsicherheiten spielen zudem persönliche Voraussetzungen sowie die spezifischen Anforderungen des Berufs eine zentrale Rolle im Berufswahlprozess (vgl. Lohaus & Vierhaus 2019, S. 291). Darüber hinaus haben sich in den letzten Jahren die Berufsstrukturen und Bedingungen auf dem Arbeitsmarkt enorm verändert. Globalisierung, Inflation, Ökonomischer Druck, Technologisierung und Digitalisierung führen zu erschwerten Arbeitsbedingungen oder machen Tätigkeitsfelder gar überflüssig (vgl. Fischer & Heger 2011, S. 74). Zugleich entstehen neue Professionen und berufliche Anforderungen, die curricular in beruflichen Lern- und Bildungsfeldern berücksichtigt werden müssen. Insbesondere systemische Ansätze beruflicher Kompetenzentwicklung rücken dabei seit einigen Jahren immer mehr in den Fokus. In der beruflichen Bildung geht es nicht mehr nur um die Vermittlung berufsspezifischer Kompetenzen wie z. B. handwerkliche Fertigkeiten. Individuelle Persönlichkeitseigenschaften und Schlüsselqualifikationen nehmen an Bedeutung zu und werden zunehmend auf eine betriebliche Passung im Arbeitsumfeld ausgerichtet (vgl. Arnold, Gonon & Müller 2016, S. 81f.). Tabelle 6.1 zeigt die beschriebene Perspektivverschiebung beruflicher Bildung im Vergleich.

Tab. 6.1: Veränderte Blickrichtung in der internationalen Berufsbildung (Arnold, Gonon & Müller 2016, S. 82).

Bisheriger Fokus	Veränderter Blick
Vorbereitung auf einen »Beruf« als Rahmen für eine qualifizierte Tätigkeit	Stärkere Orientierung an berufsübergreifenden Inhalten und Schlüsselqualifizierung (»Entberuflichung«)
Vorstellung von Aus-Bildung und Aus-Lernen i. S. einer abgerundeten beruflichen Erstausbildung	Kompetenzentwicklung als lebenslange Notwendigkeit
Orientierung an Berufsprofilen und curricularen Vorgaben (i. S. einer Angebotsorientierung)	Orientierung an dem konkreten Bedarf von regionalen Betriebskonglomerationen (Nachfrageorientierung)
Systementwicklung i. S. möglichst flächendeckend (»landesweit« bzw. »national«) gültiger Standards	Systementwicklung i. S. eines regional angemessenen und abgestimmten Angebotes (neue Analyseeinheit)

6.1.2 Bildungsabschlüsse

Um auch im Förderschwerpunkt geistige Entwicklung (FsgE) diesen Veränderungen Rechnung tragen zu können, ist ein umfassendes Bildungsverständnis notwendig, um junge Menschen auf das Leben und vielfältige Partizipationsmöglichkeiten nach der Schule vorzubereiten, denn durch Bildung und Ausbildung steigen – wie bereits ausgeführt – die Chancen auf (gesellschaftliche) Teilhabe und Selbstbestimmung. Ein solcher Bildungsanspruch beinhaltet u. a. die Vermittlung von Werten und Kompetenzen, um ein Zurechtkommen in allen Lebensbereichen der heutigen komplexen Gesellschaft zu ermöglichen sowie Teilhabe an kulturellen und beruflichen Angeboten zu realisieren mit dem Ziel, als erwachsener Mensch ein mündiges Mitglied der Gesellschaft zu sein, ein möglichst eigenständiges, selbstbestimmtes Leben führen zu können sowie seine Rechte und Pflichten zu kennen (vgl. Fischer 2008, S. 11). Bildung im FsgE ist hierbei zu verstehen als komplexer, lebenslanger, emanzipatorischer Prozess der Selbstwerdung und Sozialisation mit dem Ziel der Mündigkeit durch pädagogische Begleitung und Unterstützung (vgl. Fornefeld 2020, S. 136 f.). Demnach trägt Bildung zur Persönlichkeitsentfaltung bei und befähigt die Menschen zu einem selbstbestimmten und aktiven Leben. Sie ist Ausdruck gesellschaftlicher Teilhabe, die enormen Einfluss auf die individuellen Lebenslagen und den sozialen Status einer Person hat. Bildung ist Ressource zur Teilhabe und soziale Teilhabe zugleich, bei der gemeinsames Lernen und Zusammenarbeiten in Lernprozessen stattfindet. Im Zentrum sollten dabei die aktive Beteiligung sowie die Wahrnehmung, Akzeptanz und Wertschätzung einer jeden beteiligten Person stehen (vgl. Boban & Hinz 2003, S. 10). Bildungsprozesse finden an vielfältigen Orten und den verschiedensten sozialen Zusammenhängen statt. Formale Bildung erfolgt in Bildungs- und Ausbildungseinrichtungen (bspw. Schule, Ausbildungsbetriebe etc.), die i.d.R. mit einem allgemeinen und beruflichen Bildungsabschluss verlassen werden. Non-formale Bildung, die insbesondere Ausdruck der sozialen Teilhabe und Partizipation darstellt, erfolgt ohne einen angestrebten Bildungsabschluss z.B. in Kunst-, Musik- und Volkshochschulen (vgl. BMAS 2021, S. 123 f.).

Bestimmte Berufsbilder implizieren ein hohes Bildungsniveau und sind verbunden mit gesellschaftlichem Ansehen. Hierbei spielen insbesondere formale Bildungsabschlüsse, die in institutionellen Bildungsorten erworben werden, eine große Rolle hinsichtlich der Ausbildungsmöglichkeiten und Berufschancen. Die damit einhergehenden möglichen Beschäftigungsverhältnisse sind verknüpft mit Einkommenschancen, die wiederum Auswirkungen auf die bereits erwähnten Lebenssituationen (Wohnen, Teilhabe am sozialen und kulturellen Leben) und den sozialen Status haben (vgl. KMK 2022, S. 123). Hier sind Menschen mit intellektueller Beeinträchtigung benachteiligt (was im weiteren Verlauf noch ausgeführt wird), da ihre Bildungssozialisation anders verläuft wie oben beschrieben. Bis in die 1960er-Jahre galt dieser Personenkreis als bildungsunfähig und war bis dahin weitgehend von Bildungsprozessen und einem Schulbesuch ausgeschlossen (vgl. Stöppler 2017, S. 94 f.; Fornefeld 2020, S. 40 f.). Infolgedessen wurden ihnen die eben genannten Aspekte von Bildung vorenthalten. Erst mit dem Zuspruch der Bildungsfähigkeit und Einführung der Schulpflicht für Kinder mit intellektueller Beeinträchtigung im Jahr 1964 entstand ein neuer Bildungsbegriff, der dem Personenkreis fortan einen rechtlich gesicherten Zugang zu (schulischen) Bildungsmaßnahmen gewährt (vgl. Speck 2016, S. 184). (▶ Kap. 6.2).

In Bezug auf Bildungsangebote im Berufsbildungsbereich verfügen Menschen mit intellektueller Beeinträchtigung aus biografischen Gründen über wenig berufliche Erfahrungen und »Beruflichkeit« (Stein & Kranert 2022, S. 16). Aus diesem Grund ist die Vermittlung von beruflicher Handlungskompetenz im Rahmen berufsbildender Maßnahmen von hoher Bedeutung (vgl. ebd., S. 16).

6.1.3 Berufsvorbereitender Unterricht

Im Rahmen der schulischen Organisation erfolgt Berufliche Bildung explizit im berufsvorbereitenden Unterricht, der bundesweit unterschiedlich curricular eingebunden ist. Beispielsweise ist dieser in Hessen verpflichtender Unterrichtsinhalt in der Hauptstufe respektive explizit in der Berufsorientierungsstufe (BOS) (vgl. Hessisches Ministerium 2013, S. 34), in der die Schüler*innen die für die allgemeinbildenden Schulen geltende Berufsschulpflicht durchlaufen. Ziel der BOS besteht u. a. in der Etablierung neuer Ansätze beruflicher Bildung, Ausrichtung des Bildungsangebots an aktuellen Möglichkeiten und Bedingungen, Schaffung von Wahlalternativen und Vermittlung beruflicher Kompetenzen. Dies geschieht überwiegend im Fach Arbeitslehre, das in Förderschulen viele Lebensbereiche der Berufsvorbereitung und der Vorbereitung auf die nachschulische Phase beinhaltet. Es erfolgt eine alltagsorientierte Verknüpfung von Lehr- und Lernprozessen sowie die Vorbereitung der Jugendlichen auf die Berufswelt (vgl. Albers & Mußmann 2007, S. 20). Die Chefin der Bundesagentur für Arbeit, Andrea Nahles, fordert darüber hinaus jedoch eine frühere und ausdifferenziertere curriculare Einbindung von Berufsorientierung und Berufsvorbereitung in der Schule (vgl. Nahles 2023).

Ergänzend zur Berufsorientierungsstufe, in der die Vorbereitung auf Arbeit und Beschäftigung sowie die Vermittlung sogenannter beruflicher Schlüsselqualifikationen (wie z. B. personale, methodische und soziale Fähigkeiten wie selbstständiges Handeln, Verantwortungsbereitschaft, Teamfähigkeit, Selbstmanagement, Analysieren und systematisches Vorgehen) verpflichtender Unterrichtsinhalt ist, kann berufliche Bildung in weiterführenden Bereichen wie z. B. durch Projektunterricht, Betriebs- und Arbeitsplatzerkundungen, Schüler*innenfirmen, Praxistage, Betriebspraktika in der Werkstatt für Menschen mit Behinderung (WfbM)[10] und/oder auf dem allgemeinen Arbeitsmarkt umgesetzt werden (vgl. Hessisches Kultusministerium 2013, S. 34). Weitere Angebote zur beruflichen Bildung von Menschen mit (intellektueller) Beeinträchtigung lassen sich darüber hinaus insbesondere in Maßnahmen der beruflichen Rehabilitation in Trägerschaft der Bundesagentur für Arbeit finden. Die berufliche Rehabilitation zielt darauf ab, die Erwerbsfähigkeit von Menschen mit (intellektueller) Beeinträchtigung zu verbessern und ihre Arbeitsfähigkeit zu erhalten bzw. herzustellen. Sie beginnt häufig vor dem Verlassen des allgemeinbildenden Schulsystems, um eine nahtlose Anschlussperspektive gewährleisten zu können. Die sogenannte berufliche Ersteingliederung richtet sich an junge Menschen mit Beeinträchtigung, die einen Reha-Status und die Vollzeitschulpflicht erfüllt haben. Dabei stehen Unterstützungsleistungen zum gelingenden Einstieg in Ausbildung und Arbeit im Vordergrund. Im Unterschied zur beruflichen Wiedereingliederung erfolgt im Rahmen der beruflichen Ersteingliederung keine Wiederherstellung einer früheren Arbeitsfähigkeit, sondern die Begleitung beim Einstieg in das Erwerbsleben. Die genannten Maßnahmen sind geregelt durch die Sozialgesetzbücher (SGB) IX und III (vgl. Beer 2022a, S. 3 f.).

---

10 Die offizielle Bezeichnung lautet »Werkstatt für behinderte Menschen«, worauf das geläufige Akronym WfbM zurückzuführen ist.

Demnach erfolgt berufliche Bildung und Berufsvorbereitung nicht ausschließlich in der Schule. Die KMK-Empfehlungen zur sonderpädagogischen Förderung (1994) sehen zudem keinen bestimmten Förderort (wie beispielsweise die Förderschule) vor, woraus sich eine »Pluralisierung der Förderorte und die Möglichkeit, dass SchülerInnen mit geistiger Behinderung in unterschiedlichen Förderorten […] unterrichtet werden können« (Stöppler 2017, S. 94). Insbesondere seien hier Kooperationen mit Integrationsfirmen, Integrationsfachdiensten (IFD), Ausbildungsbetrieben, WfbM und der Bundesagentur für Arbeit hervorzuheben. Unabhängig vom Förder- und Lernort sind (neben den bereits aufgeführten Aspekten) übergreifende Zielbereiche, u. a. die Möglichkeit der Selbstversorgung und die damit verbundene eigene Existenzsicherung, eine angemessene Orientierungs- und Handlungsmöglichkeit in der (beruflichen) Umwelt sowie das Verständnis von sozialen Bezügen und deren Mitgestaltungsfähigkeit (vgl. Stöppler & Wachsmuth 2010, S. 27).

6.2 Rechtliche Aspekte[11]

Das Recht auf (berufliche) Bildung ist im Grundgesetz zwar nicht ausdrücklich normiert, ergibt sich jedoch durch die festgeschriebenen Grundrechte[12], infolge derer das Grundprinzip der Menschenwürde es verbietet, Menschen Bildungschancen willkürlich vorzuenthalten (vgl. Fornefeld 2020, S. 135). Demzufolge ist allseitige Bildung, wozu auch die berufliche Bildung zählt, ein unveräußerliches Menschenrecht, das allen Menschen, unabhängig von Beeinträchtigungen oder sonstigen persönlichen Merkmalen, in gleichem Maße zuteilwerden muss. Durch verschiedene (inter-)nationale Gesetzestexte und Konventionen (z. B. weltweit u. a. durch die Allgemeinen Menschenrechte der Vereinten Nationen[13], die UN-Kinderrechtskonvention[14] [UN-KRK], die UN-Behindertenrechtskonvention[15] [UN-BRK], die Genfer Flüchtlingskonvention[16]) ist das klar geregelt und undiskutabel verankert. In der allgemeinen Erklärung der Menschenrechte der Vereinten Nationen heißt es zum Recht auf Bildung in Artikel 26, Absatz 1:

> »Jeder hat das Recht auf Bildung. […] Fach- und Berufsschulunterricht müssen allgemein verfügbar gemacht werden, und der Hochschulunterricht muß (sic!) allen gleichermaßen entsprechend ihren Fähigkeiten offenstehen.«

---

11 In diesem Abschnitt werden die Begrifflichkeiten entsprechend der Gesetzestexte verwendet.
12 bspw. Artikel 2: Jeder hat das Recht auf die freie Entfaltung seiner Persönlichkeit (…) und Artikel 3: (…) Niemand darf wegen seiner Behinderung benachteiligt werden.
13 u. a. Artikel 26: Recht auf Bildung
14 u. a. Artikel 23: Förderung behinderter Kinder und Artikel 28: Recht auf Bildung; Schule; Berufsausbildung
15 u. a. Artikel 24: Bildung und Artikel 27: Arbeit und Beschäftigung
16 u. a. Artikel 22: Öffentliche Erziehung

Unter dem Leitgedanken der Inklusion fordert die UN-BRK in Artikel 24 explizit eine gleichberechtigte und gleichwertige Bildung für Menschen mit Beeinträchtigung im Sinne des lebenslangen Lernens. Das umfasst auch berufliche Bildung, um Menschen mit Beeinträchtigung auf das Berufs- und Arbeitsleben vorzubereiten (vgl. Penning & Wachtel 2019, S. 584) und im Sinne des Artikels 27 erfolgreich und dauerhaft in berufliche Teilhabebereiche einzugliedern respektive wiedereinzugliedern (vgl. Fischer 2008, S. 39). In Bezug auf die berufliche Bildung und Ausbildung heißt es in Artikel 27 (d) der UN-BRK konkret, dass Menschen mit Beeinträchtigung einen »wirksamen Zugang zu allgemeinen fachlichen und beruflichen Beratungsprogrammen, Stellenvermittlung sowie Berufsausbildung und Weiterbildung zu ermöglichen« ist. Die sich daraus ergebene Notwendigkeit einer beruflichen Bildung weitet sich somit auf außerschulische Angebote und Maßnahmen zur Förderung der Teilhabe am Arbeitsleben, Konzepte der Berufsorientierung durch entsprechende Bildungsmaßnahmen im FsgE aus.

Die explizite gesetzliche Grundlage beruflicher Bildung bildet in Deutschland das Berufsbildungsgesetz (BBiG). Bezogen auf den Personenkreis von Menschen mit (intellektueller) Beeinträchtigung erfolgt in Kapitel vier (§ 64 ff.) eine Spezifizierung entsprechender Regelungen zur Berufsausbildung im Kontext einer Beeinträchtigung. Weitere Leistungen zur Förderung der beruflichen Aus- und Weiterbildung sowie der Berufsvorbereitung für den Personenkreis regelt das SGB III (u. a. § 117) und auch das SGB IX (u. a. § 61a Budget für Ausbildung sowie § 75 und § 112 Leistungen zur Teilhabe an Bildung). Zudem erfolgt bildungs- und sozialpolitisch eine klare Verankerung in den länderbezogenen Schulgesetzen. Konkret auf die berufliche Bildung und Berufsorientierung bezogen schreibt beispielsweise das hessische Schulgesetz in Paragraf zwei fest, dass die »Schulen die Schülerinnen und Schüler befähigen [sollen], in Anerkennung der Wertordnung des Grundgesetzes und der Verfassung des Landes Hessen ihr zukünftiges privates und öffentliches Leben sowie durch Maßnahmen der Berufsorientierung ihr berufliches Leben auszufüllen, bei fortschreitender Veränderung wachsende Anforderungen zu bewältigen und die Freizeit sinnvoll zu nutzen« (SchulG HE 2017 § 2, Abs. 2.9).

Mit der deutschen Ratifizierung der UN-BRK im Jahr 2009 sind politische Bemühungen zur Umsetzung der Forderungen obligatorisch. Hierzu zählt auch ein inklusives Bildungssystem, das für Alle in gleichem Maße zugänglich sein sollte. Die Feststellung eines sonderpädagogischen Förderbedarfs darf hierbei kein Ausschlusskriterium bilden, denn dieser setzt nicht automatisch den Besuch einer Förderschule voraus. Das Feststellungsverfahren soll personenbezogen, individuell erfolgen und nicht von institutionsbezogenen Sichtweisen geprägt sein. Damit geht einher, dass grundsätzlich ein individueller Förderbedarf auch an allgemeinen und beruflichen Schulen entsprochen werden kann (vgl. KMK 1994, S. 2). Die Bildung von jungen Menschen mit und ohne Beeinträchtigung ist somit gemeinsame Aufgabe aller Schulformen und im Sinne der UN-BRK folgerichtig umzusetzen. Regelschulen sind verpflichtet, einem sonderpädagogischen Förderbedarf zu entsprechen und die notwendigen Maßnahmen und Unterstützungsformen anzubieten respektive zu realisieren, sofern dies ihren Möglichkeiten entspricht. Um dies konsequent und nachhaltig realisieren zu können, sind systemische, schulpolitische Strukturänderungen notwendig, denn für die bedürfnisgerechte Umsetzung von

Gemeinsamem Unterricht, von dem alle Schüler*innen profitieren, müssen entsprechende Rahmenbedingungen geschaffen werden, die dies ermöglichen (hierzu zählen u. a. sonderpädagogisch qualifizierte Lehrkräfte, individualisierende Formen der Planung, Durchführung und Kontrolle der Unterrichtsprozesse sowie eine abgestimmte Zusammenarbeit der beteiligten Lehr- und Fachkräfte) (vgl. ebd., S. 14). Dennoch ist für Deutschland festzustellen, dass insbesondere hinsichtlich eines Inklusiven Schul- und Bildungssystems kaum Fortschritte gemacht werden, obgleich es andere Länder (wie z. B. Italien, Spanien oder Skandinavien) positiv vorleben. Deutschland hält offensichtlich an seinem hoch differenzierten Förderschulsystem fest (vgl. Klemm 2009, S. 5), wodurch deutliche Exklusions- und Teilhaberisiken für junge Menschen im FsgE entstehen.

6.3 Teilhaberisiken

Die persönliche und berufliche Entwicklung ist bedingt durch die schulische und berufliche Bildung. Für Deutschland ist festzustellen, dass keine Chancengleichheit hinsichtlich differenzierter Bildungs- und Ausbildungschancen besteht.

> »Hieraus können Risiken entstehen – unmittelbar oder kumuliert im Lebensverlauf: Exklusionsrisiken bestehen bereits für junge Kinder mit Beeinträchtigungen, wenn sie nicht auf ausreichend anregende Bedingungen für selbsttätige Aneignungsprozesse und Entwicklung stoßen. Das kann sich negativ beim Übergang in das schulische Bildungssystem auswirken oder bei Übergängen vom Primar- zum Sekundar- und Tertiärbereich. Insofern kann die frühe Zuweisung zu einer Regel- oder Förderschule im Primarbereich richtungsweisend für die weitere Schullaufbahn sein« (BMAS 2021, S. 124 f.).

6.3.1 Fehlende Bildungsabschlüsse

Formale Bildungsabschlüsse, die i. d. R. im bestehenden Regelschulsystem erworben werden können, haben einen großen Einfluss auf Ausbildungs- und Berufschancen. Obwohl ein höherer Schulabschluss nicht zwingend berufliche Qualifikationen respektive Eignungen mit sich bringt, ist für Deutschland ein Trend zu höheren Schulabschlüssen zu verzeichnen. Im Jahr 2021 verließen eine allgemeinbildende Schule insgesamt 762.200 junge Menschen, von denen 34,4 % einen studienberechtigten Abschluss (Abitur) erhielten. Im Vergleich zum Vorjahr kam es hier zu einem Anstieg um 6,5 %. Der Mittlere Abschluss und entsprechende Abschlüsse lagen bei 43,5 % und der Hauptschulabschluss bei 15,9 %. Ohne (Haupt-)Schulabschluss verließen 47.200 (6,2 %) der Absolvierenden die Schule (vgl. BMBF 2023, S. 25; KMK 2023, S. XXIX), von denen knapp die Hälfte zuvor eine Förderschule besucht haben (vgl. Klemm 2023, S. 16). Für junge Menschen im FsgE, die eine Förderschule besuchen, ergibt sich daraus ein prekäres Teilhaberisiko, denn die Bildungsgänge an einer SFgE werden selten mit einer Abschlussqualifikation beendet. Die KMK (2022a) stellt für das Jahr 2020 fest, dass 72,7 % der jungen Menschen, die nach ihrer Vollzeitschulpflicht die Förderschule verlassen, über keinen Hauptschulabschluss verfügen; das betrifft aus dem Förderschwerpunkt Lernen 11.185 Abgehende (36,6 %) und aus dem Förderschwerpunkt Geistige Entwicklung, der leider nicht differenziert dargestellt, sondern unter ›sonstige Förderschwerpunkte‹ zusammengefasst wird, 11.007 Abgehende (36,1 %) (vgl. ebd., S. 9). Infolgedessen ist für den betreffenden Personenkreis der Zugang zur beruflichen Ausbildung und somit die Inklusion auf dem allgemeinen Arbeitsmarkt erschwert respektive unmöglich, denn für einen regulär anerkannten Ausbildungsberuf ist i. d. R. ein qualifizierter Schulabschluss Zugangsvoraussetzung. Die zuständigen Stellen (u. a. Industrie- und Handelskammern, Handwerkskammern) sollen in diesem Fall entsprechend den Empfehlungen des Hauptausschusses des Bundesinstituts für Berufsbildung Ausbildungsregelungen aus den Inhalten anerkannter Ausbildungsberufe für Menschen mit Beeinträchtigung ($ 66 BBiG und $ 42r HwO) entwickeln (vgl. bibb 2022, S. 4). Dies betraf in Deutschland im Jahr 2017 von insgesamt 515.679 neu abgeschlossenen Ausbildungsverträgen rund 1,6 % (also knapp 8.259 Berufe für Menschen mit Beeinträchtigung auf Basis der o. g. Ausbildungsregelung). Innerhalb von drei Jahren (2014 bis 2017) gingen diese Abschlüsse deutlich um 13,9 % zurück. Die Gründe hierfür sind weitestgehend unbekannt, jedoch ist die Nachfrage nach Ausbildungsplätzen in Berufen für Menschen mit Beeinträchtigung größer als das Angebot (vgl. BMAS 2021, S. 159). An dieser Stelle muss jedoch darauf hingewiesen werden, dass insbesondere der Übergang von der Schule in den Beruf respektive die berufliche Ausbildung für junge Erwachsene mit intellektueller Beeinträchtigung von vielfältigen Einflussfaktoren abhängig ist. Die Datenlage hinsichtlich der beruflichen Wege von ehemaligen Förderschüler*innen nach der Schule (in Ausbildung, Arbeit oder Übergangsmaßnahmen) ist mangelhaft, infolgedessen keine validen statistischen Aussagen getroffen werden können (vgl. Zölls-Kaser 2023, S. 51).

6.3.2 Fehlende Verdienstmöglichkeiten

Nicht nur der oben beschriebene Trend zu höheren Schulabschlüssen und die geringe Quote der nach § 66 BBiG abgeschlossenen Ausbildungsverträgen sind ein immenses Teilhaberisiko für junge Menschen mit intellektueller Beeinträchtigung. Formale Bildungsabschlüsse haben enormen Einfluss auf Beschäftigungs- und Einkommenschancen. Je höher der Bildungsstand, desto größer die Erwerbstätigenquote und Verdienstmöglichkeiten. Der aktuelle Verdienst bei einer Vollzeitbeschäftigung mit abgeschlossener Berufsausbildung liegt rund 5.000 Euro brutto unter dem Verdienst einer beschäftigten Person mit Promotion oder Habilitation. Dies zeigt, dass die Verdienstunterschiede enorm abhängig vom erreichten Bildungsabschluss sind (vgl. Statisches Bundesamt 2023) und damit die eigenständige Möglichkeit den eigenen Lebensunterhalt sichern zu können (vgl. bpb 2022, o. S.). Folglich ist ein fehlender Bildungsabschluss ein direktes Exklusionsrisiko für Menschen mit intellektueller Beeinträchtigung, die damit nicht die Möglichkeit haben, unter den gleichen Voraussetzungen wie Menschen ohne Beeinträchtigung auf dem allgemeinen Arbeitsmarkt zu arbeiten respektive ein angemessenes Gehalt zu erwirtschaften. Demzufolge erfahren sie Benachteiligungen in vielen Lebensbereichen wie z. B. der Teilhabe am sozialen und kulturellen Leben. Verminderte Zugänglichkeit zu Bildungsorten und den damit verbundenen Bildungsabschlüssen erschweren Inklusion und Teilhabe eklatant, schränken Handlungsspielräume ein und benachteiligen die betreffenden Personen in ihrer Möglichkeit des selbstbestimmten Gestaltens des eigenen Lebensverlaufs (vgl. BMAS 2021, S. 123 f.).

6.3.3 Automatisierte Bildungswege

Von besonderer Bedeutung in der beruflichen Bildung von jungen Menschen mit intellektueller Beeinträchtigung ist das Ausschöpfen realistischer Möglichkeiten, verbunden mit der Erweiterung des individuellen Sozialraums und der Auflösung von Institutionalisierung. Die Übergänge von der Schule in den Beruf oder der Ausbildung in den Beruf im Kontext einer intellektuellen Beeinträchtigung sind mitunter geprägt durch ein automatisiertes Regelsystem, das kaum Alternativen für individuelle Gegebenheiten zulässt. Zwar ist diesbezüglich ein Umdenken und Wandel zu verzeichnen, jedoch zeigt sich noch immer eine Regelhaftigkeit beim Übergang von der Förderschule in den Berufsbildungsbereich einer WfbM oder in eine Tagesförderstätte. Die betreffenden jungen Menschen zeigen hinsichtlich ihrer beruflichen Wünsche und Vorstellungen scheinbar wenig Entscheidungsfreude, die ihnen häufig als mangelnde Entscheidungskompetenz unterstellt wird (vgl. Zölls-Kaser 2023, S. 52).

> »Ohne berufliche Erfahrungen und Erprobungsmöglichkeiten kommt es bei vielen Jugendlichen nicht zu klaren, realitätsgerechten Vorstellungen, was (…) wiederum als mangelnde Fähigkeit zur eigenständigen Auseinandersetzung mit der Thematik gedeutet wird, obwohl es weniger auf die kognitive Einschränkung als auf Erfahrungsmangel zurückzuführen ist – also auf die Beeinträchtigung von Aktivitäten und Teilhabe, verursacht durch gesellschaftliche Barrieren« (Lindmeier & Schrör 2015, S. 152).

Es wurde aufgezeigt, dass sich für junge Menschen mit intellektueller Beeinträchtigung hinsichtlich der Teilhabe an (beruflicher) Bildung einige Teilhaberisiken ergeben, die es durch entsprechende Maßnahmen zu minimieren gilt. Auf einige ausgewählte Maßnahmen und Konzepte wird im folgenden Abschnitt eingegangen.

6.4 Teilhabechancen

6.4.1 Umfassende Vorbereitung auf gelingende Übergänge

Um die Teilhabe an (beruflicher) Bildung für Menschen mit intellektueller Beeinträchtigung gewährleisten zu können, müssen zielgruppenspezifische Lern- und Bildungsangebote geschaffen werden und eine bedürfnisorientierte Gestaltung von

Bildungsorganisationen und -strukturen erfolgen. Wie bereits eingangs erwähnt, bereitet eine zeitgemäße Allgemeinbildung auf ein selbstbestimmtes Leben und ergo auf die Partizipation und Teilhabe im Arbeits- und Berufsleben vor. Bezogen auf berufsspezifische Handlungskompetenzen und interdisziplinäre Vertiefung von Arbeit und Beruf erfolgen unterrichtliche Ausdifferenzierungen im Fach Arbeitslehre[17] (vgl. Penning & Wachtel 2019, S. 584). Insbesondere im FsgE ist eine curriculare Verankerung und Implementierung des Faches fundamental, um die jungen Menschen zielgerichtet auf das nachschulische Leben vorzubereiten. Zur Optimierung des Übergangs von der Schule in den Beruf und der damit verbundenen Unterbrechung des Werkstatt-Automatismus von Abgänger*innen der SFgE ist eine umfassende berufliche Bildung und Berufsorientierung unabdingbar. Dazu sind individuumszentrierte Konzepte an SFgE notwendig, um eine individualisierte Vorbereitung von Übergängen ins Arbeitsleben ermöglichen und so die berufliche Teilhabe von jungen Menschen mit intellektueller Beeinträchtigung fördern zu können. Küchler (2007) hat ein Fünf-Phasen-Modell für die schulische Vorbereitung eines gelingenden Übergangs formuliert: in der Anbahnungsphase (1) erfolgt die Vorbereitung der Schüler*innen auf das Leben mit allen damit verbundenen Anforderungen der nach- und außerschulischen Lebenswelt. Diese Lebens- und Berufsvorbereitung beginnt bereits mit dem Schuleintritt und zieht sich über die gesamte Schullaufbahn. Die nachfolgenden Phasen sind im Bildungsangebot der Werkstufe verortet. In der Orientierungsphase (2) werden konkrete Lebens- und Berufsplanungen vorgenommen sowie manuelle, kognitive und soziale Schlüsselqualifikationen vermittelt, die für das spätere (Arbeits-)Leben von fundamentaler Bedeutung sind. Darüber hinaus können konkrete Erfahrungen in verschiedenen Arbeitsbereichen durch Kurzzeitpraktika (äquivalent eines Schulpraktikums) ermöglicht werden. Am Ende dieser Phase sollten die Schüler*innen in der Lage sein zu entscheiden, in welchem Bereich sie vertiefende Erfahrungen während der Erprobungsphase (3) machen wollen. Durch die umfassenderen Erprobungspraktika sollen vertiefende Erfahrungen in verschiedenen Arbeitsbereichen erzielt werden. Zudem wird mit den jungen Menschen eine individuelle Berufswegeplanung durchgeführt und weitere relevante Lebensbereiche (Wohnen, Freizeit, etc.) realitätsnah thematisiert (vgl. ebd., S. 11 ff.). Zu diesem Zweck kann z. B. das Konzept der Persönlichen Zukunftsplanung eingesetzt werden, das die Maßnahmenplanung für verschiedene Lebensbereiche eines Menschen umfasst. Es orientiert sich an individuellen Bedürfnissen, Fähigkeiten und Stärken, um zielgerichtet Lebenspläne und -wünsche zu fokussieren (vgl. Niehoff 2016, S. 523). In der darauffolgenden Bewährungsphase (4) steht die weitere Lebens- und Berufswegeplanung im Zentrum und es wird ein Langzeitpraktika in geeignetem Arbeitsfeld angestrebt, woraus im Optimalfall ein Ausbildungsverhältnis respektive dauerhaftes Arbeitsverhältnis auf Grundlage der Berufswegekonferenz entsteht, das in der letzten Phase, der Eingliederungsphase (5), durch Mentor*innen am Arbeitsplatz oder Personen eines Unterstützerkreises begleitet wird (vgl. Küchler 2007, S. 16 ff.).

---

17 Die Bezeichnungen variieren bundeslandspezifisch, wie z. B. Wirtschaft-Technik-Haushalt (WTA) oder Arbeit-Wirtschaft-Technik (AWT) (vgl. Penning & Wachtel 2019, S. 584).

6.4.2 Best-Practice-Beispiele

In Anlehnung an die Ausführungen von Küchler wurde an der Mosaikschule Marburg eine Konzeption zur Berufsorientierung entwickelt. Entstanden ist ein umfassendes Curriculum, das vier Prinzipien der Berufsorientierung fokussiert: (1) Orientierung an den Kerncurricula der allgemeinbildenden Schule (insbesondere am Fach Arbeitslehre), um eine inhaltliche Durchlässigkeit zwischen der SFgE und der allgemeinbildenden Schule hervorzuheben und erweiterte Möglichkeiten beruflicher Teilhabe des Personenkreises aufzugreifen. (2) Arbeitspraktische Erfahrungen (z. B. verschiedene Praktikumsformate, Praxistage, Projektwochen), um Handlungsorientierung in verschiedenen Berufsfeldern zu ermöglichen. (3) Individuelle Reflexion von Schlüsselkompetenzen im Rahmen einer individuellen Berufswegeplanung durch eine stärkenorientierte Kompetenzanalyse, um den jungen Menschen ihre Fähigkeiten und Stärken bewusst zu machen und eine realistische Einschätzung dieser zu fördern. (4) Formulierung von selbst gewählten und individuellen beruflichen Zielen im Rahmen der Berufswegeplanung und der Berufswegekonferenz (vgl. Clormann & Hartung 2020, S. 203 ff.). Zusammen mit dem jungen Menschen werden in Berufswegekonferenzen in einem interdisziplinären Team bestehend z. B. aus den Eltern, Lehrkräften, Vertreter*innen von Werkstätten, Berufsberatung der Arbeitsagentur, Integrationsfachdiensten, etc. individuelle Wünsche erarbeitet und mögliche Berufswege aufgezeigt.

Tab. 6.2: Phasen der Berufsorientierung an der Mosaikschule Marburg (Clormann & Hartung 2020, S. 207).

9. Schulbesuchsjahr (SBJ)
- Erstellung eines Berufswegeordners
- Orientierungspraktikum in der WfbM (2 Wochen)
- Ggf. ein zweites Praktikum außerhalb der WfbM (2 Wochen)
- Vor- und Nachbereitung des Praktikums im Unterricht

10. Schulbesuchsjahr (SBJ)
- Teilnahme an zwei zweiwöchigen Praktika
- Durchführung einer »kleinen Berufswegekonferenz«
- Ggf. Planung des Übergangs in eine Berufsschulklasse (BzB3)
- Regelmäßiger Berufsorientierungsunterricht

ab 11. Schulbesuchsjahr (SBJ)
- Teilnahme an mindestens zwei zweiwöchigen Praktika (ggf. Intensivpraktika)
- Übergänge ins Arbeitsleben mit außerschulischen Kooperationspartner gestalten
- Durchführung einer »großen Berufswegekonferenz« im letzten SBJ
- Diagnostik mit dem hamet e[18]
- Anmeldung zur psychologischen Untersuchung (PSU) bei der Agentur für Arbeit

---

18 Handlungsorientiertes Testverfahren zur Erfassung und Förderung von beruflichen Kompetenzen

Exemplarisch zeigt Tabelle 6.2 die Phasen der Berufsorientierung an der Mosaikschule Marburg, die entsprechend der Berufsorientierungsphasen Anbahnung, Orientierung, Erprobung, Bewährung und Eingliederung systematisiert wurden.

Übergeordnet werden die Abläufe von mehreren Berufswegekonferenzen begleitet, die als fundamentaler Bestandteil schulischer Berufsorientierung gewertet werden und an denen die jungen Erwachsenen aktiv und selbstbestimmt teilhaben sollen. Die Erarbeitung von Wahlmöglichkeiten und die Formulierung realistischer Zielvorstellungen sollte durchweg von einem Unterstützerkreis begleitet werden, der die Zusammenarbeit und Kooperation mit Erziehungsberechtigten und außerschulischen Institutionen voraussetzt (vgl. Clormann & Hartung 2020, S. 203 ff.). Fokussiert werden sollten vielfältige Praktika, systematische Vernetzung zwischen Schulen und außerschulischen Partnern, Peer Support, Lotsen aus den Integrationsfachdiensten, um die Teilhabechancen im Bereich der Berufsorientierung und Arbeit zu verbessern. Dazu gehört auch die Entwicklung adäquater Medien/Materialien.

»Die Ausgestaltung des Übergangs von Schule ins Arbeitsleben von jungen Erwachsenen stellt Schulen im FsgE vor besondere Herausforderungen. Neben der Vermittlung von berufspraktischen Kompetenzen muss sie regionalspezifische Möglichkeiten der beruflichen Teilhabe individuell ausloten, die im besten Fall berufliche Wünsche der SchülerInnen und verlässliche Versorgungsstrukturen miteinander vereinen. Ein Curriculum zur Berufsorientierung sollte neben der Klärung von fachlichen Zielsetzungen deshalb auch als Organisationsleitfaden für die Kooperation von schulischen und außerschulischen Partnern dienen« (ebd., S. 212).

Eine weitere wichtige Teilhabemöglichkeit sind in diesem Rahmen berufsvorbereitende Bildungsmaßnahmen (BvB) der Bundesagentur für Arbeit, die sich an junge Menschen mit einem Reha-Status richten und die nahezu 90% der anerkannten Rehabilitand*innen durchlaufen. Diese zielen darauf ab, nach Möglichkeit die Ausbildungsreife herzustellen und den Hauptschulabschluss nachzuholen. Darüber hinaus jedoch auch Berufsorientierung zu geben, um eine selbstbestimmte Berufswahl treffen zu können, um so Arbeitslosigkeit zu vermeiden und berufliche Handlungsfähigkeit zu verbessern (vgl. Beer 2022a, S. 4). Perspektivisch kann davon ausgegangen werden, dass mit der Zuweisung zu einer BvB überprüft werden soll, ob ein erfolgreicher Ausbildungsabschluss als realistisch einzustufen ist (vgl. Beer 2022b, S. 12). Zur Zielgruppe gehören u. a. junge Menschen, die noch nicht über die erforderliche Ausbildungsreife oder Berufseignung verfügen (vgl. bibb 2023, S. 238).

Die Teilnahmezahlen sind jedoch aufgrund neuer Förderangebote innerhalb des Übergangssystems (z. B. Einstiegsqualifizierungsjahr, Assistierte Ausbildung und durch das Budget für Ausbildung) rückläufig (vgl. Beer 2022a, S. 4). Zudem lassen sich diese Zahlen nicht auf den Personenkreis der Menschen mit intellektueller Beeinträchtigung verifizieren. Es bleibt unklar, wie hoch hier die Teilnahmezahlen bei festgestelltem sonderpädagogischem Förderbedarf geistige Entwicklung sind und wie zielgerichtet die BvB hier umgesetzt werden können. In statistischen Erhebungen wird konstatiert, dass 17% der an einer BvB Teilnehmenden über keinen (Haupt-)Schulabschluss verfügen; eine Ausdifferenzierung hinsichtlich eines sonderpädagogischen Förderbedarfs respektive einer intellektuellen Beeinträchtigung erfolgt nicht. Jedoch kann festgestellt werden, dass die Teilnahmezahlen an rehaspezifischen BvB (nach § 117, SGB III), die sich explizit an junge Menschen mit Beeinträchtigung richten, konstant blieb (Jahresdurchschnitt: ca. 11.000 Personen) und zudem eine Teilnahme an einer allgemeinen BvB ebenfalls möglich ist, wodurch die Teilnahmezahlen durchaus höher ausfallen können (vgl. bibb 2023, S. 238 f.).

Von der Bundesagentur für Arbeit stehen für Menschen mit (intellektueller) Beeinträchtigung einige flankierende Angebote der beruflichen Bildung im dualen Ausbildungssystem zur Verfügung, die unterschiedliche Unterstützungsleistungen und Lern- bzw. Arbeitsorte beinhalten (vgl. Beer 2022a, S. 5). Nachfolgende Auflistung zeigt eine Auswahl an Angeboten, die sich an junge Menschen mit Lernbeeinträchtigung respektive intellektueller Beeinträchtigung im Sinne des § 19 SGB III richten (ebd., S. 5).

Tab. 6.3: Angebote, die sich an junge Menschen mit Lernbeeinträchtigung respektive intellektueller Beeinträchtigung im Sinne des § 19 SGB III richten

Duale Ausbildung mit Unterstützung durch Assistierte Ausbildung (AsA)	
Lernorte	Betrieb, Berufsschule, ggf. überbetriebliche Bildungsstätte + Bildungsträger
Zugang/Zielgruppe	Förderfähig sind *lernbeeinträchtigte* oder sozial benachteiligte junge Menschen (i.d.R. unter 25 Jahren) mit den grundsätzlichen individuellen Voraussetzungen zur Aufnahme einer Berufsausbildung und deren erfolgreichen Abschluss
Ausbildungsvertrag mit	Betrieb
Besondere Unterstützungsleistung	v. a. Stützunterricht (Fachtheorie und Allgemeinbildung) und sozialpädagogische Unterstützung

Duale Ausbildung mit Unterstützung durch begleitete betriebliche Ausbildung für Rehabilitand*innen (bbA)	
Lernorte	Betrieb, Berufsschule, ggf. überbetriebliche Bildungsstätte + Bildungsträger
Zugang/Zielgruppe	Junge Menschen *mit Behinderungen*, die für eine betriebliche Ausbildung geeignet erscheinen und wegen ihrer Behinderungen besonderer Leistungen zur Teilhabe am Arbeitsleben bedürfen.
Ausbildungsvertrag mit	Betrieb, Bundesagentur für Arbeit kann Ausbildungszuschuss gewähren
Besondere Unterstützungsleistung	v.a. Stützunterricht (Fachtheorie und Allgemeinbildung) und sozialpädagogische Unterstützung

6 Berufliche Bildung

Behindertenspezifische Reha-Ausbildung nach § 117 SGB III – integratives oder kooperatives Modell	
Lernorte	Kooperativ: Bildungsträger, Kooperationsbetrieb, Berufsschule, ggf. überbetriebliche Bildungsstätte
	Integrativ: Bildungsträger, Berufsschule, ggf. überbetriebliche Bildungsstätte, Praxisanteile im Betrieb
Zugang/Zielgruppe	Junge Menschen *mit Behinderung* (§ 19 SGB III), die in der Lage sind, eine berufliche Ausbildung erfolgreich zu absolvieren, für eine betriebliche Ausbildung aber (noch) nicht in Betracht kommen und die wegen ihrer Behinderung besonderer Leistungen zur Teilhabe am Arbeitsleben bedürfen (jedoch nicht auf eine besondere Einrichtung im Sinne § 35 SGB IX für behinderte Menschen angewiesen sind).
Ausbildungsvertrag mit	Kooperativ: Bildungsträger, in Kooperation mit Betrieb
	Integrativ: Bildungsträger
Besondere Unterstützungsleistung	Kooperativ: v. a. Stützunterricht (Fachtheorie und Allgemeinbildung) und sozialpädagogische Unterstützung
	Integrativ: v. a. Fachpraxis in Lehrwerkstätten/Übungsbüros, Stützunterricht (Fachtheorie und Allgemeinbildung) und sozialpädagogische Unterstützung

Ausbildung in einem Berufsbildungswerk BBW	
Lernorte	BBW und Praxisanteile im Betrieb
Zugang/Zielgruppe	Menschen, bei denen die *Art oder Schwere der Behinderung* oder die Sicherung der Teilhabe am Arbeitsleben die Teilnahme an einer Maßnahme in einer besonderen Einrichtung für behinderte Menschen unerlässlich machen. Der Förderbedarf muss über die Angebote und Möglichkeiten einer ambulanten rehaspezifischen Maßnahme hinausgehen.
Ausbildungsvertrag mit	BBW als Einrichtung der beruflichen Rehabilitation
Besondere Unterstützungsleistung	v. a. Fachpraxis in Lehrwerkstätten/Übungsbüros, Stützunterricht (Fachtheorie und Allgemeinbildung) und sozialpädagogische oder therapeutische Unterstützung, teilw. Unterbringung in Internatsform mit Unterstützung im Alltag

6.5 Fazit

Es konnte exemplarisch aufgezeigt werden, dass einige gelungene Konzepte und Bildungsangebote für junge Menschen mit intellektueller Beeinträchtigung existieren, die zum Ziel haben, eine fundierte berufliche Bildung zu erreichen, um so eine Teilhabe am Arbeitsleben realisieren zu können.

Neben diesen Angeboten ist die Zugänglichkeit zu und Information über diese Angebote von großer Bedeutung. Junge Menschen und deren Eltern sollten zielgerichtet informiert und begleitet werden. Dazu sind insbesondere engagierte Lehrkräfte notwendig, die mit geeigneten Maßnahmen die Entscheidungskompetenz der jungen Erwachsenen fördern und somit Wahlmöglichkeiten verdeutlichen. Nur so kann von einem vorgezeichneten Weg von der Förderschule geistige Entwicklung in die WfbM abgewichen werden, der strukturell noch immer stark offeriert zu werden scheint (vgl. Molnár; Kießling & Fischer 2019, S. 178 f.; Stöppler & Schuck 2011).

Resümierend kann konstatiert werden, dass eine adäquate berufliche Bildung für eine selbstbestimmte und unabhängige Lebensführung von immenser Bedeutung ist und explizit zur gesellschaftlichen respektive beruflichen Teilhabe beiträgt. Durch die Ausübung eines Berufs und dem Nachgehen einer Erwerbsarbeit wird die betreffende Person befähigt, die eigene Existenz zu sichern und an verschiedenen Lebensbereichen teilzuhaben. Darüber hinaus sind intraindividuelle Entwicklungsmöglichkeiten gegeben, wie im Kapitel zum Teilhabebereich Arbeit und Beruf (▶ Kap. 7) spezifisch ausgeführt wird.

Literatur

Albers, T. & Mußmann, J. (2007): Das Projekt »Außerschulische Lernorte in Hannover«. Perspektiven für die sonderpädagogische Förderung in Niedersachsen. In: Zeitschrift für Heilpädagogik (01), S. 18–22.

Arnold, R., Gonon, P. & Müller, H.-J. (2016): Einführung in die Berufspädagogik. 2. Auflage. Opladen & Toronto.

Beer, M. (2022a): Angebote der beruflichen Bildung im dualen Ausbildungssystem für Menschen mit Beeinträchtigungen und Behinderungen. Maßnahmen der Beruflichen Rehabilitation der Bundesagentur für Arbeit. In: berufsbildung. Zeitschrift für Theorie-Praxis-Dialog 76 (194), S. 3–7.

Beer, M. (2022b): Benachteiligtenförderung in der Berufsvorbereitenden Bildungsmaßnahme – die »BvB« als »Schaltstelle zwischen Schule und Arbeitswelt« oder »dysfunktionales Dauerprovisorium« im Übergangssystem? In: bwp@ Berufs- und Wirtschaftspädagogik – online, Ausgabe 42, S. 1–29. Online verfügbar unter: https://www.bwpat.de/ausgabe42/beer-2_bwpat42.pdf

bibb (Bundesinstitut für Berufsbildung) (2023): Datenreport zum Berufsbildungsbericht 2023. Informationen und Analysen zur Entwicklung der beruflichen Bildung. Online verfügbar unter: https://www.bibb.de/dokumente/pdf/bibb_datenreport_2023.pdf

BMAS (2021): Dritter Teilhabebericht der Bundesregierung über die Lebenslagen von Menschen mit Beeinträchtigungen. Teilhabe – Beeinträchtigung – Behinderung. Online verfügbar unter: https://www.bmas.de/SharedDocs/Downloads/DE/Publikationen/a125-21-teilhabebericht.pdf?__blob=publicationFile&v=7

BMBF (2023): Berufsbildungsbericht 2023 – Kabinettfassung. Online verfügbar unter: https://www.bmbf.de/SharedDocs/Downloads/de/2023/berufsbildungsbericht-2023-kabinettfassung.pdf?__blob=publicationFile&v=2

Boban, I. & Hinz, A. (2003): Index für Inklusion. Lernen und Teilhabe in der Schule der Vielfalt entwickeln. Halle: Martin-Luther-Universität.

bpb (2022): Soziale Situation in Deutschland. Bildungsstand der Bevölkerung. Online verfügbar unter https://www.bpb.de/kurz-knapp/zahlen-und-fakten/soziale-situation-in-deutschland/61656/bildungsstand-der-bevoelkerung/, letzter Zugriff: 29.09.2022

Clormann, C. & Hartung, N. (2020): Berufsorientierung im Förderschwerpunkt geistige Entwicklung. Konzeption eines Curriculums zur Berufsorientierung an der Mosaikschule Marburg. In: Behindertenpädagogik. Vierteljahresschrift für Praxis, Forschung und Lehre 59 (2), S. 203–213.

Ebert, H. & Eck, R. (2017): Berufsvorbereitung und Inklusion. In: Fischer, E. & Ratz, C. (Hrsg.): Inklusion – Chancen und Herausforderungen für Menschen mit geistiger Behinderung. Weinheim: Beltz Juventa, S. 263–283.

Fischer, E. (2008): Bildung im Förderschwerpunkt geistige Entwicklung. Entwurf einer subjekt- und bedarfsorientierten Didaktik. Bad Heilbrunn: Klinkhardt UTB.

Fischer, E. & Heger, M. (2011): Berufliche Teilhabe und Integration von Menschen mit geistiger Behinderung. Abschlussbericht der wissenschaftlichen Begleitung zum Projekt »Übergang Förderschule-Beruf« in Bayern. Oberhausen: Athena-Verlag.

Fornefeld, B. (2020): Grundwissen Geistigbehindertenpädagogik. 6. Auflage. München: Ernst Reinhardt Verlag.

Heisig, J. P., König, C. & Solga, H. (2022): Bildung. In: BMAS (Hrsg.): Abschlussbericht Repräsentativbefragung zur Teilhabe von Menschen mit Behinderung, S. 135–148. Online verfügbar unter: https://www.bmas.de/SharedDocs/Downloads/DE/Publikationen/Forschungsberichte/fb-598-abschlussbericht-repraesentativumfrage-teilhabe.pdf?__blob=publicationFile&v=5, letzter Zugriff: 24.11.2023.

Hessisches Kultusministerium (2013): Richtlinien für Unterricht und Erziehung im Förderschwerpunkt geistige Entwicklung. Online verfügbar unter: https://kultusministerium.hessen.de/sites/kultusministerium.hessen.de/files/2021-09/richtlinien_foerderschwerpunkt_geistige_entwicklung.pdf, letzter Zugriff: 28.03.2022

HRK (2020): Statistische Daten zu Studienangeboten an Hochschulen in Deutschland Studiengänge, Studierende, Absolventinnen und Absolventen. Wintersemester 2020/2021. Statistiken zur Hochschulpolitik 1/2020. Online verfügbar unter: https://www.hrk.de/fileadmin/redaktion/hrk/02-Dokumente/02-03-Studium/02-03-01-Studium-Studienreform/HRK_Statistik_BA_MA_UEbrige_WiSe_2020_21_finale.pdf

Klemm, K. (2009): Sonderweg Förderschulen: Hoher Einsatz, wenig Perspektiven Eine Studie zu den Ausgaben und zur Wirksamkeit von Förderschulen in Deutschland. Online verfügbar unter: https://www.bertelsmann-stiftung.de/fileadmin/files/BSt/Publikationen/GrauePublikationen/GP_Sonderweg_Foerderschulen.pdf

Klemm, K. (2023): Jugendliche ohne Hauptschulabschluss. Demographische Verknappung und qualifikatorische Vergeudung. Online verfügbar unter: https://www.bertelsmann-stiftung.de/fileadmin/files/user_upload/Jugendliche_ohne_Hauptschulabschluss_Klemm_final.pdf

KMK (1994): Empfehlungen zur sonderpädagogischen Förderung in den Schulen in der Bundesrepublik Deutschland. Online verfügbar unter: https://www.kmk.org/fileadmin/veroeffentlichungen_beschluesse/1994/1994_05_06-Empfehlung-sonderpaed-Foerderung.pdf

KMK (2022a): Sonderpädagogische Förderung in Schulen 2011 bis 2020. Online verfügbar unter: https://www.kmk.org/fileadmin/Dateien/pdf/Statistik/Dokumentationen/Dok231_SoPaeFoe_2020.pdf, letzter Zugriff: 29.09.2022

KMK (2023): Schüler/-innen, Klassen, Lehrkräfte und Absolvierende der Schulen 2012 bis 2021. Online verfügbar unter: https://www.kmk.org/fileadmin/Dateien/pdf/Statistik/Dokumentationen/Dok_235_SKL_2021.pdf

Küchler, M. (2007): Was kommt nach der Schule? Handbuch zur Vorbereitung auf das nachschulische Leben durch die Schule für Menschen mit geistiger Behinderung. Marburg: Lebenshilfe-Verlag.
Lindmeier, B. & Schrör, N. (2015): Bedingungen des Übergangs von Jugendlichen im Grenzbereich der Förderschwerpunkte Lernen und geistige Entwicklung in die berufliche Bildung. In: Teilhabe. Die Fachzeitschrift der Lebenshilfe, 54 (4), S. 150–156.
Lohaus, A. & Vierhaus, M. (2019): Entwicklungspsychologie des Kindes- und Jugendalters für Bachelor. 4. Auflage. Berlin: Springer-Verlag.
Nahles, A. (2023): Schulen sollen besser auf Berufswahl vorbereiten. In: zeit online. Online verfügbar unter: https://www.zeit.de/news/2023-08/15/nahles-schulen-sollen-besser-auf-berufswahl-vorbereiten?xing_share=news
Niehoff, U. (2016): Persönliche Zukunftsplanung. In: Hedderich, I. et al. (Hrsg.): Handbuch Inklusion und Sonderpädagogik. Bad Heilbrunn: Verlag Julius Klinkhardt, S. 522–527.
Penning, I. & Wachtel, G. (2019): Wirtschaft – Arbeit – Technik. In: Schäfer, H. (Hrsg.): Handbuch Förderschwerpunkt geistige Entwicklung. Weinheim: Beltz Verlag, 584–595.
Speck, O. (2016): Menschen mit geistiger Behinderung. Ein Lehrbuch zur Erziehung und Bildung. 12. Auflage. München: Ernst Reinhardt Verlag.
Statistisches Bundesamt (2023): Gehaltsvergleich 2022: Neben dem Beruf ist der Bildungsabschluss entscheidend. Online verfügbar unter: https://www.destatis.de/DE/Presse/Pressemitteilungen/2023/05/PD23_200_62.html
Stein, R. & Kranert, H.-W. (2022): Berufliche Bildungsgänge in Werkstätten für behinderte Menschen. Analysen und Perspektiven. In: berufsbildung. Zeitschrift für Theorie-Praxis-Dialog 76 (194), S. 14–16.
Stöppler, R. (2017): Einführung in die Pädagogik bei geistiger Behinderung. 2., aktualisierte Auflage. München: Ernst Reinhardt Verlag.
Stöppler, R. & Schuck, H. (2011): Berufliche Bildung bei Menschen mit geistiger Behinderung. Auf dem Weg zur beruflichen Integration/Inklusion!? In: bwp@ Spezial 5 – Hochschultage Berufliche Bildung 2011, Fachtagung 02, hrsg. v. Friese, M. / Benner, I., S. 1–27. Online verfügbar unter: http://www.bwpat.de/ht2011/ft02/stoeppler_schuck_ft02-ht2011.pdf
Stöppler, R. & Wachsmuth, S. (2010): Förderschwerpunkt Geistige Entwicklung. Eine Einführung in didaktische Handlungsfelder. Paderborn: Ferdinand Schöningh.
Zölls-Kaser, P. (2023): Der Übergang Schule-Beruf von Schüler*innen des Förderschwerpunktes Geistige Entwicklung Berufswünsche und berufliche Bildungsmöglichkeiten. In: Teilhabe. Die Fachzeitschrift der Lebenshilfe, 62 (2), S. 50–57.

7 Arbeit und Beruf

Heiko Schuck

Einen Beruf auszuüben und einer Arbeit nachzugehen ist in unserem Kulturbereich entscheidender Faktor für die gesellschaftliche Anerkennung, Inklusion und Teilhabe einer Person (vgl. Stöppler 2014, S. 112). Bei der Arbeit werden soziale Gefüge geformt und zwischenmenschliche Beziehungen gepflegt, die nicht selten in den privaten Bereich hineinreichen. Am Arbeitsplatz erfolgt Austausch und Kooperation, indem Menschen miteinander interagieren und ihre Fähigkeiten zum Wohl des Unternehmens (und größer angelegt, zur Sicherung des Wohlstands einer Gesellschaft) einsetzen.

7.1 Bedeutung

Eine zentrale Komponente der Berufsausübung und eines gut funktionierenden Arbeitsmarktes ist zweifelsohne eine (individuelle und gesamtgesellschaftliche) ökonomische Wohlstandssicherung. Bezogen auf gesellschaftliche Belange ist Arbeit ein wesentlicher Motor für wirtschaftliches Wachstum und Entwicklung. Sie generiert Einkommen, trägt zur Steigerung des Bruttoinlandsprodukts bei und unterstützt die Finanzierung öffentlicher Aufgaben wie Bildung, Gesundheitsversorgung und Infrastruktur durch Abgaben und Steuern. Darüber hinaus kann Arbeit und Beruf als wesentliches Strukturierungsprinzip für Formen des gesellschaftlichen Zusammenlebens angesehen werden, die eine entscheidende Rolle bei der Bewältigung gesellschaftlicher Herausforderungen wie Armut, Ungleichheit und soziale Ausgrenzung spielt. Eine gerechte Verteilung von Arbeitsmöglichkeiten und -chancen ist entscheidend, um soziale Ungleichheiten zu reduzieren und inklusive Gesellschaften zu schaffen. Darüber hinaus ist dieser Teilhabebereich subjektiv höchst bedeutend und umfasst eine Reihe von individuellen Aspekten, wie bspw. Identitätsbildung, Selbstverwirklichung und positives Selbstbild, die zur Entwicklung eines Menschen fundamental sind. Mitunter kann davon gesprochen werden, dass die Ausübung eines Berufs zum Menschsein dazugehört und es gesellschaftspolitisches Ziel sein muss, Maßnahmen zu formulieren und Gegebenheiten zu schaffen, um es bestenfalls allen Menschen zu ermöglichen, »die in ihnen angelegten Potenziale zu entwickeln und zum ›Menschen‹, d. h. zum selbständig handlungsfähigen Subjekt, heranzureifen« (Arnold, Gonon & Müller 2016, S. 84). Arnold, Gonon und Müller sprechen infolgedessen von einer »Humanisierung der Arbeit«

(ebd.), die einen gleichberechtigteren Arbeitsmarkt zur Folge hat, bei dem individuelle Kompetenzen und Handlungsfähigkeiten verteilt und genutzt werden. Die damit einhergehende Mitgestaltung der Arbeit wird somit Teil demokratischer Mitwirkung (vgl. ebd., S. 84f.).

7.1.1 Arbeit und Beruf im Wandel

Die gesellschaftliche Bedeutung von Arbeit und Beruf unterliegt einem ständigen Wandel, der von aktuellen gesellschaftlichen, sozio-demografischen, politischen und technologisierten Veränderungen beeinflusst wird. Die Bedeutung respektive Organisation der Arbeit hat sich in den letzten Jahrhunderten stark verändert und wandelt sich aktuell immer weiter. Während es für die Menschen nach dem zweiten Weltkrieg und in den 1950er-Jahren darum ging, die Gesellschaft und eigene Existenz wiederaufzubauen, dominierte Arbeit und Aufbau. Deutschland war eine Arbeitsgesellschaft, in der sich die Menschen über die Arbeit definierten und mit dieser noch mehr Zeit verbrachten als heute: die Arbeitswoche hatte sechs Tage und umfasste 48 Stunden. Freizeit und Urlaub hatten zu dieser Zeit nur eine randständige Bedeutung, während im Vergleich zu heute eine deutliche Fokusveränderung stattgefunden hat. Durch den Struktur- und Wertewandel in den 1990er-Jahren bekam die Freizeit eine mindestens gleichwertige Bedeutung zugemessen wie die Arbeit und das Geldverdienen. Die Zeitstunden, die am Arbeitsplatz verbracht wurden, nahmen ab und glichen sich mit den Stunden, die für die Freizeit zur Verfügung standen, an. Auch wenn in den 2020er-Jahren das traditionelle Arbeitsverständnis abgelöst ist und andere Lebensbereiche eine gleichbedeutende Priorität haben (insbesondere für die jüngeren Generationen), hat sich an der Wichtigkeit von Arbeit für den Menschen und die Gesellschaft nicht viel verändert (vgl. Opaschowski 2008, S. 32f.).

7.1.2 Funktionen von Arbeit und Beruf

Das Erlernen und Ausüben eines Berufes und dessen angemessene Ausführung kann als Grundbedürfnis und -recht eines jeden Menschen betrachtet werden (vgl. Speck 2018, S. 371). Berufe sind »Bestandteil des jeweils aktuellen soziokulturellen Systems und des Zeitgeists einer Gesellschaft« (Arnold, Gonon & Müller 2016, S. 79). Bezogen auf die individuelle Lebensgestaltung nimmt die eigene Existenzsicherung (im Sinne einer wirtschaftlichen Unabhängigkeit zur Befriedigung von Grundbedürfnissen wie Nahrung, Kleidung und Wohnraum) und das damit angestrebte Lebensniveau zwar eine wichtige Rolle ein, jedoch ist eine Reduktion allein auf diesen Aspekt unzureichend. Einen Beruf auszuüben und arbeiten zu gehen hat weitaus mehr Funktionen als einzig die der Sicherung der materiellen Existenz: die individuelle Biografie und persönliche Identität wird geformt (vgl. ebd.), die Person erlebt eine eigene Leistung und Nützlichkeit und kann letztlich in ihrem Selbst- und Lebensgefühl gestärkt werden (vgl. Speck 2018, S. 371). Auch die gesellschaftliche Anerkennung und der soziale Status ist eng verknüpft mit der Teilhabe an Arbeit und Beruf (vgl. Felder 2016, S. 100). Ein Beruf respektive eine Berufstätigkeit umfasst multifunktionale Rollen (▶ Tab. 7.1), die nicht eindimensional auf eine bestimmte Ebene zu reduzieren sind und von Veränderungen beeinflusst werden, an die sich wiederum die Menschen ebenfalls anpassen müssen.

Tab. 7.1: Funktionen des Berufes (Arnold; Lipsmeier & Ott 1998, S. 6)

1.	Erwerbsfunktion	Berufliche Tätigkeit ist in der Regel auf materiellen Erwerb gerichtet, um mindestens sich selbst versorgen zu können.
2.	Sozialisationsfunktion	Diese Funktion bezieht sich auf den Beitrag der Ausübung (auch Erlernung) eines Berufs zur Einführung eines Menschen in Gesellschaft und Kultur.
3.	Ganzheitlichkeitsaspekt	Gemeint ist der Aspekt von Ganzheit und Ganzheitlichkeit sowohl des Werkstückes, das im Rahmen der Berufstätigkeit hergestellt wird, als auch des Arbeitsprozesses, in dem das geschieht.
4.	Kontinuitätsaspekt	Ausübung einer Tätigkeit wird nur dann als Beruf angesehen, wenn diese Tätigkeit von längerer Dauer, ja bei manchen Berufsideen gar von Lebenslänglichkeit ist.
5.	Erbauungsfunktion	Ausübung der beruflichen Tätigkeit soll einen Beitrag zur Erbauung und Bildung des Menschen leisten. Voraussetzung ist: innerliche Bejahung, Freiwilligkeit; Ergebnis: Berufsethos, d. h. Sittlichkeit im Beruf und durch den Beruf.
6.	Qualifikationsaspekt	Als Bedingung für die Ausübung eines Berufes wird der Erwerb und Besitz von Qualifikationen (Fertigkeiten, Kenntnissen, Haltungen) angesehen.
7.	Allokationsfunktion	Diese Funktion bezieht sich darauf, dass der Beruf hilft, Arbeitskräfte mit bestimmten Qualifikationen auf die richtigen Positionen des Arbeitsmarktes zu verteilen.
8.	Selektionsfunktion	Zuweisung von beruflichen und gesellschaftlichen Positionen nach Tüchtigkeit, Leistung und Begabung.

7.1.3 Zugang zum Arbeitsmarkt

Um einen (bestenfalls selbst erwählten) Beruf auszuüben, benötigt die Person Zugang zum allgemeinen Arbeitsmarkt, der maßgeblich an diverse Voraussetzungen geknüpft ist. Um als Fachkraft in einer spezifischen Branche arbeiten zu können, wird beispielsweise ein entsprechender abgeschlossener Berufsabschluss verlangt. Dem voraus geht ein adäquater (Schul-)Bildungsabschluss. Zudem wird eine entsprechende Leistungsanforderung gestellt, die voraussetzt, dass die unternehmerischen Interessen erfüllt werden können. Es muss festgehalten werden, dass im Rahmen der gesellschaftlichen Bedeutung von Arbeit und Beruf sowie dem damit verbundenen Leistungsgedanken respektive -anforderungen Menschen von der Teilhabe am Arbeitsmarkt ausgeschlossen werden, wenn sie den Anforderungen nicht gerecht werden (können). Dies trifft in besonderem Maße Menschen mit intellektueller Beeinträchtigung, da diese oftmals nicht die genannten Zugangsvoraussetzungen (z. B. einen entsprechenden Bildungs- und Ausbildungsabschluss) erfüllen und ihnen somit die Inklusion in den allgemeinen Arbeitsmarkt erschwert respektive verhindert wird.

> »Für die meisten Betroffenen ist diese Situation wenig zufriedenstellend: Vom Arbeitsmarkt ausgeschlossen zu sein, bedeutet von weiten Teilen des gesellschaftlichen Lebens ausgeschlossen zu sein. Es geht einher mit dem Verlust der finanziellen Unabhängigkeit und der Möglichkeit, ein vollständig selbstbestimmtes Leben zu führen« (Deuchert & Liebert 2013, S. 24 f.).

Die Europäische Kommission hält zum Thema der Inklusiven Arbeitsmärkte fest, dass diese dann inklusiv sind, »wenn alle Menschen im erwerbsfähigen Alter, insbesondere gefährdete und benachteiligte Menschen, eine hochwertige, bezahlte Beschäftigung ausüben können« (ebd.). Die darin involvierten Systeme und Organisationen sind in dem Maße anzupassen, dass eine Nutzung für alle möglich ist und sich somit eine aktive Teilhabe und Zugehörigkeit einstellen kann (vgl. Rohrmann 2016, S. 146 f.).

> »Moderne Gesellschaften sind dadurch geprägt, dass die soziale Stellung ihrer Mitglieder nicht durch eine traditionelle, ständische Ordnung festgelegt ist, sondern durch die Funktionslogik der unterschiedlichen Systeme – durch das Bildungssystem, durch das System der Erwerbsarbeit, durch das System sozialstaatlicher Unterstützung usw. – zugewiesen wird. Der Ansatz der Inklusion schärft daher im menschenrechtlichen Diskurs die Sensibilität für Formen gesellschaftlicher Ausgrenzung, die durch die Eigenlogik von Systemen bedingt ist« (ebd., S. 146).

Infolgedessen finden sich entsprechend dieser Eigenlogik gesetzliche Regelungen, die u. a. das individuelle Recht auf gleichberechtigte Teilhabe fokussieren.

7.2 Rechtliche Aspekte

Teilhabe- und Inklusionschancen im Bereich der Arbeit für Menschen mit (intellektueller) Beeinträchtigung[19] werden durch entsprechende verbindliche Gesetze und Vorschriften verbessert, sofern diese eingehalten werden. Zuvorderst sei die UN-Behindertenrechtskonvention (UN-BRK) anzuführen, die grundsätzlich die allgemeine Verbesserung der Teilhabe- und Lebensbedingungen von Menschen mit (intellektueller) Beeinträchtigung zum Ziel hat. Explizit wird in Artikel 27 (Arbeit und Beschäftigung), Abs. 1 das gleiche Recht auf Arbeit formuliert, das »das Recht auf die Möglichkeit, den Lebensunterhalt durch Arbeit zu verdienen, die in einem

---

19 In der allgemeinen Gesetzgebung sowie in Statistischen Erhebungen (z. B. durch das Statistische Bundesamt) erfolgt keine präzise Differenzierung hinsichtlich der Beeinträchtigungsform. In der Regel wird der Terminus Menschen mit Behinderung respektive Schwerbehinderung gewählt, weswegen in den entsprechenden Ausführungen die gegebene Schreibweise übernommen wird. Leider ist dadurch eine Trennschärfe hinsichtlich des Personenkreises der Menschen mit intellektueller Beeinträchtigung nicht gegeben.

offenen, integrativen und für Menschen mit Behinderungen zugänglichen Arbeitsmarkt und Arbeitsumfeld frei gewählt oder angenommen wird«, beinhaltet. Infolgedessen wird durch Artikel 28 (Angemessener Lebensstandard und sozialer Schutz), Abs. 1 unterstrichen, dass Menschen mit Behinderungen das Recht »auf einen angemessenen Lebensstandard für sich selbst und ihre Familien, einschließlich angemessener Ernährung, Bekleidung und Wohnung, sowie auf eine stetige Verbesserung der Lebensbedingungen (…)« haben, was herkömmlich von Menschen (bestenfalls) durch ihre Arbeit und dem damit verbundenen Lohn erreicht werden kann.

In Deutschland existieren im Hinblick auf diesen Teilhabebereich spezifische gesetzliche Vorgaben, die den gleichberechtigten Zugang zu beruflichen Möglichkeiten für Menschen mit (intellektueller) Beeinträchtigung erleichtern und ihre Rechte schützen. Grundlegende Voraussetzung stellen die immanenten Grundrechte eines jeden Menschen dar, die im Grundgesetz der BRD dargelegt sind und Benachteiligung oder Diskriminierung jeglicher Art verbieten. Explizit heißt es in Artikel 12, Abs. 1 klar und unmissverständlich, dass »[a]lle Deutschen (..) das Recht [haben], Beruf, Arbeitsplatz und Ausbildungsstätte frei zu wählen«, und weiter in Abs. 2: »Niemand darf zu einer bestimmten Arbeit gezwungen werden, außer im Rahmen einer herkömmlichen allgemeinen, für alle gleichen öffentlichen Dienstleistungspflicht.«

Als wichtige Ingredienz des Benachteiligungsverbotes nach Art. 3, Abs. 3 des GG gilt das Allgemeine Gleichbehandlungsgesetz (AGG) genauso wie das Gesetz zur Gleichstellung von Menschen mit Behinderungen (Behindertengleichstellungsgesetz – BGG). Adressiert an Träger der öffentlichen Gewalt (z. B. Behörden und Ämter) ist das Ziel des BGG, »die Benachteiligung von Menschen mit Behinderungen zu beseitigen und zu verhindern sowie ihre gleichberechtigte Teilhabe am Leben in der Gesellschaft zu gewährleisten und ihnen eine selbstbestimmte Lebensführung zu ermöglichen. Dabei wird ihren besonderen Bedürfnissen Rechnung getragen« (BGG § 1, Abs. 1). Besonderer Stellenwert nimmt die Umsetzung und Sicherstellung von Barrierefreiheit in jeglichen Lebens- und Gesellschaftsbereichen ein. Das AGG fokussiert explizit u. a. Benachteiligungsverbote im Rahmen von Arbeit, Beschäftigung und Erwerbstätigkeit. In Abschnitt zwei werden Forderungen zum Schutz der Beschäftigten hinsichtlich des Verbotes der Benachteiligung, der Organisationspflichten des Arbeitgebenden sowie der Rechte der Beschäftigten konkretisiert (AGG §§ 6–18). Zudem werden Zulässigkeiten hinsichtlich unterschiedlicher Behandlung definiert und begründet (AGG §§ 8–10 sowie § 20).

Des Weiteren aufzuführen sind die Sozialgesetzbücher (SGB) III[20] und IX[21] sowie das Bundesteilhabegesetz (BTHG), die explizit gesetzliche Rahmenbedingungen zur

---

20 Regelungen zur Arbeitsförderung, insbesondere § 19 Menschen mit Behinderungen: (1) Menschen mit Behinderungen im Sinne dieses Buches sind Menschen, deren Aussichten, am Arbeitsleben teilzuhaben oder weiter teilzuhaben, wegen Art oder Schwere ihrer Behinderung im Sinne von § 2 Abs. 1 des Neunten Buches nicht nur vorübergehend wesentlich gemindert sind und die deshalb Hilfen zur Teilhabe am Arbeitsleben benötigen, einschließlich Menschen mit Lernbehinderungen.

Teilhabe u. a. an Arbeit und Beschäftigung schaffen. Im SGB IX steht der Mensch mit Beeinträchtigung im Zentrum und es regelt zusätzlich zu den allgemeinen Sozialleistungen, die Menschen mit (intellektueller) Beeinträchtigung bekommen, weitere Leistungsansprüche, um Einschränkungen der Teilhabe am Arbeitsleben und Leben in der Gemeinschaft zu verhindern oder bestmöglich zu überwinden (vgl. BMAS 2023). Das BTHG stellt ein Bundesgesetz dar, das die Modernisierung der deutschen Eingliederungshilfe im Sinne der UN-BRK vorsieht. Dabei werden Verbesserungen der Möglichkeiten zur Teilhabe und mehr Selbstbestimmung für Menschen mit Beeinträchtigung ins Zentrum gestellt. »Träger von Reha-Maßnahmen (wie z. B. die Bundesagentur für Arbeit oder die gesetzliche Rentenversicherung) [werden verpflichtet], frühzeitig drohende Behinderungen zu erkennen und gezielt Prävention noch vor Eintritt der Rehabilitation zu ermöglichen. Ziel ist es, bereits vor Eintritt einer chronischen Erkrankung oder Behinderung durch geeignete präventive Maßnahmen entgegenzuwirken und die Erwerbsfähigkeit zu erhalten« (BMAS 2023a). Zur Erreichung dieser Zielsetzung umfasst das BTHG einen Maßnahmenkatalog, aus dem exemplarisch auf zwei Aspekte hingewiesen wird: (1) im Rahmen von Eingliederungsleistungen kann z. B. das Budget für Arbeit beantragt werden, das Übergänge in das Arbeitsleben fördert und interessante Anreize (auch für Arbeitgebende) schafft. Es stellt ein konkretes Instrument zur Verbesserung der Teilhabe auf dem allgemeinen Arbeitsmarkt dar (vgl. BMAS 2023a). (2) Das Bundesprogramm »Innovative Wege zur Teilhabe am Arbeitsleben – rehapro« fokussiert die Stärkung der Rehabilitation und kann gesetzlich mit § 11 des SGB IX begründet werden. Übergeordnete Zielsetzung ist der Erhalt respektive Wiederherstellung der Erwerbsfähigkeit von Menschen mit gesundheitlichen Beeinträchtigungen durch entsprechende Leistungen und organisatorische Maßnahmen. Infolgedessen sollen die Zugänge zur Erwerbsminderungsrente und Eingliederungshilfe bzw. Sozialhilfe gesenkt werden (vgl. BMAS 2018). Weitere gesetzliche Maßnahmen, die darauf abzielen, Menschen mit Beeinträchtigung die gleichberechtigte und selbstbestimmte Teilhabe am Arbeitsleben zu ermöglichen, wurden mit dem Gesetz zur Förderung eines inklusiven Arbeitsmarktes im Jahr 2023 vom Bundestag (mit Zustimmung des Bundesrates) beschlossen. Dieses Gesetz tritt zum 01.01.2024 in Kraft und umfasst Maßnahmen, die darauf abzielen,

- mehr Menschen mit Behinderungen in reguläre Arbeit zu bringen,
- mehr Menschen mit gesundheitlichen Beeinträchtigungen in Arbeit zu halten und
- zielgenauere Unterstützung für Menschen mit Schwerbehinderung zu ermöglichen (BMAS 2023b).

Ein weiteres Gesetz, das an dieser Stelle aufgeführt wird, ist das Teilhabechancengesetz. Im Rahmen des SGB II[22] regelt es neue Teilhabechancen für Langzeitar-

---

21 Rehabilitation und Teilhabe von Menschen mit Behinderungen, insbesondere Kapitel 10: Leistungen zur Teilhabe am Arbeitsleben (§§ 49–63) sowie § 111 Leistungen zur Beschäftigung.
22 Explizit in Kapitel 3, Abschnitt 1: Leistungen zur Eingliederung in Arbeit (§§ 14–18e).

beitslose auf dem allgemeinen und sozialen Arbeitsmarkt. Zwar werden mit dem Teilhabechancengesetz nicht explizit Menschen mit (intellektueller) Beeinträchtigung fokussiert, per Definition können sie jedoch mitunter ebenfalls zu Langzeitarbeitslosen[23] zählen, wenn sie sich in keiner Anstellung oder einer beschäftigungsähnlichen Anstellung in einer Werkstatt für Menschen mit Behinderung (WfbM[24]) befinden.

Die gesetzlichen Rechte und Pflichten verbieten es, dass Menschen aufgrund einer Beeinträchtigung diskriminiert und benachteiligt werden. Es kann jedoch davon ausgegangen werden, dass ausschließlich Antidiskriminierungsgesetze nicht die Teilhabechancen von Menschen mit intellektueller Beeinträchtigung verbessern (vgl. Deuchert & Liebert 2013, S. 41). Ein multikausales Verständnis ist notwendig, das individuelle Gegebenheiten und externe Dimensionen (wie z. B. Einstellung von Arbeitgebenden und Arbeitskolleg*innen, Unternehmenskultur und marktwirtschaftliche Einflüsse) berücksichtigt. Politik und Wirtschaft sind dazu aufgerufen, entsprechende Maßnahmen zu treffen, um diesen Aspekten Rechnung zu tragen und inklusive Teilhabechancen auf dem Arbeitsmarkt sicherzustellen. Der Zugang zum allgemeinen Arbeitsmarkt und die Teilhabechancen sind für Menschen mit intellektueller Beeinträchtigung auch aktuell noch mit großen Barrieren, sowohl auf inter- als auch intrapersoneller Ebene, verbunden.

7.3 Teilhaberisiken

7.3.1 Geringe oder fehlende Bildungsabschlüsse

Die Arbeitslosenquote von Menschen mit Beeinträchtigung liegt – gemessen für das Jahr 2022 – bei 11,5 % (vgl. Lichter 2022, S. 8). Zudem werden sie signifikant weniger in den Arbeitsmarkt respektive einer Erwerbstätigkeit eingebunden als Menschen ohne Beeinträchtigung (vgl. Heisig, König & Solga 2022a, S. 149). Das hat a priori ebenfalls Auswirkungen auf die Einkommenschancen und monatlichen Bruttoeinkommen (vgl. ebd. 2022b, S. 166), was sich unter anderem an der Armutsrisikoquote erkennen lässt. Diese lag für Menschen mit Beeinträchtigung im Jahr 2017 bei 18 %, im Gegensatz zu 15 % bei Menschen ohne Beeinträchtigung. Hinsichtlich der verschiedenen Altersgruppen lag die Armutsrisikoquote bei Menschen mit Beeinträchtigung zwischen 18 und 44 Jahren am höchsten, nämlich bei 31 % (vgl. BMAS 2021, S. 278).

---

23 Nach SGB III § 18, Abs. 1 gilt eine Person als Langzeitarbeitslos, wenn sie ein Jahr und länger arbeitslos ist. Besonders betroffen sind davon insbesondere geringqualifizierte, ältere und gesundheitlich beeinträchtigte Menschen.
24 Die offizielle Bezeichnung lautet »Werkstatt für behinderte Menschen«, worauf das geläufige Akronym WfbM zurückzuführen ist.

»Dies deutet darauf hin, dass (…) die relative Einkommensposition in engem Zusammenhang mit den geringeren Bildungsabschlüssen, der geringeren Erwerbsbeteiligung, der niedrigeren Stellung im Beruf sowie dem geringeren Arbeitsumfang von Menschen mit Beeinträchtigungen steht« (ebd.).

Hierbei handelt es sich nicht um eine kleine Randgruppe. Laut Berechnungen des Statistischen Bundesamtes gab es zum Jahresende 2021 insgesamt knapp 7,8 Millionen Menschen mit einer Schwerbehinderung (mindestens Grad der Behinderung von 50), davon gut 3,1 Millionen Menschen im erwerbsfähigen Alter (18–65 Jahre) (eigene Berechnung auf Grundlage von Destatis 2022). Die Erwerbstätigenquote für diese Gruppe lag bei 47,8 % (Bundesagentur für Arbeit 2023a, S. 7). Differenziert nach Art der Beeinträchtigung lag in 23 % der Fälle (ca. 1,8 Millionen Menschen) eine Zerebrale Störung (laut Statistik im Sinne einer geistigen und/oder seelische Beeinträchtigung) vor (Destatis 2022). Der Großteil der Menschen mit intellektueller Beeinträchtigung arbeitet nicht in einem sozialversicherungspflichtigen Arbeitsverhältnis auf dem allgemeinen Arbeitsmarkt (vgl. Windisch 2023, S. 39), sondern in einer WfbM. Das hat vielfältige Gründe, die in unterschiedlichem Ausmaß als Teilhaberisiken verstanden werden können. Auch hier sei auf die fehlenden Schul- und Berufsabschlüsse hingewiesen, die bereits in Kapitel Berufliche Bildung (▶ Kap. 6) aufgeführt wurden. In Deutschland ist eine Teilhabe am Arbeitsmarkt und -leben eng gekoppelt an entsprechende Bildungsabschlüsse und berufliche Qualifizierungen. Ohne formale Qualifizierung sind Zugangswege zu Berufsausbildung und Erwerbschancen deutlich erschwert. Für viele Menschen mit intellektueller Beeinträchtigung sind die theoretischen Qualifikationsanforderungen von Ausbildungsberufen und dem damit verbundenen Berufsschulunterricht immense Barrieren, die es abzubauen gilt. Leider stellt die leistungsorientierte Ökonomisierung der Berufswelt dabei ein großes Hemmnis dar (vgl. Ebert & Eck 2017, S. 263 f.).

7.3.2 Systembedingte Benachteiligungen

Bezogen auf berufsvorbereitende Bildungsangebote in der Schule gibt es oftmals kaum alternative Praktikumsmöglichkeiten und somit wenige Gestaltungsmöglichkeiten für alle Beteiligten (vgl. Stöppler & Schuck 2011; Bundesvereinigung Lebenshilfe 2015, S. 2). Infolgedessen fehlt dem Personenkreis der entscheidende Zugang zu Beschäftigungsverhältnissen auf dem allgemeinen Arbeitsmarkt. Hinzukommen Ressentiments der Arbeitgebenden hinsichtlich einer Beschäftigung von Menschen mit intellektueller Beeinträchtigung. Zwar gibt es eine gesetzliche Pflicht für Unternehmen zur Beschäftigung von Menschen mit einer Schwerbehinderung (entsprechend § 154, SGB IX) im Sinne der obigen Definition (zu der ebenfalls der Personenkreis der Menschen mit intellektueller Beeinträchtigung gehört), die jedoch wenig zu einer Einstellungsänderung hinsichtlich Vorurteilen und Vorbehalten beiträgt. Zudem haben Unternehmen die Möglichkeit, die Besetzung des Pflichtarbeitsplatzes mit einer Ausgleichsabgabe gemäß § 160 SGB IX zu umgehen. Die Höhe dieser Ausgleichsabgabe staffelt sich nach der jahresdurchschnittlichen Beschäftigungsquote (§ 160 Abs. 2 SGB IX); bei Vergabe von Aufträgen an eine WfbM können darüber hinaus 50 % dieser auf die Ausgleichsabgabe angerechnet werden (vgl. Bundesagentur für Arbeit 2023b, S. 7). Ergänzend hierzu sei ausgeführt, dass für das Jahr 2021 insgesamt 175.000 Pflichtarbeitsplätze von allen Arbeitgebenden zu besetzen waren. Davon wurden 39 % vollständig, 35 % teilweise (d. h. das Beschäftigungsverhältnis bestand nicht das ganze Jahr über) und 26 % nicht besetzt (vgl. ebd., S. 10). Es kann davon ausgegangen werden, dass Pflichtarbeitsplätze selten bis gar nicht von Menschen mit intellektueller Beeinträchtigung besetzt werden, da sie zwar ebenfalls zur Gruppe der Berechtigten zählen, aber – wie oben beschrieben – nicht über einen entsprechenden Bildungs- bzw. Berufsabschluss verfügen. In einer Studie des Instituts für Arbeitsmarkt- und Berufsforschung wurden Betriebe nach ihren Erfahrungen mit Menschen mit Schwerbehinderungen gefragt. All jene, die die Ausgleichsabgabe zahlten (und folglich ihre Pflichtarbeitsplätze nicht mit Menschen mit Schwerbehinderung besetzten), gaben in den meisten Fällen als Grund an, dass keine geeigneten Bewerbungen vorlagen (vgl. Hiesinger & Kubis 2022, S. 6). Jedes vierte Unternehmen scheint grundsätzlich die Ausgleichsabgabe zu priorisieren und keine Menschen mit Schwerbehinderung anstellen zu wollen. Diesen Aspekt greift das bereits beschriebene neue Gesetz zur Förderung eines inklusiven Arbeitsmarktes auf und führt eine Erhöhung der Ausgleichsabgabe mit einer vierten Staffel ein (vgl. Verdi 2023, S. 1 f.). Zwar ist das ein wichtiger Schritt, aber ein Umdenken respektive eine Einstellungsänderung bei Arbeitgebenden ist damit noch nicht erreicht. Zwar führen Einflüsse wie der demografische Wandel oder Fachkräftemangel dazu, dass Fachkräftepotenziale gesucht und genutzt werden müssen, aber es herrschen noch immer Unsicherheiten und Missverständnisse hinsichtlich der Beschäftigung von Menschen mit einer Schwerbehinderung (vgl. Lichter 2022, S. 10).

7.3.3 Alternativlose Beschäftigungen

Menschen mit intellektueller Beeinträchtigung werden in den meisten Fällen durch ein sogenanntes arbeitnehmerähnliches Beschäftigungsverhältnis in der WfbM untergebracht, verbunden mit einem hohen Institutionalisierungscharakter. Teilhabechancen am allgemeinen Arbeitsmarkt sind somit kaum vorhanden. Auch wenn die Beschäftigung in der WfbM für Menschen mit intellektueller Beeinträchtigung und insbesondere für Menschen mit komplexen Behinderungen eine nicht zu negierende Möglichkeit einer beruflichen Betätigung darstellt (vgl. Fischer & Heger 2011, S. 55), entspricht dieses Beschäftigungsverhältnis keiner regulären Erwerbsarbeit, da es sich um eine rehabilitative Leistung zur Teilhabe am Arbeitsleben handelt und somit die Voraussetzungen für den Mindestlohn nicht erfüllt sind (vgl. Bundesvereinigung Lebenshilfe 2023). Grundsätzlich soll diese Tätigkeit auf eine Teilhabe am allgemeinen Arbeitsmarkt ausgerichtet sein und die jeweilige Person dafür vorbereiten. Faktisch ist jedoch eine Beschäftigung (unter den obligatorischen Voraussetzungen) bis zum Renteneintritt möglich und mitunter langfristig ausgerichtet, was in den meisten Fällen für Menschen mit intellektueller Beeinträchtigung Realität ist. Daraus ergibt sich ein (bereits lange diskutiertes) Spannungsverhältnis der WfbM zu Bestrebungen zur Teilhabe und Inklusion auf dem allgemeinen Arbeitsmarkt (vgl. Teismann 2023, S. 122).

> »Die Tätigkeit in der WfbM ist jedoch keine Alternative zur Erwerbsarbeit. Sie sichert weder die Existenz, noch bietet sie eine Grundlage für eine selbstständige Lebensgestaltung. Nichtsdestotrotz werden beide Formen unter der Überschrift Teilhabe am Arbeitsleben diskutiert« (ebd., S. 122 f.).

Ohne weiter differenziert in den Diskurs um die Werkstätten einzusteigen (hier sei verwiesen auf aktuell erschienene Publikationen[25], die durchaus kontroverse Diskussionen anzustoßen vermögen), sei dennoch konstatiert, dass für den fokussierten Personenkreis die WfbM häufig alternativlos zu sein scheint und somit ein Teilhaberisiko für den allgemeinen Arbeitsmarkt darstellt.

An dieser Stelle sei klargestellt, dass in hohem Maße individuumszentriert und bedürfnisorientiert agiert werden sollte. Eine intellektuelle Beeinträchtigung scheint mit einer lebenslangen sozialen Abhängigkeit in individuell unterschiedlichem Ausmaß verbunden zu sein, die ein kontinuierliches und verlässliches Netz an Assistenz und Unterstützung bedarf (vgl. Hahn 1994, S. 85 ff.). Die betreffenden Menschen sind im Sinne eines autonomen und selbstbestimmten Handelns in die Entscheidungsfindung aktiv einzubeziehen und auf Augenhöhe zu begegnen. Selbstbestimmung darf jedoch nicht missverstanden werden als ein Leben ohne Hilfen und Unterstützung. Vielmehr sollten die betreffenden Personen darin ermutigt werden, das Angewiesensein selbstbestimmt anleiten zu können, um im gegebenen Maß eigenständig zu entscheiden (vgl. Niehoff 1994, S. 191 f.). Die administrativen und bürokratischen Rahmenbedingungen sind mitunter sehr herausfordernd, insbesondere hinsichtlich der Beantragung von Leistungen zur Teilhabe am Arbeitsleben, wie sie in Abschnitt 7.2 beschrieben wurden. Im Sinne einer ernstzunehmenden Teilhabechance müssen die betreffenden Personen entsprechend orientierungsgebend begleitet werden. Dabei ist obligatorische Voraussetzung, dass individuelle Gegebenheiten und Herausforderungen Beachtung finden und die Erwartungshaltung hinsichtlich einer Selbstverantwortung individuell eingeschätzt werden muss, damit Überforderungstendenzen minimiert respektive verhindert werden (vgl. Fornefeld 2008, S. 50). Der Gewinn an Emanzipation und die größere individuelle Gestaltungsfreiheit im Hinblick auf das eigene Leben darf nicht mit der Streichung von Orientierungshilfen, Sicherheiten und Verbindlichkeiten einhergehen (vgl. Kulig & Theunissen 2006, S. 242).

Die ausgeführten Teilhaberisiken können erheblich durch gesellschaftliche Abwertungsprozesse respektive eine fehlende gesellschaftliche Anerkennung des Personenkreises entstehen und sich potenzieren. In Bezug auf die soziale Wertschätzung und den Leistungsgedanken werden Menschen mit intellektueller Beeinträchtigung stark marginalisiert und – trotz der sozialpolitischen und juristischen Verpflichtungen – in dem Grundrecht auf Arbeit immens benachteiligt. In unserer Gesellschaft werden die eigene Identität und soziale Anerkennung stark über Bildung und Arbeit definiert, woraus sich für alle Menschen (ganz besonders für den Personen-

---

25 z. B. Schachler, V., Schlummer, W. & Weber, R. (Hrsg. 2023): Zukunft der Werkstätten Perspektiven für und von Menschen mit Behinderung zwischen Teilhabe-Auftrag und Mindestlohn. Bad Heilbrunn: Verlag Julius Klinkhardt. Oder Greving, H. & Scheibner, U. (Hrsg. 2021): Werkstätten für behinderte Menschen. Sonderwelt und Subkultur behindern Inklusion. Stuttgart: Kohlhammer Verlag.

kreis der Menschen mit intellektueller Beeinträchtigung), die diesem Leistungsprinzip in welcher Form auch immer nicht entsprechen (können), eklatante Benachteiligungen drohen (vgl. Felder 2016, S. 99 f.). Gesetzliche Bemühungen hinsichtlich getroffener Maßnahmen und zur Verfügung gestellter (finanzieller) Ressourcen versuchen dem zwar entgegenzusteuern, bewirken damit aber nicht zwangsläufig eine gesellschaftliche Einstellungsänderung und einen angemessenen gesellschaftlichen Umgang mit Beeinträchtigung. Es ist notwendig, dass sich die Gesellschaft in sozialen Diskursen einer kritischen Analyse unterzieht, um nicht nur den definierten und ratifizierten gesetzlichen Vorgaben Rechnung zu tragen, sondern auch ein diverses und vielfältiges Menschenbild zu etablieren (vgl. Wacker 2019, S. 14). Damit werden uneingeschränkte Menschenrechte und Teilhabe in allen gesellschaftlichen Lebensbereichen für alle Menschen apodiktisch.

7.4 Teilhabechancen

Die Teilhabechancen werden durch eine gelingende berufliche Qualifizierung erhöht, sind jedoch nicht alleine davon abhängig. Wie herausgestellt wurde, sind formal qualifizierende Bildungsabschlüsse für Menschen mit intellektueller Beeinträchtigung aufgrund der schulischen Perspektiven kaum zu erreichen (▶ Kap. 6). Hinzu kommt, dass individuelle Gegebenheiten nicht außer Acht gelassen werden dürfen, da der Personenkreis sehr heterogen ist und Leistungspotenziale sehr unterschiedlich ausgeprägt sein können. Behinderungsspezifische Besonderheiten sollten nicht negiert werden, damit ein bedarfsgerechtes und bedürfnisorientiertes Handeln möglich bleibt. Dennoch darf eine Person nicht zusätzlich noch in ihrer Teilhabe und Partizipation an Arbeit und Beruf eingegrenzt werden, nur weil keine entsprechende Qualifizierung zu erreichen ist respektive vorliegt. Die Beschäftigung in einer WfbM sollte dabei nicht als obligatorisch und alternativlos gelten, denn insbesondere die gesetzlichen Regelungen und die damit verbundenen Möglichkeiten im Rahmen des Bundesteilhabegesetzes (BTHG) bringen eine Erweiterung und Flexibilisierung von Angeboten mit sich (vgl. Maaß et al. 2023, S. 265).

Mit der Initiative Inklusion hat die Bundesregierung ein Förderprogramm auf den Weg gebracht mit dem Ziel, im Förderzeitraum 2011 bis 2018 durch zusätzliche finanzielle Mittel (insgesamt 140 Millionen Euro) Menschen mit anerkannter Schwerbehinderung in reguläre Arbeitsverhältnisse zu vermitteln (vgl. BMAS 2021, S. 295). »Das Programm förderte die Teilhabe schwerbehinderter Menschen am Arbeitsleben in vier Handlungsfeldern:

- Berufsorientierung schwerbehinderter Schülerinnen und Schüler
- Betriebliche Ausbildung schwerbehinderter Jugendlicher in anerkannten Ausbildungsberufen
- Arbeitsplätze für ältere (über 50-Jährige) arbeitslose oder arbeitsuchende schwerbehinderte Menschen

- Implementierung von Inklusionskompetenz bei Kammern« (ebd.)

Grundlegend hat sich die Beschäftigungssituation von Menschen mit Beeinträchtigung seit der Ratifizierung der UN-BRK in Deutschland verbessert, und auch die Unternehmen zeigen sich zunehmend interessiert und engagiert (wenngleich nicht auszuschließen ist, dass dies durch die gesetzlichen Reglementierungen und Vorgaben beeinflusst wird). Dies ist eine durchaus positive und begrüßenswerte Entwicklung, die jedoch nicht bedeutet, dass wir einen inklusiven Arbeitsmarkt hätten. Mitnichten, denn noch immer beschäftigen ca. 40.000 Unternehmen keine einzige Person mit Beeinträchtigung, die Erwerbs- und Arbeitslosenquote sowie der Anteil an Langzeitarbeitslosigkeit sind vergleichsweise auf hohem Niveau und die wirtschaftliche Situation des Personenkreises zum Teil prekär (vgl. Deutsches Institut für Menschenrechte 2023). Um die beruflichen Teilhabechancen im Sinne der UN-BRK zu verbessern, sind für Deutschland gesetzliche Regelungen (▶ Abschnitt 7.2) getroffen worden, die u. a. sozialrechtliche Maßnahmen zur beruflichen Rehabilitation beinhalten. Das sind Leistungen zur Teilhabe am Arbeitsleben nach SGB IX, die in Zuständigkeit von Reha-Trägern (z. B. Bundesagentur für Arbeit, Unfall- oder Rentenversicherung, Eingliederungshilfe) und Integrations- bzw. Inklusionsämtern u. a. auf die Berufsvorbereitung, Ausbildung und Weiterbildung, Arbeitsassistenz, Förderung einer Existenzgründung oder Beschäftigung in einer WfbM ausgerichtet sind. Konkret gibt es als berufliche Reha-Leistungen beispielsweise

- Hilfen, um einen Arbeitsplatz zu bekommen oder zu behalten (z. B. durch technische Hilfen, Finanzierung eines nötigen Umzugs oder Arbeitsassistenz);
- Berufsvorbereitung einschließlich einer behinderungsbedingten Grundausbildung (z. B. spezielle Kurse für gehörlose oder blinde Menschen zum Erlernen der Braille-Schrift und dem Umgang mit nötigen Hilfsmitteln bzw. der Gebärdensprache oder Kommunikationsgeräten);
- Berufliche Bildung, wie betriebliche Qualifizierung, Ausbildung, Weiterbildung (z. B. im Rahmen des Budgets für Ausbildung oder unterstützter Beschäftigung);
- Leistungen in WfbM oder bei anderen Leistungsanbietern;
- Übernahme weiterer Kosten im Zusammenhang mit Maßnahmen (z. B. Lehrgangsgebühren, Arbeitskleidung, Unterkunft und Verpflegung);
- Zuschüsse an Betriebe, die Menschen mit Beeinträchtigung beschäftigen (z. B. durch das Budget für Arbeit) (vgl. betanet 2023).

7.4.1 Unterstützte Beschäftigung (SGB IX § 55)

Insbesondere das personenzentrierte Konzept der Unterstützten Beschäftigung (Supported Employment) stellt für Menschen mit intellektueller Beeinträchtigung eine konkrete Teilhabechance dar. Das Konzept zielt darauf ab, ein reguläres und bezahltes Arbeitsverhältnis für Menschen mit Beeinträchtigung in Unternehmen des allgemeinen Arbeitsmarktes durch die Etablierung entsprechender Rahmenbedingungen zu realisieren, selbst wenn daraus kein sozialversicherungspflichtiges

Arbeitsverhältnis entstehen kann (vgl. BAG UB 2023). Es umfasst eine individuelle betriebliche Qualifizierung[26] und bei Bedarf Berufsbegleitung[27] (SGB IX § 55).

> »Kerninhalte von Unterstützter Beschäftigung sind die persönliche Berufs- bzw. Zukunftsplanung, die Erarbeitung eines individuellen Fähigkeitsprofils, die Arbeitsplatzakquisition, die Arbeitsplatzanalyse und Anpassung des Arbeitsplatzes, die Qualifizierung im Betrieb (Job Coaching) sowie die Sicherung des Arbeitsverhältnisses durch die kontinuierliche Unterstützung der Arbeitgeber/in und unterstützten Arbeitnehmer/in bei auftretenden Fragen oder Problemen im weiteren Verlauf der Beschäftigung« (BAG UB 2023).

7.4.2 Budget für Arbeit (SGB IX § 61)

Mit dem Budget für Arbeit (BfA) soll es Menschen, die in einer WfbM arbeiten, ermöglicht werden, in ein sozialversicherungspflichtiges Arbeitsverhältnis zu wechseln. Damit erhöhen sich die Teilhabechancen auf dem allgemeinen Arbeitsmarkt und es erfolgt eine Stärkung des Wunsch- und Wahlrechts von Menschen mit (intellektueller) Beeinträchtigung. Zudem besteht nunmehr ein förderungsrechtlich dauerhafter Anspruch auf Lohnkostenförderung und Assistenzleistungen (vgl. Seeger 2023, S. 280f.), wodurch für die Arbeitgebenden ebenfalls ein finanzieller Anreiz geschaffen wird (vgl. SGB IX § 61, Abs. 2). Grundsätzlich ist das BfA eine gut konzipierte Grundlage, um den Übergang von der WfbM in den allgemeinen Arbeitsmarkt positiv gestalten zu können. Dennoch zeigt sich aktuell keine sonderliche Veränderung hinsichtlich der Inklusionsquote (vgl. Seeger 2023, S. 281).

7.4.3 Best-Practice-Beispiele

Es folgt exemplarisch eine Auswahl an Best-Practice-Beispielen, die innovative Handlungsmöglichkeiten bieten und das Potenzial haben, sozialraumorientierte, regionale Teilhabestrukturen zu verbessern.

---

26 Leistungen zur individuellen betrieblichen Qualifizierung erhalten Menschen mit Behinderungen insbesondere, um sie für geeignete betriebliche Tätigkeiten zu erproben, auf ein sozialversicherungspflichtiges Beschäftigungsverhältnis vorzubereiten und bei der Einarbeitung und Qualifizierung auf einem betrieblichen Arbeitsplatz zu unterstützen. Die Leistungen umfassen auch die Vermittlung von berufsübergreifenden Lerninhalten und Schlüsselqualifikationen sowie die Weiterentwicklung der Persönlichkeit der Menschen mit Behinderungen. (...) (SGB IX § 55, Abs. 2).

27 Leistungen der Berufsbegleitung erhalten Menschen mit Behinderungen insbesondere, um nach Begründung eines sozialversicherungspflichtigen Beschäftigungsverhältnisses die zu dessen Stabilisierung erforderliche Unterstützung und Krisenintervention zu gewährleisten. (...) (SGB IX § 55, Abs. 3).

Hamburger Arbeitsassistenz

Vorstellung

- seit 1992: Fachdienst zur Förderung eines inklusiven Arbeitsmarktes

Zielsetzungen/Leitbild

- Umsetzung gleichberechtigter Teilhabe am Arbeitsleben
- Konzept der Unterstützten Beschäftigung (Supported employment)
- Selbstbestimmung stärken

Arbeitsweise/-struktur

- Beratung
- Unterstützung und Begleitung
- Ausbildungsvorbereitung
- Übergang Schule – Beruf
- Berufliche Orientierung
- Qualifizierung am Arbeitsplatz
- Berufsbegleitung/-assistenz
- Sozialraumorientierung
- Interne Fortbildung von Experten für Arbeit (Peer-Konzept) – Erfahrungsweitergabe an SuS

InkA Wetterau (Inklusive Arbeit Wetterau gGmbH)

Vorstellung

- seit 2017: Dienst zur betrieblichen Inklusion

Zielsetzungen/Leitbild

- Betriebliche Inklusion im Wetteraukreis

Arbeitsweise/-struktur

- Personenzentrierte Beratung
- Wunsch und Wahlrecht potentieller Arbeitnehmer*innen im Fokus
- Sozialraumorientierung
- Unterstützung Übergang Schule – Beruf
- Beratung bzgl. Persönliches Budget
- Beratung für Arbeitgeber, Angehörige, Institutionen
- Netzwerkarbeit

Inklusa gGmbH

Vorstellung

- Inklusionsbetriebe und Beratung – lebenslange Unterstützung für mehr Teilhabe und Inklusion

Zielsetzungen/Leitbild

7 Arbeit und Beruf

Inklusa gGmbH

- Akquise von Arbeits- oder Beschäftigungsplätzen auf dem allgemeinen Arbeitsmarkt
- Begleitung & Unterstützung bei der Integration im Betrieb
- Ergänzende Unabhängige Teilhabe Beratung (EUTB)

Arbeitsweise/-struktur

- Kontaktherstellung
- Beratung und Information bzgl. Beschäftigungsmöglichkeiten
- Praktika zur betrieblichen Eingliederung
- Konzept zur Eingliederung & Qualifizierungsmethode
- Übergang Schule – Beruf
- Erwachsene mit voller/teilweiser Erwerbsminderung & Unterstützungsbedarf

Fachdienst betriebliche Inklusion (Marburg-Biedenkopf) (Arbeit und Bildung e.V.)

Vorstellung

- Beratung & Begleitung

Zielsetzungen/Leitbild

- Betriebliche Eingliederung
- Feststellung von Kompetenzen, Interessen & Zukunftsideen
- Förderplanung und Erprobungsmöglichkeit
- Beratung bzgl. Qualifizierungsplatz oder Beschäftigungsmöglichkeit
- Begleitung der Einarbeitung, Besprechung von Abläufen etc.
- Sozialpädagogische Begleitung & psychosoziale Unterstützung
- Entlastung von Betrieben
- Begleitung

Arbeitsweise/-strukturen

- Kontakt zum Betrieb
- Kooperation und Vermittlung
- Beratung und Unterstützung

Fachdienst Betriebliche Inklusion (Bad Dürkheim)

Vorstellung

- seit März 2021

Zielsetzungen/Leitbild

- Begleitung & Unterstützung von Betrieben und Arbeitnehmern auf dem Weg zum allgemeinen Arbeitsmarkt

Arbeitsweise/-strukturen

- Beratung zur beruflichen Orientierung
- Entwicklung von Zukunftsperspektiven (Interessen & Talente)
- Information bzgl. Förderung und Anträgen
- Vermittlung von Arbeitsmöglichkeiten und Praktika

Fachdienst Betriebliche Inklusion (Bad Dürkheim)

- Vorbereitung auf Berufstätigkeit
- Qualifizierungsmaßnahmen
- Begleitung und Unterstützung der Betriebe bei Einstellung, Vermittlung, Qualifizierung
- Begleitung und Coaching
- Beratung & Training

Fachdienst betriebliche Inklusion Diakonie Gotha

Vorstellung

- ambulanter Fachdienst zur betrieblichen Inklusion

Zielsetzungen/Leitbild

- Verbesserung beruflicher Chancen
- Abbau bestehender Barrieren
- Vermittlung & nachhaltige Unterstützung
- Aufbau regionaler Netzwerke

Arbeitsweise/-strukturen

- Beratung und Unterstützung

7.5 Fazit

Für die ausgeführten gesetzlichen Maßnahmen und Programme, die von politischer Seite für die Förderung der Teilhabe und Inklusion von Menschen mit Beeinträchtigung (resp. Schwerstbehinderung) in den allgemeinen Arbeitsmarkt getroffen werden, sind Menschen mit intellektueller Beeinträchtigung zwar per definitionem anspruchsberechtigt, aber leider zeigen sich insbesondere für diese Beeinträchtigungsform vielfältige Faktoren, die hemmend wirken und die Teilhabechancen deutlich begrenzen. Individuelle behinderungsbedingte Einschränkungen der betreffenden Person, einstellungsbedingte Haltungen von Arbeitgebenden sowie insbesondere administrative und bürokratische Anforderungen in der Beantragung sind an dieser Stelle besonders zu betonen. Obwohl beispielsweise das Budget für Arbeit eine gut konzipierte Maßnahme darzustellen erscheint, verfehlt es seine Zielsetzung und die gewünschte Wirkung. Es wird kaum vom anspruchsberechtigten Personenkreis abgerufen und entfaltet somit nicht sein gänzliches Potenzial (vgl. Seeger 2023, S. 281; Maaß et al. 2023, S. 278). Hinzukommt, dass die zuvor ausgeführten Maßnahmen, insbesondere Menschen fokussieren, die im Laufe ihres Arbeitslebens eine Beeinträchtigung aufgrund eines Unfalls oder einer Erkrankung bekommen (haben). Sie fallen dann als qualifizierte Arbeitskraft aus, was für die Unternehmen und auch die Wirtschaft von Nachteil ist. Sollte keine Wiedereingliederung möglich sein, greifen Sozialleistungen wie z. B. Berufsunfähigkeitsrente, die in Summe aus volkswirtschaftlicher Perspektive keinen unbeträchtlichen Einfluss auf das Bruttoinlandsprodukt nehmen (vgl. Deuchert & Liebert 2013, S. 25). Obwohl große Potenziale bei Menschen mit intellektueller Beeinträchtigung zu finden sind und diese definitiv in vielerlei Hinsicht eine gesellschaftliche und unternehmerische Bereicherung sind, werden die Menschen dieses Personenkreises noch immer ausgegrenzt und unterliegen weitläufigen Vorurteilen. Seit einigen Jahren erleben wir in Deutschland eine gesellschaftspolitische Veränderung, die das Resultat aus Angst, Unwissenheit und Unsicherheit zu sein scheint. Einige politische Kräfte instrumentalisieren das für ihre eigene (teils menschenverachtende) Agenda. Kinder mit Beeinträchtigung werden unverhohlen als »Belastungsfaktor im Schulsystem« bezeichnet und Inklusion als »Ideologieprojekt« degradiert und abgelehnt (vgl. Kathe 2023); wohin solche Aussagen und Einstellungen führen können, sollten wir inzwischen aus der eigenen Geschichte gelernt haben. Auch dürfen ökonomische Interessen respektive eine wirtschaftlich schwierige Situation nicht dazu führen, dass im Sozialleistungssektor Streichungen und Einsparungen vorgenommen werden. Frei nach Gustav Heinemann gilt es mehr denn je, den Wert unserer Gesellschaft zu zeigen und einmal mehr für diejenigen einzustehen, die als die vermeintlich schwächsten Mitglieder angesehen werden.

Literatur

Aguayo-Krauthausen, R. (2023): Wer Inklusion will, findet einen Weg. Wer sie nicht will, findet Ausreden. Hamburg: Rowohlt Verlag.

Arnold, R., Gonon, P. & Müller, H.-J. (2016): Einführung in die Berufspädagogik. 2. Auflage. Opladen & Toronto: Verlag Barbara Budrich.

Arnold, R., Lipsmeier, A. & Ott, B. (1998): Berufspädagogik kompakt. Prüfungsvorbereitung auf den Punkt gebracht. Berlin: Cornelsen Verlag.

BAG UB (2023): Unterstützte Beschäftigung – Konzept und Überblick. Online verfügbar unter: https://www.bag-ub.de/seite/428591/konzept-und-%C3%BCberblick.html, Zugriff: 30.11.2023.

betanet (2023): Berufliche Reha > Leistungen. Online verfügbar unter: https://www.betanet.de/berufliche-reha-leistungen.html, Zugriff: 01.12.2023.

BMAS (2018): Bekanntmachung Förderrichtlinie für das Bundesprogramm »Innovative Wege zur Teilhabe am Arbeitsleben – rehapro« zur Umsetzung von § 11 des Neunten Buches Sozialgesetzbuch. Online verfügbar unter: https://www.modellvorhaben-rehapro.de/SharedDocs/Downloads/DE/Bundesprogramm_rehapro_Foerderrichtlinie.pdf?__blob=publicationFile&v=4, letzter Zugriff: 14.11.2023

BMAS (2021): Dritter Teilhabebericht der Bundesregierung über die Lebenslagen von Menschen mit Beeinträchtigungen. Teilhabe – Beeinträchtigung – Behinderung. Online verfügbar unter: https://www.bmas.de/SharedDocs/Downloads/DE/Publikationen/a125-21-teilhabebericht.pdf?__blob=publicationFile&v=7, letzter Zugriff: 28.11.2023.

BMAS (2023): Leistungen nach dem SGB IX. Online verfügbar unter: https://www.bmas.de/DE/Soziales/Teilhabe-und-Inklusion/Politik-fuer-Menschen-mit-Behinderungen/Leistungen-nach-dem-SGB-IX/leistungen-nach-dem-sgb-ix.html, letzter Zugriff: 27.11.2023

BMAS (2023a): Bundesteilhabegesetz. Online verfügbar unter: https://www.bmas.de/DE/Soziales/Teilhabe-und-Inklusion/Rehabilitation-und-Teilhabe/Bundesteilhabegesetz/bundesteilhabegesetz.html, letzter Zugriff: 14.11.2023

BMAS (2023b): Gesetz zur Förderung eines inklusiven Arbeitsmarkts. online verfügbar unter: https://www.bmas.de/DE/Service/Gesetze-und-Gesetzesvorhaben/gesetz-zur-foerderung-eines-inklusiven-arbeitsmarktes.html, letzter Zugriff: 23.11.2023

Bundesagentur für Arbeit (2023a): Berichte: Blickpunkt Arbeitsmarkt – Arbeitsmarktsituation schwerbehinderter Menschen 2022. Online verfügbar unter: https://statistik.arbeitsagentur.de/DE/Statischer-Content/Statistiken/Themen-im-Fokus/Menschen-mit-Behinderungen/generische-Publikation/Arbeitsmarktsituation-schwerbehinderter-Menschen-2022.pdf?__blob=publicationFile, letzter Zugriff: 15.11.2023

Bundesagentur für Arbeit (2023b): Grundlagen: Methodenbericht – Neugestaltung der Beschäftigungsstatistik schwerbehinderter Menschen (Anzeigeverfahren SGB IX). Online verfügbar unter: https://statistik.arbeitsagentur.de/DE/Statischer-Content/Grundlagen/Methodik-Qualitaet/Methodenberichte/Beschaeftigungsstatistik/Generische-Publikationen/Methodenbericht-Neugestaltung-BST-schwerbehinderter-Menschen-Anzeigeverfahren-SGB-IX.pdf?__blob=publicationFile, letzter Zugriff: 15.11.2023

Bundesvereinigung Lebenshilfe (Hrsg., 2015): Teilhabe durch Arbeit. Ergänzbares Handbuch zur beruflichen Teilhabe von Menschen mit Behinderung. Marburg: Lebenshilfe-Verlag.

Bundesvereinigung Lebenshilfe (2023): Welches Geld bekomme ich, wenn ich in einer Werkstatt (WfbM) beschäftigt bin? Online verfügbar unter: https://www.lebenshilfe.de/informieren/arbeiten/wie-viel-geld-bekommen-beschaeftigte-in-wfbm, letzter Zugriff: 24.11.2023.

Deuchert, E. & Liebert, H. (2013): Unterschiedliche Politikansätze zur Arbeitsmarkt-Integration von Menschen mit Behinderung: Eine volkswirtschaftliche Perspektive. In: Böhm, S. A., Baumgärtner, M. K. & Dwertmann, D. J. G. (Hrsg.): Berufliche Inklusion von Menschen mit Behinderung. Best Practices aus dem ersten Arbeitsmarkt. Berlin: Springer-Verlag, S. 23–43.

Destatis (2022): Schwerbehinderte Menschen am Jahresende. Online verfügbar unter: https://www.destatis.de/DE/Themen/Gesellschaft-Umwelt/Gesundheit/Behinderte-Menschen/Tabellen/geschlecht-behinderung.html letzter Zugriff: 15.11.2023

Deutsches Institut für Menschenrechte (2023): Rechte von Menschen mit Behinderungen. Arbeit. Online verfügbar unter: https://www.institut-fuer-menschenrechte.de/themen/rechte-von-menschen-mit-behinderungen/arbeit, letzter Zugriff: 30.11.2023.

Ebert, H. & Eck, R. (2017): Berufsvorbereitung und Inklusion. In: Fischer, E. & Ratz, C. (Hrsg.): Inklusion – Chancen und Herausforderungen für Menschen mit geistiger Behinderung. Weinheim: Beltz Juventa, S. 263–283.

Europäische Kommission (o. J.): Beschäftigung, Soziales und Integration. Inklusive Arbeitsmärkte. Online verfügbar unter: https://ec.europa.eu/social/main.jsp?catId=1134&langId=de, letzter Zugriff: 28.11.2023

Felder, F. (2016): Anerkennung. In: Hedderich, I. et al. (Hrsg.): Handbuch Inklusion und Sonderpädagogik. Bad Heilbrunn: Verlag Julius Klinkhardt, S. 96–101.

Fornefeld, B. (2008): Menschen mit Komplexer Behinderung – Klärung des Begriffs. In: Fornefeld, B. (Hrsg.): Menschen mit Komplexer Behinderung. Selbstverständnis und Aufgaben der Behindertenpädagogik. München: Ernst Reinhardt Verlag, S. 50–81.

Hahn, M. Th. (1994): Selbstbestimmung im Leben, auch für Menschen mit geistiger Behinderung. In: Geistige Behinderung 33 (2), S. 81–94.

Heisig, J. P., König, C. & Solga, H. (2022a): Arbeit und Beschäftigung. In: BMAS (Hrsg.): Abschlussbericht Repräsentativbefragung zur Teilhabe von Menschen mit Behinderung, S. 149–164. Online verfügbar unter: https://www.bmas.de/SharedDocs/Downloads/DE/Publikationen/Forschungsberichte/fb-598-abschlussbericht-repraesentativumfrage-teilhabe.pdf?__blob=publicationFile&v=5, letzter Zugriff: 24.11.2023.

Heisig, J. P., König, C. & Solga, H. (2022b): Ökonomische Situation und materielle Sicherheit. In: BMAS (Hrsg.): Abschlussbericht Repräsentativbefragung zur Teilhabe von Menschen mit Behinderung, S. 165–175. Online verfügbar unter: https://www.bmas.de/SharedDocs/Downloads/DE/Publikationen/Forschungsberichte/fb-598-abschlussbericht-repraesentativumfrage-teilhabe.pdf?__blob=publicationFile&v=5, letzter Zugriff: 24.11.2023.

Hiesinger, K. & Kubis, A. (2022): Beschäftigung von Menschen mit Schwerbehinderungen. Betrieben liegen oftmals zu wenige passende Bewerbungen vor. Online verfügbar unter: https://doku.iab.de/kurzber/2022/kb2022-11.pdf, letzter Zugriff: 17.11.2023.

Kathe, S. (2023): Höcke empört im Sommerinterview mit Aussagen über Kinder mit Behinderungen. In: Frankfurter Rundschau. Online verfügbar unter: https://www.fr.de/politik/news-hoecke-afd-inklusion-empoert-sommerinterview-aussagen-kinder-mit-behinderungen-zr-92451868.html letzter Zugriff: 04.12.2023.

Kulig, W. & Theunissen, G. (2006): Selbstbestimmung und Empowerment. In: Wüllenweber, E., Theunissen, G. & Mühl, H. (Hrsg.): Pädagogik bei geistigen Behinderungen. Ein Handbuch für Studium und Praxis. Stuttgart: Kohlhammer, S. 237–250.

Lichter, J. (2022): Inklusionsbarometer Arbeit. Ein Instrument zur Messung von Fortschritten bei der Inklusion von Menschen mit Behinderung auf dem deutschen Arbeitsmarkt. Online verfügbar unter: https://aktion-mensch.stylelabs.cloud/api/public/content/aktion-mensch-inklusionsbarometer-arbeit-2022.pdf?v=1c96bb3b, letzter Zugriff: 22.11.2023.

Maaß, S. et al. (2023): Teilhabe am Arbeitsleben durch Andere Leistungsanbieter. In: Schachler, V., Schlummer, W. & Weber, R. (Hrsg.): Zukunft der Werkstätten. Perspektiven für und von Menschen mit Behinderung zwischen Teilhabe-Auftrag und Mindestlohn. Bad Heilbrunn: Verlag Julius Klinkhardt, S. 265–279.

Opaschowski, H. W. (2008): Einführung in die Freizeitwissenschaft. 5. Auflage. Wiesbaden: VS Verlag für Sozialwissenschaften.

Rohrmann, A. (2016): Lokale und kommunale Teilhabeplanung. In: Beck, I. (Hrsg.): Inklusion im Gemeinwesen. Stuttgart: W. Kohlhammer, S. 145–183.

Seeger, A. (2023): Budget für Arbeit – Zauberformel für Inklusion? In: Schachler, V., Schlummer, W. & Weber, R. (Hrsg.): Zukunft der Werkstätten. Perspektiven für und von Menschen mit Behinderung zwischen Teilhabe-Auftrag und Mindestlohn. Bad Heilbrunn: Verlag Julius Klinkhardt, S. 280–293.

Speck, Otto (2018): Menschen mit geistiger Behinderung. Ein Lehrbuch zur Erziehung und Bildung, 13. Auflage. München: Ernst Reinhardt Verlag.

Statistisches Bundesamt (2023): Sozialhilfe. Online verfügbar unter: https://www.destatis.de/DE/Themen/Gesellschaft-Umwelt/Soziales/Sozialhilfe/eingliederungshilfe.html, letzter Zugriff: 30.11.2023.

Stöppler, R. & Schuck, H. (2011): Berufliche Bildung bei Menschen mit geistiger Behinderung. Auf dem Weg zur beruflichen Integration/Inklusion!? In: bwp@ Spezial 5 – Hochschultage Berufliche Bildung 2011, Fachtagung 02, hrsg. v. Friese, M. / Benner, I., S. 1–27. Online verfügbar unter: http://www.bwpat.de/ht2011/ft02/stoeppler_schuck_ft02-ht2011.pdf, letzter Zugriff: 24.11.2023.

Teismann, M. (2023): Spannungsfeld Teilhabe – Möglichkeitsräume im Kontext der WfbM. In: Schachler, V., Schlummer, W. & Weber, R. (Hrsg.): Zukunft der Werkstätten. Perspektiven für und von Menschen mit Behinderung zwischen Teilhabe-Auftrag und Mindestlohn. Bad Heilbrunn: Verlag Julius Klinkhardt, S. 122–134.

Verdi (2023): Gesetz zur Förderung eines inklusiven Arbeitsmarktes. Neues Gesetz bringt neue Chancen. Online verfügbar unter: https://arbeitsmarkt-und-sozialpolitik.verdi.de/++file++64ad4d6281678c2817413b45/download/_sopoaktuell%20Nr%20349%20-%20inklusiver%20Arbeitsmarkt.pdf, letzter Zugriff: 24.11.2023

Wacker, E. (2019): Leben in Zusammenhängen. Behinderung erfassen und Teilhabe messen. In: Bundeszentrale für politische Bildung (Hrsg.): Aus Politik und Zeitgeschichte. Menschen mit Behinderungen, 69 (6–7). Mörfelden-Walldorf: Frankfurter Societäts-Druckerei GmbH, S. 12–18.

Windisch, M. (2023): Sonderwelten behindern Inklusion. In: Schachler, V., Schlummer, W. & Weber, R. (Hrsg.): Zukunft der Werkstätten. Perspektiven für und von Menschen mit Behinderung zwischen Teilhabe-Auftrag und Mindestlohn. Bad Heilbrunn: Verlag Julius Klinkhardt, S. 38–52.

8 Wohnen

Simon Orlandt

»Das ›Wohnen‹ von Menschen mit geistiger Behinderung wird heute von ihren Ansprüchen und Rechten her gedacht. […] Doch schaut man genauer hin, wie Menschen mit geistiger Behinderung heute wohnen, wird deutlich, dass diese Ansprüche erst für eine kleine Gruppe eingelöst sind« (Fornefeld 2020, S. 179).

Ein Mitglied dieser ›privilegierten‹ kleinen Gruppe ist die Bewohnerin mit intellektueller Beeinträchtigung einer inklusiven WG, die ihre Wohnsituation mit folgenden Worten beschreibt: »Wollt lieber hier Wohnen; lieber als mit den alten Eltern.« Aus diesen Worten geht Reflexionsfähigkeit und Selbstbestimmung hervor. Die Aussage der jungen Frau, die anonym bleiben möchte, lässt auf ein Musterbeispiel gelungener Inklusion und Teilhabe des Wohnens bei intellektueller Beeinträchtigung schließen; der Fall gar auf ein sogenanntes Best-Practice-Beispiel. Doch obwohl diese Geschichte als ›Happy End‹ bezeichnet werden kann – sowohl für die junge Frau als auch für die Geistigbehindertenpädagogik –, drängen sich im Hinblick auf das einleitende Zitat nach Fornefeld (2020, S. 179) einige wichtige Fragen zur Wohnsituation von erwachsenen Menschen mit intellektueller Beeinträchtigung auf, die im Laufe dieses Kapitels erörtert werden.

8.1 Bedeutung

Wohnen nimmt seit jeher einen besonderen Stellenwert in der Personifizierung des Menschen ein, indem die Art und Weise des Wohnens zu »[…] Lebensqualität, Wohlergehen und Zufriedenheit […]« (BMFSFJ 2019, S. 8) beiträgt. Nach Stöppler (2017) ist Wohnen »[…] ein zentrales Grundbedürfnis des Menschen« (ebd., S. 143). Dementsprechend hegen alle Individuen gleichermaßen den Wunsch nach der Befriedigung des Wohn- bzw. Grundbedürfnisses (vgl. Purkarthofer & Friehs 2022, S. 49 ff.) – ob mit oder ohne Beeinträchtigung. Obwohl sich die Wohnbedürfnisse mit zunehmendem Alter in unterschiedlichen Lebenslagen verändern können (vgl. Haveman & Stöppler 2010, S. 136 f.), sind und bleiben diese »[…] existenzieller Natur und zugleich Auslöser für aktives Handeln« (Purkarthofer & Friehs 2022, S. 51). Der Begriff *Wohnen* greift dementsprechend schon fast zu kurz. Wie Dörner (2010) bemerkt, scheint die Bezeichnung *Leben* darüber hinauszuwachsen, wie der prägnante Werbeslogan des Einrichtungshauses IKEA andeutet (vgl. ebd., S. 97), der weitestgehend bekannt sein dürfte und aufgrund der literarischen Verwendungssättigung an dieser Stelle nicht erneut aufgeführt wird. Dennoch kann diesem eine wichtige Botschaft entnommen werden: Selbstbestimmte Entscheidungsfreiheit (Autonomie) kann zur positiven Veränderung der individuellen Wohn- und Lebenssituation beitragen. Unter eben diesem Aspekt zeichnet sich allerdings bei Menschen mit intellektueller Beeinträchtigung hingegen ein vollkommen divergentes Bild ab: »An ihre Stelle tritt dann oft massive Fremdbestimmung, welche die Entfaltung von Autonomie zusätzlich erschwert oder unmöglich macht« (Hahn 2008, S. 17). Dies manifestierte sich, insbesondere im Kontext des Wohnens bei intellektueller Beeinträchtigung, durch eine kollektive Abschiebung und Verwahrung in separierende Wohnanstalten (vgl. Stöppler 2017, S. 70 ff.), wodurch Betroffene vielmehr ihrer Wohn- und Lebenssituation ausgesetzt waren. Diese systematische Abhängigkeit hat sich im Laufe der Zeit durch gesetzliche Reformen verändert, und mit ihnen das Angebot sowie die Bedeutung an unterschiedlichen Wohnformen[28] für Menschen mit (intellektueller) Beeinträchtigung, die in folgender Tabelle 8.1 als Übersicht darstellt werden:

Tab. 8.1: Übersicht unterschiedlicher Wohnformen (in Anlehnung an Stöppler 2017, S. 146 ff. und Fornefeld 2020, S. 180)

Stationär betreute Wohnformen	
Eigenschaft	Die Unterbringung, Versorgung und Pflege von Bewohner*innen stationärer Wohnformen erfolgt vollstationär (Tag und Nacht) oder teilstationär (tagsüber oder nachts) (vgl. BMAS 2019a).
Mögliche Ausprägungsformen	Einzel- oder Gruppenwohnungen, Wohnstätten im weitesten Sinne, Probe- bzw. Trainingswohnen oder Wohnhäuser (vgl. BMAS 2019a; vgl. Stöppler 2017, S. 146 f.).
Inanspruchnahme	Laut Bundesarbeitsgemeinschaft der überörtlichen Träger der Sozialhilfe und der Eingliederungshilfe (BAGüS) lebten im Jahre 2021 in der Bundesrepublik 194.565 Menschen in so genannten besonderen Wohnformen (bis 2019 stationäres Wohnen) (vgl. BAGüS 2023, S. 13). »Fast zwei Drittel der Menschen, die in einer besonderen Wohnform leben, sind Personen mit einer geistigen Behinderung (64,4 %) [...]« (BAGüS 2023, S. 6).

---

28 Weiterführender Hinweis: Unter dem Aspekt der Leistungserbringung unterscheidet der Gesetzgeber seit dem 01.01.2020 – mit dem Inkrafttreten der dritten Reformstufe des Bundesteilhabegesetzes (BTHG) – nicht mehr zwischen stationärer und ambulanter Wohnform, da die Hilfe fortan personenzentriert und wohnformungebunden erbracht wird (vgl. Kruse & Tenbergen 2019, S. 1; vgl. LWL o.J.). »Statt als stationäre und ambulante Wohnhilfen werden die Leistungen nun als Assistenzleistungen in und außerhalb besonderer Wohnformen benannt« (BAGüS 2023, S. 5) und statistisch erfasst. Innerhalb besonderer Wohnformen bezieht sich das auf ehemals stationäre Wohnformen, und außerhalb besonderer Wohnformen demnach auf ehemals ambulante Wohnformen. Die Existenz der aufgeführten Wohnformen bleibt dennoch nach wie vor unberührt und prägt das Bild der gegenwärtigen Wohnlandschaft der Bundesrepublik.

Tab. 8.1: Übersicht unterschiedlicher Wohnformen (in Anlehnung an Stöppler 2017, S. 146 ff. und Fornefeld 2020, S. 180) – Fortsetzung

Projekt/Best-Practice-Beispiel	Die besondere Wohnform St. Vitus in Gießen bietet »[…] verschiedene Wohnformen für volljährige Menschen mit einer geistigen Behinderung an« (Caritasverband Gießen e.V. o.J.). Ein besonderer Aspekt von St. Vitus liegt auf der Förderung der gesellschaftlichen Teilhabe sowie einer möglichst selbstständigen und selbstbestimmten Lebensführung (vgl. ebd.). Der »[…] Wohnbereich St. Vitus ist eine Besondere Wohnform der Behindertenhilfe im Pflege- und Förderzentrum St. Anna, in der 12 Menschen mit einer geistigen Behinderung mit einem erhöhten Hilfe- und Pflegebedarf leben« (ebd.). Das Angebot richtet sich vornehmlich an Menschen, mit einer schweren Ausprägung der intellektuellen Beeinträchtigung, »[…] welche nicht mehr in der elterlichen oder eigenen Wohnung leben können« (ebd.).
Ambulant betreute Wohnformen	
Eigenschaft	Im Rahmen des ambulant betreuten Wohnens erhalten Menschen mit Beeinträchtigung die Möglichkeit einer selbstbestimmten Lebensführung in individuell ausgewählten Wohnformen (vgl. Aktion Mensch 2022). Um der selbstbestimmten, individuellen Lebensführung gerecht zu werden, können Bewohner*innen im Bedarfsfall Hilfe und Unterstützung erhalten (vgl. ebd.).
Mögliche Ausprägungsformen	Einzel- oder Paarwohnungen, Eltern-Kind-Wohnen, Wohngemeinschaften (vgl. BMAS 2019a; vgl. Stöppler 2017, S. 147).
Inanspruchnahme	Im Jahre 2021 erhielten laut BAGüS 256.785 Menschen Assistenzleistungen außerhalb besonderer Wohnformen (bis 2019 ambulant betreute Wohnformen) (vgl. BAGüS 2023, S. 19), wobei 22,6 % die Personengruppe Menschen mit intellektueller Beeinträchtigung darstellten (vgl. BAGüS 2023, S. 6).
Projekt /Best-Practice-Beispiel	Das Projekt *Wohnen im Quartier* ist »[…] ein barrierefreies Wohnungsbauvorhaben mit 37 Wohneinheiten, in dem auch Menschen mit Unterstützungs- und Pflegebedarf leben können. Durch die Kooperation mit einem ambulanten Pflegedienst können die Bewohner*innen auch bei hohem Pflege- und Unterstützungsbedarf versorgt werden und im angestammten Stadtteil [Trier-Nord] leben bleiben« (BMFSFJ o.J.).
Familiär betreute Wohnformen	
Eigenschaft	Die Unterbringung, Versorgung und Pflege von erwachsenen Menschen mit Beeinträchtigung erfolgt meist in der Herkunftsfamilie[29] oder bei Menschen, die in einem engen Verwandtschaftsverhältnis mit den Betroffenen stehen (vgl. BMAS 2021, S. 67 f.). Die Care-Tätigkeit wird meist ausschließlich von Menschen in dem Verwandtschaftsverbund oder in Kombination mit ambulanten Pflegediensten übernommen (vgl. Reich & Schäfers 2021, S. 100).

---

29 Eine Wohnform, die hier im weitesten Sinne unter der Definition von »Familie« aufgeführt werden kann, sind Pflegefamilien mitsamt der Übernahme der Care-Tätigkeit durch ebendiese. Aufgrund der geringen Zahl der Inanspruchnahme der Leistungen – lediglich ca. 3.154 erwachsene Menschen nehmen Leistungen in Pflegefamilien in Anspruch (vgl. BAGüS 2023, S. 6) – sollen diese an dieser Stelle gesondert zu Informationszwecken aufgeführt werden, aber weniger im Mittelpunkt der Betrachtung stehen.

Tab. 8.1: Übersicht unterschiedlicher Wohnformen (in Anlehnung an Stöppler 2017, S. 146 ff. und Fornefeld 2020, S. 180) – Fortsetzung

Mögliche Ausprägungsformen	siehe Eigenschaft
Inanspruchnahme	Nach Angaben des dritten Teilhabeberichtes der Bundesregierung über die Lebenslagen von Menschen mit Beeinträchtigungen leben ca. 329.000 erwachsene Menschen mit Beeinträchtigung im Haushalt ihrer Eltern (vgl. BMAS 2021, S. 66). Ein Großteil davon sind Menschen mit intellektueller und schwerer körperlicher Beeinträchtigung (vgl. ebd., S. 117). Obwohl exakte zielgruppenspezifische Angaben aufgrund fehlender Datenlage nicht getätigt werden können, beziffert Aktion Mensch (2023) den Umfang auf rund 60 % der erwachsenen Menschen mit intellektueller Beeinträchtigung oder Lernschwierigkeiten, die bei ihrer Familie leben (vgl. Aktion Mensch 2023).
Projekt/Best-Practice-Beispiel	Ziel des Modellprojektes *Nicos Farm e.V.* in Amelinghausen, 65 Kilometer südlich von Hamburg, ist es, »[…] Familien mit behinderten Kindern das Leben durch die Gemeinschaft zu erleichtern und einen Ort zu schaffen, an dem die Kinder auch im Erwachsenenalter bleiben und nach ihren Möglichkeiten wirken können« (Nicos Farm o.J., S. 1). Beweggründe für das Projekt sind die vielfältigen besonderen Herausforderungen der Eltern von Kindern mit Beeinträchtigung, die durch die Betreuung und Care-Tätigkeit entstehen und gegebenenfalls zu sozioökonomischen sowie psychischen Belastungen führen können, insbesondere im fortgeschrittenen Alter (vgl. ebd., S. 2). Im Rahmen des Projektes soll für Familien mit Kindern mit Beeinträchtigung ein gemeinsamer Lebensraum entstehen, »in dem die Gemeinschaft dafür sorgt, dass sich keiner alleingelassen fühlt und Eltern […] nicht unter dem Druck des Alltags und ihren Zukunftsängsten zerbrechen« (ebd., S. 1). Durch die Gemeinschaft und gegenseitige Unterstützung soll vorgebeugt werden, dass erwachsene Personen mit Beeinträchtigung, im Falle altersgemäßer Überlastung der Betreuung durch die Eltern, nicht in einem Pflegeheim leben müssen (vgl. ebd., S. 2).
Innovative Wohnformen	
Eigenschaft	Unter dem Begriff ›innovativ‹ sind Wohnformen zu klassifizieren, die aufgrund ihrer einzigartigen Charakteristik inklusiv sind, indem Menschen mit und ohne Beeinträchtigung zusammen unter einem Dach wohnen. Dabei stehen vor allem die Aspekte Selbstbestimmung und Partizipation von Menschen mit Beeinträchtigung im Fokus, indem diese ein gleichberechtigtes Mitglied der Wohngemeinschaft darstellen.
Mögliche Ausprägungsformen	Wohngemeinschaften (WG) oder nachbarschaftliche Wohnformen.

Tab. 8.1: Übersicht unterschiedlicher Wohnformen (in Anlehnung an Stöppler 2017, S. 146 ff. und Fornefeld 2020, S. 180) – Fortsetzung

Inanspruchnahme	keine Angaben möglich
Projekt/Best-Practice-Beispiel	»Die inklusive WG ›6plus4‹ ist eine selbst organisierte Wohngemeinschaft in Dresden, in der sechs Menschen mit Behinderung und vier Menschen ohne Behinderung zusammenleben. Entstanden ist die WG durch das Engagement der Bewohner*innen und von Eltern, die sich als gesetzliche Betreuer*innen dafür eingesetzt hatten, den Wunsch des inklusiven Wohnens zu verwirklichen. Im Herbst 2017 konnte die WG nach vier Jahren Vorbereitungszeit in ihre neu gebauten Räumlichkeiten einziehen. ›6plus4‹ war damit die erste selbstverwaltete WG in Sachsen. Die Wohngemeinschaft wird von keinem Träger, sondern von den Eltern und Bewohner*innen selbst getragen. Sie haben sich als Auftraggebergemeinschaft zusammengeschlossen und führen darüber die Geschäfte der WG« (Aktion Mensch o. J.). Die oben aufgeführte WG »[…]« ist Mitglied bei WOHN:SINN. Der Verein setzt sich für mehr inklusive Wohnangebote im deutschsprachigen Raum ein. […] Deshalb versteht sich der Verein auch als Netzwerk von WGs, die sich gegenseitig unterstützen. Für weitere Interessierte hat WOHN:SINN einen Gründungsleitfaden für inklusive WGs in fünf Schritten erstellt. Außerdem berät und begleitet der Verein Menschen, die neue inklusive Wohnformen gründen wollen, und führt Workshops und Fachveranstaltungen zum Thema durch« (ebd.). Mehr Informationen über WOHN:SINN sowie eine Übersicht weiterer inklusiver und innovativer Wohnprojekte sind auf folgender Webseite aufrufbar: https://www.wohnsinn.org

Die beschriebenen Wohnformen bieten den Bewohner*innen unterschiedliche Formen der Unterstützung sowie soziale Interaktionsmöglichkeiten. Die oberste Priorität im Kontext Wohnen bei intellektueller Beeinträchtigung – ungeachtet der jeweiligen Wohnform – obliegt den gesellschaftlichen Teilhabemöglichkeiten der Bewohner*innen durch Inklusion und Partizipation (vgl. Kräling 2010, S. 103).

In der gegenwärtigen Phase der Behindertenpädagogik gilt »[…] die Umsetzung der seit Jahren gesetzlich verankerten Rechtsnorm ›ambulant vor stationär‹ für [erwachsene] Menschen, die wir als geistig behindert bezeichnen […] (Kräling 2010, S. 103). Fornefeld (2020) beschreibt, dass Wohnen in stationären Einrichtungen[30] ein »organisiertes« und kein »natürliches« Wohnen darstellt (vgl. Fornefeld 2020, S. 180). Teilhabe- bzw. Exklusionsrisiken herrschen vor, indem die individuellen Belange der Bewohner*innen einem hohen Maß an Fremdbestimmung unterliegen können und diese unter geringen Partizipationsmöglichkeiten leiden (vgl. ebd.). Ganz dem Leitsatz folgend: *Gemeinsam einsam!* Ambulant betreute Wohnformen sowie innovative Wohnformen mit inklusivem Charakter in der gesellschaftlichen Mitte, mit »[…] der selbstbestimmten Wahl, wie und mit wem [Menschen mit

---

30 Fornefeld (2020) schreibt im originalen Wortlaut »Heim« (2020, S. 180). Aufgrund der Passung wurde an dieser Stelle die verallgemeinerte Form »stationäre Einrichtungen« verwendet.

intellektueller Beeinträchtigung] wohnen möchten« (Stöppler 2017, S. 149), sind demnach den gesellschaftlichen Teilhabemöglichkeiten sowie der Entwicklung des Individuums am zuträglichsten und im Sinne der Inklusion zu favorisieren.

8.2 Rechtliche Aspekte

8.2.1 UN-Behindertenrechtskonvention (UN-BRK)

Das international wichtigste Instrument der Inklusion ist die UN-BRK (vgl. Jochmaring, Bömelburg & Sponholz 2022, S. 68), zu dessen Vertragsstaaten auch die Bundesrepublik Deutschland zählt. Demnach stehen Bund und Länder in der Pflicht und Verantwortung zur Umsetzung der UN-BRK (vgl. BMAS 2019b, S. 1), welche »[a]uf dem langen Weg zur Inklusion und gleichberechtigten Teilhabe von Menschen mit geistiger Behinderung [...]« (Stöppler 2017, S. 11) regelmäßigen Prüfverfahren[31] unterzogen werden. Der UN-BRK zugrunde liegt eine zeitgemäße Definition von Beeinträchtigung, welche auf der International Classification of Functioning, Disability and Health (ICF) beruht (vgl. Umsetzungsbegleitung BTHG o. J.). Darin werden vor allem die Teilhabeeinschränkungen und Barrieren eines Individuums aufgrund gesundheitlicher Probleme in unterschiedlichen Kontextfaktoren fokussiert und die ausschließliche Betrachtung des Defizitfaktors einer beeinträchtigten Funktion überwunden (vgl. ebd.). Die unterschiedlichen Kontextfaktoren finden sich in dem Artikel des Übereinkommens wieder mit dem Ziel der Verbesserung der Teilhabe von Menschen mit Beeinträchtigung. Der Teilhabebereich Wohnen findet überwiegend in den Artikeln 9, 19 sowie 22 Erwähnung. Während Artikel 9 unter anderem inhaltliche Forderungen zur Beseitigung von Zugangshindernissen und -barrieren von (Wohn-)Gebäuden an die Vertragsstaaten stellt (vgl. BBBMB 2009, S. 13 f.), bezieht sich Artikel 19 auf die unabhängige Lebensführung sowie die Einbeziehung von Menschen mit Beeinträchtigung in die Gemeinschaft (vgl. ebd., S. 17 f.). Explizit fordert dieser von den Vertragsstaaten die gleichberechtigte Wahlmöglichkeit des Wohn- und Aufenthaltsortes sowie die Förderung des Lebens in der Gemeinschaft unter selbstbestimmter Entscheidungsfreiheit (vgl. ebd.). Weiterhin darf niemand aufgrund einer Beeinträchtigung gegen den eigenen Willen auf institutioneller Ebene untergebracht und an bestimmte Wohnformen gebunden werden (vgl. ebd.). Im Kontext Wohnen sind die Forderungen der UN-BRK demnach klar formuliert: »Keine Unterbringung in Wohnheimen, Pflege- oder großen Behinderteneinrichtungen, sondern ein selbstbestimmtes Leben in kleinen, gemeindeintegrierten Wohnungen, die mit einer

---

31 Einem solchen Prüfverfahren unterzog sich Deutschland zwischen 2018 bis 2023 durch den zweiten UN-Fachausschuss für die Rechte von Menschen mit Behinderungen, wodurch der gegenwärtige Umsetzungstand der Forderungen der UN-BRK offenzulegen ist (vgl. DIMR o. J.).

Öffnung nach außen als Orte der Privatsphäre und des gesellschaftlichen Zusammenlebens betrachtet werden« (Theunissen 2018, S. 38). Des Weiteren soll auf Artikel 22 der UN-BRK hingewiesen werden, der besagt, dass die Privatsphäre bzw. das Privatleben von »Menschen mit Behinderungen […] unabhängig von ihrem Aufenthaltsort oder der Wohnform, in der sie leben […]« (BBBMB 2009, S. 19), zu achten ist. Damit erfüllt der Wohnraum, auch bei Menschen mit Beeinträchtigung, abermals die Funktion des Schutzraums bzw. des Rückzugsortes.

Obwohl die UN-BRK richtungsweisend auf dem langen Weg zur Inklusion ist, handelt es sich hierbei lediglich um inhaltliche Forderungen zur Förderung der Teilhabe von Menschen mit Beeinträchtigung an die jeweiligen Vertragsstaaten. Die Umsetzung dieser Forderungen obliegt den jeweiligen Vertragsstaaten durch rechtliche Bestimmungen und Gesetze. Ein Meilenstein auf dem rechtlichen Weg Deutschlands in die Inklusion erfolgte mit dem Inkrafttreten des Gesetzes zur Stärkung der Teilhabe und Selbstbestimmung von Menschen mit Beeinträchtigung – dem sogenannten Bundesteilhabegesetz – im Jahre 2017, in dem »[…] die Prinzipien der UN-BRK in die bundesdeutsche Gesetzgebung überführt« (York & Jochmaring 2022, S. 84) wurden.

8.2.2 Bundesteilhabegesetz

Das Bundesteilhabegesetz (BTHG) ist ein sozialpolitisches Gesetzgebungsverfahren, welches bis zum Jahre 2023 in vier Reformstufen in Kraft trat (vgl. BMAS 2016b). Das übergeordnete Ziel des BTHG stellt eine allmähliche Umsetzung einer inklusiven Gesellschaft dar (vgl. BMAS o. J.), indem Bund und Länder auf juristischem Fundament zum Abbau von Teilhabebarrieren sowie der Förderung individueller Bedürfnisse angehalten sind (vgl. BMAS 2019b, S. 1). Die Regelungen des Gesetzgebungsverfahrens finden unter anderem Anwendung in Form einer Novellierung der bestehenden Sozialgesetzbücher – vor allem in einer Neufassung des Neunten Sozialgesetzbuches (SGB) – einschließlich der Änderungen des Eingliederungshilferechts (vgl. REHADAT 2021). Wie aus § 1 SGB IX hervorgeht, ist – im Zuge des Prüfungsverfahrens zur Leistungsberechtigung – fortan weniger der Nachweis einer Beeinträchtigung von Relevanz, sondern vielmehr die Auswirkung der Beeinträchtigung auf die Teilhabe am gesellschaftlichen Leben (vgl. ebd.). Die Leistungen der Eingliederungshilfe sollen dementsprechend zur Teilhabe von Menschen mit (intellektueller) Beeinträchtigung am gesellschaftlichen Leben beitragen. Diese sind in vier Leistungsgruppen aufgeteilt, wobei der fokussierte Teilhabebereich Wohnen den Leistungen zur sozialen Teilhabe nach Kapitel 13 zuzuordnen ist, deren Paragraphen und Inhalte in folgender Tabelle 8.2 vorgestellt werden:

Tab. 8.2: Leistungen zur sozialen Teilhabe (eigene Darstellung).

Leistungen zur Sozialen Teilhabe (§ 76)	Leistungen zur Sozialen Teilhabe werden zur gleichberechtigten Teilhabe am Leben in der Gemeinschaft erbracht. Leistungsberechtigte sollen zu einer möglichst selbstbestimmten und eigenverantwortlichen Lebensführung im eigenen Wohn- und Sozialraum unterstützt oder befähigt werden[32] (vgl. SGB IX § 76 Abs. 1).
Leistungen für Wohnraum (§ 77)	Leistungen für Wohnraum werden erbracht, um Leistungsberechtigten zu Wohnraum zu verhelfen, der zur Führung eines möglichst selbstbestimmten, eigenverantwortlichen Lebens geeignet ist. Die Leistungen umfassen Leistungen für die Beschaffung, den Umbau, die Ausstattung und die Erhaltung von Wohnraum, der den besonderen Bedürfnissen von Menschen mit Behinderungen entspricht (SGB IX § 77 Abs. 1).[33]
Assistenzleistungen (§ 78)	Assistenzleistungen dienen der selbstbestimmten und eigenständigen Bewältigung des Alltages. Dies umfasst Leistungen für die Alltagsbewältigung, »[...] die Gestaltung sozialer Beziehungen, die persönliche Lebensplanung, die Teilhabe am gemeinschaftlichen und kulturellen Leben, die Freizeitgestaltung [...] sowie die Sicherstellung der Wirksamkeit der ärztlichen und ärztlich verordneten Leistungen« (SGB IX § 78 Abs. 1).
Leistungen zur Betreuung in einer Pflegefamilie (§ 80)	Leistungen zur Betreuung in einer Pflegefamilie werden erbracht, um Leistungsberechtigten die Betreuung in einer anderen Familie als der Herkunftsfamilie durch eine geeignete Pflegeperson zu ermöglichen (SGB IX § 80 Abs. 1).
Leistungen zum Erwerb und Erhalt praktischer Kenntnisse und Fähigkeiten (§ 81)	[Diese] Leistungen [...] werden erbracht, um Leistungsberechtigten die für sie erreichbare Teilhabe am Leben in der Gemeinschaft zu ermöglichen. Die Leistungen sind insbesondere darauf gerichtet, die Leistungsberechtigten in [...] Maßnahmen zur Vornahme lebenspraktischer Handlungen einschließlich hauswirtschaftlicher Tätigkeiten zu befähigen, [...] ihre Sprache und Kommunikation zu verbessern und sie zu befähigen, sich ohne fremde Hilfe sicher im Verkehr zu bewegen (SGB IX § 81).
Leistungen zur Förderung der Verständigung (§ 82)	[Die] Leistungen [...] werden erbracht, um Leistungsberechtigten mit Hör- und Sprachbehinderungen die Verständigung mit der Umwelt aus besonderem Anlass zu ermöglichen oder zu erleichtern. Die Leistungen umfassen insbesondere Hilfen durch Gebärdensprachdolmetscher und andere geeignete Kommunikationshilfen (SGB IX § 82).

---

32 Die jeweiligen Leistungen werden durch die nachfolgenden Paragraphen abgebildet.
33 Als Besonderheit des § 77 sei zu erwähnen, dass nach Abs. 2 auch Aufwendungen für Wohnraum oberhalb der Angemessenheitsgrenze zu erstatten sind, »[...] soweit wegen des Umfangs von Assistenzleistungen ein gesteigerter Wohnraumbedarf besteht« (SGB IX § 77 Abs. 2). »Menschen müssen nicht erst finanziell bedürftig werden oder es bleiben, um künftig Leistungen der Eingliederungshilfe zu erhalten. Zudem sollen Art und Qualität der Leistungen künftig nicht mehr davon abhängig sein, ob ein Mensch in seiner eigenen Wohnung oder gemeinsam mit anderen in einer Wohngemeinschaft oder einer Wohneinrichtung lebt« (Umsetzungsbegleitung BTHG o. J.).

8.2 Rechtliche Aspekte

Tab. 8.2: Leistungen zur sozialen Teilhabe (eigene Darstellung). – Fortsetzung

Leistungen zur Mobilität (§ 83)	Leistungen zur Mobilität umfassen 1. Leistungen zur Beförderung, insbesondere durch einen Beförderungsdienst und 2. Leistungen für ein Kraftfahrzeug (SGB IX § 83 Abs. 1).
Hilfsmittel (§ 84)	Wichtig bei Menschen mit intellektueller Beeinträhtigung, die aufgrund der Schwere oder Ausprägung ihrer Behinderung Probleme bei der Verständigung haben. Dies dient der Hilfe zur Formulierung von Bedürfnissen und Wünschen im Kontext Wohnen (SGB IX § 84 Abs. 1).

Eine detaillierte Betrachtung der Paragraphen bezüglich der Leistungen zur sozialen Teilhabe nach SGB IX Kapitel 13 legt die Erkenntnis nahe, dass Wohnen – je nach Schwere und Ausprägungsgrad der intellektuellen Beeinträchtigung – einem umfangreichen Leistungskomplex unterliegen kann. Den unterschiedlichen Leistungsschwerpunkten sind ebenso die Gelingensbedingungen des (inklusiven) Wohnens bei intellektueller Beeinträchtigung zu entnehmen. Während die spezifischen Leistungen für Wohnraum mit § 77 abgedeckt scheinen, zeigt sich unter anderem durch § 84 – aus dem die Bedeutung von Hilfsmittel zur Veräußerung von (Wohn-) Bedürfnissen bei Menschen mit intellektueller Beeinträchtigung hervorgeht – ein weiterer Faktor des überaus großen Komplexes der Gelingensbedingungen bei einem heterogenen Personenkreis. Obwohl die Leistungen durch das BTHG zur Förderung der Autonomie der einzelnen Person beitragen sollen, scheint nach Theunissen (2018) gegenwärtig allerdings der Eindruck zu entstehen, dass ambulant betreute, gemeindeintegrierte Wohnformen vornehmlich für Menschen mit intellektueller Beeinträchtigung umsetzbar sind, die bereits über einen hohen Grad der Autonomie verfügen (vgl. ebd., S. 39). Demgegenüber werden insbesondere Menschen mit schweren intellektuellen Beeinträchtigungen, welche vordergründig von dem Leistungsspektrum des BTHG profitieren sollen, vornehmlich in institutionellen Wohneinrichtungen untergebracht[34] (vgl. ebd.). Demnach wären die Mechanismen des BTHG (respektive der Forderungen der UN-BRK) als wirkungslos zu klassifizieren, was im Folgenden durch die Betrachtung der Untersuchungsergebnisse des dritten Teilhabeberichtes der Bundesregierung über die Lebenslagen von Menschen mit Beeinträchtigungen zu überprüfen ist.

---

34 Das Verb ist nicht Bestandteil der wörtlichen Aussage nach Theunissen (2018), lässt sich allerdings daraus interpretieren, weshalb diese schwerwiegende Wortwahl an dieser Stelle bewusst verwendet wurde.

8.3 Teilhaberisiken

Aus den in der Tab. 8.1 beschriebenen Wohnformen resultieren unterschiedliche Teilhaberisiken bzw. -chancen für Menschen mit intellektueller Beeinträchtigung.

Teilhaberisiken in der familiär behüteten Wohnform können im Kontext von Übergängen entstehen, indem beispielsweise Prozesse der Loslösung von elterlicher Seite unterbunden oder erschwert werden können (vgl. BMAS 2021, S. 67 f.). Durch Überbehütung elterlicherseits können wiederum Einschränkungen in der Selbstbestimmung entstehen (vgl. ebd., S. 107). (Plötzliche) Übergänge aus dem Elternhaus in anschließende Wohnformen stehen Menschen mit intellektueller Beeinträchtigung beispielsweise bei Erkrankung, Tod oder altersgemäßer Überlastung der Eltern bevor (vgl. Fornefeld 2020, S. 180). Nicht erlernte oder fehlende Selbstbestimmung führt in diesem Szenario auch gegenwärtig zur eingeschränkten Entscheidungsfreiheit gegenüber der anschließenden Wohnsituation sowie zu dem Gefühl des Ausgeliefertseins.

8.3.1 Teilhabeberichte der Bundesregierung

Die Ergebnisse des dritten Teilhabeberichtes zeigen zunächst eine positive Entwicklung bezüglich der Verbesserung der Teilhabemöglichkeiten von Menschen mit Beeinträchtigung in einigen Bereichen auf (vgl. BMAS 2021, S. 12). Beispielsweise stieg die Zahl der Leistungsbeziehenden des ambulant betreuten Wohnens um 22 % an (vgl. ebd., S. 13). Während die steigende Zahl der Inanspruchnahme des Leistungsangebotes im Rahmen des ambulant betreuten Wohnens bei Menschen mit Beeinträchtigung insgesamt einem positiven Trend auf dem langen Weg zur Inklusion unterliegt, zeichnet sich bei der Fokusgruppe – Menschen mit intellektueller Beeinträchtigung – ein anderes Bild ab:

> »Statistiken zu den betreuten Wohnformen zeigen allerdings, dass Menschen mit einer geistigen Beeinträchtigung besonders häufig zu den Bewohnerinnen und Bewohnern stationärer Einrichtungen gehören. Der gewünschte Trend zu möglichst selbstständigen Wohnformen setzte sich demnach bei Menschen mit kognitiven Beeinträchtigungen nicht in gleichem Maße durch wie bei Menschen mit anderen Beeinträchtigungsformen. Auch im Alter und bei altersbedingter Pflegebedürftigkeit wohnen Menschen mit geistigen Beeinträchtigungen oft in stationären Wohneinrichtungen« (BMAS 2021, S. 13).

Nachdem bereits im Rahmen der Aspekte der Bedeutung des Wohnens aufgezeigt werden konnte, dass die überwiegende Anzahl von Bewohner*innen stationärer Einrichtungen Menschen mit intellektueller Beeinträchtigung (64,4 %) sind (vgl. BAGüS 2023, S. 6), zeigen die Ergebnisse des dritten Teilhabeberichtes zudem auf, dass kein positiver Trend bezüglich eines Wandels der Wohnform bei der Zielgruppe erkennbar ist. Demnach scheinen insbesondere Menschen mit intellektueller Beeinträchtigung einem lebenslangen Risiko zu unterliegen, den eigenen Wohnort nicht selbstbestimmt auswählen zu können bzw. an stationäre Einrichtungen gebunden sind/werden (vgl. BMAS 2021, S. 400).

Des Weiteren zeigt sich von besonderer Brisanz, dass ein aus dem zweiten Teilhabebericht (2016) entstammender Befund ebenso seine Gültigkeit im aktuellen dritten Teilhabebericht aufweist (2021, S. 400). Dabei handelt es sich um die Abhängigkeitsvariablen, welche einen Einfluss auf die Wohnform von Menschen mit Beeinträchtigung ausüben:

»Die Ermöglichung einer selbstbestimmten Lebensführung erfolgt neben der Bereitstellung geeigneten barrierefreien Wohnraums wesentlich über Wahlmöglichkeiten im Hinblick auf Unterstützungsformen. Ob und in welcher Weise beeinträchtigte Menschen das Recht ›ihren Aufenthaltsort zu wählen und zu entscheiden, wo und mit wem sie leben‹ umsetzen können und sie ›nicht verpflichtet sind, in besonderen Wohnformen zu leben‹ […], hängt wesentlich von Art und Umfang vorhandener Beeinträchtigungen beziehungsweise der erforderlichen Unterstützung ab. […] Dies gilt insbesondere für Personen mit kognitiven und/oder erheblichen körperlichen und Sinnesbeeinträchtigungen […]« (BMAS 2016a, S. 293).

8.3.2 Anspruch und Wirklichkeit

Die Entwicklung zwischen dem zweiten (2016) und dritten Teilhabebericht (2021) lässt demnach keinen positiven Trend auf dem Weg in die Inklusion bezüglich der Wohnlage und -situation von Menschen mit intellektueller Beeinträchtigung in der Bundesrepublik Deutschland erkennen. Dies widerspricht dem Leitgedanken sowie den Zielen der UN-BRK (vgl. Theunissen 2018, S. 39), insbesondere vor dem Hintergrund des aufgeführten Artikels 19. Eine mögliche Interpretation in der Stagnation des Inklusionsfortschritts ist darauf zurückzuführen, dass das Unterstützungskonzept des BTHG seit 2018, mitsamt dem angebotenen Leistungsspektrum zur sozialen Teilhabe (SGB IX § 76 ff.), bis zur Erscheinung des dritten Teilhabeberichtes (2021) keine umfassende Wirkung zeigen konnte. Dies wäre in einem vierten Teilhabebericht erneut zu prüfen. Gleichwohl weist der dritte Teilhabebericht auf die Bedeutung des ambulant betreuten Wohnens für die Entwicklung und Förderung bei Menschen mit (intellektueller) Beeinträchtigung hin:

»Ambulant betreutes Wohnen in einem Privathaushalt ermöglicht Menschen mit Beeinträchtigungen ein höheres Maß an selbstbestimmter Lebensführung als stationäre Wohnformen und bietet zugleich eine Unterstützung, die für viele Menschen mit Beeinträchtigungen, die nicht völlig selbstständig wohnen können, ausreichend ist. Daher gibt es vonseiten der Politik, der zuständigen Sozialhilfeträger [jetzt Träger der Eingliederungshilfe] und der Leistungsanbieter seit mehreren Jahren Bemühungen, ambulant betreutes Wohnen zu stärken [Grundsatz ›ambulant vor stationär‹]. Dies zeigt sich vor allem im Ausbau ambulanter Angebotsstrukturen. Evaluationsstudien zu diesem Ambulantisierungsprozess bestätigen, dass mit dem Wechsel aus einer stationären Wohngruppe in einen eigenständigen Haushalt positive Veränderungen der Lebenssituation einhergehen, wenn dieser durch eine konzeptionelle Weiterentwicklung der ambulanten Betreuung und eine Stärkung von Netzwerkbeziehungen begleitet wird« (BMAS 2021, S. 339).

Ein weiterer Aspekt der Einschränkung der selbstbestimmten Wahl des Aufenthalts- bzw. Wohnortes eröffnete der Teilhabebericht in Form mangelnder Barrierefreiheit und Zugänglichkeit von Gebäuden. Demnach erfüllt lediglich »[…] ein sehr kleiner Teil des Wohnungsbestands alle erforderlichen Merkmale der Barrierenreduzierung […]« (ebd., S. 336), sodass »[…] der Bestand an barrierefreien Wohnungen in

Deutschland nicht ansatzweise den heutigen und zukünftig zu erwartenden Bedarf decken kann [...]« (ebd., S. 399). Vor dem Hintergrund des Artikels 9 der UN-BRK konnten die Forderungen abermals nicht eingehalten werden. Zudem werden insbesondere die Bedürfnisse von Menschen mit intellektueller Beeinträchtigung bei der Planung und Umsetzung barrierefreier (Wohn-)Gebäude wenig berücksichtigt, was die Betrachtung der zuständigen Reglung DIN 18040 – Teil 1 für öffentliche Gebäude und Teil 2 für Wohngebäude – aufzeigt. Gemäß dem Bayerischen Staatsministerium für Wohnen, Bau und Verkehr (StMB) finden vor allem »[...] die Bedürfnisse von Menschen mit Sehbehinderung, Blindheit, Hörbehinderung [Gehörlose, Ertaubte und Schwerhörige] oder motorischen Einschränkungen sowie von Personen, die Mobilitätshilfen und Rollstühle benutzen«, Berücksichtigung (2010, S. 3). Andere Personengruppen, wie Menschen mit intellektueller Beeinträchtigung, werden hingegen nur am Rande erwähnt: »Auch für andere Personengruppen, wie z. B. [...] Personen mit kognitiven Einschränkungen [...], führen einige Anforderungen dieser Norm zu einer Nutzungserleichterung« (ebd.). Dies deutet an, dass Menschen mit intellektueller Beeinträchtigung oder komplexer Behinderung bei der Planung und Umsetzung von Neubauten oder der Renovierung von Bestandsgebäuden nach DIN 18040 zwar nicht ausgeschlossen, aber auch nicht konkret fokussiert werden. Es ist davon auszugehen, dass die Heterogenität des Personenkreises äußerst komplexe Anforderungen und eine individuelle, personenzentrierte Planung zur Umsetzung von Barrierefreiheit stellt, um Wohnen für Menschen mit intellektueller Beeinträchtigung außerhalb stationärer Einrichtungen zu erleichtern. Obwohl die Thematik Barrierefreiheit für Menschen mit intellektueller Beeinträchtigung in der DIN 18040 wenig Beachtung findet, sollte das angebotene breite Leistungsspektrum mit Novellierung des BTHG künftig den individuellen Bedürfnissen der Zielgruppe gerecht werden, dessen Wirkungsgrad ebenso mit der Publikation des vierten Teilhabeberichtes erneut zu prüfen ist.

Ungeachtet der ernüchternden Ergebnisse des dritten Teilhabeberichtes zur Wohnlage von Menschen mit intellektueller Beeinträchtigung – die sich wie ein Protokoll des flächendeckenden Scheiterns der Bundesrepublik Deutschland lesen könnten – erscheint es umso dringlicher, auf die erfreulichen regionalen Einzelfälle zu verweisen, die in Tabelle 8.1 als Good- bzw. Best-Practice-Beispiele beschrieben wurden.

8.4 Teilhabechancen

Wie der einleitende Fall der jungen Bewohnerin mit intellektueller Beeinträchtigung in einer inklusiven WG sowie die vorgestellten Projekte/Beispiele aus den jeweiligen Wohnformen aufzeigen, existieren bundesweit einige Best-Practice-Beispiele[35] von Wohnlandschaften, die der Zielgruppe ein selbstbestimmtes und gemeindezentriertes Wohnen nach eigenen Bedürfnissen ermöglichen und den Forderungen der UN-BRK gerecht werden.

8.4.1 Autonomie und Empowerment

Als einer der wichtigsten Einflussfaktoren auf die Teilhabe von Menschen mit intellektueller Beeinträchtigung in unterschiedlichen Bereichen – so auch im Bereich des Wohnens – konnte die häufig hohe Fremd- bzw. fehlende Selbstbestimmung identifiziert werden. »Durch eine auf Selbstbestimmung ausgerichtete schulische Erziehung entwickeln junge Erwachsene mit geistiger Behinderung heute frühzeitig konkrete Vorstellungen, wie sie leben wollen« (Fornefeld 2020, S. 180). Es ist demnach davon auszugehen, dass eine grundsätzliche pädagogische Förderung der Autonomie von Menschen mit intellektueller Beeinträchtigung im Sinne des Empowerments unter anderem auch zur Verbesserung der Wohnsituation beitragen kann. Dieses Prinzip ist dabei keineswegs neu in der Behindertenpädagogik, gewinnt vor dem Hintergrund der Datenlage des dritten Teilhabeberichtes allerdings eine besondere Brisanz: »Im Kern geht es […] um einen Wechsel der Zuständigkeit und Umverteilung von Macht, indem behinderte Menschen als ›Experten in eigener Sache‹ selbst darüber entscheiden möchten, was für sie gut und hilfreich ist und was nicht« (Theunissen 2018, S. 38). Diesem Aspekt ist, insbesondere bei der äußerst heterogenen Personengruppe der Menschen mit intellektueller Beeinträchtigung sowie deren individuellen Bedürfnissen, eine hohe Bedeutung beizumessen.

Um eine gelingende Teilhabe im Kontext des inklusiven Wohnens zu realisieren, sind daher maßgeschneiderte Lösungsansätze nach eigenen Wünschen und Bedürfnissen zu entwickeln, zu deren Umsetzung eine individuelle Bedarfserhebung vorausgeht. Ein wichtiges Bedarfserhebungsinstrument stellt der *Index für Inklusion zum Wohnen in der Gemeinde* »Unter Dach und Fach« dar. Der Index ist ein Fragenkatalog, welcher im Rahmen des Projekts *Unter Dach und Fach* (Terfloth, Niehoff, Klauß, Buckenmaier & Gernert) entwickelt wurde und folgende Umstände berücksichtigt:

> »Jeder Mensch soll in einem Wohnraum sowie in einer räumlichen und sozialen Umgebung leben können, die ihm gefallen. Benötigte Unterstützungsangebote sollen ein selbstbestimmtes Leben ermöglichen. Für viele Menschen gilt das noch nicht. Sie wünschen sich eine Veränderung ihrer Wohn-Situation. Inklusionsorientierte Wohnangebote müssen entwickelt werden. Diese sollen für alle akzeptabel und zugänglich sein. Dazu brauchen Wohnbieter, Dienstleister und Verantwortliche in den Gemeinwesen Anregungen und eine Idee davon, wie diese Entwicklung gelingen kann. Die im Index zusammengestellten Materialien bieten dafür Hilfe. In einem dreijährigen Forschungsprojekt entwickelt und an drei Praxisstandorten ausgibig getestet, helfen sie dabei, Exklusionsrisiken zu erkennen und die Bedingungen für inklusive Entwicklungen beim Wohnen in der Gemeinde wesentlich zu verändern. So lenkt etwa die Fragensammlung den Blick auf die Chancen und den Beitrag, den Wohnraumanbieter zu einer Entwicklung ihres Gemeinwesens in Richtung Inklusion leisten können« (Lebenshilfe o. J.).

---

35 Wichtige Good- bzw. Best-Practice-Beispiele finden sich in folgender weiterführender Literatur: Fornefeld (2020), Schwalb & Theunissen (2018) sowie Stöppler (2017).

8.4.2 Wohntraining

Ein weiterer Aspekt der pädagogischen Handlungsempfehlung, der die Gelingensbedingungen sowie die Teilhabechancen des inklusiven Wohnens verbessern kann und direkt an der Lebenspraxis der Betroffenen anknüpft, ist das Wohntraining.

> »Kompetenzen für weitgehend selbständiges Wohnen werden in möglichst realistischen Situationen erprobt und geübt. Die Einbindung von Fachkräften in den Unterricht sowie der Besuch außerschulischer Lernorte (z. B. Wohnheime, Einkaufsmöglichkeiten, Behörden) ermöglichen den Schülerinnen und Schülern Einblicke in verschiedene für das Wohnen relevante Umgebungen« (Lehrplan PLUS, Förderschule Förderschwerpunkt geistige Entwicklung, S. 246).

Die Lernbereiche und Handlungsfelder des Wohntrainings in einer realen Lernwohnung gestalten sich als äußerst umfangreich und beziehen sich in Anlehnung an Stöppler (2017) auf folgende Aspekte: Körper- und Textilhygiene, Verwaltung von Einnahmen und Ausgaben, Nahrungsmittelbeschaffung und -zubereitung, nachhaltiger Umgang mit endlichen Ressourcen, Umgang und Bedienung von technischen Hilfsmitteln/Endgeräten[36], Mobilität bzw. Nutzung öffentlicher Verkehrsmittel, Reinigung der Wohnfläche, Freizeitgestaltung, Zeitmanagement, allgemeine Informationsbeschaffung sowie Wahrnehmung von Rechten und Pflichten (vgl. ebd., S. 150). Das Erlernen der Fähigkeiten, welche im Rahmen des Wohntrainings in einem realen Wohnraum praktische Anwendung finden, sind ebenso Bestandteil der (theoretisch/didaktischen) Wohnbildung; vornehmlich im schulischen Kontext, zum Beispiel als Lerninhalte einzelner Unterrichtsfächer/Lernfelder[37]. Aufgrund der umfangreichen zu erlernenden Fähigkeiten und Fertigkeiten ist, insbesondere im Hinblick auf die schulische und außerschulische Didaktik zur Vermittlung der Bildungsinhalte, auf die individuellen Ausgangsvoraussetzungen und die notwendige Erfassung von ebendiesen hinzuweisen. Nach Stöppler & Wachsmuth (2010) können, auf Basis der ›Datenerhebung‹, individuelle Lernprofile und Lernziele für jede*n Wohnschüler*in entwickelt werden (vgl. ebd., S. 168). »Dazu hat Dworschak [2008] einen Frage- und Beobachtungsbogen zur Erfassung der individuellen Lernvoraussetzungen für ausgewählte Lernfelder im Lernbereich Wohnen erstellt, der von ihm in einer Unterrichtssequenz in einer Trainingswohnung angewendet wurde« (Stöppler 2017, S. 150).

---

36 Es ist zu vermuten, dass technische Hilfsmittel und Endgeräte einen wichtigen Beitrag zur Barrierefreiheit im Wohnraum für Menschen mit intellektueller Beeinträchtigung leisten können. Dazu können individuelle Konzepte entwickelt und maßgeschneiderte Lösungsansätze umgesetzt werden, die insbesondere den vielfältigen Barrieren bei kognitiver Einschränkung Rechnung tragen können. Ein Beispiel stellen sprachgesteuerte Smart-Home-Systeme dar, die aufgrund ihres simplen Bedienkonzeptes komplexen Steuerelementen vorzuziehen sind.

37 Nach den *Richtlinien für Unterricht und Erziehung im Förderschwerpunkt geistige Entwicklung* des Kultusministeriums Hessen können die zu erlernenden notwendigen Fähigkeiten im schulischen Kontext beispielsweise in folgenden Kompetenzbereichen vermittelt werden: Soziale Beziehungen, Bewegung und Mobilität, Selbstversorgung, Gesundheitsvorsorge, Informations- und kommunikationstechnische Grundbildung, Leben in der Gesellschaft sowie Arbeit und Beschäftigung (vgl. Hessisches Kultusministerium 2021, S. 2).

Als Best-Practice-Beispiel des Wohntrainings für Menschen mit intellektueller Beeinträchtigung dient das Konzept des Wohnhauses »Ruckes 120« der Evangelischen Stiftung Hephata Mönchengladbach. Dort durchlaufen drei von insgesamt elf Bewohner*innen des Hauses ein Training mit dem intrinsisch motivierten Ziel, von dem stationären »[...] in das ambulant betreute Wohnen zu wechseln« (Danes 2018, S. 48 f.). Eine Besonderheit des Beispiels stellt die konsequente Möglichkeit der Selbstbestimmung der Teilnehmenden – ganz im Sinne der Inklusion – dar, indem diese die Gründung eigenständig initiierten und umsetzten (vgl. ebd., S. 49). Ein weiterer wichtiger Aspekt der Selbstbestimmung manifestiert sich darin, dass die Trainingsgruppe eigenständig eine Liste erarbeitete, »[...] in der sie festlegten, welche Fähigkeiten sie für ein Leben im [Rahmen des ambulant betreuten Wohnens] als besonders wichtig erachten« (ebd.). Dieser Umstand trägt den individuellen Bedürfnissen Rechnung. Praktische Erfahrungen in der Wohnerprobung sammelten die Teilnehmer*innen unter anderem in eben jenen Bereichen, die bereits nach Stöppler (2017) vorgestellt wurden, wie beispielsweise Hauswirtschaft, Ressourcenplanung sowie Freizeitgestaltung (vgl. ebd., S. 49 f.). Die Reflektion nach einem Zeitraum von zirka eineinhalb Jahren kann als überaus positiv bewertet werden: Es »[...] ist eine deutliche Entwicklung der Teilnehmer hin zu einem selbstbestimmten und eigenverantwortlichen Leben festzuhalten. Durch ihre Erfahrungen, die sie sich beim Einkaufsprozess aneignen konnten, haben sie die Sicherheit gewonnen, das Erfahrene auch auf andere Situationen zu übertragen. Sie bewegen sich nun viel freier und selbstverständlicher im Stadtteil und fahren für ihre Besorgungen zum Teil in andere Stadtteile« (Danes 2018, S. 51). Auch für die Testpersonen des Wohntrainings waren die gesammelten Erkenntnisse prägend, indem zwei der drei Teilnehmer*innen die Entscheidung festigten, künftig auch weiterhin das Ziel des ambulant betreuten Wohnens zu verfolgen (vgl. ebd.).

8.5 Fazit

Nach Darlegung des einleitenden Positivbeispiels der jungen Frau mit intellektueller Beeinträchtigung als Bewohnerin einer inklusiven WG zeigte die Betrachtung der Wohnlagen von Menschen mit intellektueller Beeinträchtigung, dass noch immer ein Großteil der gesamten Zielgruppe in stationären Formen wohnt. Obwohl politisch erwünscht, kann die Bundesregierung den Forderungen der UN-BRK nach gemeindeintegrierten, ambulanten (inklusiven) Wohnsituationen für Menschen mit intellektueller Beeinträchtigung nicht konsequent gerecht werden. Dies betrifft nicht nur Artikel 19 der UN-BRK zur Förderung selbstbestimmter Wohnformen in der gesellschaftlichen Mitte, sondern auch die bisher mangelnde Umsetzung barrierefreier Wohngebäude (Artikel 9), indem die Zielgruppe nach DIN-Norm ohnehin unzureichend betrachtet wird. Wie nach Theunissen (2018) dargelegt werden konnte, korreliert die Umsetzbarkeit von ambulanten Wohnsettings mit dem Schwere- und Ausprägungsgrad der intellektuellen Beeinträchtigung. Bis zur

Publikation des dritten Teilhabeberichtes (2021) konnte das BTHG – respektive des angebotenen Leistungsspektrums des novellierten SGB IX – bei der Fokusgruppe noch keine umfassende Wirkung zeigen. Ein in diesem Kapitel immer wiederkehrender Aspekt der wahrgenommenen Einflussnahme zur Teilhabe an (inklusivem) Wohnen besteht in der fehlenden Selbst- bzw. hohen Fremdbestimmung der Zielgruppe. Die ebenfalls häufig bestehende Wohnform des Elternhauses bis ins hohe Alter trägt durch intensive Erziehungs- und Care-Tätigkeiten (überbehütender) Eltern gegebenenfalls zudem dazu bei und kann partizipative Übergänge hemmen. Zu vermuten ist, dass eine nicht erlernte Selbstbestimmung, einhergehend mit der fehlenden Äußerung individueller Forderungen, ebenso die Inanspruchnahme zustehender Leistungen zur sozialen Teilhabe hemmt. Es ist zudem davon auszugehen, dass das Konzept des Wohntrainings, aufgrund des direkten Praxisbezuges, welcher unmittelbar an die Lebensrealität der Betroffenen anknüpft, als zielführend erachtet werden kann und die Teilhabechancen des inklusiven Wohnens bei intellektueller Beeinträchtigung fördert. Es bleibt abzuwarten, ob mit dem Erscheinen des vierten Teilhabeberichtes ein positiver Trend der Wohnsituation von Menschen mit intellektueller Beeinträchtigung im Sinne der Forderungen der UN-BRK zu verzeichnen sein wird. Das BTHG sollte bis dahin zumindest Wirkung gezeigt haben.

Literatur

Aktion Mensch (Hrsg.) (2022): Betreutes Wohnen und Wohn-Assistenz. Online verfügbar unter: https://www.familienratgeber.de/schwerbehinderung/selbstbestimmt-leben/ambulante-wohnformen.php#:~:text=Es%20gibt%20verschiedene%20ambulante%20Wohnformen,sich%20gemeinsam%20eine%20Wohnung%20suchen, letzter Zugriff: 05.12.2023.

Aktion Mensch (Hrsg.) (2023): Selbstbestimmt Wohnen. Online verfügbar unter: https://www.familienratgeber.de/schwerbehinderung/selbstbestimmt-leben/selbstbestimmt-wohnen.php, letzter Zugriff: 05.12.2023.

Aktion Mensch (Hrsg.) (o.J.): Selbstbestimmt leben in der inklusiven WG »6plus4«. Online verfügbar unter: https://www.aktion-mensch.de/inklusion/wohnen/gute-beispiele-inklusives-wohnen/wohnsinn-wg-dresden, letzter Zugriff: 05.12.2023.

Bayerisches Staatsministerium des Innern, Bau und Verkehr (STMB) (Hrsg.) (2010): DIN 18040-1 und DIN 18040-2 * – Planungsgrundlagen des barrierefreien Bauens. Online verfügbar unter: https://www.stmb.bayern.de/assets/stmi/buw/baurechtundtechnik/planungsgrundlagen_barrierefreies_bauen.pdf, letzter Zugriff: 10.10.2023.

Beauftragter der Bundesregierung für die Belange von Menschen mit Behinderungen (BBBMB) (Hrsg.) (2009): Die UN-Behindertenrechtskonvention. Übereinkommen über die Rechte von Menschen mit Behinderungen. Online verfügbar unter: https://www.behindertenbeauftragter.de/SharedDocs/Downloads/DE/AS/PublikationenErklaerungen/Broschuere_UN Konvention_KK.pdf?__blob=publicationFile&v=8, letzter Zugriff: 29.09.2023.

Bundesarbeitsgemeinschaft der überörtlichen Träger der Sozialhilfe und der Eingliederungshilfe (BAGüS) (Hrsg.) (2023): BAGüS-Kennzahlenvergleich Eingliederungshilfe Berichtsjahr 2023. Online verfügbar unter: https://www.lwl.org/spur-download/bag/Bericht_2023_final.pdf, letzter Zugriff: 29.11.2023.

Bundesministerium für Arbeit und Soziales (BMAS) (Hrsg.) (2016a): Zweiter Teilhabebericht der Bundesregierung über die Lebenslagen von Menschen mit Beeinträchtigungen. Online verfügbar unter: https://www.bmas.de/SharedDocs/Downloads/DE/Publikationen/a125-16-teilhabebericht.pdf?__blob=publicationFile&v=2, letzter Zugriff: 11.10.2023.

Bundesministerium für Arbeit und Soziales (BMAS) (Hrsg.) (2016b): Bundesteilhabegesetz verabschiedet. Online verfügbar unter: https://www.bmas.de/DE/Service/Presse/Meldungen/2016/bthg-verabschiedet.html, letzter Zugriff: 27.09.2023.

Bundesministerium für Arbeit und Soziales (BMAS) (Hrsg.) (2019a): Wohn- und Pflegeheime. Online verfügbar unter: https://www.einfach-teilhaben.de/DE/AS/Themen/Wohnen/Wohn Pflegeheime/wohlpflegeheime_node.html#:~:text=Sie%20hier%20mehr.-,Stationäre% 20Wohnformen,mit%20geistiger%20Behinderung%20geeignet%20sind, letzter Zugriff: 29.11.2023.

Bundesministerium für Arbeit und Soziales (BMAS) (Hrsg.) (2019b): Zweiter und dritter Staatenbericht der Bundesrepublik Deutschland zum Übereinkommen der Vereinten Nationen über die Rechte von Menschen mit Behinderungen. Online verfügbar unter: https://www.bmas.de/SharedDocs/Downloads/DE/Internationales/staatenbericht-un-behinderten rechtskonvention.pdf?__blob=publicationFile&v=2, letzter Zugriff: 25.09.2023.

Bundesministerium für Arbeit und Soziales (BMAS) (Hrsg.) (2021): Dritter Teilhabebericht der Bundesregierung über die Lebenslagen von Menschen mit Beeinträchtigungen. Online verfügbar unter: https://bmas.de/SharedDocs/Downloads/DE/Publikationen/a125-21-teilha bebericht.pdf%3Bjsessionid=33047E84BCB52D7B4AA28FF1C77DE6F9.delivery1-replicati on?__blob=publicationFile&v=4, letzter Zugriff: 12.10.2023.

Bundesministerium für Arbeit und Soziales (BMAS) (Hrsg.) (o.J.): Welche Rechte habe ich als Mensch mit Behinderungen? Online verfügbar unter: https://www.einfach-teilhaben.de/DE/AS/Ratgeber/19_Gesetze_und_Urteile/Gesetze_und_Urteile_node.html#:~:text=Das% 20Neunte%20Buch%20Sozialgesetzbuch%20(%20SGB,Behinderung%20benachteiligt% 20werden%20%2D%20konsequent%20um, letzter Zugriff: 26.09.2023.

Bundesministerium für Familie, Senioren, Frauen und Jugend (BMFSFJ) (Hrsg.) (2019): Länger zuhause leben. Ein Wegweiser für das Wohnen im Alter. Online verfügbar unter: https://www.bmfsfj.de/resource/blob/94192/75567c550f5b3674e9fc1e9444714bf6/laenger-zuhause-leben-deutsch-data.pdf, letzter Zugriff: 21.09.2023.

Bundesministerium für Familie, Senioren, Frauen und Jugend (BMFSFJ) (Hrsg.) (o.J.): Wohnen im Quartier. Online verfügbar unter: https://www.serviceportal-zuhause-im-alter.de/pra xisbeispiele/gemeinschaftlich-wohnen-selbstbestimmt-leben/foerderschwerpunkt-a/woh nen-im-quartier.html, letzter Zugriff: 05.12.2023.

Caritasverband Gießen e.V. (Hrsg.) (o.J.): Besondere Wohnform St. Vitus. Online verfügbar unter: https://www.caritas-giessen.de/hilfen-und-beratung/fuer-menschen-mit-behinde rung/stationaeres-wohnen-st.-vitus/stationaeres-wohnen-st.-vitus, letzter Zugriff: 06.12.2023.

Danes, C. (2018): Vom stationären zum ambulant betreuten Wohnen – ein Training als inkludierendes Unterstützungsangebot. In: Schwalb, H. & Theunissen, G.: Inklusion von Menschen mit geistiger Behinderung. Zeitgemäße Wohnformen – Soziale Netzwerke – Unterstützungsangebote. 3. Auflage. Stuttgart: Kohlhammer, S. 48–51.

Deutsches Institut für Menschenrechte (DIMR) (Hrsg.) (o.J.): Staatenberichtsverfahren. Online verfügbar unter: https://www.institut-fuer-menschenrechte.de/das-institut/abteilungen/mo nitoring-stelle-un-behindertenrechtskonvention/staatenberichtsverfahren, letzter Zugriff: 26.09.2023.

Dörner, K. (2010). Leben in der »Normalität« – ein Risiko? In: Theunissen, G. & Schirbort, K. (Hrsg.): Inklusion von Menschen mit geistiger Behinderung. Zeitgemäße Wohnformen – Soziale Netzwerke – Unterstützungsangebote. 3. Auflage. Stuttgart: Kohlhammer, S. 97–102.

Fornefeld, B. (2020): Grundwissen Geistigbehindertenpädagogik. 6. Auflage. München: Reinhardt Verlag.

Hahn, M. (2008): Seelische Gesundheit im Spannungsfeld von sozialer Angewiesenheit und Autonomie. In: DGSGB (Band 13), S. 4–22.

Haveman, M. & Stöppler, R. (2010): Altern mit geistiger Behinderung. Grundlagen und Perspektiven für Begleitung, Bildung und Rehabilitation. 3., überarbeitete und erweiterte Auflage. Stuttgart: Kohlhammer.

Hessisches Kultusministerium (Hrsg.) (2021): Richtlinien für Unterricht und Erziehung im Förderschwerpunkt geistige Entwicklung. Online verfügbar unter: https://kultusministeri um.hessen.de/sites/kultusministerium.hessen.de/files/2021-09/richtlinien_foerderschwer punkt_geistige_entwicklung.pdf, letzter Zugriff: 07.12.2023.

Jochmaring, J., Bömelburg, L. & Sponholz, D. (2022): Inklusive Berufsorientierung als Diskurs. Der ›scheinbare‹ Konsens: gemeinsame Begriffe – unterschiedliche Ideen. In: Schimek, B. et al. (Hrsg.): Grenzen.Gänge.Zwischen.Welten: Kontroversen – Entwicklungen – Perspektiven der Inklusionsforschung. Bad Heilbrunn: Klinkhardt, S. 67–74.

Kräling, K. (2010). Ambulant vor stationär? Chance oder Risiko? In: Theunissen, G. & Schirbort, K. (Hrsg.): Inklusion von Menschen mit geistiger Behinderung. Zeitgemäße Wohnformen – Soziale Netze – Unterstützungsangebote. Stuttgart: Kohlhammer. S. 103–115.

Kruse, K. & Tenbergen, S. (2019): BTHG: Was ändert sich für erwachsene Bewohner stationärer Einrichtungen ab 2020? Bundesverbandes für körper- und mehrfachbehinderte Menschen e.V. (Hrsg.): Online verfügbar unter: https://bvkm.de/wp-content/uploads/2019/08/merkblatt_bthg.pdf, letzter Zugriff: 29.11.2023.

Landschaftsverband Westfalen-Lippe (LWL) (Hrsg.) (o.J.): Gibt es kein stationäres und ambulantes Wohnen mehr? Online verfügbar unter: https://www.bthg2020.lwl.org/de/alle-fragen-zum-bthg/frage-003/, letzter Zugriff: 04.12.2023.

Lebenshilfe (Hrsg.) (o.J.): Unter Dach und Fach. Index für Inklusion zum Wohnen in der Gemeinde. Online verfügbar unter: https://www.lebenshilfe.de/shop/artikel/unter-dach-und-fach, letzter Zugriff: 07.12.2023.

Nicos Farm e.V. (Hrsg.) (o.J.): Das Modell NICOS FARM. Online verfügbar unter: http://www.nicosfarm.de/downloads/nicosfarm_broschuere.pdf, letzter Zugriff: 05.12.2023.

Purkarthofer, B. & Friehs, B. (2022): Mensch und Raum, eine glückliche Beziehung? Wiesbaden: Springer.

Reich, K. & Schäfers, M. (2021): Lebensqualität und Lebensperspektiven von Familien mit behinderten Angehörigen im Erwachsenenalter. Ergebnisse des Projekts »Familien.Stärken«. In: Teilhabe 3/2021, Jg. 60, S. 100–106.

REHADAT (Hrsg.) (2021): Bundesteilhabegesetz (BTHG). Online verfügbar unter: https://www.rehadat.de/lexikon/Lex-Bundesteilhabegesetz-BTHG/, letzter Zugriff: 26.09.2023.

Schwalb, H. & Theunissen, G. (2018): Inklusion von Menschen mit geistiger Behinderung. Zeitgemäße Wohnformen – Soziale Netzwerke – Unterstützungsangebote. 3. Auflage. Stuttgart: Kohlhammer.

Staatsinstitut für Schulqualität und Bildungsforschung (ISB) (Hrsg.) (2022): LehrplanPLUS, Förderschule Förderschwerpunkt geistige Entwicklung. München. Online verfügbar unter: www.lehrplanplus.bayern.de, letzter Zugriff: 21.01.2024.

Stöppler, R. (2017): Einführung in die Pädagogik bei geistiger Behinderung. 2. Auflage. Stuttgart: UTB.

Stöppler, R. & Wachsmuth, S. (2010): Förderschwerpunkt Geistige Entwicklung. Eine Einführung in didaktische Handlungsfelder. Paderborn: Schöningh.

Theunissen, G. (2018): Wohnen und Leben in der Gemeinde. In: Schwalb, H., Theunissen, G. (Hrsg.): Inklusion, Partizipation und Empowerment in der Behindertenarbeit. Best Practice-Beispiele: Wohnen – Leben – Arbeit – Freizeit. 3., aktualisierte Auflage. Stuttgart: Kohlhammer. S. 37–42.

Umsetzungsbegleitung BTHG (o.J.): »Umsetzungsbegleitung Bundesteilhabegesetz« (Hrsg.) Gegliederte Struktur des deutschen Sozialleistungssystems. Online verfügbar unter: https://umsetzungsbegleitung-bthg.de/gesetz/hintergrund/, letzter Zugriff: 26.09.2023.

York, J. & Jochmaring, J. (2022): Dilemmata einer inklusiven Arbeitswelt. Menschen mit Behinderung zwischen Sondersystemen und Gestaltungschancen einer Arbeitswelt 4.0?! In: Schimek, B. et al. (Hrsg.): Grenzen.Gänge.Zwischen.Welten. Kontroversen – Entwicklungen – Perspektiven der Inklusionsforschung. Bad Heilbrunn: Klinkhardt, S. 84–91.

9 Lebenslanges Lernen und inklusive Erwachsenenbildung

Jonas Metzger

»Schon immer habe ich Kanarienvogelgelb geliebt. Würdet ihr mir mein Zimmer in dieser Farbe streichen?« Diese Frage, diesen Wunsch, stellte Nancy Lee ihren Freunden in ihrer letzten Lebensphase. Es war kein alltäglicher Wunsch. »Mein ganzes Leben wollte ich ein Zimmer, das in einer Farbe gestrichen ist, die ich selbst ausgewählt habe«, erklärte sie. »Aber überall, wo ich bisher gelebt habe, waren die Wände in einer Farbe gestrichen, die jemand anderes ausgesucht hatte.«

Die Geschichte von Nancy Lee schildert David C. Schwartz in seinem Buch »Who Cares? Rediscovering Community« (Schwartz 1997, S. 9ff). Nancy, eine Frau mit schwerer Zerebralparese, verbrachte den Großteil ihrer knapp 40 Lebensjahre in einem, wie Schwartz schreibt, trost- und farblosen Pflegeheim. Wie viele in ihrer Situation hatte sie sich das nicht ausgesucht. Hatte sich zuerst noch ihre Familie kümmern und Nancy bei ihr leben können, war der Familie die alltägliche Pflege mit der Zeit über den Kopf gewachsen. Da auch das Angebot an ambulanten Unterstützungsleistungen überschaubar war, blieb der Familie und Nancy irgendwann nichts anderes mehr übrig als ihr Umzug in eine Einrichtung. Dort hatte sie zumindest Personen, die sich 24 Stunden am Tag kümmern konnten. Nach etlichen Jahren in institutionalisierter Betreuung schaffte es eine Gruppe Sozialarbeiter*innen und anderer engagierter Professioneller, darunter auch David C. Schwartz, Nancy eine eigene Wohnung in einer kleinen Stadt mit einer persönlichen Unterstützungskraft zu organisieren. Was zuerst wie ein großer Erfolg aussah – im Sinne von Normalisierung, Selbstständigkeit und gesellschaftlicher Teilhabe, raus aus der institutionalisierten Isolation und hinein in eine städtische Gemeinschaft –, erwies sich nach kurzer Zeit als Trugschluss:

> »Nach einer Weile jedoch machte meine Freundin Sharon Gretz eine beunruhigende Entdeckung. Obwohl Nancy und andere, die wie sie umgezogen waren, nun physisch in einer Gemeinschaft lebten, waren sie tatsächlich immer noch fast genauso isoliert wie zuvor, als sie in einer Institution gelebt hatten. Genau wie in der Institution waren alle, die in ihr Leben involviert waren, bezahlt, um da zu sein. Anders als Sharon und anders als ich hatte sie keine echten Freunde« (Schwartz 1997, S. 10).

David C. Schwartz beschreibt weiter, wie Sharon Gretz versucht, die soziale Isolation von Nancy aufzubrechen: Sie beginnt, andere, gewöhnliche (also nicht bezahlte) Stadtbewohner*innen zu fragen, sich im Leben von Nancy einzubringen. Sie findet eine Kirchengemeinde, die Nancy aufnimmt und zu deren Gottesdienste sie gehen kann. Aber kaum, dass sie dort einen ersten Anschluss gefunden hat, erkrankt Nancy so schwer und unheilbar an Krebs, dass sie ihr Bett nicht mehr verlassen kann. Und wieder ist sie fast ausschließlich von professionellen Pflege- und Betreuungskräften umgeben. Der wachsende Pflegebedarf bedroht auch das eigenständige Wohnen.

Für die letzte Phase ihres Lebens, so scheint es, muss sie wohl wieder in eine Institution zurück. Besorgt über die abermals wachsende soziale Isolation, wendet Sharon sich erneut an die Mitglieder der Kirchengemeinde. Dort war zwar schon aufgefallen, dass Nancy nicht mehr kommt. Aber es hatte sich auch niemand die Mühe gemacht, herauszufinden, was ihr zugestoßen und wo sie abgeblieben war. Sharon lädt eine kleine Gruppe von Frauen aus der Gemeinde ein, der Nancy erzählen kann, wie es ihr ergangen war und warum sie nicht mehr da war. Angestoßen durch das Gespräch – und nachdem auch der Pfarrer auf die Situation aufmerksam geworden war – kümmert sich die Kirchengemeinde um Nancy und einzelne Gemeindemitglieder besuchen sie regelmäßig. Je schwieriger die Situation Nancys wird, desto mehr Aufgaben übernehmen die Gemeindemitglieder. Manche kommen zum Kochen, andere zum Putzen, wieder andere einfach nur für ein Gespräch. Wenn es jemandem zu viel wird oder es ihm bzw. ihr die Zeit nicht mehr erlaubt, zieht er oder sie sich zurück und es finden sich Andere, die zu Nancy gehen. Zusammen mit den professionellen Kräften, die nachts bei Nancy sind, schafft es die Gemeinde, dass Nancy keine Stunde des Tages mehr alleine sein muss. Die größte Überraschung: während Nancy zwar körperlich schwächer wird und sich ihr Zustand verschlechtert, blüht sie förmlich auf und beginnt Gedichte zu schreiben. In dieser Situation traute sie sich auch ihren Wunsch zu äußern. Und natürlich finden sich schnell Personen, die den Raum in einem hellen Gelb streichen. So kann sie in einem Raum versterben, der ihr Zuhause geworden ist. Schwartz resümiert seine Schilderungen:

> »Es war natürlich traurig. Ein früher Tod ist traurig. Aber Nancy, die die meiste Zeit ihres Lebens in isolierten Pflegeeinrichtungen verbracht hatte, hatte etwas getan, das selbst für die sehr wohlhabenden Menschen unerreichbar ist. Sie war nicht im Krankenhaus oder im Pflegeheim gestorben, umgeben von bezahlten, wenn auch möglicherweise mitfühlenden Fremden, die in Schichten arbeiten. Sie war in ihrem Zuhause gestorben. Und am bemerkenswertesten war, dass sie in diesem modernen Zeitalter dem Tod unter ihren Freunden ins Auge geblickt hatte« (Schwartz 1997, S. 12).

Auch wenn die Geschichte von Nancy Lee schon eine Weile zurückliegt, können wir an dieser immer noch sehen, worauf es bei Fragen gesellschaftlicher Teilhabe ankommt und wie schnell auch gut gemeinte Ansätze und Vorhaben sich in ihr Gegenteil verkehren können. Während Nancy durch den Auszug aus der Institution in eine eigene Wohnung auf einer strukturellen und formalen Ebene mehr gesellschaftliche Teilhabe eröffnet wird, zeigt sich, dass der Umzug alleine nicht ausreicht. Die strukturellen und physischen Voraussetzungen zu schaffen, wie Barrierefreiheit oder geeigneter Wohnraum, sind zwar Elemente, die einen Zugang zu gesellschaftlicher Teilhabe ermöglichen, reichen aber nicht aus. Angebote des Lebenslangen Lernens und der Erwachsenenbildung können dazu beitragen, das gesellschaftliche Teilhabe dann auch realisiert wird. So werden in Wohntrainings z. B. Menschen mit intellektueller Beeinträchtigung darauf vorbereitet, selbständig zu leben (▶ Kap. 8), durch Mobilitätstrainings deren Bewegungsradius erhöht (▶ Kap. 2) und in Angeboten zu Digitalität der Zugang zu sozialen Medien und Internet eröffnet, so dass sie besser mit anderen Menschen in Kontakt treten können (▶ Kap. 12).

Zudem braucht es konkrete und alltägliche Situationen, in denen Menschen mit intellektueller Beeinträchtigung andere Menschen – mit und ohne Beeinträchtigung

– treffen können, zusammen mit ihnen lachen oder auch streiten können. Gerade Angebote des Lebenslangen Lernens und der Erwachsenenbildung können solche Situationen sein. In der Geschichte von Nancy wird dies erst durch die Frauengruppe einer Gemeinde realisiert. Dadurch findet Nancy gesellschaftlichen Anschluss und einen Weg aus ihrer Isolation. Unter den Schlagworten Lebenslangen Lernens und Erwachsenenbildung finden sich immer häufiger ähnliche Gruppen und inklusive Angebote, bei denen das gesellschaftliche Zusammensein und nicht allein ein bestimmter Bildungsgewinn im Vordergrund steht. Beispiele dafür sind die LEA Leseclubs oder das Inklusionsorchester *Die Bunten* aus Augsburg, die im Abschnitt *Best-Practice-Beispiele* dieses Beitrages vorgestellt werden.

Die Geschichte von Nancy verdeutlicht weiterhin, dass Teilhabe – genauso wie Bildung – kein abschließbarer Prozess ist, kein Projekt, das, wenn es einmal auf die Beine gestellt ist, erledigt ist. Vielmehr ist es ein brüchiger Zustand, ein Zusammenhang, der fortlaufend gepflegt werden muss, immer wieder neu hergestellt und an sich verändernde individuelle und gesellschaftliche Umstände angepasst werden muss.

Was sich, so formuliert, nach einer nicht enden wollenden Arbeit anhört, wird durch die Perspektiven des Lebenslangen Lernens und der Erwachsenenbildung zu einer spannenden und vielfältigen Betätigung, die gleichzeitig spielerische und ernsthafte Elemente vereinigt und von der eine inkludierende und gemeinschaftsbildende Kraft ausgehen kann.

Im weiteren Beitrag sollen deshalb verschiedene Aspekte des Lebenslangen Lernens und der Erwachsenenbildung mit Bezug auf die gesellschaftliche Teilhabe von Menschen mit (intellektueller) Beeinträchtigung erläutert und an konkreten Beispielen ausgeführt werden.

9.1 Bedeutung

Die Ansicht, dass Lernen ein lebenslanger Prozess ist, hat sich inzwischen durchgesetzt. Auch wenn sich Lernen in unterschiedlichen Lebensphasen unterscheidet, gilt nicht mehr das alte Sprichwort: »Was Hänschen nicht lernt, lernt Hans nimmer mehr.« Es wird anerkannt, dass wir uns – ob mit oder ohne intellektuelle Beeinträchtigung – auch im Alter noch neues Wissen, neue Kompetenzen und Fertigkeiten aneignen können und ja vielfach auch müssen. Zudem werden Bildungsangebote, Lernprozesse und Lernorte inzwischen auch als wichtige Elemente gesellschaftlicher Teilhabe und Inklusion begriffen.

Dies betrifft erstens die Tatsache, dass der fortlaufende und beschleunigte Wissens- und technologische Wandel es erforderlich macht, dass sich Menschen auch im Erwachsenenalter und im höheren Alter eben dieses neue Wissen und vor allem neue Technologien aneignen müssen, um weiterhin an der Gesellschaft teilzuhaben. Die aktuellen Diskussionen um die Digitalisierung zeigt dies besonders deutlich: Wer nicht bereit oder fähig ist, sich mit Internet, Smartphone, sozialen Medien,

Fahrkartenapps oder Onlinebanking auseinanderzusetzen und sich diese Technologien anzueignen, dem wird der Zugang zu vielen gesellschaftlichen Bereichen erschwert oder er verliert ihn ganz. Konkrete Angebote des Lebenslangen Lernens und der Erwachsenenbildung können helfen, dass Menschen mit und ohne Beeinträchtigung nicht abgehängt werden.

Zweitens hat ich inzwischen gezeigt, dass Bildungsangebote nicht nur dienlich sind für den individuellen Wissens- und Kompetenzerwerb, sondern die Lernsituationen selbst Situationen gesellschaftlicher Teilhabe und der Inklusion sein können. Bei einem Museumsbesuch z. B. erfährt man eben nicht nur Neues, sondern trifft auch andere Menschen (▶ Kap. 10).

Ein dritter wichtiger Punkt liegt in der demografischen Situation. Nicht nur die Gesamtbevölkerung in Deutschland altert, sondern auch die Zahl der Menschen mit intellektueller Beeinträchtigung im Alter nimmt zu. Aber gerade für ältere Menschen mit intellektueller Beeinträchtigung existieren kaum Angebote. Mit dem Eintritt ins Rentenalter und dem damit verbundenen Ausstieg aus der Werkstatt für Menschen mit Behinderung (WfbM) fallen für viele Menschen mit intellektueller Beeinträchtigung sinnstiftende Beschäftigungen, Tagesstrukturierung sowie zentrale soziale Kontakte weg. Angebote der Erwachsenenbildung und des Lebenslangen Lernens können hier eine wichtige Lücke schließen, um Menschen mit intellektueller Beeinträchtigung nach dem Eintritt ins Rentenalter vor der Vereinsamung zu bewahren.

9.1.1 Lebenslanges Lernen

Ein Bildungsbegriff, der nicht nur auf Wissens- und Kompetenzerwerb abzielt, sondern auch einen Beitrag zur Teilhabe und Inklusion leisten will, wird auch unter dem Begriff des Lebenslangen Lernens diskutiert. Das Konzept des Lebenslangen Lernens kam zum ersten Mal in den 1970er-Jahren auf, als Gegenentwurf zu einem Bildungssystem, das auf Institutionen fixiert ist. Diesem, so die damalige Ansicht, gelang es nicht, mehr an Wissen zu produzieren, das den Anforderungen einer Lebenswelt gerecht wird, die sich stetig wandelt. Stattdessen wurde mit dem Lebenslangen Lernen ein Bildungsverständnis – und entsprechend gestaltete Angebote – proklamiert, das über die Schul- oder Ausbildungszeit hinausreicht und sich an die sich verändernden Bedürfnisse und Herausforderungen des Lebens anpasst. Breite Anerkennung und Berücksichtigung erhielt das Konzept dann allerdings erst deutlich später in den 1990er-Jahren, als die OECD, die UNESCO und die Europäische Union vermehrt in ihren Publikationen auf das Konzept des Lebenslangen Lernens zurückgriffen. Für die UNESCO geht es dabei um die vier Felder: *Learning to know, learning to do, learning to live together und learning to be.* Christiane Hof beschreibt diese Entwicklung als eine »strategische und funktionale Zuspitzung« (Hof 2022, S. 33). Lernen im Lebenslauf wurde immer weniger als gewöhnlicher und grundlegender Vorgang im Leben eines Menschen betrachtet, sondern als notwendig, um in einer Wissensgesellschaft mit dem gesteigerten Lebenstempo und der zunehmenden Individualisierung umgehen zu können (vgl. Hof 2022, S. 41). Diese Veränderung und Forderung hin zu einem Lernen über alle Lebensphasen hinweg, umfasste auch wichtige inhaltliche Verschiebungen, wie die Auflösung (oder zumindest Auflockerung) traditioneller-intentioneller Lehr-Lern-Settings, hin zu einem ungebundeneren Verständnis des Lernens in Bezug auf Zeit, Raum und Inhalt (▶ Tab. 9.1): Zeitlich findet das Lernen damit nicht mehr begrenzt in bestimmten Lebensphasen statt und der Bildungsprozess gilt nicht mehr als abgeschlossen mit dem Übertritt in einen neuen Lebensabschnitt, wie z. B. mit dem Beginn des Arbeitslebens. Vielmehr wird über den gesamten Lebenslauf hinweg und in jedem Alter gelernt. Die räumliche Erweiterung bricht damit, dass das Lernen ausschließlich in institutionellen pädagogischen Einrichtungen (wie Kindergärten, Schulen, Erwachsenen- und Berufsbildungsorganisationen) stattfindet, sondern erkennt an, dass auch Lernprozesse im Alltag stattfinden oder in Einrichtungen und Institutionen, die nicht direkt Bildungsziele verfolgen (wie z. B. in Sportvereinen). Die Trägerschaft von Angeboten Lebenslangen Lernens wie auch der Erwachsenenbildung vervielfältigt und vergrößert sich dadurch; Angebote werden niedrigschwelliger und neue Zielgruppen werden erschlossen. Die inhaltliche Erweiterung schließlich bezieht neben den herkömmlichen Bildungsinhalten, wie dem allgemeinbildenden Bildungskanon sowie spezifischen berufsqualifizierenden Wissen und Kompetenzen, die Vielfalt aller Lebensbereiche sowie normative Orientierungen ein und knüpft enger an das Selbst- und Weltwissen der Teilnehmenden an (vgl. Hof 2022, S. 33).

Der Fokus liegt nicht mehr auf einem festen, von den Lehrenden bestimmten Bildungskanon, sondern es geht darum, eine individuell ausgerichtete Bildungsarbeit und selbstgesteuertes Lernen zu etablieren, welches auch außerhalb formaler, nämlich an non-formalen und informellen Lernorten geschehen kann. Indem Lebenslanges Lernen eine Bildungsumgebung schafft, die sich durch Eigenständigkeit und Eigenverantwortlichkeit sowie aktive Beteiligung kennzeichnet, werden auch zentrale Leitideen der Förderpädagogik wie Selbstbestimmung und Partizipation (vgl. Stöppler 2017, S. 78) in eine gelebte Praxis umgesetzt.

Tab. 9.1: Bestimmungsmerkmale Lebenslangen Lernens nach Christiane Hof (2022, S. 33)

Lebenslanges Lernen
• beschreibt ein Lernen, das zeitlich nicht auf einzelne Lebensphasen begrenzt ist, sondern den ganzen Lebenslauf einbezieht;
• bezieht sich räumlich nicht nur auf das Lernen in pädagogischen Einrichtungen wie Kindergarten, Schule, Erwachsenen- und Berufsbildungsorganisationen, sondern auf das Lernen im Alltag oder in intermediären, hybriden Institutionen, in denen sowohl Bildungsabsichten als auch andere Ziele verfolgt werden;
• beschreibt ein Lernen, das sich inhaltlich nicht nur auf einen bestimmten allgemeinbildenden Kanon oder konkrete berufsqualifizierende Inhalte beschränkt, sondern die Vielfältigkeit aller Lebensbereiche beinhaltet und neben Selbst- und Weltwissen auch Fertigkeiten und normative Orientierungen einschließt.

Der Begriff des Lebenslangen Lernens ist nicht ohne Kritik geblieben. Viele Menschen empfinden die Vorstellung, auch im fortgeschrittenen Alter und »lebenslang«

lernen zu müssen, als belastend. Dies hängt auch damit zusammen, dass Lernen oft ausschließlich als schulisches Lernen verstanden wird und nicht als positiv erfahren wurde.

Zu Recht weist zudem Feuser daraufhin, dass es auch Vorsicht mit der Forderung nach Lebenslangem Lernen im Kontext von Intellektuellen Beeinträchtigungen benötigt. Denn die Idee des Lebenslagen Lernens ist anknüpfungsfähig an das gängige Vorurteil, dass insbesondere Menschen mit intellektueller Beeinträchtigung »lebenslanger ›Unterweisung‹ bedürfen« (Feuser 1998). Lebenslanges Lernen stellt aber gerade nicht die Defizite einer Person in den Vordergrund und will an diesen arbeiten, sondern es geht darum ressourcenorientiert die individuellen Interessen und Potenziale auszubauen.

9.1.2 Erwachsenenbildung

In der Bildungslandschaft waren Akteure*innen der Erwachsenenbildung die ersten, die sich des Lebenslangen Lernens annahmen und ihre Angebote stärker auf dieses Konzept ausrichteten. Dies ist auch nicht verwunderlich, denn der Bereich der Erwachsenenbildung ist traditionell nicht so stark institutionalisiert wie die Schul- und Berufsausbildung. Die kommunalen Volkshochschulen sind zwar ein zentraler Akteur in diesem Feld, aber im Laufe der Jahre hat sich eine vielfältige und facettenreiche Trägerlandschaft entwickelt. Diese umfasst Akteure wie Kammern, Kirchen oder Wohlfahrtsverbände, aber auch kleine lokale Initiativen zum Beispiel aus der Umwelt-, der Behindertenbewegung oder der Geflüchtetenhilfe. So reichhaltig, wie das Leben eben ist, so vielgestaltig ist auch das Angebot und die Trägerschaft der Erwachsenenbildung. Viele der Angebote können nur durch ehrenamtliches Engagement geleistet werden.

Erwachsenenbildung zielt darauf ab, Menschen auch nach der Berufsausbildung in ihren eigenen Lern- und Bildungsbestrebungen zu unterstützen. Dabei bewegen sich die konkreten Angebote zwischen einerseits funktional beruflichen Bildungszielen und andererseits einer subjektbezogenen persönlichen Bildung. Je nach Träger und Geldgeber kann sich der Fokus unterscheiden, so liegt er dann z. B. eher auf der beruflichen Weiterqualifizierung, der Stärkung der Demokratie durch politische Bildungsmaßnahmen oder gesellschaftlicher Teilhabe durch gemeinsame Lernaktivitäten.

In der Förderpädagogik erlangte das Handlungsfeld der Erwachsenenbildung vergleichsweise spät Aufmerksamkeit, vor allem in den 1980er-Jahren, nachdem an Volkshochschulen in Nürnberg und in Frankfurt erste Pilotprojekte Erfolge zeigten. Ende der 1980er-Jahre wurde dann die »Gesellschaft zur Förderung der Erwachsenenbildung von Menschen mit einer geistigen Behinderung e.V.« gegründet (seit 1994 unter dem Namen Gesellschaft Erwachsenenbildung und Behinderung e.V. Deutschland [GEB]). Ihr Ziel ist es, das Thema Erwachsenenbildung und Behinderung durch Publikationen, Fortbildungen und Lobbyarbeit voranzubringen.

Diese späte Zuwendung ist zum einen darauf zurückzuführen, dass Menschen mit intellektueller Beeinträchtigung lange Zeit ihre Bildungs- und Entwicklungsfähigkeit abgesprochen wurde. Zum anderen darauf, dass während des Nationalsozialismus ganze Generationen von Menschen mit intellektueller Beeinträchtigung getötet wurden und dementsprechend erst zu diesem späteren Zeitpunkt wieder mehr Menschen des Personenkreises im Erwachsenenalter waren (vgl. Theunissen 2003, S. 46). Ziel der Kursangebote, die speziell für Menschen mit intellektueller Beeinträchtigung erarbeitet wurden, war es,

1. Kompetenzen zu vermitteln, die es Menschen mit intellektueller Beeinträchtigung ermöglichen, sich in einer rasant verändernden Welt selbständig und flexibel zurecht zu finden,
2. Kompetenzen, die während der Schulzeit erworben wurden, zu erhalten und zu erweitern und
3. Hilfestellungen beim Erlernen der Erwachsenenrolle (z. B. selbständiges Wohnen) zu geben (vgl. Theunissen 2003, S 52).

Mit der Ratifizierung der UN-BRK trat dann ab 2009 der Gedanke einer inklusiven Erwachsenenbildung zunehmend in den Vordergrund der Diskussion. Noch immer gibt es spezifische Lernangebote zum Erhalt von Kompetenzen und zur Kompensation von Einschränkungen. Gleichzeitig wird verstärkt gefordert und auch realisiert, dass das reguläre Kursangebot der Erwachsenenbildung für alle geöffnet wird und die Voraussetzungen dafür geschaffen werden, dass Menschen mit intellektueller Beeinträchtigung – aber auch andere bis dahin weniger berücksichtigte Gruppen wie Menschen mit Migrationshintergrund oder ältere Menschen – teilnehmen können.

Während es zwar immer mehr inklusive Einzelangebote in der Erwachsenenbildung gibt, wie z. B. das Pilotprojekt der ARGO Stiftung und des Kirchner Museum Davos, in dem mittels von Tanzaufführungen erkundet wird, wie Museen für Menschen mit und ohne Beeinträchtigung Ort gesellschaftlicher Teilhabe werden können (vgl. Holenweger & Smidt Bill 2023), sind die Strukturen der Erwachsenenbildung bisher nur wenig inklusiv ausgestaltet. So gibt es z. B. im Inklusionskataster NRW, einer Internetplattform, auf der Inklusionsprojekte aus Nordrhein-Westfalen gesammelt werden, zwar eine Reihe von Projekten, die dem Lebenslangen Lernen zugerechnet werden können (wie z. B. Dunkelcafés), aber nur ein einziges gelistetes inklusives Projekt in der Erwachsenenbildung. In einem Artikel zur aktuellen Situation der inklusiven Erwachsenenbildung in Deutschland resümiert Ackermann, dass »inklusive Erwachsenenbildung offenbar dort erfolgreich umgesetzt werden kann, wo Vernetzung mit Einrichtungen der Behindertenhilfe entwickelt und die daraus resultierenden Kooperationen institutionell verankert sowie über eine anfängliche Projektförderung hinausgehend dauerhaft organisiert und finanziert werden können« (Ackermann 2019, S. 20).

9.2 Rechtliche Aspekte

Die rechtlichen Rahmenbedingungen sind ein wesentlicher Faktor dafür, dass Menschen mit intellektueller Beeinträchtigung Zugang zu Angeboten des Lebenslangen Lernens und der Erwachsenenbildung erhalten und Angebote vorfinden, die auch ihre Bedürfnisse berücksichtigen. Zentral für inklusive Bestrebungen war die bereits erwähnte UN-BRK, die 2009 von Deutschland ratifiziert wurde. In der UN-BRK werden die allgemeinen Menschenrechte für Menschen mit Beeinträchtigung konkretisiert und Inklusion als Weg zur Realisierung dieser Rechte eingefordert. Inklusion wird weiterhin ausdrücklich mit dem Recht auf Bildung in Zusammenhang gebracht, indem das Recht auf Bildung als Recht auf inklusive Bildung präzisiert wird (vgl. Babilon 2017, S. 45). Der UN-BRK folgend gilt es dann, Menschen mit einer Beeinträchtigung den gleichberechtigten und diskriminierungsfreien Zugang zum Bildungssystem zu gewährleisten. Dies schließt folglich auch alle Angebote der Erwachsenenbildung und des Lebenslangen Lernens mit ein. Explizit genannt sind beide Felder in Art. 24 Abs. 5 und es wird dort gefordert, dass die Vertragsstaaten angemessene Vorkehrungen treffen, um dies zu gewährleisten. Im Kapitel Berufliche Bildung (▶ Kap. 6) wird ausführlicher dargestellt, durch welche weiteren rechtlichen Rahmenbedingen inklusive Bildung in Deutschland gestärkt wird.

Erwachsenenbildung und auch Lebenslanges Lernen findet in Deutschland an einer Vielzahl von Orten und getragen durch unterschiedlichste Organisationen statt. Daraus und aus dem historischen Entstehungsprozess haben sich, wie Nuissl (2018) schreibt, eine »Vielzahl und Vielfalt an Reglungssystemen für die Erwachsenenbildung« herausgebildet:

> »Eine Systematisierung ist umso schwieriger geworden, als Erwachsenenbildung letztlich überall stattfindet, in Vereinen, Organisationen, Betrieben, Verbänden, Netzwerken und Bildungseinrichtungen. Ordnungsgrundsätze sind daher immer nur für Teilbereiche gültig. Sie sind vor allem in Form von Gesetzen, von diesen nachgeordneten Verordnungen und zunehmend auch von internationalen (europäischen) Richtlinien und Empfehlungen festgehalten« (ebd.).

Die Bundesländer haben jeweils eigene Erwachsenenbildungsgesetze, die sich in ihrer »Regelungs- und Förderungslogik« unterscheiden. Zu einer vertiefenden Auseinandersetzung wird deshalb hier auf das Kapitel »Recht, Institutionen und Finanzierung« in dem von Arnold, Nuissl und Rohs Buch »Erwachsenenbildung. Eine Einführung in Grundlagen, Probleme und Perspektiven« verwiesen (vgl. Arnold et al. 2017, S. 85–112).

9.3 Teilhaberisiken

Um die Teilhabe von Menschen mit intellektueller Beeinträchtigung durch Angebote des Lebenslangen Lernens und der Erwachsenenbildung zu verbessern, gilt es, bestehende strukturelle Barrieren und individuelle Hemmschwellen abzubauen. Aus dem Bereich der beruflichen Weiterbildung ist bekannt, dass Menschen mit einer Beeinträchtigung seltener an allgemeiner und beruflicher Weiterbildung teilnehmen als Menschen ohne Beeinträchtigung (vgl. BMAS 2021, S. 189). Für Angebote des Lebenslangen Lernens und der Erwachsenenbildung gibt es dazu keine Zahlen, die Situation dürfte allerdings vergleichbar sein. Gründe dafür, dass Menschen mit intellektueller Beeinträchtigung keinen Zugang haben, können auch als Teilhaberisiken beschrieben werden. Die Stiftung Leben Pur hat Teilhaberisiken unter der Überschrift Teilnahmevoraussetzungen für Erwachsenenbildungsangebote für Menschen mit einer komplexen Behinderung zusammengestellt (▶ Tab. 9.2). Diese sind auch insgesamt für den Personenkreis der Menschen mit intellektueller Beeinträchtigung zutreffend.

Tab. 9.2: Teilnahmevoraussetzungen für Erwachsenenbildungsangebote für Menschen mit komplexer Behinderung erarbeitet von der Stiftung Leben pur (Zuleger 2021, S. 7)

Teilnahmevoraussetzungen für Erwachsenenbildungsangebote für Menschen mit komplexer Behinderung
• Individuelle Voraussetzungen • Menschen mit Komplexer Behinderung haben häufig negative Lernerfahrungen aus ihrer Schulzeit • Kurse sollten ohne Vorerfahrung und Leistungsdruck möglich sein
• Institutionelle Voraussetzungen • Verfügbarkeit einer Bildungsberatung • Bauliche Barrierefreiheit • Wohnortnahes Angebot • Angebot einer Wegbegleitung • Passendes Lehr-Lern-Arrangement/Didaktik • Willkommenskultur in heterogenen Gruppen
• Strukturelle Voraussetzungen • Persönliche Bildungsassistenz • Explizite Ansprache von Menschen mit Behinderung • Angemessene Kurspreise

9.4 Teilhabechancen

Wie kann Lebenslanges Lernen und Erwachsenenbildung nun zur Teilhabe von Menschen mit intellektueller Beeinträchtigung beitragen? In unterschiedlichen Kommunen und Gemeinden hat sich über die letzten Jahre ein konkretes und diverses Angebot etabliert. Weiter gefasst können auch Gruppenreisen, wie sie zum Beispiel von vielen lokalen Vereinen der Lebenshilfe angeboten werden, zu Angeboten des Lebenslangen Lernens gezählt werden. Menschen mit intellektueller Beeinträchtigung kommen so aus ihrem gewohnten Umfeld heraus, stehen in sozialem Kontakt an den Besuchsorten und vor allem auch mit ihren Mitreisenden. Enger gefasst haben sich unter dem Dach der Erwachsenenbildung inklusive Projekte herausgebildet. Für die Entwicklung inklusiver Angebote im Bereich der Erwachsenenbildung setzte die Aktion Mensch einen wichtigen Impuls, in dem sie von 2012 bis 2018 Projekte und Initiativen über einen Zeitraum von drei Jahren finanziell förderte und Träger so die Freiheit hatten, neue Wege zu erdenken und auszuprobieren (vgl. Ackermann 2019, S. 18). Davon sollen hier einige vorgestellt werden.

9.4.1 Das Bewegungsarchiv von Katja Heitmann

Die Idee des Lebenslangen Lernens geht über die konkreten und vielfältigen Angebote der Erwachsenenbildung hinaus. Ein besonders eindrucksvolles Beispiel, wie dies aussehen kann, ist das Bewegungsarchiv, das sich die Choreografin und Bewegungsforscherin Katja Heitmann ausgedacht und an verschiedenen Orten bereits realisiert hat. Es ist kein Bildungsangebot im klassischen Sinne und auch keines, das sich speziell an Menschen mit intellektueller Beeinträchtigung richtet. Es zeigt aber eindrucksvoll, wie einfach ein Angebot lehrsam, unterhaltend und inklusiv sein kann, wenn es den Menschen, mit dem, was er oder sie mitbringt, sowie dem, was ihn oder sie mit anderen verbindet, in den Mittelpunkt stellt.

Die Idee für das Bewegungsarchiv hatte Katja Heitmann, nachdem ihr Vater verstorben war und ihr keine materiellen Erinnerungsstücke hinterlassen hatte. Eine Situation, die sich auch bei Menschen mit intellektueller Beeinträchtigung ergeben kann, insbesondere, wenn diese ihr Leben lang in Institutionen gelebt haben. Katja Heitmann veranlasste dies, nach etwas zu suchen, was sie dennoch bewahren konnte. In einem Interview erzählt sie:

> »Irgendwann fing ich an, mich daran zu erinnern, wie er am Tisch saß oder sich die Nase kratzte, während er nachdachte. Vielleicht könnte man diese Bewegungen bereits betrachten, bevor jemand geht, so dass man noch Zeit hat, darauf aufmerksam zu werden. Mit diesem Gedanken im Hinterkopf beginnst du, Menschen anders anzusehen« (Rheinische Post 2020).

Deshalb begann sie 2019, zusammen mit einem Team Methoden zu entwickeln, um Bewegungen zu sammeln, zu dokumentieren und zu bewahren. Menschen ›spenden‹ dazu ihre Bewegungen in einem einstündigen Bewegungsinterview an Tänzer*innen. Darin nehmen die Tänzer*innen auf, wie ihr Gegenüber sich bewegt und welche Erinnerungen und Eigenschaften sich in den Bewegungsmustern widerspiegeln. Die Tänzer*innen erlernen anschließend diese Bewegungen und machen diese für andere in Bewegungsausstellungen erlebbar. Mit über 1500 Menschen haben Katja Heitmann und ihr Team inzwischen gesprochen und in den Städten Maastricht und Eindhoven in den Niederlanden sowie in Düsseldorf in Deutschland Bewegungsarchive angelegt. In einem neuen Format mit dem Titel »Reliquiem« machen die Zuschauer*innen selbst mit, die eigenen und fremden Bewegungen nachzuspüren: »Schließen Sie jetzt die Augen. Schlagen Sie das rechte Bein über das linke, so dass die Knie nebeneinanderliegen. Bringen Sie Ihren Oberkörper leicht nach rechts und neigen Sie den Kopf zur rechten Schulter. So sitzt Herr Stamm in seinem Rollstuhl« (Rheinische Post 2023). Die Bewegungen sollen dabei nicht imitiert werden, sondern es soll versucht werden zu fühlen, was der andere in seiner Bewegung fühlt.

Die Idee entstand auch vor der Überlegung, dass in modernen Gesellschaften zwar sehr viel archiviert wird, aber, so Heitmann, dass das, was archiviert wird, fast ausschließlich aus einer Perspektive der Effizienz und der Rationalität ausgewählt wird. Bewegungen dagegen als etwas ganz Alltägliches und an sich Flüchtiges, erzählen etwas Anderes. Jeder Mensch hat seine ganz eigenen Bewegungen. Und selbst wenn viele Ausdrucksmöglichkeiten eingeschränkt sind, z.B. aufgrund einer schweren Beeinträchtigung, bleiben doch immer Körperbewegungen: wie der Kopf gedreht wird, wie die Hände gehalten werden, usw. »Man braucht nur einen Körper«, sagt Heitmann (Rheinische Post 2023).

9.4.2 Best-Practice Beispiele

Osnabrück Inklusiv[38]

Vorstellung

Plattform und Netzwerk von 10 Bildungseinrichtungen, die Veranstaltungen anbieten, die von Menschen mit und ohne Beeinträchtigung gemeinsam besucht werden können.

Zielsetzung/Leitbild

- Inklusive Bildungslandschaft
- Niedrigschwellige Angebote
- Sensibilisierung für Inklusion
- Weiterbildung von Kursleiter*innen

Arbeitsweise/-struktur

- Trägerübergreifendes Ausschreibungs- und Anmeldesystem für Kursangebote, in dem auch Hilfe- und Assistenzbedarf aufgenommen wird
- Gedrucktes Programmheft mit Kursangeboten
- Homepage mit Kursangeboten
- Besonders inklusive Veranstaltungen sind mit einem blauen Vogel gekennzeichnet
- Einfache Sprache

---

[38] https://www.bildunginklusiv-os.de/

Inklusive Volkshochschule Bamberg[39]

Vorstellung

Die Volkshochschule Stadt Bamberg und Bamberger Land sollen für Menschen mit Lernschwierigkeiten und anderen Beeinträchtigungen geöffnet werden.

Zielsetzung/Leitbild

- Allen Menschen soll die Teilnahme an allen Kursen ermöglicht werden
- Soziale und kulturelle Teilhabe wird gelebt
- Keine besonderen und gesonderten Angebote, sondern Inklusion
- Menschliche Verschiedenheit wird als Normalität angesehen und wertgeschätzt
- Diskriminierendes Verhalten Einzelner während der Veranstaltungen wird nicht geduldet.

Arbeitsweise/-struktur

- Sensibilisierung der beteiligten Personen für Inklusion
- Übersetzung einer Auswahl des Programmheftes in Leichte Sprache
- Barrierefreie Kursorte
- Hörunterstützung
- Sozialverträgliche Preisgestaltung und kostenlose Kursteilnahme für Begleitpersonen

LEA Leseclub Lebenshilfe Berlin[40]

Vorstellung

LEA steht für Lesen Einmal Anders, und es gibt in ganz Deutschland Leseclubs. Menschen mit und ohne Beeinträchtigung treffen sich und lesen zusammen und diskutieren über das Gelesene

Zielsetzung/Leitbild

- Jede*r kann mitmachen, auch ohne Lesefähigkeit
- Spaß und nicht das Lesen-Lernen steht an erster Stelle

Arbeitsweise/-struktur

- Wöchentliche etwa einstündige Treffen
- Moderator*innen, die das Lesen unterstützen
- Teilnehmer*innen können selbst den Lesestoff auswählen
- Angeleitetes Gespräch über den Lesestoff
- Kostenlose Teilnahme

---

39 https://www.vhs-bamberg.de/inklusive-vhs
40 https://www.lebenshilfe-berlin.de/de/leichte-sprache/lea-leseklub/index.php

Die Bunten. Das Inklusionsorchester aus Augsburg[41]

Vorstellung

Entstanden aus dem Musikunterricht in einer Werkstatt, musizieren etwa 32 Musiker*innen wöchentlich unter Anleitung.

Zielsetzung/Leitbild
- Musizieren in einer inklusiven Gemeinschaft
- Genaues Hinhören ist wichtig (Konzentration)
- Soziale Kompetenzerweiterung
- Musikalische und technische Verbesserung am Instrument
- Stärkung durch öffentliches Auftreten (Kultur vor Ort)

Arbeitsweise/-struktur
- Regelmäßige wöchentliche Probenarbeit sowie Auftrittsmöglichkeit
- Gemischte Gruppen: Kinder, Jugendliche, Erwachsene und Senior*innen mit und ohne Beeinträchtigungen
- Vielzahl an Instrumenten, vor allem Tischharfen; des weiteren Blockflöten, Gitarren, Akkordeons, Cello
- Percussiongruppen
- Musikstücke mit einfachen Liedtexten, dass das Mitsingen ermöglicht
- Kooperationsmodell Musikschule, Stadt und Arbeiter-Samariter-Bund

9.5 Fazit

Lernen und Neues entdecken gehört zum Menschsein, auch bis ins Alter, ob mit oder ohne Beeinträchtigung. Dafür sind Gelegenheiten und Räume in allen Lebensphasen notwendig. Es braucht Lernangebote, in denen nicht die Frage nach »richtig und falsch« im Mittelpunkt steht, sondern vielmehr Menschen mit und ohne Beeinträchtigung unterstützt werden, sich selbst auszudrücken, eigene Interessen zu entwickeln und diesen dann nachgehen zu können. Angebote gedacht und konzipiert mit dem Anliegen, dass alle mitmachen können, gelingen nur, wenn unterschiedlichste Sinne und Weltzugänge dabei angesprochen werden. Der Zugewinn muss vermehrt im Teilsein und Teilhaben gesehen werden. Die Teilnehmenden sollten Eigenmächtigkeit und Selbstwirksamkeit erfahren können. Sie müssen in der Auseinandersetzung mit sich selbst und mit anderen wachsen können. Das gelingt vor allem auch dann, wenn Menschen mit intellektueller Beeinträchtigung nicht nur als Teilnehmende gedacht werden, sondern auch als Lehrende. Ein eindrucksvolles Beispiel hierfür ist die Gedenkstättenarbeit, in der Menschen mit Lernschwierigkeiten Führungen durch Gedenkstätten für Menschen

---

41 https://www.diebunten.info/

mit und ohne Beeinträchtigung leiten und damit eine einzigartige Perspektive und sensibilisierende Erfahrung vermitteln (vgl. Gedenkstätte Brandenburg/Havel, o. J.).

Ein Weg ist klar vorgezeichnet: es gibt eine Reihe guter und funktionierender inklusiver Angebote des Lebenslangen Lernens und der Erwachsenenbildung, die als Best-Practice-Beispiele dienen können. Mit der UN-BRK liegt auch ein rechtlicher Rahmen dafür vor. Was fehlt ist die breite Umsetzung (vgl. Babilon 2017, S. 487). Dies ist sicherlich eine Frage zusätzlicher Ressourcen und einer entsprechenden Förderpolitik. Zudem könnte es hilfreich sein, die Idee einer inklusiven Erwachsenenbildung und deren positiven Auswirkungen aus unterschiedlichen Perspektiven zu beleuchten. Nancys Geschichte am Anfang dieses Beitrags zeigt: wie ein Mensch mit einer komplexen Behinderung in den Mittelpunkt gestellt und eingebunden wird und was sich dadurch positiv für ihn bzw. sie verändert. Was nicht ausgeleuchtet wird, was aber auch wichtig zu erzählen wäre, ist, wie sich diese Situation auf die Frauengruppe und die Gemeinde ausgewirkt hat. Denn die gesellschaftliche Teilhabe und Inklusion von Menschen mit einer Beeinträchtigung bedeutet nicht nur, dass diesem Personenkreis mehr Verwirklichungsmöglichkeiten eingeräumt werden, sondern verändert auch umgekehrt die Gesellschaft. Indem Nancy in die Frauengruppe eingebunden wird, kann dort eine Atmosphäre der Akzeptanz und des Verständnisses für Vielfalt entstehen. Die Frauen dort können lernen, sich auf unterschiedlichste Bedürfnisse einzustellen und ihre Perspektive zu erweitern. Die Frauengruppe und die Gemeinde werden durch Nancys Einbindung sensibilisiert, dass jeder Mensch, ganz unabhängig von ihren oder seinen Fähigkeiten und Einschränkungen, eine Bereicherung ist. Möglicherweise entsteht eine Kultur der Fürsorge und des Miteinanders, in der sich alle – mit und ohne Beeinträchtigung – gleichermaßen gestärkt fühlen und Sinnhaftigkeit in der Gemeinschaft erfahren.

Inklusive Angebote des Lebenslangen Lernens und der Erwachsenenbildung sind ein Beitrag zu mehr Lebensqualität für Menschen mit intellektueller Beeinträchtigung und gleichzeitig ein Weg, um die Gesellschaft insgesamt inklusiver, vielfältiger und lebenswerter zu gestalten.

Literatur

Ackermann, K.-E. (2019): Inklusive Erwachsenenbildung in Deutschland. Beispiele inklusiver Angebote für Menschen mit Lernschwierigkeiten. In: weiter bilden. DIE Zeitschrift für Erwachsenenbildung. Ausgabe 1–2019.

Arnold, R., Nuissl, E. & Rohs, M. (2017): Erwachsenenbildung. Eine Einführung in Grundlagen, Probleme und Perspektiven.

Babilon, R. (2017): Inklusive Erwachsenenbildung mit Menschen mit Lernschwierigkeiten – eine qualitative Studie in England. Dissertation zur Erlangung des akademischen Grades einer Doktorin der Philosophie am Fachbereich 5: Erziehungswissenschaft der Universität Koblenz-Landau.

BMAS (2021): Dritter Teilhabebericht der Bundesregierung über die Lebenslagen von Menschen mit Beeinträchtigungen. Teilhabe – Beeinträchtigung – Behinderung. Online verfügbar unter: https://www.bmas.de/SharedDocs/Downloads/DE/Publikationen/a125-21-teilhabebericht.pdf?__blob=publicationFile&v=7, letzter Zugriff: 28.11.2023.

Feuser, G. (1998): Lebenslanges Lernen für Menschen mit geistiger Behinderung – Selbstbestimmung und Integration. Vortrag am 11.06.98 anlässlich der bundesweiten Tagung

»Dialoge« mit der Thematik »Menschen mit Behinderungen in der Erwachsenenbildung« in Bremen. Online verfügbar unter: http://bidok.uibk.ac.at/library/feuser-lebenslang_lernen.html, letzter Zugriff: 07.12.2023.

Hof, C. (2022): Lebenslanges Lernen. Eine Einführung. 2., überarbeitete Auflage. Stuttgart: Kohlhammer Verlag,

Holenweger, E. & Smidt Bill, S. (2023): Das Bildungsprojekt »Kirchner tanzen« fördert Teilhabe und Inklusion. In: Schweizerische Zeitschrift für Heilpädagogik, Jg. 29, 05.

Nuissl, E. (2018): Ordnungsgrundsätze der Erwachsenenbildung in Deutschland. In: Tippelt, R. & von Hippel, A. (Hrsg.): Handbuch Erwachsenenbildung/Weiterbildung. Springer Reference Sozialwissenschaften. Springer VS, Wiesbaden. Online verfügbar unter: https://doi.org/10.1007/978-3-531-19979-5_25, letzter Zugriff: 97.12.2023.

Rheinische Post vom 02.10.2023: Den Bewegungen der anderen nachspüren. Online verfügbar unter: https://rp-online.de/kultur/mit-der-chroeografie-reliquiem-von-katja-heitmann-kommen-sich-die-zuschauer-im-tanzhaus-nrw-einander-naeher_aid-98712257, letzter Zugriff: 07.12.2023.

Rheinische Post vom 28.02.2020:, Wie sich Düsseldorf bewegt. Online verfügbar unter: https://rp-online.de/nrw/staedte/duesseldorf/kultur/choreografin-katja-heitmann-will-ein-archiv-aus-bewegungen-anlegen_aid-49271543, letzter Zugriff: 07.12.2023.

Schwartz, D. (1997): Who Cares? Rediscovering Community. Boulder, Colorado; Westview Press.

Stiftung Brandenburgische Gedenkstätten: Inklusive Angebote: Von Menschen mit Lernschwierigkeiten für Menschen mit und ohne Lernschwierigkeiten. Online verfügbar unter: https://www.brandenburg-euthanasie-sbg.de/bildung/inklusiv/, letzter Zugriff: 29.02.2024.

Theunissen, G. (2003): Erwachsenenbildung und Behinderung. Impulse für die Arbeit mit Menschen, die als Lern- oder geistig behindert gelten. Bad Heilbrunn: Verlag Julius Klinkhardt.

Von Hippel A., Tippelt, R. & Gebrande, J. (2018): Adressaten- Teilnehmer- und Zielgruppenforschung in der Erwachsenenbildung. In: Tippelt, R., von Hippel, A. (Hrsg.): Handbuch Erwachsenenbildung/Weiterbildung. Wiesbaden: Springer VS. Online verfügbar unter: https://doi.org/10.1007/978-3-531-19979-5_55, letzter Zugriff: 07.12.2023.

Zuleger, A. (2021): Fokus Erwachsenenbildung bei Menschen mit einer Komplexen Behinderung. Empfehlungen des Wissenschafts- und Kompetenzzentrums. München; Stiftung Leben pur. Wissenschafts- und Kompetenzzentrum.

10 Kultur

Melanie Knaup

»Kunst und Kultur dürfen kein Luxusgut einiger weniger Privilegierter sein. Die Teilhabe aller an der Kultur muss gewährleistet sein, denn sie bedeutet auch Teilhabe an der Gesellschaft. Eine starke Breitenkultur, an der sich jeder aktiv beteiligen kann, ist insofern eine Voraussetzung für ein flächendeckendes Angebot von Kultur für alle und von allen« (Abschlussbericht der Enquete-Kommission »Kultur in Deutschland« 2007, S. 8).

Trotz der Fortschritte in Richtung einer inklusiveren Gesellschaft und der ständigen Betonung von kultureller Vielfalt zeigen die Teilhabeberichte der Bundesregierung über die Lebenslagen von Menschen mit Beeinträchtigungen aus den Jahren 2013, 2016 und 2021 sowie die Repräsentativbefragung zur Teilhabe von Menschen mit Behinderung (2022), dass Menschen mit intellektueller Beeinträchtigung noch immer nicht als Kulturpublikum wahrgenommen werden. Beim Besuch von kulturellen Veranstaltungen wie Konzerten, Theater oder Vorträgen gibt es – im Vergleich zu Menschen ohne Beeinträchtigung – deutliche Unterschiede. In allen Altersgruppen ist der Anteil von Menschen mit Beeinträchtigung, die in ihrer freien Zeit nie kulturelle Veranstaltungen besuchen, höher als bei Menschen ohne Beeinträchtigung. Auch beim Besuch von Kinos, Konzerten, Tanz- oder Sportveranstaltungen zeigen sich signifikante Teilhabeunterschiede. Das Faktenblatt »Freizeit, Kultur und Sport« des zweiten Teilhabeberichts (BMAS 2016, S. 351 f.) bestätigt diese Zahlen: 80 % der Menschen ohne Beeinträchtigungen und nur 61 % der Menschen mit Beeinträchtigungen besuchen regelmäßig oder zumindest gelegentlich kulturelle Veranstaltungen.

10.1 Bedeutung

10.1.1 Vielfalt der Kulturbegriffe

Kultur präsentiert sich als äußerst komplexer und vielschichtiger Begriff, der sowohl im alltäglichen Sprachgebrauch als auch in den Fachdisziplinen der Geistes- und Sozialwissenschaften Verwendung findet. Dies führt dazu, dass es eine Vielzahl unterschiedlicher Definitionen gibt. Für die folgenden Ausführungen wird zwischen einem engen und einem weiten Kulturbegriff unterschieden.

Die engere Benutzung des Begriffes meint Beschäftigungen im privaten oder öffentlichen Raum, wie beispielsweise Musikhören, selbst Musizieren, Oper- oder

Theaterbesuche, Lesen, Malerei und Kunst, Museumsbesuche, Tanzen oder Kinobesuche (vgl. Moebius 2009, S. 19). Eine damit einhergehende alltagstheoretische Verwendung des Begriffes Kultur unterscheidet ergänzend zwischen einer wie auch immer definierten Hochkultur und, differenzierend dazu, einer Alltags- oder Populärkultur. Im Kontext von Teilhabe kann Kultur im engeren Verständnis damit als ein bewährtes Mittel der Distinktion wahrgenommen werden, was sich in Begrifflichkeiten wie ›Hochkultur‹ und einem darin anerkannten Kanon ästhetischer Werke zeigt, die dementsprechend kenntnisreich rezipiert werden sollten, wenn jemand als anerkannter Teil einer an Hochkultur interessierten Gesellschaft gelten mag.

Nach Reckwitz (2000) ist Kultur in einem normativen Verständnis »nichts Wertfreies, rein Deskriptives« (ebd., S. 65) und lässt sich dahingehend instrumentalisieren, Exklusionsmechanismen zu bestätigen und Menschen auszugrenzen, die z. B. ein literarisches Gesamtwerk nicht gelesen, einer musikalischen Darbietung in der Staatsoper nicht beigewohnt oder die Ausstellungen großer Kunstmuseen nicht besucht haben. Ausgehend von einem normativen Kulturverständnis, verbunden mit einer – mit Stigmatisierung und Diskriminierung einhergehenden – defizitorientierten Sicht auf Menschen mit intellektueller Beeinträchtigung, scheinen diese als Publikum derartiger Angebote kultureller Praxis im engeren Sinne ausgeschlossen zu sein. Die eingangs formulierte Hypothese kann somit bestätigt werden. Das Maß der Exklusion korreliert dabei mit der gesellschaftlichen Bereitschaft, den defizitorientierten Blick zugunsten eines ressourcen- und teilhabeorientierten Ansatzes aufzugeben und diesen zu fördern und zu unterstützen.

Gemäß der Definition der zweiten Weltkonferenz über Kulturpolitik der UNESCO aus dem Jahr 1982 gilt Kultur in einem weiten Verständnis als Gesamtheit der unverwechselbaren geistigen, materiellen, intellektuellen und emotionalen Eigenschaften, die eine Gesellschaft oder eine soziale Gruppe kennzeichnen und die über Kunst und Literatur hinaus auch Lebensformen, Formen des Zusammenlebens, Wertesysteme, Traditionen und Überzeugungen umfasst (Deutsche UNESCO-Kommission 1983, S. 121).

> »Im weitesten Sinne meint ›Kultur‹ daher die vom Menschen durch die Bearbeitung der Natur mithilfe von planmäßigen Techniken selbst geschaffene Welt der geistigen Güter, materiellen Kunstprodukte und sozialen Einrichtungen. Dieser weite Begriff der Kultur umfasst die Gesamtheit der vom Menschen selbst hervorgebrachten und im Zuge der Sozialisation erworbenen Voraussetzungen sozialen Handelns, d. h. die typischen Arbeits- und Lebensformen, Denk- und Handlungsweisen, Wertvorstellungen und geistigen Lebensäußerungen einer Gemeinschaft« (Nünning 2009, o. S.).

Ein derartig weiter Kulturbegriff lässt sich mit Reckwitz (2000) als totalitätsorientierter Kulturbegriff verstehen, der, anders als der normative Kulturbegriff, von ästhetischen Wertungen absieht, indem er »die Gesamtheit der Denk-, Handlungs- und Wahrnehmungsmuster von Kollektiven in den Mittelpunkt rückt« (Nünning 2009, o.S.).

In dieser Perspektive ist das, was Kultur ausmacht, zeitlich und räumlich begrenzt und wird von der jeweiligen Gesellschaft definiert. Eine Kultur ist geprägt durch vielfältige Lebensweisen, bestehend aus Werten und Normen, technologischen Entwicklungen, künstlerischen Objekten, Religionen oder Glaubensrichtungen sowie den Verhaltensmustern des Zusammenlebens (vgl. Ermert 2009). Damit meint der Begriff Kultur »sämtliche verbreiteten Glaubens-, Lebens- und Wissensformen, die sich Menschen im Zuge der Sozialisation aneignen und durch die sich eine Gesellschaft von anderen unterscheidet« (Nünning 2009, o.S.).

Dies entspricht einem weitestgehend humanistisch-pädagogischen Konzept von Kultur, welches in einem hohen Maße dem Inklusionsgedanken entsprechen würde. Heterogenität wird innerhalb eines Kollektivs vorausgesetzt und anerkannt. Unterschiedlichkeiten und Vielfalt bilden eine umfassende Kultur, die sich wertneutral und nicht hierarchisierend gegenüber dem Kollektiv verhält. Eine Differenz ergibt sich also nicht aus einer mit Zugangsmechanismen versehenen Kultur und einer daran teilhabenden oder davon ausgeschlossenen Gesellschaft; die Gesellschaft ist a priori die Kultur, die sie gestaltet, prägt, lebt und wahrnimmt. Prägen Zugangsschranken zur kulturellen Teilhabe die gesellschaftliche Wirklichkeit, muss sie auch als Kultur, in der Abgrenzungs- und Exklusionsprozesse existieren, wahrgenommen werden. Nehmen Menschen mit intellektueller Beeinträchtigung nicht an kulturellen Angeboten teil, werden sie damit Teil einer Kultur, in der sie ausgegrenzt und exkludiert werden.

Deshalb hat die Teilhabe von Menschen mit Beeinträchtigung an gesellschaftlichen Prozessen eine große Bedeutung, weil Kultur »im Kontext geschichtlicher Entwicklungslinien [steht], deren Fortschreibung sie zugleich mitprägt« (Enquete-Kommission 2007, S. 44).

> »Kunst und Kultur formen und markieren die Identität eines Gemeinwesens und seiner Mitglieder. Sie stellen den Menschen und seine Wahrnehmung der Welt in den Mittelpunkt und bilden Werte, die für den Einzelnen wie für die Gesellschaft wichtig sind. Kultur ist ein Instrument der reflexiven und gestaltenden Auseinandersetzung des Einzelnen und der Gemeinschaft mit sich und der Umwelt« (Enquete-Kommission 2007, S. 44).

Weiter heißt es: »Um der Bedeutung von Kunst und Kultur für Individuum und Gesellschaft gerecht zu werden, bedarf es einer Kulturpolitik, die insbesondere den Prozess der kulturellen Partizipation vorantreibt« (Enquete-Kommission 2007, S. 49).

10.1.2 Kulturelle Teilhabe

Kulturelle Teilhabe wird damit zum Indikator für soziale Gerechtigkeit einer Gesellschaft. Sie spiegelt wider, inwiefern verschiedene Bevölkerungsgruppen in der Lage sind, am kulturellen Leben teilzunehmen und davon zu profitieren. Sie weist darauf hin, ob soziale, wirtschaftliche oder andere Barrieren den Zugang zu kulturellen Ressourcen und Erfahrungen behindern (vgl. Maedler & Witt 2014).

Menschen mit intellektueller Beeinträchtigung sehen sich oft vielfältigen Barrieren gegenüber, die ihren Zugang zu Bildung, sozialer Interaktion und kulturellen Aktivitäten einschränken können. Eine Sensibilisierung für die Bedürfnisse von Menschen mit Beeinträchtigung, die Bereitstellung von Ressourcen und die Zusammenarbeit zwischen verschiedenen Akteur*innen sind entscheidend, um die kulturelle Teilhabe für alle zu gewährleisten. Es gehört nämlich zu einer demokratischen Gesellschaft, jedem Menschen den Zugang zur Kultur zu ermöglichen und ihn an der Gestaltung kultureller Prozesse aktiv ausführend oder konsumierend und rezipierend teilhaben zu lassen.

Kulturelle Teilhabe für Menschen mit intellektueller Beeinträchtigung kann in verschiedenen Formen realisiert werden, z. B. durch die Beteiligung an künstlerischen und kulturellen Veranstaltungen, die Ausübung kreativer Hobbys, den Zugang zu kultureller Bildung und die aktive Mitwirkung in Gemeinschaftsprojekten. Diese Aktivitäten ermöglichen nicht nur die Entfaltung individueller kreativer Fähigkeiten, sondern auch die Inklusion in die soziale Struktur sowie die Teilhabe am gesellschaftlichen Leben.

Dabei ist zu beachten, dass kulturelle Teilhabe ein multidimensionales Konzept ist, welches sich in der Teilnahme an kulturellen Veranstaltungen oder einer aktiven Beteiligung an kulturellen Diskursen ausdrückt (vgl. Braun 2013). Sie kann sowohl quantitative als auch qualitative Aspekte umfassen. Quantitativ wird sich auf die Häufigkeit und Intensität der Teilnahme an kulturellen Aktivitäten bezogen. So stellt der dritte Teilhabebericht der Bundesregierung (2021) fest, dass der Anteil der Menschen mit Beeinträchtigungen, die nie musisch oder künstlerisch aktiv sind, mit 63 % höher ist als der entsprechende Anteil der Menschen ohne Beeinträchtigungen (52 %). Die qualitative Dimension der kulturellen Teilhabe beschreibt die Tiefe der Auseinandersetzung mit kulturellen Inhalten und die persönliche Bedeutung dieser Aktivitäten für die Lebensqualität und Selbstbestimmung sowie die soziale Inklusion und gesellschaftliche Teilhabe.

10.1.3 Lebensqualität und Selbstbestimmung

Die Bedeutung Kultureller Teilhabe spiegelt sich in der Lebensqualität und Selbstbestimmung von Menschen mit intellektueller Beeinträchtigung wider. »Kunst und Kultur sowie die Teilnahme am kulturellen Leben […] nähren und entwickeln bei den Individuen die handlungsleitenden Vorstellungen vom guten und gelingenden Leben« (Enquete-Kommission 2007, S. 47 f.); d. h. Kulturelle Teilhabe spielt eine zentrale Rolle bei der subjektiven Einschätzung der Lebensqualität, wie folgende Punkte verdeutlichen und Abbildung 10.1 illustriert:

1. Sie ermöglicht es Menschen mit intellektueller Beeinträchtigung, ihre Gedanken, Gefühle und Ideen auf kreative Weise auszudrücken. Dies fördert die Entwicklung ihrer individuellen Identität und hilft ihnen, ein besseres Verständnis von sich selbst und ihrer Rolle in der Gesellschaft zu entwickeln.
2. Durch Teilnahme an kulturellen Aktivitäten können Menschen mit intellektueller Beeinträchtigung darüber hinaus soziale Kontakte knüpfen und Beziehungen zu anderen Menschen aufbauen. Dies trägt zur Verringerung von Isolation und Einsamkeit bei und fördert die soziale Inklusion (vgl. DIFGB 2022).
3. Durch die aktive Teilnahme an kulturellen Aktivitäten wird Menschen mit intellektueller Beeinträchtigung die Möglichkeit geboten, ihre Fähigkeiten und Talente zu präsentieren und Anerkennung für ihre Leistungen zu erhalten. Menschen mit intellektueller Beeinträchtigung erkennen, dass sie Fähigkeiten

und Talente besitzen, die von anderen geschätzt werden. Das kann ihr Selbstbewusstsein stärken und das Gefühl der Selbstwirksamkeit fördern.
4. Positiv auf das psychische Wohlbefinden wirkt sich aus, dass die Teilnahme an kulturellen Aktivitäten Freude und Vergnügen bietet, was Momente des Glücks und der Zufriedenheit schafft; insbesondere, weil eigene Interessen und Vorlieben entdeckt und ausgelebt werden können.
5. Von Bedeutung ist auch das Verhältnis von kultureller Teilhabe und kultureller Bildung. Die Entwicklung eines kulturellen Verständnisses trägt zu einer umfassenderen Bildung bei (▶ Kap. 9). Das Konzept Kultureller Bildung versteht sich somit nicht nur als (lebenslange) Allgemeinbildung im und durch das Medium künstlerischer und symbolhafter Ausdrucksformen (wie z. B. Musik, Tanz, Theater, bildende Kunst, Literatur, Architektur etc.), sondern zielt auch auf kulturelle Teilhabe für alle sowie die Entwicklung von biografischer Lebenskunst und ein gutes, humanes Leben ab (vgl. Reinwand 2012).

Abb. 10.1: Relevanz kultureller Teilhabe für Lebensqualität und Selbstbestimmung von Menschen mit intellektueller Beeinträchtigung (eigene Darstellung)

10.1.4 Soziale Inklusion und gesellschaftliche Teilhabe

Die Art und Weise, wie Menschen mit intellektueller Beeinträchtigung an kulturellen Aktivitäten teilnehmen, spiegelt sich nicht nur in ihren individuellen Erfahrungen, sondern auch in ihrer Interaktion mit der Gesellschaft wider. Nachdem die grundlegende Bedeutung der kulturellen Teilhabe für die Lebensqualität und Selbstbestimmung von Menschen mit intellektueller Beeinträchtigung erörtert wurde, gilt es nun, den Fokus auf die daraus resultierenden Auswirkungen auf die soziale Inklusion und umfassende Teilhabe am gesellschaftlichen Leben zu richten. In Abbildung 10.2 werden die folgenden Punkte zusammenfassend dargestellt.

1. Kulturelle Aktivitäten bieten eine Plattform, um soziale Kontakte zu knüpfen und Beziehungen zu anderen Mitgliedern der Gemeinschaft aufzubauen. Wie bereits erwähnt, kann das insbesondere bei Menschen mit intellektueller Beeinträchtigung dazu beitragen, soziale Isolation und Einsamkeit zu reduzieren und ein unterstützendes soziales Netzwerk zu schaffen.
2. Kulturelle Aktivitäten dienen oft als Treffpunkt einer Gemeinschaft. Menschen mit intellektueller Beeinträchtigung können sich so aktiv in Gemeinschaften einbringen, was ein Gefühl von Zugehörigkeit und gemeinsamer Identität schafft und den Austausch von Ideen, Erfahrungen und Perspektiven zwischen Menschen mit unterschiedlichem Hintergrund ermöglicht.
3. Neben diesen individuellen Auswirkungen setzt die kulturelle Teilhabe von Menschen mit intellektueller Beeinträchtigung ein positives Zeichen für Inklusion und Chancengleichheit in der Gesellschaft. Die Beteiligung von Menschen mit intellektueller Beeinträchtigung an kulturellen Aktivitäten könnte dazu beitragen, Vorurteile und Stereotypen abzubauen und tragen damit zu einer inklusiveren Gesellschaft bei.
4. Die Teilnahme an kulturellen Veranstaltungen ermöglicht es, mit Menschen unterschiedlicher Hintergründe und Interessen in Kontakt zu treten. Das erweitert das eigene soziale Umfeld und fördert Toleranz und Verständnis für Vielfalt. Menschen mit intellektueller Beeinträchtigung können so aktiv am kulturellen Dialog teilnehmen und ihre eigenen Erfahrungen und Perspektiven teilen.
5. Die Förderung der kulturellen Teilhabe geht oft Hand in Hand mit Bemühungen um Barrierefreiheit. Dies kann physische, sensorische und kommunikative Barrieren reduzieren und den Zugang zu kulturellen Veranstaltungen für alle verbessern.

10 Kultur

Abb. 10.2: Auswirkungen aufn soziale Inklusion und Teilhabe am gesellschaftlichern Leben (eigener Darstellung)

10.2 Rechtliche Aspekte

Das Prinzip der kulturellen Teilhabe ist in verschiedenen internationalen Dokumenten und Verträgen verankert, wie der Allgemeinen Erklärung der Menschenrechte der Vereinten Nationen (AEMR) und dem Internationalen Pakt über wirtschaftliche, soziale und kulturelle Rechte. In den rechtlichen Bestimmungen werden Aspekte wie Sprache, Religion, Traditionen, Kunst, Bildung und Beteiligung an kulturellen Aktivitäten thematisiert. Menschen haben das Recht, ihre eigene Kultur frei auszuüben und zu bewahren. Dies schließt auch das Recht ein, am kulturellen Leben der Gemeinschaft teilzunehmen und von kultureller Vielfalt zu profitieren.

Die Anerkennung von Kultur als grundlegendes Menschenrecht ermutigt dazu, kulturelles Erbe zu bewahren und zu fördern, was zur Stärkung eines sozialen Zusammenhalts beiträgt. Damit wird Kultur auch zur Grundlage für soziale Gerechtigkeit, indem sie marginalisierten Gruppen eine Stimme und eine Plattform bietet, um ihre Anliegen zu äußern und für ihre Rechte einzutreten. Damit einher geht auch die Forderung nach der Zugänglichkeit zu kultureller Bildung für alle Menschen. In der Erklärung der Allgemeinen Menschenrechte der UN-Vollversammlung (1948) heißt es in Artikel 27:

> »Jeder hat das Recht, am kulturellen Leben der Gemeinschaft frei teilzunehmen, sich an den Künsten zu erfreuen und am wissenschaftlichen Fortschritt und dessen Errungenschaften teilzuhaben« (ebd.).

Gemäß der Erklärung der Allgemeinen Menschenrechte[42] wird angenommen, dass die volle Teilhabe an der Gesellschaft als grundlegendes Menschenrecht betrachtet wird. Das bedeutet, dass Menschen mit Beeinträchtigung in allen Aspekten des Lebens die gleichen Rechte haben sollen wie Menschen ohne Beeinträchtigung. Dies schließt das Recht auf Bildung (▶ Kap. 6 und 9), Arbeit (▶ Kap. 7), die freie Wahl des Wohnorts (▶ Kap. 8) sowie die Möglichkeit zur individuellen Lebensgestaltung ein. Darüber hinaus beinhaltet es auch das Recht auf aktive Beteiligung an kulturellen und freizeitlichen Aktivitäten (▶ Kap. 11).

Zwar gibt es kein explizites Menschenrecht auf kulturelle Teilhabe, aber die im Folgenden aufgeführten Gesetzestexte implizieren auch immer die rechtliche Forderung, Kultur jedem Mitglied der Gesellschaft zugänglich zu machen.

In Artikel 15 des UN-Sozialpaktes (International Covenant on Economic, Social and Cultural Rights, Sozialpakt, ICESCR) heißt es: Die Vertragsstaaten erkennen das Recht eines jeden an,

- am kulturellen Leben teilzunehmen;
- an den Errungenschaften des wissenschaftlichen Fortschritts und seiner Anwendung teilzuhaben;
- den Schutz der geistigen und materiellen Interessen zu genießen, die ihm als Urheber von Werken der Wissenschaft, Literatur oder Kunst erwachsen (Artikel 15 Absatz 1 ICESCR).

Auch im Grundgesetz der Bundesrepublik Deutschland wird nicht explizit von einem Recht auf kulturelle Teilhabe gesprochen, doch lassen sich die Grundrechte gemäß Artikel 1 (»Die Würde des Menschen ist unantastbar.«) in die Richtung deuten, dass diese Anspruchsrechte unter dem hochgradig aufgeladenen Begriff der Menschenwürde zu subsumieren sind (vgl. Maihofer 1967). Zudem ist in fast allen Länderverfassungen das Recht auf Förderung der Kultur und der kulturellen Teilhabe gesichert.

Bezieht man dieses Recht auf die Lebenslage von Menschen mit Beeinträchtigung, hat sich die Bundesrepublik Deutschland im Rahmen der Völkergemeinschaft durch die Unterzeichnung der UN-Behindertenrechtskonvention (UN-BRK) dahingehend verpflichtet, das Recht eines jeden Menschen, am kulturellen Leben teilzunehmen, anzuerkennen. Die in Artikel 30 getroffene Regelung wiederholt und bekräftigt die Regelungen aus Artikel 27 der Erklärung der Allgemeinen Menschenrechte und dem Artikel 15 des UN-Sozialpakts.

---

42 Resolution 217 A (III) der Generalversammlung der Vereinten Nationen (1948). Auch bekannt unter: Deklaration der Menschenrechte, UN-Menschenrechtscharta oder Charta der Menschenrechte.

Zur Verwirklichung des Rechts auf die »Teilhabe am kulturellen Leben sowie an Erholung, Freizeit und Sport« (Artikel 30, UN-BRK) verpflichten sich die Vertragsstaaten zu geeigneten Maßnahmen, die den Zugang zu kulturellen Materialien in zugänglichen Formaten, zu Fernsehprogrammen, Filmen, Theatervorstellungen und anderen kulturellen Aktivitäten sowie zu Orten kultureller Darbietung oder Dienstleistungen sicherstellen sollen (vgl. Artikel 30, Absatz 1 UN-BRK). Kunst und Kultur sollen sich für Menschen mit Beeinträchtigung ohne Hindernisse erschließen lassen.

Ergänzend beschreibt Artikel 30 Absatz 2 UN-BRK die staatliche Pflicht, geeignete Maßnahmen zu treffen, um es Menschen mit Beeinträchtigung zu ermöglichen, »ihr kreatives, künstlerisches und intellektuelles Potenzial zu entfalten und zu nutzen, nicht nur für sich selbst, sondern auch zur Bereicherung der Gesellschaft«. Im Einklang mit dem Völkerrecht soll durch Artikel 30 Absatz 3 sichergestellt werden, »dass Gesetze zum Schutz von Rechten des geistigen Eigentums keine ungerechtfertigte oder diskriminierende Barriere für den Zugang von Menschen mit Behinderungen zu kulturellem Material darstellen«. Menschen mit Beeinträchtigung haben darüber hinaus nach Artikel 30 Absatz 4 »gleichberechtigt mit anderen Anspruch auf Anerkennung und Unterstützung ihrer spezifischen kulturellen und sprachlichen Identität, einschließlich der Gebärdensprachen und der Gehörlosenkultur«. Für Menschen mit einer Hörbehinderung geht damit die Anerkennung der deutschen Gebärdensprache als eigenständige Sprache einher. Das ist dahingehend wichtig, als dass die Gewährleistung eines gleichberechtigten Zugangs zu medialen Angeboten oftmals eine der Grundvoraussetzungen für die Teilhabe von Menschen mit Beeinträchtigung am kulturellen Leben darstellt.

Darüber hinaus wird in Deutschland durch das Bereitstellen von Hilfen zur Teilhabe am gemeinschaftlichen und kulturellen Leben, wie es SGB IX vorsieht, der Zugang von Menschen mit einer Beeinträchtigung zu kulturellen Darbietungen sichergestellt. Nach § 78 SGB IX können Menschen mit Beeinträchtigung u. a. Hilfen zum Besuch von Veranstaltungen im Theater oder Museum gewährt werden. Insoweit kommen bei Vorliegen aller Voraussetzungen beispielsweise die Übernahme der Kosten für die Eintrittskarten oder auch für eine Begleitperson in Betracht.

> »Zur selbstbestimmten und eigenständigen Bewältigung des Alltages einschließlich der Tagesstrukturierung werden Leistungen für Assistenz erbracht. Sie umfassen insbesondere Leistungen für die allgemeinen Erledigungen des Alltags (…), die Teilhabe am gemeinschaftlichen und kulturellen Leben, die Freizeitgestaltung einschließlich sportlicher Aktivitäten (…)« (§ 78 Absatz 1 SGB IX).

Ungeachtet des dargestellten rechtlichen Anspruches eines jeden Menschen auf Kultur, geht damit aber nicht automatisch eine gleichberechtigte Teilhabe aller einher. Nach Böhme (1996) gehöre es zur Eigenart von Kultur selbst, »daß sie nach innen hin integrativ, nach außen hin hierarchisch und ausgrenzend funktionier[t]« (ebd., S. 59).

> »Unabhängig davon, ob man Kultur als Kommunikation, als Gebrauchsweisen von symbolischen Elementen, als Ebene von Normen und Werten oder als lebensweltliche Praxis bestimmt – man kommt nicht daran vorbei, daß es gerade die kulturellen Prozesse und deren emergente Institutionen (wie die Wissenschaften, die Medien) sind, die soziale Be-

ziehungen als Machtbeziehungen codieren und aufgrund ihrer polemogenen Effekte desintegrierend wirken. Kultur ist, wie Klaus Eder resümiert, ›ein Entzweiungsmechanismus‹« (Böhme 1996, S. 66).

10.3 Teilhaberisiken

10.3.1 Statistische Datenlage kultureller Praxis in Deutschland

Um bewerten zu können, inwiefern der Anspruch einer kulturellen Praxis aller Menschen gleichermaßen realisiert wird, sollte zunächst ein Blick in die Kulturstatistik der Bundesrepublik Deutschland geworfen werden. Seit 2014 führt das Statistische Bundesamt im Auftrag der Beauftragten der Bundesregierung für Kultur und Medien sowie der Kultusministerkonferenz das Projekt »Bundesweite Kulturstatistik« durch, um ein kulturstatistisches Berichtssystem aufzubauen. In Anlehnung an die Sektionen des Deutschen Kulturrats werden folgende Sparten definiert:

- Musik,
- Museen, Bibliotheken und Archive,
- Baukultur, Denkmalschutz und Denkmalpflege,
- Film und Fernsehen, Hörfunk,
- Soziokultur und kulturelle Bildung,
- Bildende Kunst,
- Darstellende Kunst,
- Literatur und Presse sowie
- Analoge und digitale Spiele.

Neben einzelnen Spartenberichten hat das Projekt »Bundesweite Kulturstatistik« die spartenübergreifende Publikationen »Zeitverwendung für Kultur und kulturelle Aktivitäten in Deutschland« herausgebracht. Darin wurden Daten der Zeitverwendungserhebung (ZVE 2012/13) im Hinblick auf die Frage ausgewertet, wie viel Zeit Menschen in Deutschland für die Rezeption von Kultur sowie für eigene kulturelle Aktivitäten aufwenden.[43] Die Auswertungen zeigen, dass im Jahr 2013 jede Person

---

43 Die ZVE ist eine freiwillige schriftliche Befragung privater Haushalte in Deutschland, bei der Angaben von mehr als 5.000 Haushalten mit mehr als 11.000 Personen vorliegen. Über das Instrument eines Aktivitätentagebuchs wurde erfragt, welche Aktivitäten aus der Aktivitätenliste kulturelle Tätigkeiten sind. Die von den befragten Personen angegebenen Aktivitäten lassen sich in die Oberbereiche »Soziales Leben und Unterhaltung«, »Hobbys und Spiele« sowie »Mediennutzung« einteilen, welche in weitere Unterbereiche zu gliedern sind: Kulturelle Veranstaltungen/Einrichtungen (Besuch von Kino, Theater, Konzerten, Musical, Oper, Zoo, Freizeitpark, Kirmes, etc.); Künstlerische Tätigkeiten (Visuelle, handwerkliche, darstellende und literarische Kunst und Musizieren); Spiele (Computer-

pro Woche durchschnittlich 22,5 Stunden für Kultur und kulturelle Aktivitäten aufwendete. Die erhobenen Daten zeigen darüber hinaus auch auf, welche Bevölkerungsgruppen besonders an Kultur partizipieren und welche weniger.

Ergänzend zu den Daten der ZVE sei an dieser Stelle auch die Erhebung des Sozio-ökonomischen Panels (SOEP)[44] erwähnt. Im Rahmen des Zweiten Teilhabeberichts der Bundesregierung über die Lebenslagen von Menschen mit Beeinträchtigungen (2016) wird dargestellt, ob Menschen mit und ohne Beeinträchtigungen generell an kulturellen Veranstaltungen teilnehmen. Insgesamt besuchen 80% der Menschen ohne Beeinträchtigungen und 61% der Menschen mit Beeinträchtigungen kulturelle Veranstaltungen. Angebote der in der Regel öffentlich finanzierten klassischen Kultur (Oper, klassische Konzerte, Theater, Museen, Ausstellungen etc.) nehmen 59% der Menschen ohne Beeinträchtigungen und 50% der Menschen mit Beeinträchtigungen wahr. Bei diesen kulturellen Angeboten ist der Unterschied zwischen Menschen mit und ohne Beeinträchtigungen verhältnismäßig geringer als bei den überwiegend frei finanzierten Veranstaltungen wie Kino, Jazz- oder Popkonzerten, Tanzveranstaltungen etc. Diese Veranstaltungen besuchen 71% der Menschen ohne Beeinträchtigungen und 44% der Menschen mit Beeinträchtigungen. Menschen mit und ohne Beeinträchtigungen nehmen die beiden verschiedenen Arten kultureller Angebote in unterschiedlichem Ausmaß wahr. Eine Ursache für diese Diskrepanz liegt vermutlich darin, dass ältere Menschen mit erworbenen Beeinträchtigungen ihr Kulturleben eher fortsetzen, während jüngere Menschen mit Beeinträchtigungen von vornherein größere Teilhabeschwierigkeiten haben. Des Weiteren sind öffentlich finanzierte klassische Kulturveranstaltungen eher barrierefrei erreichbar und nutzbar als die in der Regel frei finanzierten populärkulturellen Veranstaltungen.

Während die Zeitverwendungserhebung nicht nach einer Beeinträchtigung oder dem Grad einer Behinderung (GdB) fragt, lassen sich diese Daten über das SOEP erfassen. Der Anteil der Menschen mit einem GdB unter 50, die klassischen Kulturveranstaltungen besuchen, liegt mit 58% in etwa auf dem Niveau der Menschen ohne Beeinträchtigungen (59%). Bei den Menschen mit einem GdB von 50 bis 80 liegt er mit einem Anteil in Höhe von 51% in etwa auf dem Niveau der Menschen ohne Beeinträchtigungen (50%). Dagegen besucht nur gut ein Drittel (36%) der Menschen mit einem GdB von 90 oder 100 klassische kulturelle Veranstaltungen; dieser Anteil liegt in etwa auf gleicher Höhe wie der der Hochaltrigen mit Beeinträchtigungen.

Werden die erhobenen Daten auf den Personenkreis von Menschen mit intellektueller Beeinträchtigung bezogen, ist es interessant, auch Daten aus der Zeit vor der Ratifizierung der UN-BRK vergleichend heranzuziehen, um ggf. auf die kultu-

---

spiele, Gesellschaftsspiele); Lesen (Zeitungen, Zeitschriften, Bücher – auch elektronisch, vorlesen lassen, sonstiges Lesen); Fernsehen und Video/DVD schauen; Radio, Musik- oder andere Tonaufnahmen hören.

44 Das Sozio-oekonomische Panel (SOEP) ist eine der größten und am längsten laufenden multidisziplinären Panelstudien weltweit, für die derzeit jährlich etwa 30.000 Menschen in knapp 15.000 Haushalten befragt werden. Bei den Befragten ist die Studie unter dem Namen »Leben in Deutschland« (www.leben-in-deutschland.de) bekannt.

rellen Teilhabeprozesse in Gang setzende Wirkung der beschlossenen Maßnahmenpakete zu schließen. Ein Vergleich der Jahre 1991/92 und 2001/02 gemäß ZVE zeigt jedoch, dass weder zwischen diesen beiden Erhebungszeiträumen noch zu den Daten der aktuellen Studie ein signifikantes Wachstum der Zeitverwendung für kulturelle Teilhabe zu erkennen ist. Dieser Befund ist für Ehling (2005, S. 95) dahingehend überraschend, »als sich die Voraussetzungen für kulturelle Partizipation […] in den letzten Jahrzehnten erheblich verbessert haben«.

Die aufgezeigte Diskrepanz legt nahe, dass trotz der verbesserten Voraussetzungen weiterhin bestehende Teilhaberisiken für Menschen mit intellektueller Beeinträchtigung existieren, die im Folgenden genauer betrachtet werden sollen.

10.3.2 Stigmatisierung und Vorurteile

Die einführende Auseinandersetzung mit dem Teilhaberisiko der Diskriminierung von Menschen mit intellektueller Beeinträchtigung ist von grundlegender Bedeutung, da diese negativen Haltungen nicht nur die soziale Inklusion beeinträchtigen, sondern auch die Basis für weitere Barrieren in der kulturellen Teilhabe von Menschen mit intellektueller Beeinträchtigung bilden.

Stigmatisierung und Vorurteile gegenüber Menschen mit intellektueller Beeinträchtigung sind weitverbreitete soziale Herausforderungen, die die kulturelle Teilhabe des Personenkreises beeinträchtigen können. Häufig werden Menschen mit intellektueller Beeinträchtigung diskriminiert, indem man sie als weniger kompetent, wertvoll oder fähig ansieht. Diese geringschätzende und defizitorientierte Sichtweise schränkt die Inklusion und Teilhabe des Personenkreises – nicht nur im kulturellen Kontext – erheblich ein (vgl. Stöppler 2017, S. 19). Die Bekämpfung dieser negativen Einstellungen erfordert Sensibilisierung und eine verstärkte Förderung der Inklusion in der Gesellschaft und im kulturellen Bereich. Es ist wichtig, das Bewusstsein für die Vielfalt der Fähigkeiten und Talente von Menschen mit intellektueller Beeinträchtigung zu fördern und Barrieren abzubauen, damit sie vollständig am kulturellen Leben teilnehmen können.

Während Vorurteile auf individueller Ebene existieren und oft auf mangelndem Verständnis basieren, gilt es im Folgenden, die strukturellen Hürden zu betrachten, die als Teilhabebarrieren im Bereich Kultur zu werten sind.

10.3.3 Zugangsbarrieren

Zugangsbarrieren sind Hindernisse oder Einschränkungen, die es Menschen (insbesondere Menschen mit Beeinträchtigung oder besonderen Bedürfnissen) erschweren oder unmöglich machen, an kulturellen Aktivitäten teilzunehmen oder kulturelle Einrichtungen zu nutzen. Eine Übersicht bietet Abbildung 10.3.

Oftmals schränken Hindernisse in der physischen Umgebung den Zugang zu kulturellen Einrichtungen und Veranstaltungsorten ein (vgl. Föhl et al. 2007; Dietz & Walz 2010; Tervooren & Weber 2012). Kulturelle Einrichtungen wie Museen, Theater, Konzerthallen und Galerien sind oft nicht ausreichend auf die Bedürfnisse von Menschen mit Beeinträchtigung ausgerichtet. Es fehlen behindertengerechte Zugänge mit Rampen oder Aufzügen sowie barrierefreie Toiletten oder Parkplätze.

Kulturelle Einrichtungen können über unzureichende barrierefreie Hilfsmittel verfügen, die Menschen mit Beeinträchtigung benötigen, um kulturelle Aktivitäten vollständig genießen zu können, wie taktile Kunstwerke für blinde oder sehbeeinträchtigte Besuchende.

Aber auch Barrieren in der Kommunikation, wie fehlende Gebärdensprachdolmetscher, keine Untertitel für Hörgeschädigte oder die Verfügbarkeit von Informationen über kulturelle Angebote in zugänglichen Formaten, wie Brailleschrift oder in Leichter Sprache, ist oft begrenzt. Dies erschwert Menschen mit Hör-, Seh- oder Lernbeeinträchtigungen den Zugang zu relevanten Informationen.

Menschen, die auf öffentliche Verkehrsmittel angewiesen sind, können Schwierigkeiten haben, kulturelle Veranstaltungsorte zu erreichen, wenn es keine barrierefreien Beförderungsmöglichkeiten gibt (▶ Kap. 2).

Ein weiterer Aspekt sind hohe Eintrittspreise oder Mitgliedschaftsgebühren, die für einige Menschen finanziell unerschwinglich sein können und sie davon abhalten, an kulturellen Aktivitäten teilzunehmen.

Ist das Personal in kulturellen Einrichtungen nicht ausreichend sensibilisiert für die Bedürfnisse von Menschen mit Beeinträchtigung, kann dies zu Missverständnissen oder Unsicherheiten führen. Insgesamt können Vorurteile und Stereotypen – wie vorangehend bereits beschrieben – dazu führen, dass sich die Menschen unwillkommen oder unwohl fühlen, wenn sie kulturelle Angebote nutzen möchten.

Abb. 10.3: Zugangsbarrieren zu kulturellen Angeboten und Einrichtungen (eigene Darstellung)

Um die aufgeführten Barrieren zu überwinden und eine inklusive kulturelle Teilhabe zu fördern, sind Maßnahmen wie die Bereitstellung von Ressourcen für barrierefreie Einrichtungen, Sensibilisierungsschulungen, finanzielle Unterstützung für inklusive Projekte und die Förderung der Zusammenarbeit zwischen kulturellen Einrichtungen und Organisationen für Menschen mit Beeinträchtigung erforderlich.

Abschließend ist es jedoch von großer Wichtigkeit, neben den aufgezeigten strukturellen Zugangsbarrieren den Umgang mit individuellen Bedürfnissen und Unterschieden hervorzuheben, da dies eine der größten Herausforderungen, aber auch eine bedeutende Perspektive bei der Förderung der kulturellen Teilhabe von Menschen mit intellektueller Beeinträchtigung darstellt. Auch Menschen mit intellektueller Beeinträchtigung sind äußerst vielfältig in ihren Fähigkeiten, Interessen und Unterstützungsbedürfnissen. Eine der größten Aufgaben besteht darin, kulturelle Programme und Aktivitäten so anzupassen, dass sie dieser Vielfalt gerecht werden können; und eben darin liegen auch die Teilhabechancen.

10.4 Teilhabechancen

Mit der Forderung einer »Kultur für Alle« begannen seit den 1970er-Jahren erste Bemühungen um eine integrative Kulturpolitik. Oftmals durch persönliche Betroffenheit ausgelöst (z. B. über eigene Kinder mit Beeinträchtigung) entstanden mit großem Engagement in »Kulturzentren, Bürgerhäusern, Kunstvereinen, Musikschulen und Bibliotheken, aber auch Kirchenchören, Behindertenwerkstätten und Wohlfahrtseinrichtungen« (Kröger; Merkt & Sievers 2014, S. 24) Initiativen und Projekte, um Kunst und Kultur für Menschen mit und ohne Beeinträchtigung zu organisieren und anzubieten. Heute ist von einer großen Vielfalt auszugehen:

> »Von der Hörspielproduktion und dem Chorauftritt über die Theaterarbeit und das Hip-Hop-Festival bis […] zum Lesewettbewerb und zur interaktiven Ausstellung ist nahezu alles vertreten, was auch im ›normalen‹ Kulturbetrieb angeboten wird« (Kröger; Merkt & Sievers 2014, S. 25).

Menschen mit intellektueller Beeinträchtigung sollen ermutigt werden, aktive Entscheidungen über ihre kulturelle Teilhabe zu treffen. Das umfasst die Auswahl der Aktivitäten, die Art der Teilnahme und die Wahl der Unterstützungspersonen, soweit dies möglich ist. Verschiedene Wahlmöglichkeiten ermöglichen es ihnen, ihre eigenen Interessen und Vorlieben zu erkunden und Entscheidungen zu treffen, die ihren Bedürfnissen entsprechen. Die Möglichkeit zur Selbstreflexion und zur Bewertung ihrer eigenen kulturellen Erfahrungen sollte unterstützt werden. Die Förderung des Empowerments und der Selbstbestimmung ist nicht nur ein grundlegendes Menschenrecht, sondern auch ein Schlüsselprinzip der inklusiven Kulturarbeit. Sie ermöglicht es Menschen mit intellektueller Beeinträchtigung, ihre eigenen kulturellen Interessen und Identitäten zu gestalten und ihr Potenzial in vollem Umfang auszuschöpfen.

10.4.1 Förderung kultureller Teilhabe

Die Förderung individueller Fähigkeiten und Interessen von Menschen mit intellektueller Beeinträchtigung im kulturellen Kontext erfordert spezifische Ansätze, die auf die Stärken und Vorlieben jedes Individuums eingehen, d. h. eine personenzentrierte und auf die Bedürfnisse zugeschnittene inklusive Herangehensweise. Das Methodenkonzept der so genannten »Animativen Didaktik« nach Opaschowski (1996, S. 191 ff.) umfasst – ausgehend von einer personenzentrierten Bedarfsanalyse – eine informative Beratung, kommunikative Animation und partizipative Planung. Zunächst wird auf die persönliche Ebene jeder einzelnen Person Bezug genommen, bevor die gesamtgesellschaftlichen Potenziale erörtert werden, indem verschiedene Möglichkeiten kultureller Teilhabe aufgezeigt werden, die kulturelles Interesse hervorrufen, fördern und begleiten könnten.[45]

Die *informative Beratung* besteht aus den drei Elementen Information (Orientierung), Aufklärung (Analyse) und Bewusstmachung (Reflexion). Dabei werden zunächst einmal persönliche Interessen, Fähigkeiten und Ziele einer Person im kulturellen Bereich ermittelt. Innerhalb einer Beratung empfiehlt Opaschowski eine nichtdirektive Vorgehensweise, die gleichermaßen neugierig macht und Interesse weckt, informiert, orientiert, berät und empfiehlt sowie Beispiele aufzeigt, aber auch die Möglichkeit gibt, sich zurückziehen zu können (vgl. Opaschowski 1996, S. 194 f.). Der informativen Beratung kommt die Aufgabe zu, Möglichkeiten und Alternativen zu markieren, nicht aber deren Verwirklichung aktiv voranzutreiben; weshalb sie als freiwilliges Angebot eines Kommunikations- und Klärungsprozesses betrachtet werden kann. Ziel der informativen Beratung wäre es, bei Menschen mit intellektueller Beeinträchtigung einen »Bewußtmachungsprozess« (Opaschowski 1996, S. 192) in Gang zu setzen. Der persönliche Zusammenhang wäre beispielsweise die Formulierung eigener kultureller Interessen und Begabungen. Gruppenspezifische Zusammenhänge ergeben sich daran anschließend über den Austausch mit Bezugspersonen zu deren kulturellen Interessen. »Wer hat ähnliche Vorlieben? Mit wem möchte ich ein kulturelles Angebot besuchen? Welche Angebote lassen sich allein oder in der Gruppe verwirklichen? etc.« Gesellschaftliche Zusammenhänge werden beispielsweise thematisiert, wenn über soziale, strukturelle oder organisatorische Barrieren und Teilhaberisiken bezüglich der Beeinträchtigung der zu beratenden Person gesprochen wird. Dabei kann es darum gehen, bestimmte Angebote nicht wahrnehmen zu können, oder dass bestimmte Aktivitäten für den Personenkreis von Menschen mit intellektueller Beeinträchtigung gar nicht erst angeboten werden.

Die *kommunikative Animation* dient der Ermutigung, Anregung und Befähigung sozialkommunikativen Handelns und geht über die Beratung hinaus. Es wird die

---

45 Nach Opaschowski (1996, S. 191) findet das Konzept Anwendung in der Erwachsenenbildung (Siebert 1996) und der Altenbildung (Knopf 1981).

Intention verfolgt, sozialkommunikatives Handeln zu fördern, Begeisterung und individuelle Interessen zu wecken sowie Fähigkeiten und Möglichkeiten zur Entfaltung zu bringen, die bislang nur unterschwellig vorhanden waren. Wenn bei Menschen mit intellektueller Beeinträchtigung Hemmungen gegenüber bestimmten kulturellen Angeboten abgebaut oder Entschlussschwellen herabgesetzt werden sollen, würde es sich anbieten, vielfältige Kulturangebote aufzuzeigen. Dadurch könnten neue Impulse gegeben werden. Kulturangebote, die bislang nicht in Betracht kamen, werden so als neue Möglichkeit initiiert, ein »Abstecher in bisher fremde Erfahrungs- und Aktivitätsbereiche [wird] begünstigt« (Opaschowski 1996, S. 195).

Die partizipative Planung ermöglicht allen Menschen die Teilhabe an gesellschaftlichen Prozessen. Im Sinne der ICF (▶ Kap. 3.2) können in der partizipativen Planung äußere Rahmenbedingungen (Umweltfaktoren) sowie Erwartungen und Zielvorstellungen (personenbezogene Faktoren) ebenso in den Planungsprozess einbezogen werden wie Beeinträchtigungen der Körperfunktionen (physiologische und psychologische Funktionen von Körpersystemen, z. B. Sprache oder Wahrnehmung) oder der Körperstrukturen (Organe oder Gliedmaßen). Spezifische Interessen, aber vor allem Sachkompetenz der eigenen Alltagserfahrung (Lebensweltbezug) einzubringen, ist besonders für Menschen mit intellektueller Beeinträchtigung von großer Wichtigkeit. Das geschieht dadurch, dass sich Menschen mit intellektueller Beeinträchtigung auf einer hierarchisch gleichen Ebene an der Produktion und Rezeption von Kulturangeboten beteiligen. Das fördert gleichermaßen die Selbstständigkeit und fordert die Eigeninitiative heraus. Bei Hilfebedarf könnten Begleitpersonen ergänzend individuelle Unterstützung und Anleitung bieten. Dabei vollzieht sich die partizipative Planung auf fünf Ebenen:

1. Situationsanalyse
2. Zielreflexion
3. Bedarfsanalyse
4. Methodisch-didaktische Planung
5. Effektivitätskontrolle.

Die partizipative Planung mit den genannten fünf Ebenen fördert die kulturelle Teilhabe von Menschen mit intellektueller Beeinträchtigung auf verschiedene Weisen:

Die aktive Beteiligung bei der Situationsanalyse trägt dazu bei, gesellschaftliche Bedingungen bewusster wahrzunehmen und auf die spezifischen Herausforderungen einzugehen. Die partizipative Zielreflexion fördert die individuelle Selbstbestimmung und die Ermittlung von Grundbedürfnissen ermöglicht eine bedarfsgerechte Planung von Maßnahmen zur Förderung kultureller Teilhabe, die auf die individuellen Bedürfnisse zugeschnitten ist. Bei der Erarbeitung konkreter Handlungsschritte können Menschen mit intellektueller Beeinträchtigung aktiv an der Planung teilnehmen, um sicherzustellen, dass die geplanten Maßnahmen ihren Fähigkeiten und Bedürfnissen entsprechen, und die abschließende Effektivitätskontrolle stellt sicher, dass die kulturelle Teilhabe für Menschen mit intellektueller Beeinträchtigung erfolgreich umgesetzt wurde, indem die Maßnahmen die gewünschten positiven Auswirkungen auf die Schaffung von Teilhabechancen im kulturellen Bereich haben.

10.4.2 Vielfalt (inklusiver) kultureller Angebote

Insgesamt eröffnet die Schaffung von Teilhabechancen im kulturellen Bereich für Menschen mit intellektueller Beeinträchtigung eine breite Palette von Vorteilen, die ihre persönliche Entwicklung und Lebensqualität verbessern, gleichzeitig aber auch die Gesellschaft insgesamt bereichern und inklusiver gestalten. Die Einbeziehung von Kunstschaffenden mit Beeinträchtigungen in die kulturelle Landschaft kann die Vielfalt und Qualität der künstlerischen Produktionen bereichern und gleichzeitig das Bewusstsein für die Fähigkeiten und Talente dieser Künstler*innen stärken. Es wäre ein Gewinn für alle, wenn Barrieren abgebaut und eine kulturelle Umgebung geschaffen werden, in der jeder Mensch seine Fähigkeiten und Talente entfalten kann.

Dies kann gelingen, indem kulturelle Einrichtungen wie Museen, Theater und Konzerthallen barrierefreie Veranstaltungen anbieten; Schulungen genutzt werden, um Bedürfnisse von Menschen mit Beeinträchtigung zu thematisieren, und das Personal dazu ermutigt wird, inklusive Praktiken zu fördern und Vorurteile abzubauen; inklusive Kunst- und Kulturprogramme, wie Malerei-, Musik- oder Tanzkurse entwickelt werden, die für Menschen mit verschiedenen Beeinträchtigungen offen sind. Auch eine Zusammenarbeit zwischen kulturellen Einrichtungen, Behindertenorganisationen und Gemeinschaftsgruppen kann dazu beitragen, Ressourcen zu bündeln und inklusive kulturelle Projekte zu fördern.

Wünschenswert wäre dabei die Bereitstellung von finanzieller Unterstützung und Fördermittel für inklusive Kunst- und Kulturprojekte, die die Umsetzung und den Erfolg solcher Initiativen fördern, bis hin zur Schaffung von Gelegenheiten für Menschen mit intellektueller Beeinträchtigung, im kulturellen Sektor zu arbeiten. Das kann von der Mitarbeit in einer Kunstwerkstatt[46] bis zur aktiven Teilnahme in einer inklusiven Theatergruppe[47] reichen.

Inklusive Kulturprojekte, Workshops und Veranstaltungen für Menschen mit intellektueller Beeinträchtigung sind vielfältig und können eine breite Palette von kulturellen Aktivitäten abdecken, wie die folgenden Beispiele zeigen:

---

[46] Beispielhaft seien hier die Kunstwerkstätten Villa Luise, das Kunsthaus Kat18, die Schlumper oder das Atelier23 genannt. Weitere Angebote finden sich unter: https://www.eucrea.de/portal-kunst-und-behinderung/adressen-und-infos/ateliers-kunsthaeuser-kunstgruppen-und-galerien (letzter Zugriff: 14.01.2024).

[47] Es gibt eine große Anzahl und Vielfalt inklusiver Theatergruppen in Deutschland.

10.4 Teilhabechancen

Zahlreiche Galerien organisieren inklusive Kunstausstellungen, bei denen Menschen mit intellektueller Beeinträchtigung ihre Werke präsentieren können. Diese Ausstellungen bieten die Möglichkeit, die kreativen Fähigkeiten der Künstler*innen anzuerkennen.	Inklusive Musik- und Tanzworkshops bringen Menschen mit und ohne Beeinträchtigung zusammen, um gemeinsam Musik zu machen oder zu tanzen. Diese Aktivitäten fördern die soziale Interaktion und die künstlerische Entfaltung.	Inklusive Theatergruppen führen Aufführungen auf, bei denen Menschen mit intellektueller Beeinträchtigung sowohl vor als auch hinter der Bühne beteiligt sind. Das ermöglicht es ihnen, schauspielerische Fähigkeiten zu entwickeln.
Kreative Workshops wie Malerei, Töpfern oder Schreibwerkstätten werden oft inklusiv gestaltet. Menschen mit intellektueller Beeinträchtigung können ihre künstlerischen Fähigkeiten erkunden und ihre Werke präsentieren.	Kulturelle Einrichtungen wie Museen bieten spezielle Führungen und Programme für Menschen mit intellektueller Beeinträchtigung an. Das ermöglicht es den Teilnehmenden, Kunst, Geschichte und Kultur auf zugängliche Weise zu erleben.	Inklusive Filmprojekte umfassen die Teilnahme von Menschen mit intellektueller Beeinträchtigung an der Produktion von Filmen oder die Vorführung von inklusiven Filmen in öffentlichen Veranstaltungen. Das trägt zur Schaffung inklusiver Kulturräume bei.
Bibliotheken und Gemeindezentren organisieren inklusive Literatur- oder Leseveranstaltungen, bei denen Menschen mit intellektueller Beeinträchtigung Bücher lesen, Geschichten erzählen oder an Diskussionsrunden teilnehmen können. Dadurch wird die Inklusion in Gemeinschaftsaktivitäten gestärkt.	Inklusive kulturelle Festivals bieten eine breite Palette von Aktivitäten. Dabei werden Menschen mit intellektueller Beeinträchtigung auch aktiv in die Programmgestaltung und -durchführung eingebunden.	Workshops zur digitalen Fotografie, Kunst und Technologie ermöglichen es Menschen mit intellektueller Beeinträchtigung, kreative Projekte mit Hilfe von Computern und digitalen Tools zu erstellen. Dadurch werden neben künstlerischen auch technologische und kreative Fähigkeiten gefördert.

Abb. 10.4: Möglichkeiten kultureller Teilhabe von Menschen mit intellektueller Beeinträchtigung (eigene Darstellung)

10.4.3 Kooperationen und Vernetzung

Um die kulturelle Teilhabe von Menschen mit intellektueller Beeinträchtigung an den beispielhaft dargestellten Möglichkeiten (▶ Abb. 10.4) zu unterstützen, sind Kooperationen zwischen Kulturinstitutionen, Einrichtungen der Behindertenhilfe und Unterstützungsdiensten oftmals entscheidend. Im Folgenden soll aufgeführt werden, wie solche Kooperationen ausgestaltet werden könnten:

- Kulturinstitutionen könnten gemeinsam mit Einrichtungen der Behindertenhilfe inklusive kulturelle Programme und Aktivitäten entwickeln. Dies könnte die Schaffung von Workshops, Ausstellungen, Aufführungen oder kulturellen Veranstaltungen umfassen, die für Menschen mit unterschiedlichen Fähigkeiten zugänglich sind.
- Kulturinstitutionen könnten in enger Zusammenarbeit mit Einrichtungen der Behindertenhilfe sicherstellen, dass ihre Einrichtungen und Veranstaltungen barrierefrei und zugänglich sind, z. B. durch den Umbau von Gebäuden, die Bereitstellung von barrierefreien Informationen und die Schulung des Personals.
- Kulturinstitutionen und Einrichtungen der Behindertenhilfe könnten gemeinsam kulturelle Veranstaltungen organisieren, bei denen Menschen mit intellektueller Beeinträchtigung aktiv beteiligt sind, z. B. bei Theateraufführungen, Konzerte, Kunstausstellungen oder kulturelle Festivals.
- Einrichtungen der Behindertenhilfe und Kulturinstitutionen könnten Ressourcen teilen, um inklusive Programme und Projekte zu finanzieren, z. B. durch die gemeinsame Beantragung von Fördermitteln oder die Nutzung von Einrichtungen und Materialien.
- Unterstützungsdienste können bei der Entwicklung individueller Unterstützungspläne für Menschen mit intellektueller Beeinträchtigung helfen, die an kulturellen Aktivitäten teilnehmen möchten.
- Unterstützungsdienste können qualifiziertes Personal bereitstellen, die Menschen mit intellektueller Beeinträchtigung bei kulturellen Aktivitäten begleiten und ihnen individuelle Unterstützung bieten.

Die Gestaltung solcher Kooperationen erfordert Engagement, Kommunikation und die Bereitschaft, die Bedürfnisse und Perspektiven aller beteiligten Personen zu respektieren. Es ist wichtig, die Hemmschwellen abzubauen und eine kulturelle Umgebung zu schaffen, die für alle zugänglich und bereichernd ist. In einem solchen kontinuierlichen Prozess ist insbesondere die Sensibilisierung und Bewusstseinsbildung von Kulturschaffenden für die Bedürfnisse und Potenziale von erwachsenen Menschen mit intellektueller Beeinträchtigung in der Kulturarbeit von entscheidender Bedeutung.

Hingewiesen sei hier beispielhaft auf die Beratungsgruppe und das Ausbildungs-Programm für Kultur und Inklusion der Kulturstiftung des Bundes; ebenso wie auf »pik« – einem Programm für inklusive Kunstpraxis.

> »Das Programm pik zielt auf die Verbesserung der Arbeitssituation von Künstlerinnen und Künstlern mit Behinderung: Kulturinstitutionen sollen darin bestärkt und weiter befähigt werden, inklusiv zu arbeiten und künstlerisches Personal mit Behinderungen einzustellen.

Damit soll ein notwendiger Wandel in Kultureinrichtungen begleitet werden, von dem alle Künstlerinnen und Künstler profitieren: In einer von Diversität geprägten Gesellschaft ermutigt inklusive Kultur dazu, sich an den Fähigkeiten und Bedürfnissen unterschiedlicher Menschen zu orientieren und neue Perspektiven auf künstlerische Praxis und Zusammenarbeit zuzulassen. Sie regt einen Prozess an, der letztlich allen zugutekommt« (Kulturstiftung des Bundes o. J.).

Insbesondere die interdisziplinäre Zusammenarbeit zwischen pädagogischen Fachkräften und Kulturschaffenden mit und ohne Beeinträchtigung spielt eine wichtige Rolle bei der Förderung der kulturellen Teilhabe. Ein interdisziplinärer Ansatz ermöglicht es, kulturelle Aktivitäten an die individuellen Bedürfnisse und Fähigkeiten der Menschen mit intellektueller Beeinträchtigung anzupassen. Pädagogische Fachkräfte können dabei unterstützen, Lehrmethoden und Materialien bedarfsgerecht zu modifizieren.

Darüber hinaus sollten pädagogische Fachkräfte, Kulturschaffende und Unterstützungsdienste regelmäßig Informationen und Erfahrungen austauschen, um bewährte Praktiken zu identifizieren und neue Ideen für die Förderung der kulturellen Teilhabe von Menschen mit intellektueller Beeinträchtigung zu entwickeln. Zwingend sollten dabei die Perspektiven und Meinungen von Menschen mit intellektueller Beeinträchtigung in den Diskussionsprozess einbezogen werden, um sicherzustellen, dass Programme und Aktivitäten ihren Bedürfnissen und Interessen entsprechen (▶ Kap. 10.4.1).

Die Schaffung von Gelegenheiten für einen Dialog und Erfahrungsaustausch zwischen Kulturakteur*innen, Kulturschaffenden und Menschen mit intellektueller Beeinträchtigung kann dazu beitragen, Vorurteile abzubauen und das Verständnis für die Potenziale und kreativen Beiträge dieser Gruppe zu vertiefen.

10.5 Fazit

Die kulturelle Teilhabe von erwachsenen Menschen mit intellektueller Beeinträchtigung ist von unschätzbarem Wert für ihre Lebensqualität und Selbstbestimmung sowie die soziale Inklusion und gesellschaftliche Teilhabe. Die Bedeutung liegt darin, individuelle Fähigkeiten und Interessen von Menschen mit intellektueller Beeinträchtigung zu fördern, ihr Selbstbewusstsein zu stärken und ihnen die Möglichkeit zu geben, aktive Mitglieder der Gesellschaft zu sein, womit kulturelle Teilhabe auch zur Reduzierung von Vorurteilen und Stigmatisierung beiträgt.

Die Förderung der kulturellen Teilhabe aller Menschen ist demnach eine wichtige Verpflichtung, die auf den Grundwerten von Gerechtigkeit, Inklusion und Menschenrechten beruht. In einer inklusiven Gesellschaft sollten alle Menschen die gleichen Chancen haben, ihre kreativen Talente zu entfalten, ihre Interessen zu verfolgen und sich als aktive Mitglieder der Gemeinschaft zu fühlen. Dieses grundlegende Menschenrecht wird durch die in Kapitel 10.2 (▶ Kap. 10.2) aufgeführten rechtlichen Aspekte unterstützt.

Dennoch gibt es Herausforderungen bei der Umsetzung dieser Rechte. Barrieren wie Diskriminierung, finanzielle Ressourcen und physische Zugangsbeschränkungen zu kulturellen Angeboten behindern die Teilhabe und müssen zwingend abgebaut werden. Um das zu erreichen, sind kontinuierliche Anstrengungen auf vielen Ebenen erforderlich: von politischer Unterstützung und finanziellen Ressourcen bis hin zur Sensibilisierung der Gesellschaft im Allgemeinen und einer kontinuierlichen Begleitforschung inklusiver kultureller Angebote sowie der interdisziplinären Zusammenarbeit zwischen Kulturinstitutionen, Einrichtungen der Behindertenhilfe und Unterstützungsdiensten.

Perspektivisch sollte auch die Weiterentwicklung von Konzepten und Ansätzen, die die Nutzung moderner Technologien berücksichtigen, Beachtung finden, um Möglichkeiten der barrierefreien kulturellen Teilhabe zu eröffnen; auch wenn die Entwicklung und Implementierung moderner Technologien kontinuierliche Investitionen und Anpassungen erfordern. Trotz finanzieller Herausforderungen und begrenzter Ressourcen sollte die Förderung inklusiver Kulturangebote grundsätzlich als eine Investition in die Chancengleichheit und die Bereicherung der kulturellen Vielfalt betrachtet werden. Kontinuierliche Bemühungen sind von entscheidender Bedeutung, um sicherzustellen, dass Menschen mit intellektueller Beeinträchtigung ihre grundlegenden Menschenrechte auf kulturelle Teilhabe ausüben können. Nur so werden Chancen eröffnet, die gesamte Gesellschaft durch die Anerkennung kultureller Vielfalt und der kreativen Potenziale aller Menschen zu bereichern.

Der Bedarf an weiterer Forschung und Evaluation von Maßnahmen zur Förderung der kulturellen Teilhabe von Menschen mit intellektueller Beeinträchtigung ist unbestritten. Forschung und Evaluation sind von entscheidender Bedeutung, um die Wirksamkeit von Programmen und Initiativen zu verstehen, die darauf abzielen, die kulturelle Teilhabe zu verbessern, sowie um bewährte Praktiken zu identifizieren und weiterzuentwickeln.

Grundlegende Daten finden sich im so genannten »Relevanzmonitor Kultur. Stellenwert von Kulturangeboten in Deutschland 2023«[48]. Zur weiteren Vertiefung des Themas im Kontext (komplexer) Behinderung sei auf das Projekt »Qualitätsoffensive Teilhabe« des Netzwerks komplexe Behinderung e. V. verwiesen, in dem das Teilprojekt »Teilhabe an Kultur« umfassende forschungsbasierte Informationen und Einblicke in das Thema bietet. Und bezogen auf das Thema der kulturellen Teilhabe ist abschließend das Institut für Kulturelle Teilhabeforschung (IKTf) in Berlin genannt. In diesem wird erforscht, welche Bedingungen kulturelle Teilhabe begünstigen oder verhindern. Als unabhängige Forschungseinrichtung liefert das IKTf Kultureinrichtungen, Kulturpolitik und -verwaltungen umfassendes Basiswissen für die datenbasierte Entwicklung ihrer Teilhabestrategien.

---

48 Die Publikation beruht auf einer bundesweiten repräsentativen Bevölkerungsbefragung, durchgeführt vom 27. März bis zum 14. April 2023 im Rahmen des repräsentativen Online-Panels forsa.omninet von der forsa Gesellschaft für Sozialforschung und statistische Analysen mbH im Auftrag des Liz Mohn Centers der Bertelsmann Stiftung.

Literatur

Böhme, H. (1996): Vom Cultus zur Kultur(wissenschaft). Zur historischen Semantik des Kulturbegriffs. In: Glaser, R. & Luserke, M. (Hrsg.): Literaturwissenschaft – Kulturwissenschaft. Positionen, Themen, Perspektiven, Opladen, S. 48–68.

Braun, E. (2013): Kulturelle Bildung für Menschen mit Behinderung. In: Wissensplattform Kulturelle Bildung Online: https://www.kubi-online.de/artikel/kulturelle-bildung-menschen-behinderung, letzter Zugriff: 4.11.2023.

Bundesministerium für Arbeit und Soziales (Hrsg.) (2016): Zweiter Teilhabebericht der Bundesregierung über die Lebenslagen von Menschen mit Beeinträchtigungen. Teilhabe – Beeinträchtigung – Behinderung, Bonn.

Deutsche Interdisziplinäre Gesellschaft zur Förderung der Forschung für Menschen mit geistiger Behinderung e.V. (DIFGB) (2022): Dokumentation der digitalen Jahrestagung der DIFGB 2021 zum Thema Einsamkeit & Freundschaft. Interdisziplinäre Perspektiven auf ein Forschungsdesiderat im Kontext Geistiger Behinderung. Online verfügbar unter: https://www.difgb.de/component/flexicontent/download/1209/465/17, letzter Zugriff: 23.11.2023.

Deutscher Kulturrat (2007): Enquete Bericht »Kultur in Deutschland«: Zehn Jahre Referenzdokument. Pressemitteilung. Online verfügbar unter: https://www.difgb.de/component/flexicontent/download/1209/465/17, letzter Zugriff: 25.06.2023.

Deutsche UNESCO-Kommission (Hrsg.) (1983): Weltkonferenz über Kulturpolitik. Mexiko 1982. München: Saur.

Dietz, Y. & Walz, M. (2010): Barrierefreiheit in Kultur und Freizeit. Nutzbarkeit von Museen für Seh- und Gehbehinderte im Vergleich. Leipziger Impulse für die Museumspraxis, Bd. 3, Leipzig.

Ehling, M. (2005): Zeit für Freizeit und kulturelle Aktivitäten. Ergebnisse aus Zeitbudgeterhebungen. In: Institut für Kulturpolitik der Kulturpolitischen Gesellschaft (Hrsg.), Bonn: Klartext Verlag, S. 87–97.

Ermert, K. (2009): Was ist kulturelle Bildung? In: Bundeszentrale für politische Bildung: Dossier Kulturelle Bildung. Online verfügbar unter: http://www.bpb.de/gesellschaft/bildung/kulturelle-bildung/59910/was-ist-kulturelle-bildung, letzter Zugriff: 26.04.2023.

Föhl, P. S., Erdrich, S., John, H. & Maass, K. (Hrsg.) (2007): Das barrierefreie Museum. Theorie und Praxis einer besseren Zugänglichkeit. Ein Handbuch, Bielefeld.

Knopf, D. (1981): Alltagsorientierung in der Bildungsarbeit mit Erwachsenen.

Kröger, F., Merkt, I. & Sievers, N. (2014): Inklusive Kulturelle Bildung und Kulturarbeit, Förderer und Akteure – Programme und Projekte, Materialen, Heft 14, Bonn: Institut für Kulturpolitik der Kulturpolitischen Gesellschaft.

Kulturstiftung des Bundes (o.J.): Beratungs-Gruppe und Ausbildungs-Programm für Kultur und Inklusion. Online verfügbar unter: https://www.kulturstiftung-des-bundes.de/de/metanavigation/leichte_sprache/das_netzwerk_fuer_inklusive_zusammen_arbeit_bei_theater_und_tanz_1.html, letzter Zugriff: 14.01.2024.

Liz Mohn Center der Bertelsmann-Stiftung (Hrsg.) (2023): Relevanzmonitor Kultur. Stellenwert von Kulturangeboten in Deutschland 2023. Online verfügbar unter: https://www.lizmohn-center.de/wp-content/uploads/2023/05/2023_05_31_RelevanzmonitorKultur2023_LizMohnCenter_BertelsmannStiftung-1.pdf, letzter Zugriff: 11.12.2023.

Maedler, J. & Witt, K. (2014): Gelingensbedingungen Kultureller Teilhabe. In: Kulturelle Bildung online. Online verfügbar unter: https://www.kubi-online.de/artikel/gelingensbedingungen-kultureller-teilhabe, letzter Zugriff: 14.01.2023.

Maihofer, W. (1967): Die Würde des Menschen, Teil I. Menschenwürde im Rechtsstaat. Hannover: Niedersächsische Landeszentrale für Politische Bildung.

Moebius, S. (2009): Kultur. Bielefeld: transcript.

Netzwerk komplexe Behinderung e.V. (o.J.): Teilhabe an Kultur. Qualitätsoffensive Teilhabe. Online verfügbar unter: https://qualitaetsoffensive-teilhabe.de/theor_grundlagen/teilhabe-an-kultur/, letzter Zugriff: 08.01.2024.

Nünning, A. (2009): Vielfalt der Kulturbegriffe. In: Bundeszentrale für politische Bildung: Dossier Kulturelle Bildung. Online verfügbar unter: http://www.bpb.de/gesellschaft/bildung/kulturelle-bildung/59917/kulturbegriffe?p=all, letzter Zugriff: 26.04.2023.

Opaschowski, H. (1996): Pädagogik der freien Lebenszeit. 3., völlig neu bearb. Auflage. Opladen: Leske + Budrich.

Reckwitz, A. (2000): Die Transformation der Kulturtheorien. Zur Entwicklung eines Theorieprogramms. Weilerswist: Velbrück.

Reinwand, V.-I. (2012): Kapiteleinführung: Mensch und Bildung. In: Bockhorst, H., Reinwand-Weiss, V.-I. & Zacharias, W. (Hrsg.) (2012): Handbuch Kulturelle Bildung. München: kopaed, S. 96–97.

Scheytt, O. (2008): Kulturstaat Deutschland. Plädoyer für eine aktivierende Kulturpolitik, Bielefeld.

Siebert, H. (1996): Didaktisches Handeln in der Erwachsenenbildung: Didaktik aus konstruktivistischer Sicht, Neuwied: Luchterhand.

Statistisches Bundesamt (2016): Zeitverwendung für Kultur und kulturelle Aktivitäten in Deutschland. Sonderauswertung der Zeitverwendungserhebung. Wiesbaden. Online verfügbar unter: https://www.destatis.de/DE/Themen/Gesellschaft-Umwelt/Bildung-Forschung-Kultur/Kultur/Publikationen/Downloads-Kultur/zeitverwendung-kultur-5216202139004.pdf?__blob=publicationFile&v=3, letzter Zugriff: 25.04.2023.

Stöppler, R. (2017): Einführung in die Pädagogik bei geistiger Behinderung. 2., aktualisierte Auflage, München/Basel: Ernst Reinhardt.

Tervooren, A. & Weber, J. (Hrsg.) (2012): Wege zur Kultur. Barrieren und Barrierefreiheit in Kultur- und Bildungseinrichtungen, Schriftenreihe des Deutschen Hygiene-Museums Dresden, Bd. 9, Wien/Köln/Weimar.

UN-Vollversammlung (1948): Allgemeine Erklärung der Menschenrechte (2017 [III] A). Paris. Online verfügbar unter: https://www.un.org/depts/german/menschenrechte/aemr.pdf, letzter Zugriff: 14.01.2024.

11 Freizeit

Melanie Knaup

»Im Leben der Menschen spielt Freizeit eine immer größere Rolle. Auf seine Freizeit verzichten zu müssen würde unweigerlich mit dem Verlust an persönlich wie sozial spürbarer Lebensqualität einhergehen. Freizeit bestimmt Lebensstile, steuert unsere Work-Life-Balance, sorgt für Anerkennung, bietet Raum für Selbstverwirklichung und definiert den sozialen Status« (Markowetz 2016, S. 459).

Freizeit hat für die Menschen einen großen Stellenwert[49] und erweist sich als entscheidender Schlüssel für eine umfassende Teilhabe am gesellschaftlichen Leben. In einer Welt, die Selbstverwirklichung und Streben nach einer hohen Lebensqualität durch die Ausübung freizeitlicher Aktivitäten in den Mittelpunkt rückt, bleibt die Freizeitgestaltung von erwachsenen Menschen mit intellektueller Beeinträchtigung noch immer oft unbeachtet – dabei könnte gerade hier der Maßstab für gesellschaftliche Inklusion gesetzt werden.

11.1 Bedeutung

11.1.1 Definitorische Annäherungen

»Freizeit ist nach allgemeinem Sprachgebrauch die Zeit, die sich von der täglichen Verpflichtungszeit in Ausbildung oder Beruf abgrenzt. Dabei ist sie keineswegs vollkommen ›frei‹, also unberührt von gesellschaftlichen Einflüssen und individuellen Lebensbedingungen. Allerdings bietet Freizeit in der Regel ein höheres Maß an individuellen Gestaltungsmöglichkeiten als z. B. Schule und Arbeit« (Bundesvereinigung Lebenshilfe für Menschen mit geistiger Behinderung e.V. 2002).

Spricht die Fachliteratur von einem »negativen Freizeitbegriff«, beschreibt Freizeit ausschließlich »die von Berufswelt freie, die von ihr ausgesparte oder übriggelassene Zeit« (Habermas 1958). Opaschowski (1996) folgert daraus, dass in diesem Verständnis »nur der Arbeitnehmer Anspruch auf Freizeit hat« (ebd., S. 76), und trennt

---

49 Markowetz verdeutlicht den Stellenwert und die Bedeutung der Freizeit in unserer heutigen postmodernen Gesellschaft durch die empirischen Studien Zellmanns (2002): »[B]ei einem Lebenszeitbudget von Geburt bis zum Tod von durchschnittlich 700.000 Stunden (100 %) [macht] der Anteil an «freier Zeit» etwa 369.000 Stunden (53 %) aus […]. Wir verschlafen 233.000 Stunden (33 %), für die Ausbildung benötigen wir 30.000 Stunden (5 %) und für den Beruf wenden wir 60.000 Stunden (9 %) auf« (Markowetz 2016, S. 459).

in seinem Verständnis die Begriffe ›Arbeit‹ und ›Freizeit‹ im Sinne eines positiven Freizeitbegriffs nicht voneinander ab, sondern fasst sie unter dem ganzheitlichen Begriff ›Lebenszeit‹ zusammen. Er teilt diese in drei Zeitabschnitte ein (vgl. Opaschowski 1990, S. 86):

- Die *Dispositionszeit*, welche von Selbstbestimmung geprägt und frei von physiologischen Bedürfnissen ist, dient nicht der Zweckerfüllung und umfasst zum Beispiel das Lesen eines Buches aus Interesse.
- Die *Obligationszeit* hingegen dient einem Zweck, ist verbindlich und verpflichtend; beispielhaft ist die Zeit zum Schlafen oder Kochen.
- Die *Determinationszeit* ist die fremdbestimmte Zeit, die von aktuellen Faktoren abhängt. Zu dieser Zeitform gehören u. a. Ausbildung oder Arbeit.

»In welchem Umfang in der Freizeit Raum für selbstbestimmte Aktivitäten besteht, hängt davon ab, wie viel individuell gestaltbare Zeit nach Erwerbsarbeit, Familien- bzw. Hausarbeit oder auf Lernen und Ausbildung verwendete Zeit verbleibt« (BMAS 2016, S. 352).

In den Teilhabeberichten der Bundesregierung finden sich keine genaueren Angaben zum Freizeitbudget von Menschen mit Beeinträchtigungen. Grund dafür sei, dass im gesamten Bereich der »organisierten sozialen Aktivitäten« (BMAS 2013, S. 209) keine Daten verfügbar sind, die dem Anspruch gerecht werden, einen breiteren Ausschnitt der Wirklichkeit zu beschreiben. Damit wird deutlich, wie schwer es ist, konkrete Zeitangaben für eine derartig heterogene Gruppe zu machen. Ebert & Villinger (1999) ermitteln für Mitarbeitende von Werkstätten für Menschen mit Behinderungen (WfbM) unter der Woche vier Stunden täglich und am Wochenende 11,5 Stunden freie Zeit. Um konkret beschreiben zu können, wie viel Zeit erwachsene Menschen mit intellektueller Beeinträchtigung durchschnittlich auf freizeitliche Aktivitäten verwenden, merkt Ebert (2000) an, dass deutlich sein muss, was unter ›Freizeit‹ verstanden wird. Nach der o. g. Einteilung in Determinationszeit (Arbeit), Obligationszeit (u. a. notwendige tägliche Versorgungen) und Dispositionszeit, ist nur letztgenannte als die Zeit im Leben zu betrachten, über die tatsächlich frei verfügt werden kann und in der die Regeneration und Erholung vom Alltag stattfindet (vgl. ebd., S. 96).

In Hinblick auf die Teilhabe an Freizeitaktivitäten für erwachsene Menschen mit intellektueller Beeinträchtigung, die möglicherweise durch zeitlich festgelegte, strukturgebende und notwendige Therapie- oder Rehabilitationsmaßnahmen beeinflusst wird, passt Theunissen (2000, S. 139) das Modell Opaschowskis für diese Personengruppe durch folgende Zeitphasen an:

- Arbeitszeit
- Verpflichtungszeit
- Bildungszeit
- Freie Dispositionszeit
- Ruhe- und Schlafenszeit
- Versorgungszeit.

Es wird deutlich, dass Menschen mit intellektueller Beeinträchtigung weniger Zeit zum Ausüben freizeitlicher Interessen und Vorlieben haben. Dabei zeigt die Datenlage der Teilhabeberichte (BMAS 2013/2016/2021), dass Menschen mit Beeinträchtigungen grundsätzlich die gleichen Freizeitbedürfnisse wie Menschen ohne Beeinträchtigungen haben.

Diese Feststellung, wie sie bereits im Teilhabebericht 2013 (BMAS, S. 207) getroffen wurde, bildet die Ausgangsbasis für die vertiefende Betrachtung der Freizeitbedürfnisse und Funktionen von Freizeit für erwachsene Menschen mit intellektueller Beeinträchtigung.

11.1.2 Freizeitbedürfnisse und -funktionen

»In der Freizeit können Menschen Bedürfnisse befriedigen, die in anderen Lebensbereichen zu kurz kommen. Zu diesen gehören zum Beispiel die Bedürfnisse nach Entspannung und Erholung, nach Abwechslung und Zerstreuung, nach Kommunikation und Geselligkeit, nach Information und Bildung, nach Bewegung, Identitätsbildung und Selbstverwirklichung. Dadurch werden in der Freizeit viele gesellschaftlich relevante Funktionen erfüllt. So finden Sozialisationsprozesse zu wesentlichen Teilen in der Freizeit statt, die Menschen regenerieren sich und erhalten hierdurch ihre Arbeitskraft, sie können außerdem Belastungen und Defizite der Arbeitswelt durch selbst gewählte Aktivitäten kompensieren. Indem Freizeitaktivitäten in anderen sozialen Zusammenhängen als in der Arbeitswelt stattfinden können, erweitern sie den möglichen Spielraum sozialer Teilhabe« (BMAS 2013, S. 207).

Tab. 11.1: Freizeitbedürfnisse und Zielfunktionen nach Markowetz (2000, S.13 in Anlehnung an Opaschowski 1996)

Zielfunktion	Bedürfnis nach…
Individuumsorientierte Funktionen	
Rekreation (Erholung)	Erholung, Ruhe, Wohlbefinden, angenehmem Körpergefühl und sexueller Befriedigung
Kompensation (Ausgleich)	Ausgleich, Ablenkung und Vergnügen
Edukation (Weiterbildung)	Kennenlernen, Weiter- und Umlernen in verschiedenen sachlichen und sozialen Handlungsebenen
Kontemplation (Besinnlichkeit)	Selbsterfahrung und Selbstfindung
Gesellschaftliche Funktionen	
Kommunikation	Mitteilung, vielfältigen sozialen Beziehungen, Geselligkeit
Integration/Inklusion	Zusammensein, Gemeinschaftsbezug und sozialer Stabilität
Partizipation	Beteiligung, Mitbestimmung und Engagement
Enkulturation	kreative Entfaltung, produktiver Betätigung und Teilnahme am kulturellen Leben

Tabelle 11.1 zeigt die Übersicht der Bedürfnisse, die in der Freizeit befriedigt werden sollen. Vorherrschend für einen Menschen ist zuerst die Befriedigung der persönlichen Bedürfnisse. Zu diesen gehören Rekreation, Kompensation, Edukation und die Kontemplation. Rekreation dient in erster Linie der Erholung, dem Sammeln von Kräften (schlafen, ausruhen) und der Förderung der eigenen Gesundheit. Kompensation ermöglicht die Entlastung von Vorschriften, stillt das Bedürfnis nach Abwechslung, Zwanglosigkeit und Lebensgenuss. Edukation fördert das Bedürfnis nach Selbstbehauptung und Selbstbestätigung sowie das Entwickeln von Ich-Stärke und wird dem Drang gerecht, Neues zu erleben. In der Phase der Kontemplation gewinnt eine Person Zeit für sich selbst, für Selbstreflexion und Identitätsfindung.

Die gesellschaftlichen Funktionen sind insbesondere auf soziale Bedürfnisse ausgerichtet. Kommunikation wird im Sinne des Mitteilungsbedürfnisses und der mit Anderen verbrachten Zeit erfüllt. Integration bzw. Inklusion bringt das Bedürfnis nach Zuwendung, Teilhabe und sozialem Miteinander mit sich. Indem die Personen partizipieren, befriedigen sie ihr Bedürfnis nach Mitbestimmung und erweitern ihre Solidaritäts- und Kooperationsbereitschaft. In der Enkulturation wird dem Bedürfnis nach freier Entfaltung persönlicher Fähigkeiten und Begabungen, nach Durchsetzung eigener Ideen und neuer Problemlösungen sowie kulturellen Aktivitäten und Initiativen nachgegangen. Erst, wenn die individuellen Bedürfnisse befriedigt sind, kann sich der Mensch auch den gesellschaftlichen Bedürfnissen widmen (Opaschowski 1996, S. 90 ff.).

11.1.3 Freizeitpädagogik – zwischen Angebotsvielfalt und Optionslast

Die vorangehend dargestellten Bedürfnisse zwischen Entspannung und Erholung vom Arbeitsalltag einerseits und dem Erwerb sozial förderlicher Kompetenzen andererseits stehen im Mittelpunkt der didaktischen Diskussionen einer so bezeichneten Freizeitpädagogik, die durch eine sozial-inklusive Intention auch in der Fachdisziplin der Behindertenpädagogik greift (vgl. u. a. Markowetz 2000).

»Die [...] Zunahme von Arbeitszeitverkürzungen erbrachte für Freizeit eine neue Qualität, sie wurde für immer größere Bevölkerungsgruppen zu einer dominanten Lebenszeit« (Ebert 2000, S. 26). Insbesondere die Fülle der Optionen und eine sich daraus ergebende »Optionslast« definiert Giesecke als eine zentrale Freizeitkompetenz (Giesecke 1983, S. 116 ff.).

Bezogen auf das Überangebot an Freizeitaktivitäten und das damit einhergehende Problem einer »Optionslast« (Giesecke 1983, S. 116) ist bei erwachsenen Menschen mit intellektueller Beeinträchtigung zunächst nicht davon auszugehen, da die »Bedürfnis- und Interessenhorizonte« keineswegs »unendlich scheinen« (Giesecke 1983, S. 126), sondern von der klaren Zielsetzung therapeutischer Maßnahmen bestimmt werden. In der Behindertenpädagogik wurde der Freizeitbereich als Aufgabengebiet der medizinischen Rehabilitation definiert. »Formen organisierter Freizeit werden für Lernprozesse genutzt, und Freizeitprogramme werden zu Therapieprogrammen« (Zielniok 1990, S. 117 f.).

Gemäß den Prinzipien der Teilhabe, Partizipation und vor allem der Selbstbestimmung wird die individuelle Selbstorganisation der Freizeit von erwachsenen Menschen mit intellektueller Beeinträchtigung seit den 1990er-Jahren als anzustrebendes Ziel und eine zu fördernde Kompetenz verstanden. Wie es Nahrstedt (1990, S. 140 f.) für die postmoderne Phase der Freizeitpädagogik proklamiert, muss es auch den Menschen mit intellektueller Beeinträchtigung erlaubt sein, Freizeit unabhängig von pädagogischen Zielen zu gestalten und sie als zweckfreie und selbstbestimmte Zeit zu verstehen (vgl. Niehoff 1998, S. 104 f.). Mit diesem Anspruch geht die Verpflichtung einher, Menschen mit intellektueller Beeinträchtigung dahingehend zu befähigen, ihre Freizeitkompetenzen bedürfnisorientiert aufzubauen und zu fördern. Es geht darum, Freizeitbedürfnisse zu kennen und zu formulieren, Freizeittechniken einzuüben sowie Freizeit systematisch zu planen und zu organisieren. Wilken (1990) nennt dies die »Ermöglichung von Mitgestaltung und Mitverantwortung am Freizeitgeschehen […] durch schrittweises Aktivitäts- und Selbstständigkeitstraining« (ebd., S. 467 f.).

Heute widmet sich die Freizeitpädagogik im Kontext der Förder- und Inklusionspädagogik in einem hohen Maße der Ausbildung von Freizeitinteressen und der Organisation von Freizeitfähigkeiten (vgl. Stöppler 2017, S. 163); denn »der Umgang mit Freizeit [will] gelernt sein« (Markowetz 2012, S. 207). »Risiken der Behinderung und Ausgrenzung bestehen auch, wenn Freizeitgewohnheiten und -interessen sowie organisatorische Fähigkeiten bei einigen Menschen mit Beeinträchtigungen aufgrund mangelnder Förderung nur gering ausgebildet sind« (BMAS 2013, S. 209).

Freizeitbildung im Förderschwerpunkt geistige Entwicklung beinhaltet, dass Lernende die Fähigkeit entwickeln, ihre freie Zeit selbstbestimmt und zweckfrei zu gestalten. Hierbei ist es entscheidend, dass sie Entscheidungs- und Handlungskompetenzen aufbauen, um Aktivitäten, Interessen und Freizeitpartner*innen eigenständig auswählen zu können (vgl. Schuck 2019, S. 637 ff.). Ebenso sollte auch in den Angeboten der inklusiven Erwachsenenbildung verfahren werden (▶ Kap. 9). Inhalte freizeitlicher Bildungsangebote könnten beispielsweise Planungsfähigkeit, Mobilitätsbildung (▶ Kap. 2), Empfindungs- und Ausdrucksfähigkeit sowie angemessenes Sozialverhalten sein.

Allem vorangestellt werden sollte jedoch das Bewusstsein einer selbstbestimmten Freizeitgestaltung. Zwar bieten Freizeitangebote für Menschen mit intellektueller Beeinträchtigung Chancen zur gesellschaftlichen Teilhabe; doch Chancen sind ›nur‹ Möglichkeiten – keine Teilhabeverpflichtung. Selbst, wenn ein Großteil der deutschen Bevölkerung die Möglichkeit hätte, regelmäßig ins Theater zu gehen, dem ortsansässigen Breitensportverein beizutreten oder abendlich die öffentlich-rechtlichen Nachrichtenprogramme im Fernsehen zu verfolgen, tun es eben nicht alle. Auch den Menschen mit intellektueller Beeinträchtigung muss die Möglichkeit der persönlichen Entscheidung eingeräumt werden, ob, wann und welches Freizeitangebot sie nutzen möchten. Die Option der Wahlmöglichkeit beinhaltet nicht nur die Wahl, ein Angebot anzunehmen, sondern auch die Entscheidung darüber, mitzumachen, nach kurzer Zeit wieder auszusteigen oder nur zuzuschauen (vgl. Opaschowski 1996, S. 212 f.).

11.2 Rechtliche Aspekte

»Wir möchten mehr als bisher unser Leben selbst bestimmen. (...) Wir wollen überall dabei sein! Im Sport, in Kneipen, im Urlaub, wie jeder andere auch. Wir möchten über Freundschaft und Partnerschaft selbst entscheiden. Es soll leichter sein, sich zu treffen oder sogar zusammenzuleben« (Bundesvereinigung Lebenshilfe 1994, S. 10f., zit. nach: Ebert 2000, S. 53).

Mit diesen Worten fordern die Teilnehmenden des Duisburger Lebenshilfe-Kongresses im Jahr 1994 ein uneingeschränktes Recht auf Teilhabe und implizieren so die Vielfalt der Fähigkeiten und Möglichkeiten von Menschen mit intellektueller Beeinträchtigung hinsichtlich einer selbstbestimmten Lebens- und auch Freizeitgestaltung.

Das Recht auf »Erholung und Freizeit«, wie es in der Allgemeinen Erklärung der Menschenrechte von 1948 im Artikel 24 verankert ist, bildet den Grundstein für den Anspruch eines jeden Menschen, Freizeit nach eigenen Bedürfnissen selbstbestimmt zu gestalten.

In Artikel 30 Absatz 5 UN-BRK verpflichten sich die Vertragsstaaten dazu, geeignete Maßnahmen für Menschen mit Beeinträchtigung zu treffen, »um die gleichberechtigte Teilnahme an Erholungs-, Freizeit- und Sportaktivitäten zu ermöglichen«. Dazu zählen bspw. die Teilnahme am Breitensport, die Möglichkeit behinderungsspezifische Sport- und Erholungsaktivitäten mit anderen zu organisieren, die Sicherstellung des Zugangs zu Sport-, Erholungs- und Tourismusstätten, die Sicherstellung, dass Kinder gleichberechtigt mit anderen Kindern an Spiel-, Erholungs-, Freizeit- und Sportaktivitäten teilnehmen, sowie die Gewährleistung, dass Menschen mit einer Beeinträchtigung Zugang zu Dienstleistungen der Organisatoren von Erholungs-, Tourismus-, Freizeit- und Sportaktivitäten haben (vgl. Artikel 30 Absatz 5 a–e). Dies stellt einen bedeutenden Schritt in Richtung Inklusion dar. Unweigerlich erfordert die Umsetzung dieser Maßnahmen aber auch finanzielle Ressourcen. Die Sicherstellung von inklusiven Angeboten und barrierefreiem Zugang zu verschiedenen Freizeitaktivitäten erfordert Investitionen in Infrastruktur, Dienstleistungen und Personal.

Die Bemühungen, die Teilnahme am gemeinschaftlichen und kulturellen Leben zu fördern, erfolgen durch die zuständigen Rehabilitationsträger, vorrangig im Rahmen der Eingliederungshilfe gemäß SGB IX § 55 Absatz 1, Absatz 2 Nummer 7 (alt). Diese Leistungen zur Teilhabe am Leben in der Gemeinschaft werden verstärkt in Anspruch genommen, was zu einem deutlichen Anstieg der Ausgaben führt. Mit der Umsetzung des Bundesteilhabegesetzes wurden diese Leistungen neu strukturiert und in den Katalog der Leistungen zur Sozialen Teilhabe gemäß SGB IX §§ 76 ff. integriert.

11.3 Teilhaberisiken

»Defizite im Bereich der Mobilität, geringe Zugangschancen zu öffentlichen Gebäuden und allgemeinen Freizeit- und Kultureinrichtungen sowie eine geringe Palette von Freizeitangeboten, die für behinderte Menschen geeignet und attraktiv sind, schränken die Kommunikationsmöglichkeiten und Handlungsspielräume behinderter Menschen ein und verhindern eine gleichberechtigte Teilhabe an diesem zentralen Lebensbereich« (Ministerium für Arbeit, Gesundheit und Soziales des Landes Nordrhein-Westfalen 1993, S. 204).

So lautete das niederschmetternde Fazit des Ministeriums für Arbeit, Gesundheit und Soziales des Landes Nordrhein-Westfalen vor über dreißig Jahren.

Ein Blick in Statistiken der letzten zehn Jahre zeigt, dass noch immer tiefgreifende Benachteiligungen und Einschränkungen hinsichtlich der Freizeitgestaltung für Menschen mit Behinderungen, Beeinträchtigungen, Lernschwierigkeiten, Gesundheitsrisiken, sozialen Benachteiligungen sowie Risiko- und Vulnerabilitätsfaktoren in Bezug auf ihre bio-psycho-soziale Verfassung zu verzeichnen sind (vgl. Teilhabeberichte 2013/2016/2021).

11.3.1 Statistische Datenlage zur Freizeitgestaltung

Basierend auf der Datenlage des *ersten Teilhabeberichtes* muss für das Jahr 2013 festgestellt werden, dass Freizeitaktivitäten bei Menschen mit intellektueller Beeinträchtigung fast ausschließlich in Angeboten der Behindertenhilfe (Wohneinrichtung oder Werkstätten) realisiert werden (vgl. BMAS 2013, S. 217 ff.). Die daraus resultierenden Auswirkungen lassen sich mit Markowetz (2016) um die Sorge ergänzen, dass Freizeit stigmatisierende, separierende und negativ beeinflussende Auswirkungen haben kann. Freizeit zeige deutlich die Aussonderung von Menschen mit Beeinträchtigung und verweist damit auf eine nur »ungenügende Teilhabe in ein vielschichtiges Mensch-Umfeld-System« (ebd., S. 461).

Betrachtet man den *zweiten Teilhabebericht* (BMAS 2016) zeigt sich, dass Menschen mit einer Beeinträchtigung seltener an kulturellen Veranstaltungen teilnehmen als Menschen ohne Beeinträchtigung (vgl. ebd., S. 355). Besonders gering ist die Teilhabe von Menschen mit Beeinträchtigungen an frei finanzierten populärkulturellen Veranstaltungen wie Kino, Pop- und Jazzkonzerte sowie Tanzveranstaltungen.

Im Folgenden werden die Daten aus dem Faktenblatt »Freizeit, Kultur und Sport« des *dritten Teilhabeberichts* (BMAS 2021, S. 607 f.) aufgeführt:

Insgesamt zeigt sich [...], dass unter den Menschen mit Beeinträchtigungen ein größerer Anteil die vorhandenen Angebote zur Freizeitgestaltung nicht nutzt beziehungsweise nutzen kann – seien es Reisen, eigene Aktivitäten oder der Besuch von Veranstaltungen.

- Der Anteil der Menschen mit Beeinträchtigungen (27 %), der nie einen Ausflug oder eine kurze Reise unternimmt, ist mehr als doppelt so groß als der von Menschen ohne Beeinträchtigungen (12 %).

- Während 72% der Menschen ohne Beeinträchtigungen jährlich eine mindestens einwöchige Urlaubsreise unternehmen, sind es bei den Menschen mit Beeinträchtigungen mit 52% erheblich weniger.
- 63% der Menschen mit Beeinträchtigungen sind nie musisch oder künstlerisch aktiv. Unter Menschen ohne Beeinträchtigungen sind dies 52%.
- Monatlich besuchen 13% der Menschen mit Beeinträchtigungen populärkulturelle Veranstaltungen, verglichen mit 29% der Menschen ohne Beeinträchtigungen.
- Klassisch-kulturelle Veranstaltungen werden von 16% der Menschen mit Beeinträchtigungen monatlich besucht. Dies ist bei 21% der Menschen ohne Beeinträchtigungen der Fall.
- 55% der Menschen mit Beeinträchtigungen treiben nie Sport, während dies bei Menschen ohne Beeinträchtigungen 33% sind.
- Die Mehrheit der Kinder und Jugendlichen betätigt sich unabhängig von vorliegenden Beeinträchtigungen neben dem Schulsport aktiv. 39% der Kinder und Jugendlichen mit Beeinträchtigungen sind nie sportlich aktiv, bei Kindern und Jugendlichen ohne Beeinträchtigungen beträgt der Anteil 27%.
- Der Großteil der Menschen mit Beeinträchtigungen (66%) und der Menschen ohne Beeinträchtigungen (69%) ist (sehr) zufrieden mit ihrer Freizeit.
- Von den 18- bis 49-jährigen Menschen mit Beeinträchtigungen sind 15% mit ihrer Freizeitgestaltung unzufrieden, unter den Gleichaltrigen ohne Beeinträchtigungen beträgt der Anteil 7%. Bei den 80-jährigen und älteren Menschen beträgt der Anteil der mit ihrer Freizeitgestaltung Unzufriedenen 9%, wenn sie Beeinträchtigungen haben und 3%, wenn sie keine haben.
- Im Jahr 2018 wurden circa 75.700 Hilfen zur Teilhabe am gemeinschaftlichen und kulturellen Leben sowie circa 16.200 andere Leistungen zur Teilhabe am Leben in der Gesellschaft gezählt.

11.3.2 Einflussfaktoren und Teilhabebarrieren

Gemäß einer Studie (Ebert 2000, S. 57 ff.) wird die Freizeitsituation von Menschen mit einer Beeinträchtigung als problematisch bewertet, wenn sie sich von Freizeitmöglichkeiten ausgeschlossen fühlen oder es zu Resignation infolge vielfältiger Frustrationserlebnissen kommt. Auch Erlebnisse von Vorurteilen und kontaktvermeidendem Verhalten von Menschen ohne Beeinträchtigung oder die Einsicht, dass behinderungsbedingte Einschränkungen zu erheblichen Abweichungen vom durchschnittlichen Freizeitverhalten führen, werden als unangenehm beschrieben.

Bereits 1976 merkte Tews in der Studie »Freizeit und Behinderung«[50] an, dass das Freizeitverhalten von Menschen mit Beeinträchtigung neben verschiedenen Le-

---

50 Tews selbst beschreibt den Charakter der Studie als »Problemstudie« (Tews 1976, S. 8), mit der er das Thema »Freizeit und Behinderung« ordnen wolle. Im Rahmen der Studie sei es nur möglich gewesen, »aufzuzeigen, welche Forschungen nötig wären [...]; [und] welche Aktivitäten in diesem Bereich entfaltet werden« (Tews 1976, S. 8). »Zielsetzungen der Studie waren einerseits Bestandaufnahme der Ergebnisse zu Beziehungen zwischen Freizeit

benslagemerkmalen[51] maßgeblich durch Art und Schwere ihrer Beeinträchtigung sowie durch die Art und Weise, wie eine Beeinträchtigung erworben wurde, bestimmt sei. Als weiteres behinderungsbedingtes Defizit hinsichtlich der Freizeitgestaltung nennt der Autor die Sichtbarkeit der Beeinträchtigung und die damit einhergehende Stigmatisierung (vgl. Tews 1976, S. 33).

> »Ausschlusskriterien sind häufig nur als Wechselwirkung beschreibbar, sie lassen sich festmachen an baulichen oder räumlichen Barrieren, an Zulassungs- und Anerkennungseinschränkungen, in Regelwerken oder sozialen Situationen, in Erfordernissen materieller Ressourcen, die zu Hindernissen werden, aber auch in Selbstbeschränkungen der Menschen mit Behinderungserfahrung. Oft mangelt es an Information, auch wegen ungleicher Aufmerksamkeit der Medien für die Belange von Menschen mit Beeinträchtigungen. Es bestehen besondere Risiken hinsichtlich des respektvollen Miteinanders oder der Anerkennung verschiedener Leistungsmöglichkeiten. Insofern sind die bestehenden Beschränkungen auch Ausdruck einer sozialen Distanz, die sich sowohl in der Interaktion als auch auf der Ebene organisierter Angebote zeigt« (Kommentar des wissenschaftlichen Beirats, BMAS 2016, S. 381 f.).

Nach Markowetz (2016) beeinflussen zahlreiche Wirkvariablen die Freizeitgestaltungsmöglichkeiten von Menschen mit intellektueller Beeinträchtigung (vgl. ebd., S. 461), an denen zudem deutlich wird, dass das qualitative Freizeiterleben von einer Vielzahl von Faktoren beeinflusst ist, die in unterschiedlichen Lebensbereichen verankert sind und sich in Bereiche (▶ Abb. 11.1) clustern lassen.

Zufriedenheit mit der Freizeitgestaltung

»Im Jahr 2018 waren 67 Prozent der Menschen mit Beeinträchtigungen und 69 Prozent der Menschen ohne Beeinträchtigungen mit ihrer Freizeit (sehr) zufrieden. Demgegenüber gaben 9 Prozent der Menschen mit Beeinträchtigungen und 6 Prozent der Menschen ohne Beeinträchtigungen an, (sehr) unzufrieden mit ihrer Freizeit zu sein« (BMAS 2021, S. 630). Über die Ursachen für die insgesamt geringere Zufriedenheit von Menschen mit Beeinträchtigungen mit den Möglichkeiten ihrer Freizeitgestaltung lassen sich anhand der verfügbaren Daten keine Schlüsse ziehen. Es bleibt festzuhalten, dass eine unerfüllte Freizeitgestaltung nicht zwangsläufig das Ergebnis von Beeinträchtigungen ist: Allgemein ist davon auszugehen, dass die Freizeitgestaltung von Menschen mit Beeinträchtigung weder einheitlich positiv noch generell negativ eingeschätzt werden kann. Eine Beeinträchtigung ist zwar keine zu vernachlässigende Einflussgröße, sie muss aber nicht automatisch zu einer unbefriedigenden, fremdbestimmten oder von der Hilfe anderer abhängigen Freizeitsituation führen« (Markowetz, 2012, S. 260).

Trotzdem können einige Faktoren genannt werden, die sich negativ auf die Zufriedenheit mit der Freizeitgestaltung auswirken (▶ Abb. 11.2). Oftmals ordnen

---

und Behinderung, andererseits die Erarbeitung von Vorschlägen für Prioritäten der Forschung und Förderung von Aktivitäten der Praxis« (ebd., S. 9).
51 In der Studie genannt werden Variablen wie »niedriges Einkommen, geringe Schulbildung, ökologisch ungünstige Lebenssituationen usw.« sowie »Berufstätigkeit und familiäre Lebenssituation« (Tews 1976, S. 33).

Behinderungsbezogene Faktoren

- Der Grad der Behinderung sowie die damit einhergehende Bewegungs- und Mobilitätseinschränkung, Kommunikationseinschränkung und ggf. abweichendes Verhalten beeinflussen maßgeblich die Teilhabemöglichkeiten.
- Die Verfügbarkeit und Nutzung von Hilfsmitteln spielen dabei eine zentrale Rolle, ebenso wie der Pflege-, Betreuungs-und Hilfebedarf.

Bildung und berufliche Inklusion

- Die schulische und berufliche Bildung sowie die Ausübung einer beruflichen Tätigkeit sind weitere entscheidende Faktoren für die Teilhabe im Bereich Freizeit und Sport.
- Der Zeitpunkt der Behinderungserfahrung kann dabei eine Schlüsselrolle spielen, indem er Einfluss auf die Bildungs-und Berufsentwicklung nimmt.

Sozioökonomische Verhältnisse

- Die sozioökonomischen Verhältnisse, darunter das eigene Einkommen, Vermögen und die soziale Netzwerkbildung, beeinflussen die Fähigkeit zur gesellschaftlichen Teilhabe maßgeblich.
- Auch die Ursprungs- und Herkunftsfamilie sowie ökosystemische Verhältnisse spielen eine Rolle in diesem Kontext.

Soziale Reaktionen und Vorurteile

- Das Ausmaß an subjektiv erlebten sozialen Reaktionen, Vorurteilen und Stigmatisierungen durch soziale Interaktionspartner*innen kann die Teilhabe an freizeitlichen und sportlichen Aktivitäten erheblich beeinträchtigen.

Bauliche, räumliche oder infrastrukturelle Barrieren

- Häufig verhindern architektonische oder technische Probleme die Teilhabe an Freizeit und Sport.
- Aber auch fehlende organisatorische Voraussetzungen wie Transportmittel, Personalmangel, Finanzierungsschwierigkeiten, mangelnde Hilfestellung oder nicht vorhandene Hilfsmittel bis zu einem gänzlich fehlenden Angebot sind hier zu nennen.

Abb. 11.1: Wirkvariablen auf die Teilhabe an Freizeit: Barrieren und Einflussfaktoren (eigene Darstellung).

Menschen mit einer Beeinträchtigung ihre individuellen Freizeitbedürfnisse und -wünsche »organisatorischen und institutionellen Erfordernissen, institutioneller oder elterlicher Überbehütung, traditionellen Geschlechterrollenzuschreibungen und einer normierten Freizeitpädagogik unter« (Ebert 2000, S. 152).

11.3 Teilhaberisiken

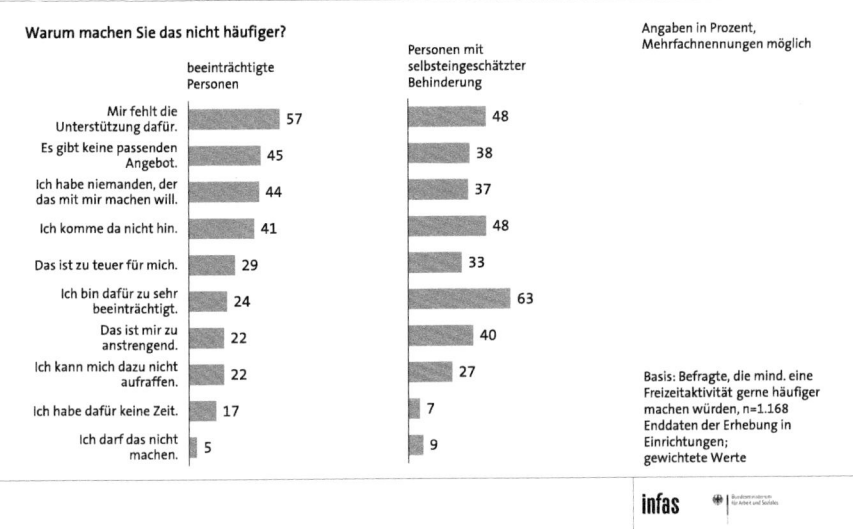

Abb. 11.2: Gründe für Einschränkungen von Freizeitaktivitäten in Einrichtungen (Repräsentativbefragung 2022, S. 82).

Barrierefreiheit

»Benachteiligend für Menschen mit Beeinträchtigung kann sich auswirken, wenn die Orte, an denen Freizeitangebote stattfinden, für sie nicht erreichbar, zugänglich oder nutzbar sind« (BMAS 2013, S. 208). Bei Menschen mit intellektueller Beeinträchtigung kommt hier das Teilhaberisiko der Mobilität zum Tragen: Mobilitätseinschränkungen, z. B. Bewegungseinschränkungen, mangelnde Mobilitätskompetenzen und das Angewiesensein auf einen Fahrdienst (▶ Kap. 2) beeinflussen die Teilhabe negativ. Auch Ebert (2000, S. 101) sieht in den Auswertungen der Studien zum Freizeitverhalten von Menschen mit intellektueller Beeinträchtigung ein Problem in der notwendigen Mobilität, die für außerhäusliche Unternehmungen erforderlich ist.

Kommunikation

Als Teilhaberisiko können Einschränkungen im Kommunikationsbereich gewertet werden (vgl. Stöppler 2017, S. 160). »Fehlen oder Einschränkungen des sprachlichen Ausdrucks erschweren die Aufnahme und Aufrechterhaltung von Kontakten und Beziehungen« (ebd.). Möglichkeiten der Unterstützten Kommunikation und persönliche Assistenzen können diese Einschränkungen erleichtern und kompensieren, aber auch das Maß an sozialer Abhängigkeit erhöhen (vgl. Markowetz 2000, S. 21 ff.).

Soziale Reaktionen

»Die Teilhabe an Freizeitaktivitäten kann auch durch Vorbehalte gegenüber Menschen mit Beeinträchtigungen sowie die fehlende Bereitschaft erschwert werden, sich auf ihre besonderen Anforderungen einzustellen« (BMAS 2013, S. 208). Ein weiteres Teilhaberisiko sind soziale Reaktionen auf die »Normabweichung« der Menschen mit intellektueller Beeinträchtigung (vgl. Markowetz 2000, S. 22). »Bestehende Vorurteile und negative Einstellungen gegenüber Menschen mit geistiger Behinderung, z. B. Unsicherheit, Ängste und Vermeidungstendenzen sowie soziale Reaktionsweisen wie Anstarren, diskriminierende Äußerungen, Mitleidsbekundungen etc. können gleichberechtigte Teilhabe beeinflussen« (Stöppler 2017, S. 160).

Finanzielle Einschränkungen

Hinderlich für eine gleichberechtigte Teilhabe an Freizeitaktivitäten wie z. B. dem Besuch von Veranstaltungen und Einrichtungen oder das Ausüben eigener Hobbys können die damit verbundenen Kosten sein. Insbesondere Menschen, die in Werkstätten für Menschen mit einer Behinderung (WfbM) arbeiten oder in einem Wohnheim leben, haben häufig nur ein begrenztes Taschengeld zur Verfügung. Hierdurch sind die Spielräume für nicht kostenfreie Freizeitaktivitäten stark eingeschränkt (vgl. BMAS 2013, S. 208). Menschen mit intellektueller Beeinträchtigung sind aufgrund ihres oftmals knappen finanziellen Budgets auf kostengünstige Freizeitangebote angewiesen. Der geringe finanzielle Spielraum, auch bedingt durch die unzureichende Finanzierungslage im Freizeitbereich, lässt eine Teilnahme an öffentlichen Freizeitangeboten kaum möglich werden (vgl. Niehoff 2006, S. 408).

11.4 Teilhabechancen

Ausgehend von den dargelegten Teilhaberisiken für erwachsene Menschen mit intellektueller Beeinträchtigung sollen die Herausforderungen im weiteren Verlauf dahingehend betrachtet werden, wie sich daraus Teilhabechancen entwickeln können. Durch eine ressourcen- und teilhabeorientierte Perspektive sollen mögliche Barrieren überwunden und die individuellen Potenziale hervorgehoben werden, um so die Teilhabe am freizeitlichen Leben zu fördern. Dazu werden zunächst einmal exemplarisch verschiedene Freizeitangebote und -situationen vorgestellt sowie die sich aus einer Nutzung ergebenen Vorzüge.

11.4.1 Freizeitangebote und -situationen

Freizeitangebote für Menschen mit intellektueller Beeinträchtigung sind äußerst vielfältig und bieten eine breite Palette an Möglichkeiten zur individuellen Entfaltung und sozialen Teilhabe. Insbesondere Organisationen wie die Lebenshilfe e.V. und andere Einrichtungen der Behindertenhilfe spielen eine wichtige Rolle bei der Organisation und Durchführung dieser Angebote. Auch Volkshochschulen bieten eine Vielzahl von (inklusiven) Kursen an, um individuelle Interessen und Fähigkeiten weiterzuentwickeln.

Die Teilnahme an Erwachsenenbildungsangeboten (▶ Kap. 9) eröffnen neue Perspektiven, sei es durch Koch- oder Sprachkurse, das Erlernen eines Musikinstruments oder verschiedener handwerklicher Fertigkeiten. Ausflüge in den Zoo oder einem Badesee bieten nicht nur Abwechslung, sondern fördern auch das Erlebnis der Natur und gemeinschaftliche Aktivitäten. Gesellschaftspolitische Tätigkeiten, wie ein Ehrenamt oder freiwilliges Engagement, bieten die Chance, sich aktiv an gesellschaftlichen Prozessen zu beteiligen. In kulturellen Bereichen stehen verschiedene Aktivitäten offen, darunter der Besuch von Museen, Kinovorstellungen und Theateraufführungen (▶ Kap. 10). Im Bereich des Freizeitsports gibt es ein breites Spektrum an Angeboten für Menschen mit Beeinträchtigung, die aktiv am gesellschaftlichen Leben teilnehmen wollen. In über 6.300 Vereinen und Sportgruppen, die eine vielfältige Palette an Sportmöglichkeiten bieten, widmen sich über 500.000 Menschen freizeitsportlichen Aktivitäten. Dachverband ist hierbei der Deutsche Behindertensportverband e.V. (DBS). Für Menschen mit intellektueller Beeinträchtigung bieten die Special Olympics Deutschland darüber hinaus eine wertvolle Plattform, um Sport zu treiben. Hier steht die Teilhabe im Mittelpunkt und alle Menschen sind eingeladen, sich in verschiedensten Sportarten zu engagieren. Laufen, Turnen, Fußball, Handball und Basketball sind nur einige Beispiele für die breite Palette an Sportmöglichkeiten, die Special Olympics Deutschland anbietet.

Neben diesen strukturierten Angeboten stehen auch informelle Freizeitaktivitäten im Fokus. Gemeinsame Gesellschaftsspiele spielen, kreatives Werken, Handarbeiten sowie das gemeinsame Kochen tragen zu einem abwechslungsreichen und erfüllten Freizeitleben bei. Durch diese vielfältigen Angebote wird nicht nur die persönliche Entwicklung gefördert, sondern auch das soziale Miteinander gestärkt.

Nach Zielniok (1990) lassen sich die Vorzüge von voran aufgezählten Freizeitsituationen von Menschen mit intellektueller Beeinträchtigung wie folgt zusammenfassen:

Tab. 11.2: Vorzüge von Freizeitsituationen von Menschen mit intellektueller Beeinträchtigung (in Anlehnung an Zielniok 1990)

Freizeitsituationen für Menschen mit intellektueller Beeinträchtigung
Freizeit als Ort der Begegnung   • Begegnung mit altersgleichen Personen (mit und ohne Beeinträchtigung) ermöglichen   • Zur Geselligkeit ermuntern und mit Formen des Zusammenseins vertraut machen   • Hemmungen, Ängste und Vorurteile im Umgang miteinander abbauen
Freizeit als Möglichkeit zur Selbstfindung und Persönlichkeitsentwicklung   • Beratungsgespräche zu individuellen Lebenslagen anbieten   • Freiräume für Eigenverantwortlichkeit und Selbstbestimmung öffnen   • Hilfen zur Selbstbestimmung geben
Freizeit als Ort für Erholung und Ausgleich   • Gesundheit, Körperpflege und Fitnesstraining unterstützen   • Über Freizeit- und Vergnügungsangebote informieren und zur Teilnahme anregen   • Therapie- und Fördermaßnahmen ergänzende Freizeitangebote machen
Freizeit als Ort lebenslanger Weiterbildung und kultureller Entfaltung   • Möglichkeiten zur Erweiterung persönlicher Erfahrungsgrenzen bieten   • Kreativangebote machen und zur schöpferischen Eigentätigkeit anregen   • kulturelle Interessen und Hobbys anregen und fördern

11.4.2 Barrierefreie Informationen zur Freizeitgestaltung

»Unbedingte Voraussetzung für eine gleichberechtigte Teilhabe an der Freizeit sind Informationen über Freizeitangebote« (Stöppler 2017, S. 161).

Opaschowski (1996, S. 205) spricht von einer »informationstechnische[n] Erreichbarkeit«, wenn es darum geht, Informationen über ein Freizeitangebot zugänglich zu machen: »Fehlende bzw. nicht oder nur eingeschränkt zugängliche Informationen können dazu führen, dass Menschen mit Beeinträchtigungen nicht ausreichend oder passend über Freizeit- und Beteiligungsangebote informiert sind« (BMAS 2013, S. 208).

Einschränkungen im Kommunikationsbereich sind folglich als Teilhaberisiko zu werten, das überwunden werden kann, indem über verschiedenste Medien informiert wird. Beim Personenkreis von Menschen mit intellektueller Beeinträchtigung könnten Angebote in Leichter Sprache oder durch Unterstützte Kommunikation vermittelt werden.

»Alleine am Beispiel des Verabredens zu geselligen Aktivitäten mittels der einschlägigen sozialen Netzwerke im Internet wird deutlich, dass ohne barrierefreien Zugang zum Internet entsprechende Aktivitäten nur schwer entfaltet werden können. Die Zugänglichkeit von Kultur-, Sport- oder Freizeitangeboten vor Ort wird ebenfalls bereits auf der Ebene der Information und der kommunikativen Adressierung erheblich erschwert; noch vor der Frage, ob ein Angebot funktional barrierefrei nutzbar ist, sind Informationen über besondere (wie Reha-Sportgruppen) oder inklusive Angebote oft nicht unkompliziert, vollständig und in aktueller Form erhältlich« (Kommentar des wissenschaftlichen Beirats, BMAS 2013, S. 225).

11.4.3 Barrierefreie und offene Gestaltung von Freizeitangeboten

Wenn es heißt, dass »Menschen mit Beeinträchtigungen unzufrieden mit den ihnen verfügbaren Freizeitangeboten seien und einen hohen Handlungsbedarf in Bezug auf den Abbau von Barrieren im Freizeitbereich sehen« (BMAS 2013, S. 210), gilt es bei der Entwicklung neuer Freizeitangebote stets Teilhaberisiken im Blick zu haben und dahingehend um Lösungen bemüht zu sein. Eine daraus resultierende Aufgabe ist es, freizeitpädagogische Angebote so zu gestalten, dass es einen auffordernden, animierenden Charakter hat und erwachsene Menschen mit intellektueller Beeinträchtigung dazu ermuntert, eigenaktiv und eigeninitiativ zu werden. Opaschowski (1996, S. 208) beschreibt das mit dem Leitprinzip des Aufforderungscharakters, gemeint ist also die Gestaltung »anregungsreiche[r] und anziehungskräftige[r] Umwelten, Einrichtungen, Angebote [und] Medien«. Die sozioökologische Animation bezieht sich auf Bedingungen der physischen (z. B. Wohnung oder Wohnstätte) oder sozialen Umwelt (z. B. Familie, Freundeskreis, Nachbarschaft). Die materiale Animation bezieht sich auf Ausstattungsgeräte, Materialien, Sport- oder Spielgeräte und die mediale Animation auf den Einsatz technischer Hilfsmittel. Gelingt es nicht, die Teilnehmenden durch die physische, materielle oder auch mediale Umwelt zu animieren, kann die Anregung durch personale Ansprache und ermunternden Zuspruch verstärkt werden.

Bei der Gestaltung der Angebote ist Offenheit eines der von Opaschowski (1996, S. 206 ff.) genannten Leitprinzipien. Flexibilität, Zugänglichkeit, Weiterentwicklung und Veränderung des Freizeitangebots sind wichtige Aspekte. Bei offenen freizeitpädagogischen Angeboten haben im Sinne der Inklusion alle Menschen jederzeit die Möglichkeit, teilzunehmen, zuzuschauen, selbst mitzumachen, wieder zu gehen oder auch zu bleiben. Ein offenes Angebot beinhaltet, für alle Teilnehmenden offen zu sein, flexibel auf sie einzugehen, ihre Ideen und Anregungen aufzugreifen und diese möglichst in den weiteren Verlauf zu integrieren. Die Planbarkeit des Angebots ist aus diesem Grund zwar nur bedingt möglich, die Gestaltungsmöglichkeiten der Teilnehmenden sind jedoch sehr hoch und ermöglichen die Weiterentwicklung und Veränderung der Angebotssituation. Ein Kriterium, das bei offenen Angeboten eine große Bedeutung hat, sind die fehlenden Erfolgs- und Leistungskontrollen. Die Teilnehmenden können sich ausprobieren, ihre Stärken kennenlernen und weiterentwickeln, ohne verglichen und bewertet zu werden.

11.4.4 Angemessene Freizeitaktivitäten

In den Teilhabeberichten werden als Freizeitaktivitäten künstlerische und musische Tätigkeiten wie Musizieren, Tanzen, Theaterspielen, Malen und Fotografieren genannt.

»Diese Angebote bieten prinzipiell die Möglichkeit, gezielt auf Besonderheiten eingehen zu können, spezifische Fähigkeiten und Fertigkeiten zu entwickeln, die eigene Leistungsfähigkeit zu steigern, Gemeinsamkeiten zu erfahren und gemeinsame Interessen zu stärken. Ausgrenzungsrisiken bestehen, wenn Vielfalt und Erreichbarkeit solcher Freizeitangebote von bzw. für Menschen mit Beeinträchtigungen eingeschränkt sind« (BMAS 2013, S. 209).

Opaschowski (1996) unterscheidet zwei Dimensionen des Begriffs ›Erreichbarkeit‹: Die »aktivitätsbezogene Erreichbarkeit« (ebd., S. 205) besagt, dass die Art des Angebots je nach Klientel dem Anforderungsgrad, dem Grad der Niederschwelligkeit und der Mitmachvoraussetzungen der Teilnehmenden angemessen bzw. angepasst sein sollte. Die »motivationale Erreichbarkeit« (ebd., S. 205) meint die Neigungsorientierung und den Interessenbezug. Fragt man Menschen mit einer Beeinträchtigung nach ihren Freizeitaktivitäten, werden häufig Tätigkeiten wie Spielen[52], Fernsehen[53], Radio, Familie, Spazierengehen und Sport genannt. Die Wahl der Freizeitaktivitäten unterscheidet sich demnach nicht grundlegend von Menschen ohne Beeinträchtigung (vgl. Freizeitmonitor 2023).

11.4.5 Freizeitautonomie

Es besteht die Gefahr, dass in der Freizeitgestaltung wenige Möglichkeiten zur Selbstbestimmung bestehen, da die Freizeit von erwachsenen Menschen mit intellektueller Beeinträchtigung häufig von anderen (Familie, Betreuungspersonal etc.) verplant und vorgegeben wird (vgl. Stöppler 2017, S. 160). Eine selbstbestimmte Freizeitgestaltung sollte im Sinne der Leitprinzipien Selbstbestimmung und Normalisierung oberstes Ziel von entsprechenden Angeboten sein.

Freizeitautonomie zeigt sich in verschiedenen Aspekten. Selbstbestimmt und autonom ist eine Freizeitaktivität z. B., wenn die Teilnehmenden freie Verfügung über ihre Zeit haben, wenn sie entscheiden, wo, wie lange mit wem und womit sie ihre freie Zeit verbringen. Dabei ist es auch wichtig, dass sie selbst über Ge-

---

52 Dazu gehören Gesellschaftsspiele wie Würfel- oder Glücksspiele, Legespiele, Denkspiele, Rollenspiele, Quiz- und Konversationsspiele, Geschicklichkeits- und Aktionsspiele (vgl. Die Spielebrücke e.V. 2013). Laut Stöppler (2017, S. 164) spielen »Kinder, Jugendliche und Erwachsene mit geistiger Behinderung […] im Wesentlichen nicht anders als Menschen ohne Behinderung.« Mit Bezug auf Sarimski (2012, S. 106) sagt Stöppler, dass »einige wenige Studien […] darauf hin[weisen], dass Menschen mit geistiger Behinderung einfachere Spiele bevorzugen, das Spielrepertoire […] einseitiger und unflexibler [ist und] kürzere Sequenzen [bevorzugt werden].« (Stöppler 2017, S. 164). Erscheinen Gesellschaftsspiele für Menschen mit intellektueller Beeinträchtigung aufgrund der Komplexität der Regeln oder der motorischen Anforderungen zu anspruchsvoll, lassen sie sich in den Bereichen Spielmaterial, Spielregeln, Spielidee modifizieren, so dass »bei entsprechender (Um-)Gestaltung und der Bereitstellung spezieller Hilfen, viele attraktive und beliebte Gesellschaftsspiele […] inklusiv gespielt werden können« (Stöppler 2017, S. 165, Stöppler et al. 2016).
53 Ebert weist in seiner Studie (2000 S. 57 ff.) darauf hin, dass bei Menschen mit einer Beeinträchtigung vorwiegend Tätigkeiten mit passiv-rezeptiven Charakter dominieren. Dabei wird explizit die Bedeutung des Medienkonsums (insbesondere Fernsehen) bei Menschen mit intellektueller Beeinträchtigung thematisiert.

schwindigkeit und Pausen bei der Tätigkeit sowie über deren Beendigung bzw. Rückzug entscheiden.

Aus den Kriterien von Ebert (2000) lässt sich die Wahl der Freizeitpartner*innen ebenfalls der Freizeitautonomie zuordnen. Aus den Teilhabeberichten geht hervor, dass Menschen mit Beeinträchtigungen ihre freie Zeit häufiger allein verbringen und als Freizeitpartner*innen überwiegend Familienmitglieder (Eltern oder Geschwister) oder nahe Verwandte zu nennen seien[54] (BMAS 2013, S. 210). Als gering wurde auch die Zahl der intensiven Freundschaften außerhalb der Familie gewertet.

Im Sinne einer Teilhabechance ist hier das Konzept der so genannten ›Freizeitassistenz‹ als Freizeitpartner*in zu nennen (vgl. Markowetz 2016, S. 463). Gemeint sind damit »kompetente Dienstleister auf einem Kontinuum zwischen ehrenamtlicher Arbeit und bürgerschaftliche[m] Engagement einerseits und professioneller Freizeitassistenz andererseits, die unbürokratisch, unkompliziert, rasch, bedarfsgerecht, diskret und verlässlich arbeitet und auch den wechselnden Freizeitinteressen und Freizeitbedürfnisschwankungen von Menschen mit Behinderungen Rechnung tragen« (Markowetz 2016, S. 463). Zum einen wird durch den Einsatz persönlicher Assistent*innen die Personalsituation der Freizeitanbietenden verbessert, zum anderen ermöglichen sie Menschen mit Beeinträchtigung mehr Unabhängigkeit und Selbstbestimmung. Sie können sich durch die Beauftragung einer persönlichen Assistenz (beispielsweise finanziert durch das ›Persönliche Budget‹[55]) als Arbeitgeber*in verstehen und haben so die Möglichkeit, eigene Regeln aufzustellen oder sich selbst für oder gegen etwas zu entscheiden[56].

Der Aufgabenbereich einer Freizeitassistenz reicht vom Einholen von Informationen über die Vielfalt an Freizeitmöglichkeiten einschließlich der Anmeldung über die Organisation und Finanzierung von Fahrdiensten bis zur Begleitung der eigentlichen Freizeitaktivität. Im Lebensbereich Freizeit betrifft das Besuche von (kulturellen) Veranstaltungen sowie Sport und Reisen.

---

54 19 % der Menschen mit einem anerkannten Grad der Behinderung von über 90 verbringen ihre Freizeit allein. Ein knappes Drittel der Menschen mit einer anerkannten Behinderung trifft sich mindestens einmal pro Woche mit anderen. Im Vergleich mit Menschen ohne anerkannte Behinderung ist mit 6 % ein größerer Teil von ihnen »nie gesellig« (ohne anerkannte Behinderung: 2 %). Besonders groß sind die Unterschiede bei den jüngeren Erwachsenen mit 11 % und den Menschen im hohen Alter mit 7 %. In diesem Zusammenhang fallen auch erhebliche Unterschiede in Abhängigkeit vom Grad der Behinderung ins Auge: Nahezu alle Erwachsenen mit einem Grad der Behinderung von unter 50 verbringen ihre freie Zeit zumindest selten mit Freunden, Verwandten oder Nachbarn. Unter den Menschen mit einem anerkannten Grad der Behinderung zwischen 50 und 80 beschreiben bereits 5 %, dass sie sich nie mit anderen treffen. Bei den Menschen mit hochgradigen Beeinträchtigungen trifft dies bereits auf jede bzw. jeden Fünften zu (vgl. BMAS 2013, S. 212/214).
55 Die Leistungsform des Persönlichen Budgets wurde mit dem Neunten Buch Sozialgesetzbuch (SGB IX) 2001 eingeführt. Mit dem Persönlichen Budget können Leistungsempfänger*innen von den Rehabilitationsträgern anstelle von Dienst- oder Sachleistungen zur Teilhabe ein Budget wählen. Damit können – unter dem Paradigma der Selbstbestimmung – Dienste oder Personen nach eigenen Bedarfen und zum selbst gewählten Zeitpunkt finanziert werden.
56 Jedoch besteht im Freizeitbereich für die Bewilligung von persönlichen Assistenzen keine Rechtsgrundlage, anders als z. B. im Bereich Arbeit.

»Darüber hinaus kann es aber auch sinnvoll wie notwendig sein, dass sich eine Freizeitassistenz an didaktisch-methodischen Aufgaben der Freizeitpädagogik beteiligt, damit ein Mensch mit Behinderung überhaupt an der Freizeitmaßnahme sozial angemessen teilhaben und von der Freizeitaktivität qualitativ hochwertig profitieren und diese als sinnstiftend erleben kann« (Markowetz 2016, S. 463).

11.5 Fazit

Zusammenfassend lassen sich folgende Überlegungen zur Freizeitsituation von erwachsenen Menschen mit intellektueller Beeinträchtigung festhalten:

- Die Freizeit von erwachsenen Menschen mit intellektueller Beeinträchtigung wird als defizitär beschrieben, sowohl in den Aussagen der Personengruppe selbst (Repräsentativbefragung) als auch in empirischen Untersuchungen.
- Die Freizeitgestaltung wird durch Ausgrenzungsprozesse, Barrieren und ungünstige Rahmenbedingungen erschwert.
- Der Erwerb grundlegender Kompetenzen, wie das Erkennen und die Formulierung von Bedürfnissen sowie Planungs- und Handlungskompetenzen ist eine Voraussetzung für eine gelungene Freizeitgestaltung.

Insbesondere die Repräsentativbefragung zur Teilhabe von Menschen mit Behinderungen (vgl. BMAS 2022) liefert wichtige Erkenntnisse über deren Freizeitsituation in Privathaushalten und Einrichtungen.[57] Wie auch schon die Teilhabeberichte der Bundesregierung seit Jahren statistisch belegen, zeigt sich auch in der Repräsentativbefragung, dass alle Menschen vergleichbare kulturelle Interessen und Freizeitvorstellungen teilen; unabhängig von einer Beeinträchtigung. Allerdings zeigt sich, dass Menschen mit selbsteingeschätzter Beeinträchtigung im Vergleich zu nicht beeinträchtigten Personen seltener an diversen Aktivitäten teilnehmen können. Menschen mit selbsteingeschätzter Beeinträchtigung führen auch seltener Aktivitäten außerhalb ihrer Wohnungen durch, insbesondere Treffen mit Freunden, Ausflüge und kulturelle Veranstaltungen. Die Daten zeigen zudem, dass Menschen

---

57 Die »Repräsentativbefragung zur Teilhabe von Menschen mit Behinderungen« (kurz: Teilhabebefragung) untersucht die Teilhabe von Menschen mit Beeinträchtigungen und Behinderungen in unterschiedlichen Lebensbereichen. Im empirischen Vergleich zu Menschen ohne Beeinträchtigung erschließen sich Besonderheiten und spezifische Probleme der Lebenslagen von Menschen mit Beeinträchtigungen und Behinderungen. Die Teilhabebefragung erfasst sowohl Personen in Privathaushalten als auch Bewohner*innen in Wohneinrichtungen für Menschen mit Behinderungen sowie Alten- und Pflegeeinrichtungen. Der Abschlussbericht legt dazu sein empirisch orientiertes Konzept zur Messung von Beeinträchtigung und Behinderung unter der Prämisse internationaler Vergleichbarkeit dar. Auf dieser Grundlage stellt der Bericht zentrale Ergebnisse der umfangreichen Befragungen von Menschen mit und ohne Behinderungen vor.

mit Beeinträchtigung Barrieren bei der Teilnahme an Aktivitäten außerhalb einer Einrichtung der Behindertenhilfe erleben.

Die Gründe für Einschränkungen von Freizeitaktivitäten variieren. Genannt werden Zeitmangel, fehlende Motivation und mangelnde Angebote. Oftmals werden auch wirtschaftliche Gründe und infrastrukturelle Barrieren genannt.

Entscheidet sich ein erwachsener Mensch mit intellektueller Beeinträchtigung trotz aufgeführter Barrieren aus eigenem Interesse für eine freizeitliche Aktivität, sind bereits zahlreiche Kriterien einer gelungenen Teilhabe erfolgt: Er ist in der Lage wahrzunehmen, dass ihm diverse Möglichkeiten zur Freizeitgestaltung zur Verfügung stehen. Aus dieser Optionsvielfalt hat er in Abwägung seiner Freizeitbedürfnisse den Wunsch formuliert, einem bestimmten Interesse zu folgen, um durch den Vollzug der Freizeitaktivität eine Bedürfnisbefriedigung zu erlangen.

Bei Menschen mit intellektueller Beeinträchtigung geht die Formulierung des Wunsches jedoch nicht mit einer umgehenden Realisierung einher. Selten bis gar nicht sind sie in der Lage, eine Freizeitaktivität allein auszuführen.

> »Geistige Behinderung ist gekoppelt mit unterschiedlich starken Hilfe- und Unterstützungsbedarfen. Daraus können Abhängigkeitsverhältnisse entstehen, die die selbstbestimmte Freizeitgestaltung des Personenkreises enorm beeinflussen können. Im schlimmsten Fall werden individuelle Bedürfnisse und Wünsche nicht beachtet und übergangen. Freizeitbildung im schulischen und nachschulischen Bereich kann helfen, individuelle Bedürfnisse zu berücksichtigen« (Schuck 2019, S. 637).

Bezugnehmend auf eine selbstbestimmte Freizeitgestaltung ist das Ziel einer gelungenen gesellschaftlichen Teilhabe also nicht zwingend, einen erwachsenen Menschen mit intellektueller Beeinträchtigung dahingehend zu befähigen, eine alleinige Unternehmung zu wagen. Viel grundlegender sollte er zunächst in die Lage versetzt werden, seine Freizeitbedürfnisse zu kennen, zu formulieren und aus einer Vielzahl von Angeboten eine realistische Einschätzung zu treffen, was davon in welcher Form realisiert werden könnte.

Es scheint noch immer ein Problem zu sein, dass Menschen mit intellektueller Beeinträchtigung über unzureichende organisatorische Fähigkeiten oder Ideen zu eigenen Interessen und Freizeitgestaltungsoptionen verfügen. Letztlich ist die Teilhabe an Freizeitaktivitäten auch immer den Vorbehalten gegenüber Menschen mit Beeinträchtigungen geschuldet, woraus wiederum eine fehlende Bereitschaft der Freizeitanbieter resultiert, sich auf die besonderen Anforderungen des Personenkreises einzustellen.

> »Es kann sein, dass Menschen mit Beeinträchtigungen bei der Freizeitgestaltung auf Unterstützung und Begleitung angewiesen sind. Durch die Abhängigkeit von anderen Menschen kann eine selbstbestimmte Freizeitgestaltung jedoch erschwert werden. Das trifft in besonderem Maße auf Menschen mit geistigen Beeinträchtigungen sowie auf Menschen zu, die in Einrichtungen leben« (BMAS 2013, S. 208).

Aus diesem Grund fordert Markowetz (2016) »eine Ausbildungsneuordnung jener Berufe, die professionell in relevanten Sektoren der Freizeit arbeiten, um die besonderen Belange von Menschen mit Behinderungen angemessen berücksichtigen und qualitativ hochwertig umsetzen zu können« (ebd., S. 465). Würden in diesen Bereichen vermehrt Personen arbeiten, die im Umgang mit Menschen mit Beeinträchtigung qualifiziert sind, wäre dies ein Zeichen dafür, dass Menschen mit Beeinträchtigung als Zielgruppe und Kund*innen des Freizeitmarktes anerkannt werden.

Literatur

Bundesministerium für Arbeit und Soziales (Hrsg.) (2013): Teilhabebericht der Bundesregierung über die Lebenslagen von Menschen mit Beeinträchtigungen. Teilhabe – Beeinträchtigung – Behinderung, Bonn.
Bundesministerium für Arbeit und Soziales (Hrsg.) (2016): Zweiter Teilhabebericht der Bundesregierung über die Lebenslagen von Menschen mit Beeinträchtigungen. Teilhabe – Beeinträchtigung – Behinderung, Bonn.
Bundesministerium für Arbeit und Soziales (Hrsg.) (2021): Dritter Teilhabebericht der Bundesregierung über die Lebenslagen von Menschen mit Beeinträchtigungen. Teilhabe – Beeinträchtigung – Behinderung, Bonn.
Bundesministerium für Arbeit und Soziales (Hrsg.) (2022): Abschlussbericht. Repräsentativbefragung zur Teilhabe von Menschen mit Behinderungen, Bonn. Online verfügbar unter: https://www.bmas.de/DE/Service/Publikationen/Forschungsberichte/fb-598-abschlussbericht-repraesentativbefragung-teilhabe.html, letzter Zugriff: 14.01.2024.
Bundesvereinigung Lebenshilfe für Menschen mit geistiger Behinderung e.V. (Hrsg.) (2002): Freizeit organisieren – so geht's! Praktische Handreichung und Materialiensammlung für die Entwicklung und Koordination von Freizeitangeboten. Marburg: Lebenshilfe-Verlag.
Ebert, H. & Villinger S. (1999): Freizeit von WfB-Mitarbeiter(inne)n. Ergebnisse einer Befragung. In: Geistige Behinderung 3/1999, S. 258–273.
Ebert, H. (2000): Menschen mit geistiger Behinderung in der Freizeit: Wir wollen überall dabei sein. Bad Heilbrunn: Klinkhardt.
Freizeitmonitor 2023: Online verfügbar unter: https://www.freizeitmonitor.de/, letzter Zugriff: 29.02.2024.
Giesecke, H. (1983): Leben nach der Arbeit. Ursprünge und Perspektiven der Freizeitpädagogik, München: Juventa-Verlag. Online verfügbar unter: http://www.hermann-giesecke.de/freizeit83.pdf, letzter Zugriff: 26.04.2023.
Habermas, J. (1958): Soziologische Notizen zum Verhältnis von Arbeit und Freizeit. In: Funke, G. (Hrsg.): Konkrete Vernunft. Festschrift für E. Rothacker. Bonn: Bouvier, S. 219–231.
Markowetz, R. (2000): Freizeit von Menschen mit Behinderungen. In: Markowetz, R. & Cloerkes, G. (Hrsg.): Freizeit im Leben behinderter Menschen. Theoretische Grundlagen und sozialintegrative Praxis. Heidelberg, S. 9–38.
Markowetz, R. (2012): Inklusion im Lebensbereich Freizeit durch Freizeitbildung und Freizeitassistenz. In: Hinz, A. et al. (Hrsg.): Von der Integration zur Inklusion. Grundlagen – Perspektiven – Praxis, Marburg: Lebenshilfe-Verlag, S. 201–217.
Markowetz, R. (2016): Freizeit. In: Hedderich, I., Hollenweger, J., Biewer, G. & Markowetz, R. (Hrsg.): Handbuch Inklusion und Sonderpädagogik, Bad Heilbrunn: Klinkhardt, S. 459–465.
Nahrstedt, W. (1990): Leben in freier Zeit: Grundlagen und Aufgaben der Freizeitpädagogik, Darmstadt: Wissenschaftliche Buchgesellschaft.
Niehoff, U. (1998): Grundbegriffe selbstbestimmten Lebens. In: Hähner, U., Niehoff, U., Sack, R. & Walther, H. (Hrsg.): Vom Betreuer zum Begleiter. Eine Neuorientierung unter dem Paradigma der Selbstbestimmung. 2. durchgesehene Auflage Marburg: Lebenshilfe-Verlag, S. 53–64.
Niehoff, U. (2006): Menschen mit geistiger Behinderung in der Freizeit. Versuch einer Standortbestimmung. In: Wüllenweber, E. (Hrsg.): Pädagogik bei geistigen Behinderungen. Ein Handbuch für Studium und Praxis. Stuttgart: Kohlhammer, S. 408–415.
Opaschowski, H. (1990): Pädagogik und Didaktik der Freizeit. Opladen: Leske + Budrich.
Opaschowski, H. (1996): Pädagogik der freien Lebenszeit. 3., völlig neu bearb. Auflage Opladen: Leske + Budrich.

Schuck, H. (2019): Freizeitbildung. In: Schäfer, H. (Hrsg.): Handbuch Förderschwerpunkt geistige Entwicklung. Grundlagen – Spezifika – Fachorientierung – Lernfelder. Weinheim: Beltz Verlag, S. 637–646.

Stöppler, R. (2017): Einführung in die Pädagogik bei geistiger Behinderung. 2., aktualisierte Auflage, München/Basel: Ernst Reinhardt.

Tews, H. P. (1976): Freizeit und Behinderung. Stuttgart: Kohlhammer.

Theunissen, G. (2000): Lebensbereich Freizeit – ein vergessenes Thema für Menschen, die als geistig schwer- oder mehrfachbehindert gelten. In: Cloerkes, G. & Markowetz, R.: Freizeit im Leben behinderter Menschen. Theoretische Grundlagen und sozialintegrative Praxis. Heidelberg: Edition S, S. 137–149.

Wilken, U. (1990): Behinderung, Freizeit und Touristik. In: Bach, H. (Hrsg.): Handlung der Sonderpädagogik, Bd. 10, S. 460–470.

Zellmann, P. (2002): Arbeit, Erholung und Zeit zum Leben. In: Spektrum Freizeit 24, 1, S. 112–122.

Zielniok, W. J. (1977): Anstöße zur Selbständigkeit: die Gestaltung von Funktionstrainings-Programmen für geistig Behinderte im Freizeitbereich, Freiburg im Breisgau: Lambertus-Verlag.

Zielniok, W. J. (1990): Gestaltete Freizeit für Menschen mit geistiger Behinderung: Theorie und Realisationen unter integrativem Aspekt. 4., erweiterte Auflage, Heidelberg: Schindele.

12   Digitale Medien

Nils Seibert

»Ja, ich habe halt WhatsApp, Amazon, Snapchat, hier sind coole Spiele, TikTok und Netflix. Halt nicht so viel.« Die Worte stammen von einer Schülerin mit dem Förderschwerpunkt geistige Entwicklung bezüglich ihrer Mediennutzung (vgl. Seibert 2024). Die Aussage verdeutlicht, dass sich der Personenkreis von Menschen mit intellektueller Beeinträchtigung mit digitalen Medien beschäftigt und bereits eine beträchtliche Anzahl von Apps bzw. Websites bekannt ist und genutzt wird. Die digitale Teilhabe von Menschen mit intellektueller Beeinträchtigung ist aus dem aktuellen Diskurs nicht mehr wegzudenken und daher mit dem folgenden Beitrag Teil dieses Buches.

Digitalisierung wird gerne als Schlagwort genutzt, um Modernisierung zu propagieren. Mit ihrer Hilfe soll nahezu jedes Problem in der Gesellschaft zu lösen sein (vgl. Langes & Boes o. J.). Vor allem der künstlichen Intelligenz (KI) werden nahezu grenzenlose Fähigkeiten zugeschrieben, die ebenfalls eine Vielzahl an Thematiken entschlüsseln könnten. Solche Verkürzungen verkennen die Komplexität der sogenannten neuen Medien[58] und deren eigentlichen Nutzen. Insbesondere die Corona-Pandemie zeigte eindringlich, dass Medien zwar hilfreiche Ergänzungen sind, analogen menschlichen Kontakt jedoch nicht vollends ersetzen können (vgl. Ratz et al. 2020). Vor allem in Bezug auf Menschen mit intellektueller Beeinträchtigung kann die Teilhabe an digitalen Medien zu einer verbesserten sozialen Teilhabe führen (vgl. Borgstedt & Möller-Slawinski 2020, S. 4). Die Fachgruppe inklusive Medienbildung der Gesellschaft für Medienpädagogik und Kommunikationskultur (GMK) formulierte verschiedene Teilhabebereiche für Menschen mit Beeinträchtigung, die mit digitalen Medien realisiert werden können:

- Teilhabe IN Medien
- Teilhabe AN Medien
- Teilhabe DURCH Medien (vgl. GMK-Fachgruppe inklusive Medienbildung 2018).

Daraus resultiert die Frage, ob digitale Medien als ein neuer Teilhabebereich begriffen werden kann. Inwieweit dies der Fall ist, wird anhand verschiedener Aspekte in diesem Beitrag diskutiert.

---

58 Mit »neuen Medien« sind in diesem Beitrag vor allem das Internet und die dazugehörigen Endgeräte gemeint.

12.1 Bedeutung von digitalen Medien

12.1.1 Mediennutzung

Es gibt eine beträchtliche Anzahl an Studien zur Mediennutzung, die sich jedoch in der Regel mit Menschen ohne Beeinträchtigung auseinandersetzen und deren Mediennutzungsverhalten analysieren[59]. Insgesamt lässt sich über alle Studien hinweg konstatieren, dass das Internet und damit auch Social Media (wie z. B. Instagram, TikTok etc.) von vielen Menschen, insbesondere jungen Erwachsenen, genutzt wird (vgl. TK 2021; vgl. ARD & ZDF 2020; vgl. mpfs 2023). Die Bedeutung der neuen Medien zeigt sich vor allem in den hohen Nutzungszahlen: 2023 nutzten weltweit 5,4 Milliarden Menschen das Internet und davon 4,76 Milliarden Menschen Social Media (vgl. ITU 2023; vgl. We Are Social et al. 2023). Dadurch kann das Internet als Alltagsmedium angesehen werden, das viele Menschen nutzen, um Informationen zu erlangen oder zu kommunizieren. Kommunikation über das Internet findet häufig über Social Media statt. Social Media sind ein »[…] Sammelbegriff für Angebote auf Grundlage digital vernetzter Technologien, die es Menschen ermöglichen, Informationen aller Art zugänglich zu machen und davon ausgehend soziale Beziehungen zu knüpfen und/oder zu pflegen« (Taddicken & Schmidt 2022, S. 5). Sie stellen einen bedeutenden Anteil der Internetnutzung dar, vor allem wenn Messengerdienste wie WhatsApp dazu zählen.

Mediennutzungsstudien existieren unter anderem für Kinder und Jugendliche. In diesem Zusammenhang sind vor allem die Panel-Studien »KIM-Studie«[60] (Kindheit, Internet, Medien) und »JIM-Studie«[61] (Jugend, Information, Medien) herauszustellen, weil sie einen guten Überblick über die Entwicklung der Mediennutzung bei Kindern und Jugendlichen geben. Das Merkmal Beeinträchtigung wird in den genannten Studien jedoch nicht erfasst.

Generell gibt es eine überschaubare Anzahl an repräsentativen Studien[62], die sich explizit mit der Mediennutzung von Menschen mit Beeinträchtigungen auseinandersetzen. Um einen aktuellen Überblick über die Nutzung von digitalen Medien bei Menschen mit Beeinträchtigungen zu bekommen, kann die »Repräsentativbefragung zur Teilhabe von Menschen mit Behinderungen« genutzt werden (vgl. Steinwede et al. 2022). Sie ist eine der größten repräsentativen Befragungen der Teilhabebedingungen in Deutschland, bei der insgesamt 22.065 Personen befragt

---

59 Beispielhaft: JIM-Studien (vgl. mpfs 2023); Massenkommunikation Langzeitstudie (vgl. Breunig et al. 2020; ARD & ZDF 2020); TK-Studie zur Digitalkompetenz 2021 (vgl. TK 2021) etc.
60 Repräsentative zweijährige Erhebung der Mediennutzung von Kindern im Alter von sechs bis zwölf Jahren und deren primären Erziehungspersonen (n=1.219) (vgl. mpfs 2022, S. 2).
61 Repräsentative jährliche Erhebung der Mediennutzung von Jugendlichen im Alter von 14-19 Jahren (n=1.200) (vgl. mpfs 2023, S. 2).
62 Beispielhaft ist die Studie »Mediennutzung von Menschen mit Behinderungen« von Bosse & Hasebrink (2016) zu nennen, die einen Überblick über die Mediennutzung von Menschen mit Behinderungen gibt (vgl. Bosse & Hasebrink 2016). Darüber hinaus sind weitere Studien erschienen (vgl. Keeley et al. 2022; vgl. BWS 2022).

wurden. Davon gaben 16.003 an, eine Behinderung oder anderweitige Beeinträchtigung zu haben, die durch den ICF klassifiziert wurde (vgl. Steinwede & Leinert 2022, S. 45). Menschen mit intellektueller Beeinträchtigung wurden wie folgt in die Studie eingeschlossen: Personen »[...] mit stärkster Alltagseinschränkung beim Lernen, Denken, Erinnern oder Orientieren im Alltag [...]« (Steinwede & Leinert 2022, S. 46). Zusätzlich wird die Wohnform der Befragten in »Privathaushalte« (n=490) und in »Einrichtungen« (n=549) aufgeteilt (vgl. ebd., S. 46f.). Eine große Mehrheit der Befragten nutzt das Internet (93 %), vor allem in den jüngeren Alterskohorten ist eine breite Anwendung erkennbar (99 % bei den 16- bis 44-Jährigen) (vgl. Schäfers & Schachler 2022, S. 113). Hierbei unterscheiden sie sich nur marginal von der Gesamtbevölkerung, denn auch in der JIM-Studie zeigt sich, dass 95 % der Jugendlichen das Internet regelmäßig nutzen (vgl. mpfs 2023, S. 13). Der Unterschied zwischen den Befragungen kann unter anderem durch die unterschiedlichen Alterskonstellationen[63] erklärt werden.

Differenzen in der Verfügbarkeit von Internetzugängen zeigen sich vor allem bei den verschiedenen Wohnformen. Insbesondere Bewohner*innen von stationären Einrichtungen haben erschwerten Zugang zum Internet, denn ca. 60 % der Einrichtungen für Menschen mit Beeinträchtigung sind ohne Internetzzugang. Selbst bei der jüngeren Alterskohorte sind es noch immer 35 %, die keinen Internetzugang haben (vgl. Schäfers & Schachler 2022, S. 113f.). Schäfers und Schachler (2022, S. 113ff.) schließen daraus, dass in Einrichtungen strukturelle Begebenheiten zu fehlender Teilhabe an digitalen Medien führen. Demgegenüber steht eine deutlich verbesserte Medienausstattung bei Menschen ohne Beeinträchtigung, nahezu alle Jugendlichen besitzen einen eigenen Zugang zu internetfähigen Geräten (vgl. mpfs 2023, S. 5ff.).

Zusammenfassend kann ein Unterschied in der Nutzung des Internets zwischen Menschen mit und ohne Beeinträchtigung herausgearbeitet werden. Insbesondere Menschen mit intellektueller Beeinträchtigung scheinen mit besonderen Barrieren bezüglich der Internetnutzung konfrontiert zu sein. Mittels Digital-Divide-Forschung können solche Phänomene beschrieben und teilweise nachvollzogen werden. Daher werden im Folgenden die Prinzipien des Digital Divide erklärt und auf die Situation für Menschen mit intellektueller Beeinträchtigung übertragen.

12.1.2 Digital Divide

Durch die National Telecommunications & Information Administration (NTIA) wurde die Wortkombination des Digital Divide im Jahr 1998 erstmals in der Öffentlichkeit diskutiert (vgl. Marr & Zillien 2020, S. 3ff.). Der Digital Divide (dt.: Digitale Spaltung) kann als mehrdimensionales Phänomen beschrieben werden. Marr & Zillien (2020, S. 1) definieren den Digital Divide wie folgt:

»Unter dem Oberbegriff der digitalen Spaltung beschäftigt sich die kommunikationswissenschaftliche Internetforschung mit sozialen und transnationalen Disparitäten im Zugang

---

63 16- bis 44-Jährige beim Teilhabesurvey und 14- bis 19-Jährige bei der JIM-Studie (vgl. mpfs 2023, S. 2; vgl. Schäfers & Schachler 2022, S. 113).

zu und in der Nutzung von digitalen Technologien im Allgemeinen und des Internets im Besonderen [...]« (Marr & Zillien 2020, S. 1).

Digitale Ungleichheit wirkt auf bereits existierende Ungleichheiten ein und kann weiterhin die soziale Schichtung beeinflussen (vgl. Hargittai & Hsieh 2013, 141 zit. nach Goggin 2018, S. 64).

Darüber hinaus wird der Digital Divide im wissenschaftlichen Diskurs in verschiedene Einzelphänomene aufgeteilt, den sogenannten Levels (vgl. Robinson et al. 2020, o. S.; van Deursen & Helsper 2015, S. 31f.):

- First Level Digital Divide
  - Physischer Zugang (vgl. Schelisch & Spellerberg 2021, S. 54)
  - Der First Level Digital Divide beschreibt den Zugang zu Hard- und Software. Zusätzlich kann der Internetzugang beschrieben werden (vgl. Marr & Zillien 2020, S. 8f.).
- Second Level Digital Divide
  - Fähigkeiten und Nutzung (vgl. Schelisch & Spellerberg 2021, S. 54)
  - Der Second Level Digital Divide beschreibt die nötigen Fähigkeiten bei der Nutzung von digitalen Endgeräten. Hierbei werden Unterschiede in der Techniknutzung, in den Nutzungskompetenzen und bei den konsumierten Internetinhalten beschrieben (vgl. Zillien & Haufs-Brusberg 2014, S. 81; Marr & Zillien 2020, S. 13).
- Third Level Digital Divide
  - (Positive) Resultate der Nutzung (vgl. Schelisch & Spellerberg 2021, S. 54)
  - »Die Wirkungsforschung zur digitalen Spaltung folgt der Idee, dass nicht die Zugangs- und Nutzungsunterschiede des Internets an sich, sondern die daraus resultierenden Auswirkungen im Mittelpunkt der Analyse stehen sollen« (Zillien & Haufs-Brusberg 2014, S. 85).

Die unterschiedlichen Formen des Digital Divide entsprechen den jeweiligen Forschungsfeldern: Zugangsforschung (First Level Digital Divide), Nutzungsforschung (Second Level Digital Divide), Wirkungsforschung (Third Level Digital Divide) (vgl. Marr & Zillien 2020, S. 8ff.). Bevor das Merkmal »Behinderung« im Rahmen der Digital-Divide-Forschung thematisiert wurde, lag der Fokus primär auf digitalen Ungleichheiten in Bezug auf Unterschiede zwischen verschiedenen Ländern[64], verschiedenen Bevölkerungsgruppen und weiteren Aspekten (Robinson et al. 2020, o. S.). Mit dem Artikel »The Disability Divide in Internet Access and Use« von Dobransky und Hargittai (2006) wurde das Merkmal »Behinderung« stärker in der Digital-Divide-Forschung etabliert (vgl. Dobransky & Hargittai 2006). Behinderung und die damit verbundenen Merkmale werden in der Digital-Divide-Forschung als heterogen und sozial konstruiert angesehen. Hierdurch ergeben sich Anknüpfungspunkte an Modelle und Haltung der Disability Studies (vgl. Waldschmidt 2020; vgl. Goggin 2018, S. 69f.). Die vielschichtige Diskussion des Digital Divide (bei

---

64 Bspw. Industrienationen – Schwellenländer (vgl. Münker 2015, S. 61; vgl. Marr & Zillien 2020, S. 8).

Behinderung) kann hier nicht vollends diskutiert werden, daher wird auf weiterführende Literatur[65] verwiesen.

Für den Digital Divide bei Behinderung kann in Deutschland festgestellt werden, dass bezüglich des First Level Digital Divide keine großen Ungleichheiten herrschen. Beim Internetzugang müssen hauptsächlich stationäre Wohneinrichtungen die entsprechende Ausstattung verbessern. Insgesamt sind Menschen mit intellektueller Beeinträchtigung insbesondere auf dem Second und Third Level des Digital Divide benachteiligt (vgl. Sponholz & Boenisch 2021; vgl. Seibert 2024; vgl. Keeley et al. 2022). Vor allem fehlende (Medien-)Kompetenzen und Wissen über Nutzungsmöglichkeiten von digitalen Medien stellen für Menschen mit intellektueller Beeinträchtigung Barrieren bei der digitalen Teilhabe dar. So kann abschließend mit Goggin (2018, S. 70) konstatiert werden: »people with disabilities are marginalized in the research, technology design, and policy formulation relating to digital inequality«.

12.2 Rechtliche Aspekte

Digitalisierung und die Teilhabe an digitalen Räumen werden Menschen mit intellektueller Beeinträchtigung qua Gesetz garantiert. Zuerst ist in diesem Zusammenhang die UN-BRK zu nennen, die beispielsweise die Staaten in Artikel 9 verpflichtet, »[…] den Zugang von Menschen mit Behinderungen zu den neuen Informations- und Kommunikationstechnologien und -systemen, einschließlich des Internets, zu fördern; […]« (Beauftragter der Bundesregierung für die Belange von Menschen mit Behinderungen 2018, S. 13). Daraus erwächst der Auftrag, Menschen mit Beeinträchtigung aktiv am digitalen Leben teilhaben zu lassen und die nötigen Vorkehrungen dafür zu treffen. Weiterhin sind die Artikel 2 »Begriffsbestimmungen«, 4 »Allgemeine Verpflichtungen«, 21 »Recht der freien Meinungsäußerung, Meinungsfreiheit und Zugang zu Informationen« und 24 »Bildung« der UN-BRK für die Teilhabe am digitalen Leben relevant.

In Deutschland wird die Digitalisierung für Menschen mit Beeinträchtigung auf unterschiedliche Weise umgesetzt. Zum einen auf einer gesamtgesellschaftlichen Ebene, mit der »Verordnung zur Schaffung barrierefreier Informationstechnik nach dem Behindertengleichstellungsgesetz« (BITV 2.0), und zum anderen auf der schulischen Ebene durch diverse Maßnahmenpakete, wie beispielsweise den DigitalPakt-Schule (vgl. BMJ 2011; vgl. BMBF 2023). Das BITV 2.0 legt rechtlich fest, dass Websites barrierefrei aufgebaut sein sollen, damit Menschen mit Beeinträchtigung sie benutzen können. Die »[online] Angebote, Anwendungen und Dienste der Informationstechnik sind barrierefrei zu gestalten. Dies erfordert, dass sie wahrnehmbar, bedienbar, verständlich und robust sind« (BMJ 2011, § 3). Zum 28.06.

---

65 vgl. Schelisch & Spellerberg (2021); vgl. Goggin (2018); vgl. van Deursen & Helsper (2015); vgl. Ragnedda & Muschert (2018); vgl. Jaeger (2012); vgl. Dobransky & Hargittai (2006).

2025 tritt zudem das Barrierefreiheitsstärkungsgesetz (BFSG) in Kraft, das vorschreibt, dass Hard- und Softwareprodukte barrierearm gestaltet sein müssen, bevor sie in den Verkauf gehen (vgl. BMJ 2021). Dies entspricht unter anderem den Forderungen, die Goggin (2018, S. 69f.) aufgrund des Digital Divide bei Behinderungen gestellt hat. Barrieren auf Websites sind demnach nicht etwa ein unausweichliches Übel, sondern vielmehr in die Systeme eingearbeitet (»Built in systems«) (ebd.).

Digitalisierung und die damit einhergehende Medienbildung ist in der schulischen Ausbildung ein Zentrales Element: »Medienbildung gehört zum Bildungsauftrag der Schule, denn Medienkompetenz ist neben Lesen, Rechnen und Schreiben eine weitere wichtige Kulturtechnik geworden« (KMK 2012, S. 9). Auch in den Richtlinien für Förderschulen sind mittlerweile in Deutschland digitale Medien implementiert. Beispielhaft kann auf die Hessischen Richtlinien für den FsgE verwiesen werden, doch auch in den anderen Bundesländern ist der Umgang mit digitalen Technologien in den Richtlinien festgeschrieben (vgl. Kultusministerium Hessen 2013, S. 30f.).

Teilhabe an digitalen Medien wird durch Gesetze reglementiert und garantiert. Dennoch liegen Teilhaberisiken keineswegs nur in fehlendem Zugang zu digitalen Medien, sondern auch in weiteren Gefahren und unzureichenden Fähigkeiten bei der Nutzung. Nachfolgend werden zwei Teilhaberisiken näher beleuchtet und ihre Implikationen für Menschen mit intellektueller Beeinträchtigung erläutert.

12.3 Teilhaberisiken

Die Digitalisierung birgt neben Teilhabechancen (▶ Kap. 12.4) auch eine große Anzahl an Teilhabebarrieren und -risiken. Wie bereits zuvor beim Aspekt des Digital Divide gezeigt, kann bereits ein Teilhaberisiko beim Zugang und Nutzung von digitalen Endgeräten bestehen. Im Teilhabesurvey wurden die Studienteilnehmer*innen zu ihren Barriereerfahrungen bezüglich Websites privater Anbieter befragt (vgl. Schäfers & Schachler 2022, S. 113ff.). In der Befragung gaben 9% der Menschen mit selbsteingeschätzter Beeinträchtigung an, »immer/häufig« auf Barrieren im Internet zu treffen (vgl. ebd., S. 113). Die erheblichsten Hindernisse erfahren Menschen mit intellektueller Beeinträchtigung, sie geben in 20% an, »immer/häufig« auf Barrieren innerhalb privater Websites zu stoßen. Das entspricht dem Doppelten von allen Menschen mit Beeinträchtigungen und beinahe dem Siebenfachen von Menschen ohne Beeinträchtigung (vgl. ebd., 113f.). Doch auch wenn die Nutzung von digitalen Medien bereits erfolgen kann, gibt es spezifische Teilhaberisiken, die eine gelingende Teilhabe in digitalen Medien verhindern bzw. erschweren können.

Der vorliegende Beitrag bezieht sich bei Teilhaberisiken primär auf Individuen, daher werden lediglich Gefahren auf der individuellen Ebene dargestellt. Potenzielle

Gefahren auf gesellschaftlicher Ebene, insbesondere für Demokratien, werden nicht beschrieben[66].

12.3.1 Cybergrooming

Menschen mit intellektueller Beeinträchtigung – insbesondere Mädchen und Frauen – sind besonders vulnerabel für sexualisierte Gewalt (vgl. Stöppler 2017, S. 178f.). Daher kann davon ausgegangen werden, dass sie in digitalen Räumen ebenfalls eine vulnerable Gruppe darstellen, vor allem, weil sexualisierte Gewalt in Online-Kontexten nach ähnlichen Mustern funktioniert wie in der analogen Welt. Eine spezifische sexualisierte Gewalttat durch digitale Medien ist das sog. »Cybergrooming«. Damit wird das gezielte Ansprechen bzw. Anschreiben von Menschen beschrieben, das primär auf Social-Media-Plattformen stattfindet. Mittels dieser Taktiken werden (junge) Menschen auf Social Media dazu gebracht, sexuelle Inhalte in Wort und Bild zu versenden und möglicherweise Treffen mit sexuellen Absichten zuzustimmen (vgl. Gabriel & Röhrs 2017, S. 233). Belastbare Zahlen für das Phänomen Cybergrooming bei Menschen mit intellektueller Beeinträchtigung sind zum jetzigen Zeitpunkt nicht verfügbar, doch es kann davon ausgegangen werden, dass Cybergrooming für diese Zielgruppe ein Teilhaberisiko darstellt, wie auch jedwede andere Form der sexualisierten Gewalt, die online stattfindet.

12.3.2 Cybermobbing

Cybermobbing stellt ebenfalls ein Teilhaberisiko von digitalen Medien dar. Durch schlechte Erfahrungen können Menschen mit intellektueller Beeinträchtigung negative Emotionen erleben und dadurch das Interesse an digitaler Teilhabe verlieren. Dies kann sich äußern, indem sie sich zurückziehen und sozial isolieren, weil das Gefühl entsteht, dass ein Großteil der Gesellschaft negative Einstellungen gegenüber Menschen mit intellektueller Beeinträchtigung hat. So wird die Teilhabe am gesellschaftlichen Leben massiv eingeschränkt. Um Mobbing als solches zu klassifizieren, werden verschiedene Merkmale definiert. Einige der Merkmale werden in Tabelle 12.1 zusammengefasst und Besonderheiten für den Personenkreis dargestellt. Wichtig ist zu betonen, dass Cybermobbing eine eigene Art des Mobbings darstellt, da es eine eigene Qualität und spezifische Eigenschaften besitzt (vgl. Schenk 2020, S. 279). Insbesondere das unkontrollierbare Publikum und die mögliche Anonymität der Täter*innen sind kennzeichnende Merkmale von Cybermobbing.

---

66 Vertiefend siehe: Stark et al. (2022); Gabriel & Röhrs (2017, S. 233–241).

Tab. 12.1: Gegenüberstellung von Mobbing und Cybermobbing unter Einbezug von Besonderheiten bei Menschen mit intellektueller Beeinträchtigung (Schenk 2020, S. 276 zit. nach Seibert 2024; eigene Ergänzungen).

Merkmal	Traditionelles Mobbing	Cybermobbing	Besonderheiten Personenkreis Menschen mit intellektueller Beeinträchtigung
Intention	Die Intention, dem Opfer von Mobbing schaden zu wollen, muss gegeben sein.	Verschiedene Ansätze: Intention muss vorhanden sein vs. negativer Effekt auf Opfer von Cybermobbing ist ausschlaggebend.	Intention des Gegenübers kann gegebenenfalls nicht erfasst werden. Fehlendes Verständnis für negative Effekte.
Anonymität	Nicht gegeben	Gegeben → weniger direkte Konfrontation mit Reaktion des Opfers von Cybermobbing, daher weniger Möglichkeiten für die Entstehung von Empathie oder Reue	Mangelnde Erfahrungen und geringe kognitive Fähigkeiten können zu fehlender Unterscheidung zwischen Realität und Online-Identitäten (evtl. Fake-Profile) führen.
Machtverhältnis	Machtungleichgewicht zugunsten der Täter*innen	Machtungleichgewicht zugunsten der Täter*innen; Macht kann im Internet verschiedene Formen annehmen (z. B. Anonymität als Dominanz, Reichweite und Öffentlichkeit); Effekt ist immer der, dass das Opfer von Cybermobbing sich machtlos fühlt und das Gefühl hat, sich nicht verteidigen zu können	Generelle Machtungleichheiten in der Gesellschaft verstärken die negativen Effekte. Weitere Marginalisierungen und Normalisierung von Mobbing gegenüber d. Personenkreis normalisiert sich.
Reichweite	Relativ kleiner Personenkreis: Opfer von Mobbing, Täter*in, ggf. Außenstehende.	Potenziell nicht eingrenzbar (bspw.: Verbreitung von Videomaterial auf YouTube).	Menschen ohne Beeinträchtigung haben häufig größere Reichweiten auf ihren online Kanälen als Menschen mit Beeinträchtigung. Dadurch können die Möglichkeiten der Betroffenen zur Gegendarstellung begrenzt sein.

Tab. 12.1: Gegenüberstellung von Mobbing und Cybermobbing unter Einbezug von Besonderheiten bei Menschen mit intellektueller Beeinträchtigung (Schenk 2020, S. 276 zit. nach Seibert 2024; eigene Ergänzungen). – Fortsetzung

Merkmal	Traditionelles Mobbing	Cybermobbing	Besonderheiten Personenkreis Menschen mit intellektueller Beeinträchtigung
Konfrontationsgrad	In der Regel kommt das Opfer von Mobbing nach Hause und ist bis zum folgenden Tag »mobbingfrei«; das Zuhause wird als sicherer Hafen und geschützter Raum wahrgenommen. Mögliche Schauplätze von Mobbing: Schule, Arbeitsstelle, Vereine etc.	Allgegenwärtig; Cybermobbing kann immer und überall stattfinden, solange elektronische Geräte genutzt werden, und das an jedem Ort und zu jeder Zeit.	Allgegenwärtig; durch erschwerten Zugang zu Social Media können eventuell nicht alle Mobbingerfahrungen direkt wahrgenommen werden. Bei fehlender Trennung von Arbeitsplatz und Wohnort können Menschen mit intellektueller Beeinträchtigung den Täter*innen nicht aus dem Weg gehen.

Wie in Tabelle 12.1 ersichtlich, gibt es für die beschriebenen Eigenschaften des Mobbings jeweils charakteristische Problematiken, die für Menschen mit intellektueller Beeinträchtigung spezifisch sind. Insbesondere eine fehlende Trennung von Arbeits- und Wohnumfeld kann zu verstärkenden Effekten des (Cyber-)Mobbings führen. Weiterhin sind auch Machtverhältnisse und Reichweite ein Problem, da vor allem Menschen ohne Beeinträchtigung Reichweite und Macht besitzen und diese gegen Menschen mit intellektueller Beeinträchtigung ausspielen könnten. Das kann zu Ohnmacht und Rückzug aus den jeweiligen Netzwerken führen.

Die kurze Zusammenstellung von Teilhaberisiken ist nicht vollständig und kann noch durch weitere ergänzt werden, beispielsweise durch Fake News, Bezahlfallen etc. Da es im vorliegenden Beitrag auch um Potenziale von digitalen Medien gehen soll, werden im nächsten Abschnitt Teilhabechancen ausführlicher dargestellt. Daraus sollte jedoch nicht gefolgert werden, dass weitere Risiken und Gefahren zu vernachlässigen sind.

12.4 Teilhabechancen

Digitale Medien und deren Nutzung kann als eigener Teilhabebereich definiert werden, der viele Teilhabechancen beinhaltet. Zusätzlich erhöhen digitale Medien die Teilhabechancen in anderen Bereichen (vgl. Borgstedt & Möller-Slawinski 2020, S. 4). So können beispielsweise kulturelle Veranstaltungen (▶ Kap. 10) durch Social Media entdeckt werden, über die Menschen mit intellektueller Beeinträchtigung nicht analog informiert werden würden. Darüber hinaus schaffen Navigationssysteme und Online-Fahrpläne neue Chancen für die Mobilität (▶ Kap. 2).

Dementsprechend können digitale Medien – effizient eingesetzt – weitere Teilhabebereiche positiv beeinflussen und zu einer verbesserten Teilhabe in der Gesellschaft führen. Um dies zu gewährleisten, müssen Menschen mit intellektueller Beeinträchtigung digitale Medien kompetent nutzen können. Hierfür eignet sich unter anderem das Konzept der Medienkompetenz, durch das Fähigkeiten und Fertigkeiten zur Mediennutzung erlernt werden.

12.4.1 Medienkompetenz

Medienkompetenz wird häufig als Phrase verwendet, wenn es darum geht, Medien »sinnvoll« zu nutzen. Daher ist es wichtig, den Begriff und die dahinterstehenden Konzepte auf ihre Eignung bezüglich einer verbesserten Teilhabe von Menschen mit intellektueller Beeinträchtigung zu prüfen und eventuell Anpassungen an den Konzepten vorzunehmen. Der Begriff Medienkompetenz wurde auf unterschiedliche Arten definiert und mit verschiedenen Schwerpunkten versehen. Daraus ergibt sich eine breite Variation an möglichen medienpädagogischen Ansätzen.

Das Prinzip Medienkompetenz wird in der Medienpädagogik zunehmend seit den 1990er-Jahren diskutiert, nachdem Dieter Baacke 1973 den Begriff zuerst als medienpädagogisches Konzept benannte (vgl. Hugger 2008, S. 93f.; Süss et al. 2018, S. 111). Anschließend wurde der Begriff mehrmals definiert und das Konzept erneuert. Baacke (1997, S. 98f.) präzisiert den Begriff, indem er ihn in vier Teilkompetenzen aufteilt:

1. Medienkritik
   - Analytisch: Problematische gesellschaftliche Prozesse werden erfasst und analysiert.
   - Reflexiv: Das eigene mediale Handeln wird reflexiv betrachtet und bewertet.
   - Ethisch: Das Medienhandeln wird an sozialen Normen ausgerichtet.
2. Medienkunde
   - Informative Dimension:
     – Kenntnis über »heutige Medien und Mediensysteme« (Baacke 1997, S. 99)
     – Kristallines Wissen über Medien und die dahintersteckenden Mechanismen
   - Instrumentell-qualifikatorische Dimension:
     – Soft- und Hardware können bedient werden.
3. Mediennutzung
   - Rezeptiv, anwendend:
     – Der Medienutzende handelt als Rezipient*in.
     – Verschiedene Medien können genutzt werden.
   - Interaktiv, anbietend:
     – Der Medienutzende handelt als Sender*in.
     – Verschiedene Medien können genutzt werden.
4. Mediengestaltung
   - Innovativ:

– Weiterentwicklung und Veränderung sind den Medien immanent.
    – Jedes Mediensystem besitzt eine persistierende Eigenlogik.
- Kreativ:
    – Ästhetische Veränderungen der Mediensysteme
    – Kommunikationsroutinen werden verändert.

Mittels der genannten Teilkompetenzen können Menschen massenmediale Angebote kompetent nutzen (vgl. Baacke 1997). Hierbei bezieht sich Baacke auf die seinerzeit vorherrschenden Massenmedien Fernsehen und Radio. Insbesondere die reflexiven Bestandteile von Baackes Definition zeigen eine handlungsorientierte Sichtweise auf die Mediennutzung in erziehungswissenschaftlichen Kontexten (vgl. Süss et al. 2018, S. 110). Um das Konzept auch bei Menschen mit intellektueller Beeinträchtigung und digitalen Medien anwenden zu können, bedarf es jedoch einiger Anpassungen und Ergänzungen (vgl. Bosse et al. 2019, S. 38ff.). Durch eine Zusammenführung von verschiedenen Medienkompetenzkonzepten können die passendsten Elemente der einzelnen Definitionen kombiniert und Handlungsempfehlungen für den Umgang mit Medien bei Menschen mit intellektueller Beeinträchtigung erarbeitet werden (vgl. Seibert 2024). Hierfür werden drei Medienkompetenzdefinitionen miteinander verglichen und jeweils die passenden Elemente zu einem Konzept zusammengefügt, das sowohl digitale Medien als auch die Zielgruppe anspricht (vgl. ebd.). Verglichen wurden die Medienkompetenzdefinitionen nach Baacke (1997), Groeben (2002) und Tulodziecki (1998). Stellvertretend für die benutzten Definitionen wurde Baackes Definition genauer erläutert (s. o.).

Wie in Abbildung 12.1 erkenntlich, handelt es sich bei dem erarbeiteten Medienkompetenzkonzept nicht um ein Stufenmodell. Die Dimensionen können unabhängig voneinander durchlaufen werden und stehen zunächst jede für sich. Dies wird vor allem durch die abgeschlossenen Sphären in der Abbildung deutlich. Miteinander verbunden sind die Dimensionen durch die Prozesskommunikation, die eine Kommunikation über Medien (insbesondere digitale) ermöglicht und dadurch die Chance bietet, Mediennutzungsprozesse zu begleiten und die jeweiligen Kompetenzen zu stärken bzw. anzubahnen. Die aufsteigende Reihenfolge signalisiert die Komplexität der einzelnen Dimensionen, sie sind ihrer Abstraktion und kognitiver Anforderung nach sortiert (vgl. Seibert 2024). Die Kompetenzdimensionen werden stichpunktartig vorgestellt:

1. Technologische Fertigkeiten und Fähigkeiten zur Nutzung von mobilen Endgeräten
    a) Angelehnt an Medienkunde (Baacke 1997, S. 197) und Medienwissen (Groeben 2002, S. 167)
    b) Fähigkeiten zur Nutzung von Hard- und Software
2. Unterscheidung von »real life« und »virtueller Realität«
    a) Differenzierung von Realität und Fiktion erfordert hohe Abstraktions- und kognitive Fähigkeiten.

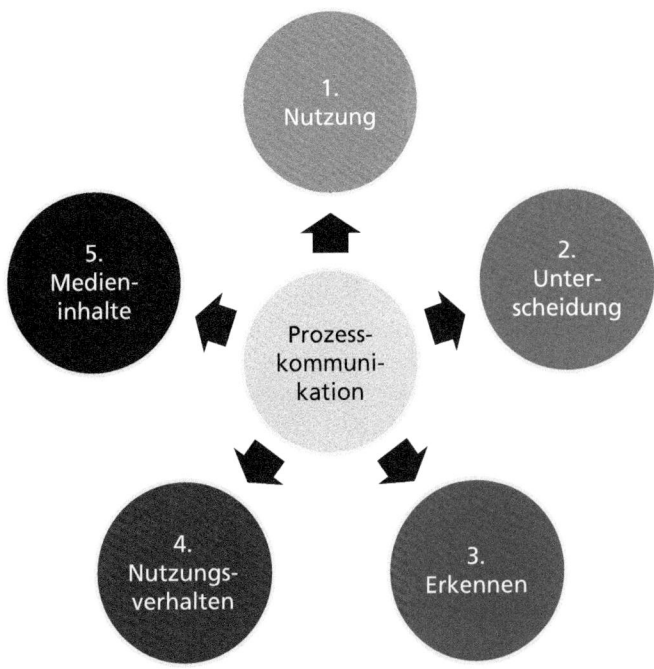

Abb. 12.1: Medienkompetenzdimensionen in Anlehnung an Seibert 2024.

   b) Vermeidung von parasozialen[67] Beziehungen in Online-Kontexten
3. Erkennen von Cybermobbing und sexualisierter Gewalt/Cybergrooming
   a) Prävention gegenüber Risiken des Internets
   b) Aufmerksamkeit für und Aufklärung über die Risiken
4. Kritische und reflektierte Einschätzung des eigenen Nutzungsverhaltens
   a) Eigenständige Reflexion der Nutzungszeit
   b) Situationen, Orte und Zeiten erkennen, die sich zur Internetnutzung eignen.
5. Kritische und reflektierte Einschätzung der Medieninhalte
   a) Fähigkeiten, Medieninhalte zu reflektieren und auf Glaubwürdigkeit zu prüfen.
   b) Nutzbarmachung von Internetinhalten und -informationen (vgl. Seibert 2024).

Die vorgestellten Dimensionen werden durch die Prozesskommunikation miteinander verbunden. Kommunikation ist ein essenzieller Bestandteil von neuen Medien und gelingender medienpädagogischer Arbeit. Groeben (2002, S. 178) spricht in dem Zusammenhang von einer Anschlusskommunikation, die außerhalb der Mediensituation stattfinden soll. Für die Medienkompetenz von Menschen mit intellektueller Beeinträchtigung wird darauf aufbauend das Konzept der soge-

---

67 Parasoziale Aspekte bedeuten, dass Personen sich zu fiktiven Charakteren auf ungünstige Weise hingezogen fühlen (vgl. Groeben 2002, S. 166).

nannten Prozesskommunikation entworfen (vgl. Seibert 2024). Mit Prozesskommunikation ist die Kommunikation von Fachkräften oder Erziehungsberechtigten in der Situation der Mediennutzung gemeint. Dadurch ist es möglich, Menschen mit intellektueller Beeinträchtigung während der Nutzung Erklärungen zu geben, zur Reflexion anzuregen oder sich über die Medien, die genutzt werden, auszutauschen. Dadurch wird der Zielgruppe ermöglicht, stets Fragen zu stellen, und vor allem ergibt sich die Möglichkeit einer gemeinsamen Bewertung der Nutzung. Hiermit können Schwierigkeiten, Probleme und auch Ängste direkt während der Bedienung adressiert und die Zielgruppe in ihren Nutzungsstrategien gestärkt werden. Weiterhin bietet die stete Kommunikation die Möglichkeit, das gemeinsame Sprechen über Medien zu ritualisieren. Mittels Ritualisierung der Gesprächssituation können auch problematische Nutzungserfahrungen angesprochen und im besten Fall eine Tabuisierung vermieden werden (vgl. Seibert 2024). Aus diesem Grund ist die Prozesskommunikation auch ein zusammenfassendes Element in der vorliegenden Medienkompetenzdefinition (▶ Abb. 12.1). Durch die andauernde Kommunikation können die zuvor vorgestellten Medienkompetenzdimensionen erreicht und gefestigt werden.

Alles in allem ist das Prinzip der Medienkompetenz wichtig für die Teilhabe von Menschen mit intellektueller Beeinträchtigung an der digitalen Gesellschaft. Durch gemeinsames Erlernen und Erfahren von Mediennutzung mit Fachkräften und Erziehungsberechtigten können sie zum einen zur selbstständigen Nutzung ermächtigt und zum anderen können seitens der Fachkräfte und Erziehungsberechtigten Vorurteile und Ängste abgebaut werden.

12.4.2 Handlungsempfehlungen

Mittels der zuvor formulierten Medienkompetenzdimensionen können drei Handlungsempfehlungen für pädagogisches Personal und Familien mit Menschen mit intellektueller Beeinträchtigung formuliert werden. Dazu werden Best-Practice-Beispiele bzw. Ansprechpartner*innen vorgestellt, die von pädagogischen Fachkräften oder Erziehungsberechtigten konsultiert werden können.

Kommunikation

Wie bereits in der Medienkompetenzdimension der Prozesskommunikation formuliert worden ist, ist die Kommunikation ein zentrales Element im Umgang mit digitalen Medien. Durch Gespräche über Medien können sie besser verstanden und der Umgang damit erleichtert werden.

Insbesondere Teilhaberisiken und die damit verbundenen Gefahren von Medien können mittels Kommunikation angegangen und abgemildert werden. Durch die dadurch entstehende Enttabuisierung der Thematik sind Problemlösungsmöglichkeiten gegeben, die dazu führen, dass die Teilhabechancen durch Medien überwiegen und damit einhergehend die gesellschaftliche Teilhabe durch Medien verbessert werden kann (vgl. Seibert 2024). Zentral in der Kommunikation über digitale Medien ist der Einbezug aller Beteiligten. Hierfür müssen sowohl Erziehungsberechtigte, pädagogische Fachkräfte als auch die Menschen mit intellektueller Beeinträchtigung miteinander sprechen (▶ Abb. 12.2). Wichtig hierbei ist, dass alle Gesprächspartner*innen gleichberechtigt und gleichwertig anzusehen sind. Vor allem der Einbezug von Menschen mit intellektueller Beeinträchtigung in eine solche Kommunikation ist essenziell, da dadurch die Lebensrealität der Personengruppe aktiv in Entscheidungsprozesse einbezogen wird und die Personen ihre eigenen Erfahrungen und Wünsche formulieren können. Hierfür können Expert*innen der Gesellschaft für Medien und Kommunikationskultur (GMK) hinzugezogen werden, die zum einen in der täglichen Arbeit mit Medien unterstützen aber auch einzelne Fokustage mit wechselnden Schwerpunkten betreuen könnten.

Abb. 12.2: Kommunikationsdreieck (Eigene Darstellung in Anlehnung an Seibert 2024).

Sensibilisierung

Menschen mit intellektueller Beeinträchtigung nutzen digitale Medien. Dementsprechend sind sie auch mit den Gefahren der Medien (Cybermobbing, Cybergrooming, Fake-News etc.) konfrontiert. Um den beschriebenen Gefahren zu begegnen, ist eine Sensibilisierung in Form von präventiver Arbeit notwendig. Prävention im Bereich digitaler Medien sollte unterschiedliche Themenschwerpunkte abdecken. Bei Menschen mit intellektueller Beeinträchtigung gibt es spezifische Besonderheiten, die zu beachten sind: So ist es beispielsweise nicht zielführend, bei der Prävention von Cybergrooming Vergleiche zum analogen Leben zu ziehen. Der Rückschluss von der Aussage »Geh auch im Internet nicht mit Fremden mit« auf die reale Situation in Online-Kontexten gelingt Menschen mit intellektueller Beeinträchtigung selten. Die Annahme wird von Caton und Chapman (2016, S. 131) bestätigt, die ein systematisches Review über die Internetnutzung von Menschen mit intellektueller Beeinträchtigung durchführten. Zielführender ist es, die online auftretenden Gefahren genau zu benennen, also beispielsweise das Verhalten von Menschen, die Cybergrooming betreiben, zu erklären. Hierzu zählen Komplimente machen, Aufforderungen, Bilder zu senden und Treffen zu arrangieren. Sollten diese Verhaltensweisen bei unbekannten Accounts auftreten, ist höchste Vorsicht geboten. Ein weiterer Baustein der Sensibilisierung sind Gespräche und damit einhergehende Enttabuisierung der Risiken. Außerdem können Expert*innen hinzugezogen werden, um die Präventionsarbeit zu professionalisieren. Neben der Gesellschaft für Medien und Kommunikationskultur (GMK), die ein Zusammenschluss von Medienpädagog*innen ist, kann als ein weiteres Beispiel die Beratungsstelle Liebelle aus Mainz genannt werden (vgl. GMK 2023; Liebelle Mainz 2023). Die Liebelle setzt sich vor allem mit Sexualität bei Menschen mit intellektueller Beeinträchtigung auseinander, dabei werden aber auch Phänomene aus dem Internet, beispielsweise Pornokonsum, angesprochen und für die Zielgruppe aufbereitet (vgl. Liebelle Mainz 2023).

Verständnis über das eigene Nutzungsverhalten

Das persönliche Nutzungsverhalten von digitalen Medien ist unterschiedlich. Menschen mit intellektueller Beeinträchtigung sollten die Möglichkeit bekommen, zunächst selbst zu entscheiden, wie intensiv sie Medien nutzen möchten. Bei aller Skepsis gegenüber Medien sollte nicht vergessen werden, dass Medien – und deren genussvolle Nutzung – eine Freizeittätigkeit darstellen kann und dementsprechend nicht zwingend durch pädagogisches Fachpersonal vorbereitet werden muss. Dennoch ist es wichtig, ein Bewusstsein für ein »gesundes Maß« an Zeit zur Mediennutzung zu implementieren. Digitale Medien sind durch ihren hohen Aufforderungscharakter sehr einnehmend und können sehr viele weitere Freizeitaktivitäten verdrängen. Daher ist es wichtig, den eigenen Konsum reflektieren zu können und sich ggf. eigenständige (oder in Absprache mit Erziehungsberechtigten/pädagogischem Fachpersonal) Reglementierungen zu setzen. Prinzipiell sollte bei Regeln bezüglich digitaler Medien darauf geachtet werden, dass von generellen Verboten abgesehen wird (vgl. Seibert 2024). Durch pauschale Verbote wird der Medienkonsum im Verborgenen gehalten, was sowohl pädagogisches Fachpersonal als auch Erziehungsberechtigte im Unklaren über die genauen Tätigkeiten von Menschen mit intellektueller Beeinträchtigung lässt. Außerdem kann es so zu einer Tabuisierung des Themas kommen und bei problematischen Erfahrungen im Internet werden weder Eltern noch Fachkräfte zu Rate gezogen (vgl. ebd.). Daher sollte eine begleitete Nutzung stattfinden, die durch Reglementierungen (Zeiten, Orte, Websites etc.) eingeschränkt werden kann, vor allem dann, wenn es noch keine Möglichkeit der Internetnutzung in der Familie oder der Wohneinrichtung gibt. Ziel ist es, eine Vertrauensbasis zu schaffen, mit der die Nutzung des Internets (und weiterer digitaler Medien) sicher und genussvoll gelingen kann. Die Lebenshilfe hat mit dem Projekt »Das Internet ist für alle da!« eine Initiative ins Leben gerufen, die diesen Anspruch fokussiert. Im Laufe des Projekts wurden Menschen mit intellektueller Beeinträchtigung mögliche Nutzungsstrategien des Internets nähergebracht und gemeinsam mit ihnen Social-Media-Plattformen besucht. Hierfür gab es für die Teilnehmenden auch unterstützende Personen, die bei Fragen oder Problemen zu Rate gezogen werden konnten. Weiterhin wurden persönliche Accounts auf den Plattformen zur selbstständigen Nutzung erstellt, um neben der persönlichen Nutzung auch die Sichtbarkeit von Menschen mit intellektueller Beeinträchtigung auf den Plattformen zu erhöhen (vgl. Bundesverband Lebenshilfe 2021).

12.5 Fazit

Abschließend kann konstatiert werden, dass digitale Medien für Menschen mit intellektueller Beeinträchtigung ebenso von Bedeutung sind wie für Menschen ohne Beeinträchtigungen. Aus diesem Grund sind digitale Medien als neuer Teilhabebereich anzusehen (vgl. Keeley et al. 2022). Digitale Medien sind und eröffnen Teilhabechancen zugleich. Da für einen Großteil der Menschen mit intellektueller Beeinträchtigung der Zugang zum Internet bereits möglich ist, sollte in der pädagogischen Arbeit darauf eingegangen und diese Lebensrealität der Zielgruppe anerkannt werden.

Menschen mit intellektueller Beeinträchtigung sollten durch pädagogische Fachkräfte auf die Nutzung des Internets und die damit einhergehenden Gefahren vorbereitet werden. Hierbei ist vor allem die gemeinsame Kommunikation über das Internet und die damit zusammenhängenden Risiken als wichtiger Faktor zu nennen. Weiterhin sind stationäre Wohneinrichtungen respektive deren Ausstattung im Sinne eines fehlenden Internetzugangs für die Bewohner*innen als Teilhaberisiko zu nennen. Durch Kommunikation, Sensibilisierung und Verständnis über das eigene Nutzungsverhalten können die Potenziale für Menschen mit intellektueller Beeinträchtigung erarbeitet werden. Allerdings gibt es in den Themenfeldern Internet, digitale Medien und Social Media weiterhin viele Forschungsdesiderate.

Insbesondere das Internet und Social Media bieten positive Ansätze bezüglich der Vernetzung vieler verschiedener Teilhabebereiche. Um das volle Potenzial ausschöpfen zu können, ist es zentral, dass Medienkompetenzen bei Menschen mit intellektueller Beeinträchtigung angebahnt werden und der Digital Divide vor allem im zweiten und dritten Level verkleinert wird. Hierzu können schulische und außerschulische Angebote beitragen, wobei es perspektivisch sinnvoll ist, solche Kompetenzen bereits in der Schule zu fördern und für mögliche Risiken zu sensibilisieren.

Aus den vorliegenden Argumenten resultiert die Forderung: Digitale Medien bei Menschen mit intellektueller Beeinträchtigung in der Förderpädagogik, den Disability Studies und weiteren Forschungsfeldern (wie beispielsweise der Medienforschung) zu etablieren, ausreichend zu erforschen und Handlungsoptionen für pädagogisches Fachpersonal zu entwickeln. Nur so kann eine gelingende Teilhabe in der digitalen Gesellschaft gewährleistet werden.

Literatur

ARD & ZDF (2020): ARD/ZDF-Massenkommunikation 2020. Langzeitstudie im Auftrag der ARD/ZDF-Forschungskommission. Online verfügbar unter: https://www.ard-zdf-massen kommunikation.de/files/Download-Archiv/MK_2020/MK_2020_Publikationscharts_final. pdf, letzter Zugriff: 30.07.2021.

Baacke, D. (1997): Medienpädagogik (Grundlagen der Medienkommunikation, Bd. 1). Tübingen: Niemeyer.

Beauftragter der Bundesregierung für die Belange von Menschen mit Behinderungen. (2018): UN-Behindertenrechtskonvention. Übereinkommen über die Rechte von Menschen mit Behinderungen. Online verfügbar unter: https://www.behindertenbeauftragter.de/Shared Docs/Downloads/DE/AS/PublikationenErklaerungen/Broschuere_UNKonvention_KK. pdf?__blob=publicationFile&v=8, letzter Zugriff: 28.04.2023.

BMBF (2023): Was ist der DigitalPakt Schule? Bundesministerium für Bildung und Forschung. Online verfügbar unter: https://www.digitalpaktschule.de/de/was-ist-der-digitalpakt-schu le-1701.html, letzter Zugriff: 12.12.2023.

BMJ (2011): BITV 2.0 – Verordnung zur Schaffung barrierefreier Informationstechnik nach dem Behindertengleichstellungsgesetz, Bundesministerium der Justiz und für Verbraucherschutz. Online verfügbar unter: http://www.gesetze-im-internet.de/bitv_2_0/BJNR1843 00011.html, letzter Zugriff: 21.07.2020.

BMJ (2021): Gesetz zur Umsetzung der Richtlinie (EU) 2019/882 des Europäischen Parlaments und des Rates über die Barrierefreiheitsanforderungen für Produkte und Dienstleistungen und zur Änderung anderer Gesetze. Barrierefreiheitsstärkungsgesetz – BFSG. Bundesgesetzblatt (46). Online verfügbar unter: http://www.bgbl.de/xaver/bgbl/start.xav?startbk=Bun desanzeiger_BGBl&jumpTo=bgbl121s2970.pdf, letzter Zugriff: 18.12.2023.

Borgstedt, S. & Möller-Slawinski, H. (2020): Digitale Teilhabe von Menschen mit Behinderung. Trendstudie, Aktion Mensch e.V. Online verfügbar unter: https://aktion-mensch.stylelabs. cloud/api/public/content/AktionMensch_Studie-Digitale-Teilhabe.pdf?v=16179909 letzter Zugriff: 02.08.2023.

Bosse, I. & Hasebrink, U. (2016): Mediennutzung von Menschen mit Behinderungen. Forschungsbericht, Aktion Mensch. Online verfügbar unter: https://www.die-medienanstalten. de/fileadmin/user_upload/die_medienanstalten/Publikationen/Weitere_Veroeffentlichun gen/Studie-Mediennutzung_Menschen_mit_Behinderungen_Langfassung.pdf, letzter Zugriff: 01.11.2023.

Bosse, I., Kamin, A.-M. & Schluchter, J.-R. (2019): Inklusive Medienbildung. Zugehörigkeit und Teilhabe in gegenwärtigen Gesellschaften. In: M. Brüggemann, S. Eder & A. Tillmann (Hrsg.): Medienbildung für alle. Digitalisierung, Teilhabe, Vielfalt (Schriften zur Medienpädagogik, Bd. 55, S. 35–55). München: kopaed.

Breunig, C., Handel, M. & Kessler, B. (2020): Massenkommunikation 1964–2020: Mediennutzung im Langzeitvergleich. Ergebnisse der ARD/ZDF-Langzeitstudie. Media Perspektiven, 23(7–8), S. 410–432. Online Verfügbar unter: https://www.ard-zdf-massenkommunika tion.de/files/Download-Archiv/MK_2020/MK_Langzeitstudie_2020_-_Langzeitvergleich. pdf, letzter Zugriff: 29.07.2021

Bundesverband Lebenshilfe (2021): Das Internet ist für Alle da! Online verfügbar unter: https:// www.lebenshilfe.de/informieren/familie/das-internet-ist-fuer-alle-da, letzter Zugriff: 16.08. 2023.

BWS (2022): Aufwachsen und Alltagserfahrungen von Jugendlichen mit Behinderungen, Baden-Württemberg Stiftung gGmbH. Online Verfügbar unter: https://www.bwstiftung.de/

de/publikation/ergebnisse-der-jugendstudie-aufwachsen-und-alltagserfahrungen-von-ju gendlichen-mit-behinderung, letzter Zugriff: 14.07.2022.

Caton, S. & Chapman, M. (2016): The use of social media and people with intellectual disability: A systematic review and thematic analysis. In: Journal of Intellectual and Developmental Disability, 41(2), S. 125–139. Online verfügbar unter: https://doi.org/10.3109/13668250.2016.1153052

Dobransky, K. & Hargittai, E. (2006): The disability divide in internet access and use. In: Information, Communication & Society, 9(3), S. 313–334. Online verfügbar unter: https://doi.org/10.1080/13691180600751298

Gabriel, R. & Röhrs, H.-P. (2017): Social Media. Potenziale, Trends, Chancen und Risiken. Berlin, Heidelberg: Springer Berlin Heidelberg.

GMK. (2023): Über uns, Gesellschaft für Medienpädagogik und Kommunikationskultur e.V. Zugriff am 29.08.2023. Online verfügbar unter: https://www.gmk-net.de/ueber-die-gmk/

GMK-Fachgruppe inklusive Medienbildung (GMK-Fachgruppe inklusive Medienbildung, Hrsg.) (2018). Positionspapier der Fachgruppe Inklusive Medienbildung der Gesellschaft für Medienpädagogik und Kommunikationskultur e.V. (GMK), GMK. Online verfügbar unter: https://www.gmk-net.de/2018/09/20/medienbildung-fuer-alle-medienbildung-inklusiv-ge stalten/, letzter Zugriff: 28.07.2022.

Goggin, G. (2018): Disability and digital inequalities. Rethinking digital divides with disability theory (Routledge advances in sociology). In: M. Ragnedda & G. W. Muschert (Eds.): Theorizing digital divides (Routledge advances in sociology, pp. 63–74). London: Routledge Taylor & Francis Group.

Groeben, N. (2002): Dimensionen der Medienkompetenz: Deskriptive und normative Aspekte. In: N. Groeben & B. Hurrelmann (Hrsg.): Medienkompetenz. Voraussetzungen, Dimensionen, Funktionen (Lesesozialisation und Medien, S. 160–190). Weinheim: Juventa-Verl.

Hugger, K.-U. (2008): Medienkompetenz. In: U. Sander, F. v. Gross & K.-U. Hugger (Hrsg.): Handbuch Medienpädagogik (1. Aufl., S. 93–99). Wiesbaden: VS Verl. für Sozialwiss.

ITU (2023): Schätzung zur Anzahl der Internetnutzer weltweit für die Jahre 2006 bis 2023 (in Millionen), Statista. Online verfügbar unter: https://de.statista.com/statistik/daten/studie/805920/umfrage/anzahl-der-internetnutzer-weltweit/, letzter Zugriff: 14.12.2023.

Jaeger, P. T. (2012): Disability and the Internet. Confronting a Digital Divide (Disability in Society). Boulder: Lynne Rienner Publishers. Online verfügbar unter: https://doi.org/10.1515/9781626371910

Keeley, C., Geuting, J., Stommel, T., Kuhlmann, A., Gollwitzer, M. & Mairhofer, P. (2022): Digitale Teilhabe im sonderpädagogischen Schwerpunkt Geistige Entwicklung. Ergebnisse des Forschungsprojekts DiGGi_Koeln. In: Zeitschrift für Heilpädagogik, 73, 464–479.

KMK (2012): Medienbildung in der Schule. Beschluss der Kultusministerkonferenz vom 8. März 2012, Kultusministerkonferenz. Online verfügbar unter: https://www.kmk.org/fileadmin/veroeffentlichungen_beschluesse/2012/2012_03_08_Medienbildung.pdf

Kultusministerium Hessen (2013): Richtlinien für Unterricht und Erziehung im Förderschwerpunkt geistige Entwicklung, Kultusministerium Hessen. Online verfügbar unter: https://kultusministerium.hessen.de/sites/default/files/media/hkm/richtlinien_foerder schwerpunkt_geistige_entwicklung.pdf, letzter Zugriff am 23.07.2020.

Langes, B. & Boes, A. (o.J.): Digitalisierung, Bayerisches Forschungsinstitut für Digitale Transformation. Zugriff am 08.01.2024. Online verfügbar unter: https://www.bidt.digital/glossar/digitalisierung/

Liebelle Mainz. (2023): Über uns. Online verfügbar unter: https://www.liebelle-mainz.de/de/ueber-uns.html, letzter Zugriff: 22.12.2023.

Marr, M. & Zillien, N. (2020): Digitale Spaltung. In: W. Schweiger & K. Beck (Hrsg.): Handbuch Online-Kommunikation (Living reference work, S. 1–24). Wiesbaden: VS Verlag für Sozialwissenschaften.

mpfs (2022): KIM-Studie 2022. Kindheit, Internet, Medien, Medienpädagogischer Forschungsverbund Südwest c/o Landesanstalt für Kommunikation. Online verfügbar unter: https://www.mpfs.de/fileadmin/files/Studien/KIM/2022/KIM-Studie2022_web_final.pdf, letzter Zugriff: 29.08.2023.

mpfs (2023): JIM-Studie 2023. Jugend, Information, Medien. Basisuntersuchung zum Medienumgang 12- bis 19-Jähriger, Medienpädagogischer Forschungsverbund Südwest c/o Landesanstalt für Kommunikation. Online verfügbar unter: http://www.mpfs.de/fileadmin/files/Studien/JIM/2022/JIM_2023_web_final.pdf, letzter Zugriff: 05.12.2023.

Münker, S. (2015): Die Sozialen Medien des Web 2.0. In: D. Michelis & T. Schildhauer (Hrsg.): Social Media Handbuch. Theorien, Methoden, Modelle und Praxis. Baden-Baden: Nomos.

Ragnedda, M. & Muschert, G. W. (Hrsg.) (2018): Theorizing digital divides (Routledge advances in sociology). London: Routledge Taylor & Francis Group.

Ratz, C., Reuter, C., Schwab, J., Siegemund-Johannsen, S., Schenk, C., Ullrich, M. et al. (2020): Bildungsrealität in Zeiten geschlossener Schulgebäude. Befragungsergebnisse aus dem Förderschwerpunkt geistige Entwicklung. In: Spuren, (4), S. 4–13.

Robinson, L., Schulz, J., Blank, G., Ragnedda, M., Ono, H., Hogan, B. et al. (2020): Digital inequalities 2.0: Legacy inequalities in the information age. First Monday. Online verfügbar unter: https://doi.org/10.5210/fm.v25i7.10842

Schäfers, M. & Schachler, V. (2022): Barrieren in der Umwelt. In: J. Steinwede, A. Kersting, J. Harand, H. Schröder, M. Schäfers & V. Schachler (Hrsg.): Abschlussbericht. Repräsentativbefragung zur Teilhabe von Menschen mit Behinderungen (S. 103–115). Bonn.

Schelisch, L. & Spellerberg, A. (2021): Digital Divide: Soziale Aspekte der Digitalisierung. In: A. Spellerberg (Hrsg.): Digitalisierung in ländlichen und verdichteten Räumen (Arbeitsberichte der ARL, Bd. 31, S. 53–62). Hannover: ARL – Akademie für Raumentwicklung in der Leibniz-Gemeinschaft.

Schenk, L. (2020): Was ist Cybermobbing. In: M. Böhmer & G. Steffgen (Hrsg.): Mobbing an Schulen. Maßnahmen zur Prävention, Intervention und Nachsorge (1. Aufl., S. 273–301). Wiesbaden: Springer Fachmedien.

Seibert, N. (2024): Social Media und geistige Behinderung. Chancen und Risiken im Förderschwerpunkt geistige Entwicklung. Gießen: Universitätsbibliothek Gießen. Online verfügbar unter: https://doi.org/10.22029/jlupub-18508

Sponholz, J. & Boenisch, J. (2021): Digitale Mediennutzung von Jugendlichen im Förderschwerpunkt Körperliche und motorische Entwicklung. In: Zeitschrift für Heilpädagogik, 72(11), S. 592–603.

Stark, B., Magin, M. & Geiß, S. (2022): Meinungsbildung in und mit sozialen Medien. In: J.-H. Schmidt & M. Taddicken (Hrsg.): Handbuch Soziale Medien (Springer NachschlageWissen, Living Reference Work, continuously updated edition, S. 213–231). Wiesbaden: Springer VS.

Steinwede, J., Kersting, A., Harand, J., Schröder, H., Schäfers, M. & Schachler, V. (Hrsg.) (2022): Abschlussbericht. Repräsentativbefragung zur Teilhabe von Menschen mit Behinderungen. Bonn. Online verfügbar unter: https://www.bmas.de/DE/Service/Publikationen/Forschungsberichte/fb-598-abschlussbericht-repraesentativbefragung-teilhabe.html, letzter Zugriff: 22.12.2023.

Steinwede, J. & Leinert, J. (2022): Empirische Ergebnisse zu Beeinträchtigung und Behinderung. In: J. Steinwede, A. Kersting, J. Harand, H. Schröder, M. Schäfers & V. Schachler (Hrsg.): Abschlussbericht. Repräsentativbefragung zur Teilhabe von Menschen mit Behinderungen (S. 45–65). Bonn.

Stöppler, R. (2017): Einführung in die Pädagogik bei geistiger Behinderung. 2., aktualisierte Auflage. München, Basel: Ernst Reinhardt Verlag.

Süss, D., Lampert, C. & Trültzsch-Wijnen, C. W. (2018): Medienpädagogik. Ein Studienbuch zur Einführung (Studienbücher zur Kommunikations- und Medienwissenschaft, 3. Auflage). Wiesbaden: Springer VS. Online verfügbar unter: https://doi.org/10.1007/978-3-658-19824-4

TK (2021): Schalt mal ab, Deutschland! TK-Studie zur Digitalkompetenz 2021, Techniker Krankenkasse. Online verfügbar unter: https://www.tk.de/resource/blob/2099616/c5ed9cd630194f39540b98d444284390/2021-studie-schalt-mal-ab-data.pdf, letzter Zugriff: 05.12.2023.

Tulodziecki, G. (1998). Entwicklung von Medienkompetenz als Erziehungs- und Bildungsaufgabe, Pädagogische Rundschau. Online verfügbar unter: https://www.pedocs.de/volltexte/2010/1482/pdf/Entwicklung_Medienkompetenz_D_A.pdf, letzter Zugriff: 25.11.2020.

van Deursen, A. J. A. M. & Helsper, E. J. (2015): The Third-Level Digital Divide: Who Benefits Most from Being Online? In: L. Robinson, S. R. Cotten, J. Schulz, T. Hale & A. Williams (Hrsg.): Communication and Information Technologies Annual. Digital Distinctions and Inequalities (Studies in Media and Communications, v.10, vol. 10, pp. 29–52). Bradford: Emerald Group Publishing Limited. Online verfügbar unter: https://doi.org/10.1108/S2050-20602015000010002

Waldschmidt, A. (2020): Jenseits der Modelle. Theoretische Ansätze in den Disability Studies. In: D. Brehme, P. Fuchs, S. Köbsell & C. Wesselmann (Hrsg.): Disability Studies im deutschsprachigen Raum. Zwischen Emanzipation und Vereinnahmung, S. 56–73). Weinheim, Basel: Beltz Juventa.

We Are Social, DataReportal & Meltwater (2023): Anzahl der Social-Media-Nutzer weltweit in den Jahren 2012 bis 2023 (in Milliarden), Statista. Online verfügbar unter: https://de.statista.com/statistik/daten/studie/739881/umfrage/monatlich-aktive-social-media-nutzer-weltweit/, letzter Zugriff: 14.12.2023.

Zillien, N. & Haufs-Brusberg, M. (2014): Wissenskluft und Digital Divide (Konzepte, Band 12, 1. Auflage). Baden-Baden: Nomos.

Die Autorinnen und Autoren

Prof. Dr. Barbara Jeltsch-Schudel
Studienleiterin Klinische Heilpädagogik und Sozialpädagogik am Departement für Sonderpädagogik der Universität Freiburg/Schweiz bis 2022. Arbeits- und Forschungsschwerpunkte u. a. Entwicklung von Kindern und Jugendlichen sowie erwachsenen und alternden Menschen mit Trisomie 21 in ihren verschiedenen (sozialen) Lebenskontexten, insbesondere Familien.

Dr. Melanie Knaup
Regierungsrätin in der Hessischen Lehrkräfteakademie als ständige Vertretung der Leitung des Sachgebiets ›Qualitätsentwicklung zweite Phase sowie phasenübergreifende Kooperation‹. Arbeits- und Forschungsschwerpunkte u. a. Kulturelle Teilhabe sowie Möglichkeiten der Freizeitgestaltung und -förderung im Kontext intellektueller Beeinträchtigung

Dr. Jonas Metzger
Wissenschaftlicher Mitarbeiter am Institut für Förderpädagogik und Inklusive Bildung, Professur für Erziehungswissenschaft mit dem Schwerpunkt Geistigbehindertenpädagogik an der Justus-Liebig-Universität Gießen. Arbeits- und Forschungsschwerpunkte u. a. Altern mit intellektueller Beeinträchtigung sowie gesellschaftliche Teilhabe von Menschen mit Demenz.

Simon Orlandt, M.A.
Wissenschaftlicher Mitarbeiter am Institut für Förderpädagogik und Inklusive Bildung, Professur für Erziehungswissenschaft mit dem Schwerpunkt Geistigbehindertenpädagogik an der Justus-Liebig-Universität Gießen. Arbeits- und Forschungsschwerpunkte u. a. Berufliche Teilhabe und Inklusion von Menschen mit intellektueller Beeinträchtigung.

Dr. Heiko Schuck
Wissenschaftlicher Mitarbeiter am Institut für Förderpädagogik und Inklusive Bildung, Professur für Erziehungswissenschaft mit dem Schwerpunkt Geistigbehindertenpädagogik an der Justus-Liebig-Universität Gießen. Arbeits- und Forschungsschwerpunkte u. a. Berufsvorbereitung, Berufliche Bildung und Teilhabe von Menschen mit intellektueller Beeinträchtigung.

Dr. Nils Seibert
Wissenschaftlicher Mitarbeiter am Institut für Förderpädagogik und Inklusive Bildung, Professor für Erziehungswissenschaft mit dem Schwerpunkt Geistigbehindertenpädagogik an der Justus-Liebig-Universität Gießen. Arbeits- und Forschungsschwerpunkte u. a. Digitale Medien im FsgE, Unterstützte Kommunikation und inklusive Gedenkstättenpädagogik.

Prof. Dr. Reinhilde Stöppler
Leiterin der Professur für Erziehungswissenschaft mit dem Schwerpunkt Geistigbehindertenpädagogik am Institut für Förderpädagogik und Inklusive Bildung an der Justus-Liebig-Universität Gießen. Arbeits- und Forschungsschwerpunkte u. a. Gesundheitsbildung und -förderung, Mobilitätsbildung sowie Teilhabe bei Menschen mit intellektueller Beeinträchtigung in der Lebenslaufperspektive.

apl. Prof. Dr. Ingeborg Thümmel
Institut für Sonder- und Rehabilitationspädagogik an der Carl von Ossietzky Universität Oldenburg. Arbeits- und Forschungsschwerpunkte u. a. Didaktik, Teilhabeforschung, Sexuelle Selbstbestimmung, Gewalt und Gewaltschutz.